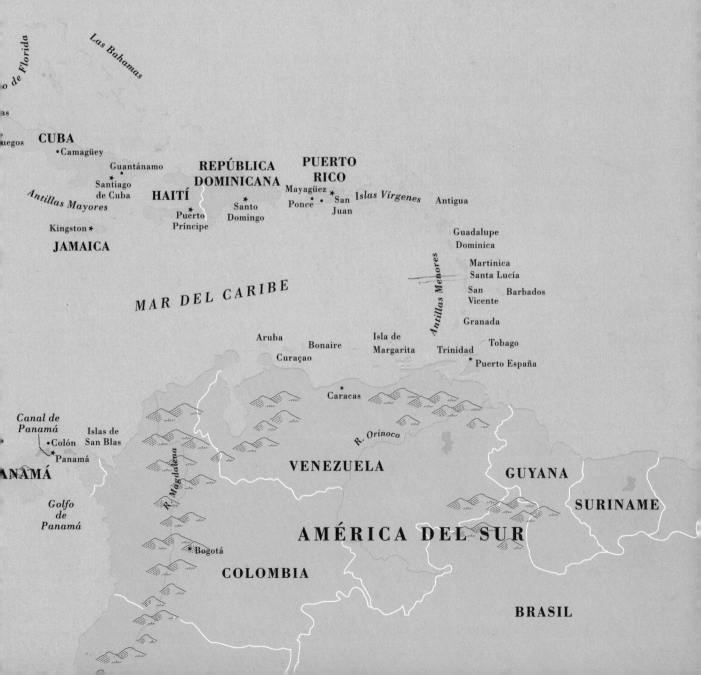

OCÉANO ATLÁNTICO

o de Florida

Las Bahamas

as

uegos

CUBA
•Camagüey

Guantánamo

Santiago
de Cuba

Antillas Mayores

HAITÍ

Puerto
Príncipe

Kingston ★

JAMAICA

**REPÚBLICA
DOMINICANA**

Santo
Domingo

**PUERTO
RICO**

Mayagüez
Ponce • ★San
Juan

Islas Vírgenes

Antigua

Guadalupe
Dominica

Martinica
Santa Lucía

San
Vicente

Barbados

Granada

Antillas Menores

MAR DEL CARIBE

Aruba
Curaçao

Bonaire

Isla de
Margarita

Trinidad

Tobago

★ Puerto España

Caracas

*Canal de
Panamá*

•Colón
★Panamá

Islas de
San Blas

R. Magdalena

R. Orinoco

VENEZUELA

GUYANA

SURINAME

ANAMÁ

*Golfo
de
Panamá*

★Bogotá

AMÉRICA DEL SUR

COLOMBIA

BRASIL

Mosaicos

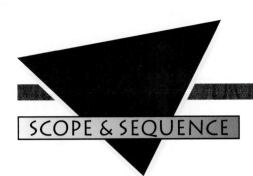
COMUNICACIÓN

- Discussing school-related activities
- Asking for and providing information
- Expressing needs
- Expressing states of health
- Asking about and expressing location
- Asking for prices

CRISTINA PUJADES-MARTÍ

Dirección: Escuelas Pías 24
             Barcelona
             España

Lugar de nacimiento: Figueras, Gerona, España
Fecha de nacimiento: 14 de mayo de 1970
Estado civil: soltera
Educación:
   1983 / 1987   Bachiller, Instituto N°2
                  Figueras, Gerona

   1984 / 1990   Estudiante, "Goethe Schule",
                  Curso de alemán para españoles

   1986 / 1991   Estudiante, "Berlitz" Curso de inglés

   1988 / 1992   Estudiante, Facultad de
                  Biología y Ciencias Naturales,
                  Universidad Autónoma de Barcelona
Trabajos:
   1985 / 1987   Guía turística, Museo Dalí
                  Figueras, Gerona

   1990 / 1992   Técnica en el laboratorio de química
                  biológica con el profesor Oriol Bach

Lenguas:
Catalán, español, inglés y alemán

Deportes y tiempo libre:
Gimnasia y baile contemporáneo
Viajes y camping
Conciertos, museos y teatro

- Expressing nationality and place of origin
- Describing persons, places, and things
- Expressing where and when events take place
- Expressing possession
- Expressing age

ESTRUCTURAS   CULTURA

COMUNICACIÓN

- Discussing and inquiring about leisure activities
- Ordering food in a restaurant
- Making suggestions and future plans
- Using numbers from 100 to 2,000,000

- Identifying and describing family members
- Describing physical and emotional states
- Providing information about a person's abilities
- Asking about and expressing ownership
- Expressing preferences and desires
- Discussing daily activities

ULTIMOS APARTAMENTOS

En la zona de Buganvilla. Lujoso apartamento para estrenar. 170m2. Tres alcobas, cuatro baños. Sala de televisión. Estudio. Sala y comedor independientes, zona completa de servicios. Garaje doble. Acabados de lujo. Salón comunal. Gimnasio. Exclusivo y hermoso edificio. Teléfono: 2492010.

- Asking about and describing housing
- Discussing daily activities in the home
- Asking about and discussing daily schedules
- Expressing and describing activities related to grooming
- Talking abut past events

Mosaicos

Spanish as a World Language

Matilde Olivella de Castells
California State University, Los Angeles

Ricardo Castells
Florida International University

María González-Aguilar
Massachusetts Institute of Technology

Prentice Hall

Englewood Cliffs, N.J., 07632

Library of Congress Cataloging-in-Publication Data

Castells, Matilde Olivella de.
    Mosaicos: Spanish as a World Language / Matilde O. de Castells,
Ricardo Castells, María González-Aguilar
        p. cm.
    Includes Index.
    ISBN 0-13-064700-4
    1. Spanish language—Textbooks for foreign speakers—English.
I. Castells, Ricardo. II. González-Aguilar, María. III. Title.
PC4129.E5C37 1994
468.2'421—de20   93-27189
                                        CIP

Editor in Chief: Steve Debow
Director of Development: Marian Wassner
Assistant Editor: María F. García
Marketing Manager: Tracie Edwards
Design Supervisor: Christine Gehring Wolf
Page layout: Christine Gehring Wolf
Interior Design: Sheree Goodman
Cover Director: Paula K. Martin
Cover Design: Sibley/Peteet Design
Ceramist: Linda Gossett
Production Manager: Jan Stephan
Production Coordinator: Tricia Kenny

 © 1994 by Prentice-Hall, Inc.
A Simon & Schuster Company
Englewood Cliffs, New Jersey 07632

Printed in the United States of America.

10 9 8 7 6 5 4

Student Text ISBN 0-13-064700-4

Annotated Instructor's Edition ISBN 0-13-075789-6

Prentice-Hall International (UK) Limited, *London*
Prentice-Hall of Australia Pty. Limited, *Sydney*
Prentice-Hall Canada, Inc., *Toronto*
Prentice-Hall Hispanoamericana, S.A., *México*
Prentice-Hall of India Private Limited, *New Delhi*
Prentice-Hall of Japan, Inc., *Tokyo*
Simon & Schuster Asia Pte. Ltd., *Singapore*
Editora Prentice-Hall do Brasil, Ltda., *Rio de Janeiro*

ESTRUCTURAS    **CULTURA**

COMUNICACIÓN

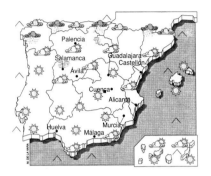

- Asking and answering questions about weather conditions
- Expressing and describing physical abilities
- Expressing ongoing actions
- Expressing knowledge of facts
- Expressing and asking for acquaintance of people

- Talking about and describing clothing
- Asking for and telling prices
- Expressing needs
- Expressing likes and dislikes
- Expressing satisfaction and dissatisfaction
- Reporting past events

- Talking about the workplace and professions
- Expressing opinions
- Giving orders
- Giving instructions

ESTRUCTURAS   **CULTURA**

COMUNICACIÓN

- Talking about and describing body movements
- Describing physical conditions and the environment
- Giving orders and advice informally
- Giving and following instructions
- Expressing weight and measurements
- Making comparisons

- Planning menus
- Expressing wishes and hope
- Making requests
- Expressing opinions
- Expressing fear and worry
- Expressing joy and satisfaction
- Extending an invitation
- Accepting or declining an invitation

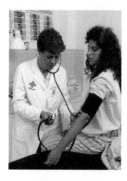

- Describing health conditions and medical treatments
- Expressing opinions
- Expressing attitudes
- Expressing expectations and wishes

ESTRUCTURAS  **CULTURA**

COMUNICACIÓN

ESTRUCTURAS   **CULTURA**

COMUNICACIÓN

- Stating facts in the present and past
- Giving opinions
- Describing states or conditions

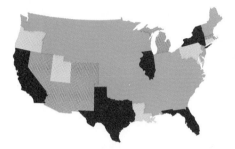

- Talking about and describing social customs
- Describing customary actions
- Projecting goals and purposes
- Talking about and expressing unexpected occurrences
- Expressing conjecture

ESTRUCTURAS   CULTURA

MOSAICOS is a new introductory Spanish program that seeks to combine the best elements of contemporary approaches to foreign language instruction. Its primary objective is to develop students' abilities to communicate in both oral and written Spanish. MOSAICOS accomplishes this goal through a communicatively oriented sequence of vocabulary and functions, visually structured language contexts, and stimulating activities. In addition, an in-text audio program, up-to-date cultural presentations, and colorful photographs introduce students to the modern culture of Spain and Hispanic America. The MOSAICOS program transforms the Spanish classroom into a dynamic setting for linguistic and cultural interchange.

MOSAICOS is built on the foundation of interaction, communication, and culture. Its streamlined grammatical syllabus provides students with an understanding of the basics of the language in a concise and clear format. Valuable class time focuses on skill-building and communicative practice. Moreover, the simple, authentic language used throughout MOSAICOS provides many opportunities for spontaneous interaction in the beginning classroom.

GOALS OF THE MOSAICOS PROGRAM

- **Contextualized presentation and practice of vocabulary.** The vocabulary presentations in the *A primera vista* sections are structured around engaging, culturally authentic visual and linguistic contexts that provide a natural environment for learning and practicing new vocabulary, as well as for recycling previously-taught language.

- **Streamlined, functional grammatical syllabus.** The scope and sequence of grammatical topics in MOSAICOS is dictated by the communicative needs of beginning students. This streamlined, functional grammatical syllabus facilitates communication and personalized exchange.

- **Abundant activities for practice and personalized expression / Focused attention on skill development.** The MOSAICOS program provides an abundance of activities in a lively and visual communicative format. Practice materials in the *A primera vista* foster use of newly-acquired and previously-learned words and expressions in a variety of contexts. Exercises in the grammar sections (*Explicación y expansión*) develop students' abilities to use linguistic structures for direct communicative purposes. At the end of each chapter, a special culture-based section (*Mosaicos*) provides practice in each skill area: listening, speaking, reading, and writing. This section also provides ample opportunities for skill-chaining.

- **In-text audio.** The in-text listening components (*A escuchar*) serve to develop students' global listening skills. The *A escuchar* sections are thoroughly integrated with the material in each chapter and provide regular opportunities for students to hear native speakers of Spanish in a natural environment.

- **Active development of cultural skills.** Cultural content is interwoven throughout text materials to ensure that students develop an understanding and appreciation of Hispanic peoples and cultures while they are building linguistic skills.

- The extensive use of vivid, up-to-date photographs and other visuals provides a rich cultural framework for the presentation of new language in the *A primera vista* sections.

- Brief *Investigación* questions foster comparisons between Hispanic and U.S. customs, culture, and traditions and actively engage students in the process of understanding Hispanic peoples and cultures.

- By means of a lively magazine-style layout, the *Enfoque* sections provide students with practical knowledge related to specific cultural topics in the Hispanic world.

- *Lecciones 15* and *16* (*Un paso adelante*), focus on the achievements of Hispanics in the United States and contemporary social developments in the Spanish-speaking world, are especially rich in cultural perspectives.

- A series of fact sheets containing important geographic, linguistic, political, and cultural information about Spanish-speaking countries appears in a special section midway through MOSAICOS The information in this *Almanaque del mundo hispano* serves as an informative and handy resource for both students and instructors.

- **Focus on diversity in the Spanish-speaking world.** The ethnic, racial, and cultural diversity of the Hispanic world is integrated throughout **Mosaicos.** Students begin learning about the culture of Hispanic countries in the *Pasos* and continue to expand their knowledge of geographical and historical aspects of Spanish-speaking peoples in the first lessons and throughout the entire MOSAICOS program.

- **Bridge to intermediate study.** The MOSAICOS program has been carefully designed to take into account students' developing abilities during the first year and also provides a bridge to the continuing study of Spanish. Selected grammatical topics and accompanying practice appear in an optional section (*Expansión gramatical*) at the end of **Mosaicos.** Grammar topics in this section are not considered essential for oral communication in the first year of study. To accomodate varying objectives and student backgrounds, some instructors may wish to make use of the *Expansión gramatical* while teaching preliminary concepts contained within the main text of MOSAICOS.

- With their enhanced focus on content, the chapters in the last third of MOSAICOS challenge students to develop linguistic and analytical skills by exploring issues of interest and importance. Extensive use of authentic materials, including newspaper and magazine articles, interviews, and literary texts, along with vivid photos and other visual elements are used in provocative, open-ended activities that stimulate thoughtful classroom discussion and written work.

ORGANIZATION OF THE STUDENT TEXT

MOSAICOS consists of two preliminary *Pasos,* sixteen chapters, and an optional grammar section called *Expansión gramatical.* Through a variety of visual stimuli the *Pasos* allow instructors to conduct classes in Spanish from the very first day. Each chapter maintains the following consistent structure:

GOALS.   Succinct, easy-to-understand chapter objectives provide realistic, communicative, structural, and cultural goals for students.

A PRIMERA VISTA.   The opening *A primera vista* section provides a richly contextualized, cultural framework for learning and practicing the chapter vocabulary. New material is presented within two or three thematic groupings, which make extensive use of photos, illustrations, and authentic documents. Brief dialogs, narratives, captions, and other discourse samples complement the visual presentations with linguistic contexts similar to those a new speaker of Spanish might encounter in a variety of settings. Within each thematic grouping, the *Actividades* vocabulary exercises provide abundant practice of new lexical material in varied, lively contexts.

Following the thematic presentations, the *A escuchar* listening activity recycles vocabulary in an aural format, exposing students to the new language in an authentic conversational framework while providing practice in global listening skills.

A simple, global reading activity (*A leer*) provides another mode of recycling the linguistic content of the *A primera vista* sections while balancing the early focus on aural/oral skills with regular attention to the development of reading skills.

ENFOQUE.   This is an entertaining and informative section that focuses on contemporary cultural issues related to the chapter theme. Every *Enfoque* uses a graphic layout, combining visual and textual elements—photos, maps, tables, charts, lists—to capture students' interest, expose them to key factual highlights, and encourage them to explore the issues at hand. A broad variety of contemporary topics is featured, ranging from distinctive and changing aspects of daily life such as family, housing, shopping, and travel to broader social, political, and economic issues in Hispanic countries.

EXPLICACION Y EXPANSION.   These are concise grammar sections coordinated with expanded explanations and practice in the Workbook. The *Explicación y expansión* sections of the text feature visual language models, brief explanations, and exercises and activities that give students immediate practice of each new structural item within a carefully focused, contextualized framework.

Each *Explicación y expansión* section ends with a useful summary chart (*Repaso gramatical*), an easy-to-use study guide and reference tool. The succinct presentation of grammar in the student text permits instructors to preview key grammatical topics, while focusing students' attention on a variety of useful tasks and activities. Instructors accustomed to the benefit of out-of-class grammar study will find the brief in-text *Repaso gramatical* preferable to the complex cross-referencing system adopted by other communication-based programs.

MOSAICOS. Skills and topics are interwoven at the end of each chapter into a series of skill-building and skill-chaining activities that bring together the chapter vocabulary, structures, and cultural materials. *A escuchar* develops students' ability to understand spoken Spanish in a variety of authentic contexts: brief exchanges and longer conversations between two or more speakers, public announcements such as weather forecasts and radio broadcasts.

A conversar includes an abundance of open-ended speaking activities based on naturally occurring discourse situations and authentic written texts. Students learn to express and discuss their own needs and interests.

A leer teaches students how to become independent readers by introducing basic strategies for understanding the general meaning of a text as well as for extracting specific information from it. Students develop their ability to read a variety of high-interest, authentic Spanish texts, from simple documents such as schedules, invitations, and advertisements to the extended discourse of brochures, newspaper and magazine articles, letters, poems, and literary narratives. *A escribir* provides step-by-step activities in which students learn to compose messages and memos, postcards and letters, journals, simple expository paragraphs and brief essays.

Investigación boxes make the acquisition of cultural knowledge an active process. Students are encouraged to examine the cultural implications embedded in the chapter materials.

VOCABULARIO. The vocabulary list includes all new, active vocabulary words and expressions presented in the chapter in clear, semantically organized groups. All words included in the list are practiced and recycled throughout the chapter and in subsequent chapters in a variety of contexts. Written vocabulary practice appears in the *A primera vista* sections and in the accompanying **Student Activities Manual**.

COMPONENTS

STUDENT TEXT OR STUDENT TEXT/CASSETTE PACKAGE

MOSAICOS is available for purchase with or without two sixty-minute cassettes that contain recordings of the *A escuchar* sections. The *A escuchar* sections are also recorded for departmental language labs free of charge. Please use the correct ISBN when ordering through your campus bookstore:

Student Text: 0–13–064700–4
Text/Cassettes: 0–13–075839–6

ANNOTATED INSTRUCTOR'S EDITION

Marginal annotations in the **Annotated Instructor's Edition** include extensive strategies and activities for the *A primera vista* section, expansion exercises and a selected answer key for the *Explicación y expan-*

sión, and a printed *Tapescript* for the *A escuchar* section. Additional tips and hints offer new teachers effective classroom techniques.

CUSTOMIZED COMPONENTS PROGRAM

The following print components can be custom published to your individual specifications. *The Prentice Hall Customized Components Program* assists departments by adding course syllabi, readings and activities, and other printed material to existing MOSAICOS components.

STUDENT ACTIVITIES MANUAL

The organization of the Student Activities Manual (containing **audio, video,** and **writing** activities) parallels that of the main text. Written by Juana Amelia Hernández of Hood College, the manual contains additional scripted and semi-scripted audio recordings that are more challenging than those in the *A escuchar* sections of the main text. In addition, each chapter in the **Student Activities Manual** features a variety of written exercises and task-based activities that are completely integrated with the student text. Grammar explanations are often expanded or reviewed in a tutorial format. Scripted and authentic video clips are supported by an array of pre- and post viewing activities in the *Mosaicos* section of the **Student Activities Manual.** The sixty minute video is available free of charge to departments adopting MOSAICOS.

TESTING PROGRAM

The **Testing Program** consists of vocabulary quizzes for each *A primera vista,* and alternate versions of hour long chapter tests for each lesson. Each test is organized by skill, and employs a variety of techniques and activity formats to complement the text. Instructors are encouraged to make use of the creative oral testing materials available with MOSAICOS.

SOFTWARE

Completely integrated with **Mosaicos,** the software packages that accompany the text are designed for students with little or no computer experience. Please speak with your service representative for further details.

INSTRUCTOR'S RESOURCE MANUAL

The **Instructor's Resource Manual** includes course syllabi, suggestions for lesson plans, a complete **Tapescript** for the **Cassette Program,** tips for using video successfully and a bibliography of sources for additional cultural information. Coordinators are encouraged to take advantage of *The Prentice Hall Customized Components Program* and add to the instructional materials made available with MOSAICOS.

TRANSPARENCIES

A list of transparencies available with MOSAICOS may be obtained from your local representative.

Acknowledgments

The publication of MOSAICOS culminates years of planning and fine tuning—interacting with instructors and students to develop a new mix of pedagogical techniques and activities that will ensure an inspiring and successful second-language learning experience. The program is the result of the efforts and collaboration of numerous friends and colleagues, many of whom took time from busy schedules and other commitments to assist us with comments and suggestions over the course of the development of the manuscript.

It is our hope that MOSAICOS appeals to instructors and students in a variety of teaching and learning environments. We extend our deepest thanks and appreciation to the many colleagues around the nation who reviewed MOSAICOS at various stages of development and production. We gratefully acknowledge their participation and candor:

José Bahamonde   *Miami Dade Community College*
Kathleen Boykin   *Slippery Rock University*
Rodney Lee Bransdorfer   *University of Illinois, Chicago*
Morris E. Carson   *J. Sargent Reynolds Community College*
María Cooks   *Purdue University*
Rafael Correa   *California State University, San Bernardino*
Jorge H. Cubillos   *University of Delaware*
Jose Feliciano-Butler   *University of South Florida*
Jose B. Fernández   *University of Central Florida*
Rosa Fernández   *University of New Mexico*
Mary Beth Floyd   *Northern Illinois University*
Herschel Frey   *University of Pittsburgh*
Robert K. Fritz   *Ball State University*
Ronni Gordon   *Harvard University*
Lynn Carbón Gorrell   *University of Michigan, Ann Arbor*
Juana Amelia Hernández   *Hood College*
María C. Jiménez   *Sam Houston State University*
Marilyn Kiss   *Wagner College*
Barbara A. Lafford   *Arizona State University*
Cynthia Medina   *York College of Pennsylvania*
Barbara González-Pino   *University of Texas, San Antonio*
Ana M. Rambaldo   *Montclair State College*
Richard Raschio   *University of St. Thomas*
Arsenio Rey   *University of Alaska*
Marcia H. Rosenbusch   *Iowa State University*
David Shook   *Georgia Institute of Technology*
Karen L. Smith   *University of Arizona*
Lourdes Torres   *University of Kentucky*
Montserrat Vilarrubla   *Illinois State University*
Helga Winkler   *Eastern Montana College*
Bill Woodard   *Louisiana State University*
Janice Wright   *University of Kansas*

We would also like to acknowledge the collaboration of María González–Aguilar, who prepared the *Mosaicos* section for each lesson. Her original ideas and hard work resulted in effective and highly motivating activities at the end of each lesson.

Special thanks are also due to Matt Whitney, from the University of Florida, for his careful and insightful preparation of the Instructor's Annotated Edition.

We would also like to thank the editorial and production staff at Prentice Hall, especially Marian Wassner, Director of Development, for her ideas and input in the preparation of the text materials. In addition, our thanks go to María García, Assistant Editor; Jan Stephan, Production Supervisor; Christine Gehring Wolf, Design Supervisor; and Matt Walton, Illustrator, for their cooperation and excellent work in the MOSAICOS program.

We also wish to thank the production team of Hispanex, José Blanco, Bob Hemmer, and Chris La Fond. Their assistance and valuable insight in the production phase contributed greatly to this program.

Matilde O. de Castells
Ricardo Castells

PASO 1

—¡Hola! ¿Qué tal? ¿Cómo está?
—Regular, ¿y tú?
—Bastante bien, gracias

Primer Paso

COMUNICACIÓN

- Greetings and good-byes
- Thanking and acknowledging thanks
- Requesting permission and pardon
- Expressing regret
- Asking for and giving names
- Introducing oneself and others
- Identifying and describing people

Saludos

—Buenos días, señorita Mena.

—Buenos días. ¿Cómo está usted, señor Gómez?

—Bien, gracias. ¿Y usted?

—Muy bien, gracias.

—¡Hola, Inés! ¿Qué tal? ¿Cómo estás?

—Regular, ¿y tú?

—Bastante bien, gracias.

—Buenas tardes, Felipe. ¿Cómo estás?

—Bien, gracias. Y usted, ¿cómo está, señora?

—Mal, Felipe, mal.

—Lo siento.

- **Use buenas tardes** from noon until nightfall. After nightfall, use **buenas noches,** *good evening, good night.*

- **¿Qué tal?** is a more informal greeting. It is normally used with **tú,** but it may also be used with **usted.**

- Spanish has more than one word meaning you. Use **usted** when talking to someone you address in a respectful or formal manner, as **señor, señorita, doctor, profesor,** and so on. Use **tú** when talking to someone on a first-name basis (close friend, relative, child). The verb form **está** goes with **usted,** and **estás** goes with **tú.**

CULTURA When saying hello or good-bye and when being introduced, Spanish-speaking men and women almost always shake hands. When greeting each other, young girls and women often place their cheeks together, kissing not each other's cheek but the air. This is also the custom for men and women who are close friends; sometimes the man kisses the woman's cheek. In Spain this kissing is done on both cheeks. Men who are close friends normally embrace and pat each other on the back.

Native Spanish speakers also tend to get physically closer to the person with whom they are talking than do Americans.

Despedidas

adiós	*good-bye*
hasta luego	*see you later*
hasta mañana	*see you tomorrow*

- **Adiós** is generally used when you do not expect to see the other person for a while. It is also used as a greeting when people pass each other, but have no time to stop and talk.

- **Chao** is an informal way of saying good-bye, which is very popular in South America.

Expresiones de cortesía

con permiso	*pardon me, excuse me*
gracias	*thanks, thank you*
de nada	*you're welcome*
lo siento	*I'm sorry*
perdón	*pardon me, excuse me*
por favor	*please*

- **Con permiso** and **perdón** may be used "before the fact," as when asking a person to allow you to go by or when trying to get someone's attention. Only **perdón** is used after the fact, as when you have stepped on someone's foot.

 A escuchar

You will hear three brief conversations. Mark the appropriate column to indicate if the greetings are formal (with **usted**) or informal (with **tú**). Do not worry if you do not understand every word.

	Formal	Informal
1.	____	____
2.	____	____
3.	____	____

Actividades

P1–1 Saludos.   You work as a receptionist in a hotel. Which greeting is appropriate at the following times? (**buenos días, buenas tardes, buenas noches**)

9:00 a.m.	4:00 p.m.	1:00 p.m.
11:00 p.m.	10:00 a.m.	8:00 p.m.

P1–2 ¿Perdón o con permiso?

4.

2.

3.

1.

5.

P1–3 Expresiones de cortesía y despedidas.   Which expression would you use in the following situations?

gracias	de nada	por favor
adiós	hasta luego	lo siento

1. Someone thanks you.
2. You are saying good-bye to a friend whom you will see later that evening.
3. You are asking a classmate for his notes.
4. You hear that your friend is sick.
5. You receive a present from a friend.
6. Your friend is leaving for a vacation in Spain.

P1–4 Encuentros.   You meet the following people on the street. Greet them, ask them how they are, and then say good-bye. A classmate will play the other role.

1. a classmate
2. your friend's little brother
3. an older lady
4. your history professor
5. one of your cousins
6. your doctor

Presentaciones

—Me llamo Antonio Mendoza.
Y tú, ¿cómo te llamas?
—Benito Sánchez. Mucho gusto.
—Igualmente.

—¿Cómo se llama usted?
—Me llamo Isabel Mendoza.
—Mucho gusto.
—Encantada.

—María, mi amigo José.
—Mucho gusto.
—Encantado.

SR. GÓMEZ: —Doña Mirta,
le presento a don José Flores.
DON JOSÉ: —Mucho gusto.
DOÑA MIRTA: —Igualmente.

- **Mucho gusto** is used by both men and women when meeting some-one for the first time. A man may also say **encantado** and a woman, **encantada**.

- When responding to **mucho gusto,** you may use either **encantado/a** or **igualmente.**

- When you introduce a person to someone you address as **usted,** use **le presento...;** with someone you address as **tú,** use **te presento....**

   —Señor Castañeda, le presento a mi amigo Pablo Martín.
   —Gabi, te presento a Estelita.

- Introductions can often be simplified, using only the names of the people involved.

   —Señor Castañeda, Pablo Martín.
   —Gabi, Estelita.

Actividades

P1–5 **Saludos.** You are an usher at a fund-raising banquet. Greet the guests formally and ask their names.

P1–6 **En una reunión.** Introduce yourself to some young people and find out their names.

P1–7 **Presentaciones.** Make appropriate introductions in the following situations.

1. You introduce a new student to one of your classmates.
2. You are talking to one professor when another professor comes over.
3. You and a friend are downtown and you run into a former boss.
4. You are at the cafeteria having a snack with a friend when another friend arrives.

Identificación y descripción de personas

—¿Quién es ese chico?
—Es Julio.
—¿Cómo es Julio?
—Es romántico y sentimental.

—¿Quién es esa chica?
—Es Carmen.
—¿Cómo es Carmen?
—Es activa y muy seria.

ser		to be	
yo	**soy**	I	am
tú	**eres**	you	are
usted	**es**	you	are
él, ella	**es**	he, she	is

[handwritten: nosotros somos / vosotros sois / ellas son]

- Use **ser** to describe what someone is like.

- To make a sentence negative, place the word **no** before the appropriate form of **ser**.

    Ella es inteligente. → Ella **no** es inteligente.

- When answering a question with a negative statement, say **no** twice.

    —¿Es rebelde?
    —**No, no** es rebelde.

COGNADOS

Cognates are words from two languages that have the same origin and are similar in form and meaning. Since English shares many words with Spanish, you will discover that you already recognize many Spanish words. Here are some that are used to describe people.

The cognates in this first group use the same form to describe a man or a woman.

competente	importante	materialista	pesimista
eficiente	inteligente	optimista	rebelde
elegante	interesante	paciente	sentimental
idealista	liberal	parcial	valiente

The congnates in the second group have two forms. The **-o** form is used to describe a man and the **-a** form to describe a woman.

agresivo/a	generoso/a	moderno/a	serio/a
ambicioso/a	impulsivo/a	pasivo/a	sincero/a
creativo/a	introvertido/a	religioso/a	tímido/a
extrovertido/a	lógico/a	romántico/a	tranquilo/a

There are also some words that appear to be cognates, but do not have the same meaning in both languages. You will find some examples in future lessons.

Actividades

P1–8 Conversación. Your partner will ask you about a classmate. Describe the classmate using cognates.

MODELO: —¿Cómo es...?

—Es...

P1–9 Una persona importante. Describe an important or famous person to your partner.

MODELO: Gloria Estefan es activa y generosa. Ella no es pesimista.

P1–10 ¿Cómo es mi compañero/a?

1. Ask the person next to you if he/she has the following personality traits.

MODELO: —¿Eres pesimista?

—No, no soy pesimista. *o* —Sí, soy pesimista.

a. sentimental   c. generoso/a
b. sincero/a   d. impulsivo/a

2. Then find out what he/she is really like.

MODELO: —¿Cómo eres (tú)?

—Soy activo, rebelde y creativo.

P1–11 Situación. Get a student's attention and greet him/her. Then find out who the person next to that student is and ask what he/she is like.

PRONUNCIACIÓN: *Las vocales*

Spanish has five simple vowel sounds, represented in writing by the letters **a, e, i, o,** and **u.** These vowels are tense and short, and for all practical purposes, constant in length.

1. The pronunciation of the Spanish **a** is similar to the *a* in *father,* but shorter and tenser.

    llama   **mañana**   **banana**   **Panamá**   **encantada**

2. The pronunciation of the Spanish **e** is similar to the *e* in *they,* but without the glide sound.

    sé   **nene**   **este**   **Sánchez**   **bastante**

3. The pronunciation of the Spanish **i** is similar to the *i* in *machine,* but without the glide sound.

    sí   **ni**   **Mimí**   **isla**   **Felipe**

4. The pronunciation of the Spanish **o** is similar to the *o* in *no,* but without the glide sound.

    no   **con**   **Mónica**   **noches**   **profesor**

5. The pronunciation of the Spanish **u** is similar to the *u* in *tuna,* but without the glide sound.

    su   **tú**   **mucho**   **uno**   **usted**

EL ALFABETO

a	a	**o**	o
b	be	**p**	pe
c	ce	**q**	cu
d	de	**r**	ere
e	e	**rr**	erre
f	efe	**s**	ese
g	ge	**t**	te
h	hache	**u**	u
i	i	**v**	ve, uve
j	jota	**w**	doble ve,
k	ka		doble uve, uve doble
l	ele	**x**	equis
m	eme	**y**	i griega, ye
n	ene	**z**	zeta
ñ	eñe		

- The Spanish alphabet has more letters than the English alphabet.

- **Ch** and **ll** are no longer considered single letters but are listed separately in Spanish dictionaries published prior to 1994.

- The letter **ñ** does not exist in English.

- Some Spanish grammars do not include **rr** in the alphabet, and words containing **rr** are alphabetized as in English.

- The letters **k** and **w** appear mainly in words of foreign origin.

Actividades

P1–12 **¿Cómo se escribe?** Ask a friend about the spelling of some Mexican cities.

MODELO: Mazatlán —¿Cómo se escribe Mazatlán? ¿Con s o con z?

—Con z.

1. Hermosillo
2. Celaya
3. Saltillo
4. Salamanca
5. Veracruz

P1–13 **Los nombres.** You will be asked your name. Give your name and then spell it to be sure it is understood.

MODELO: —Su nombre, por favor.

—David Montoya. D-a-v-i-d M-o-n-t-o-y-a.

Expresiones útiles en la clase

Vaya a la pizarra.

Voy a pasar (la) lista.
Manuel Arias, Josefina Barrios.

La tarea, por favor.

Conteste.

Repita.

These command forms are formal and address one person. When addressing two or more people, the command form generally ends in **n**: **escuchen.**

Although you may not have to use these expressions, you should be able to recognize them and respond appropriately.

VOCABULARIO

DESPEDIDAS

adiós	*good-bye*
hasta luego	*see you later*
hasta mañana	*see you tomorrow*

EXPRESIONES DE CORTESÍA

con permiso	*excuse me*
de nada	*you're welcome*
gracias	*thanks, thank you*
lo siento	*I'm sorry*
perdón	*excuse me*
por favor	*please*

PRESENTACIONES

¿Cómo se llama usted?	*What's your name? (formal)*
¿Cómo te llamas?	*What's your name? (familiar)*
encantado/a	*delighted*
igualmente	*likewise*
le presento a...	*I'd like you to meet . . . (formal)*
me llamo...	*my name is . . .*
mucho gusto	*pleased/nice to meet you*
te presento a...	*I'd like you to meet . . . (familiar)*

SALUDOS Y CONTESTACIONES

bien	*well*
bastante bien	*pretty well, rather well*
muy bien	*very well*
buenos días	*good morning*
buenas noches	*good evening, good night*
buenas tardes	*good afternoon*
¿Cómo está usted?	*How are you? (formal)*
¿Cómo estás?	*How are you? (familiar)*
hola	*hello, hi*
mal	*not well*
¿Qué tal?	*How's it going?*
regular	*so-so*

PERSONAS

el/la amigo/a	*friend*
la chica	*girl*
el chico	*boy*
don	*title of respect for men*
doña	*title of respect for women*
él	*he*
ella	*she*
el/la profesor/a	*professor, teacher*
señor (Sr.)	Mr.
señora (Sra.)	Mrs.
señorita (Srta.)	Miss
tú	*you (familiar)*
usted	*you (formal)*
yo	*I*

DESCRIPCIÓN

activo/a	*active*
romántico/a	*romantic*
sentimental	*sentimental*
serio/a	*serious*

VERBOS

eres	*you are (familiar)*
es	*you are (formal), he/she is*
soy	*I am*

PALABRAS ÚTILES

ese/esa	*that* (adjective)
mi	*my*
no	*no*
sí	*yes*
y	*and*

PALABRAS INTERROGATIVAS

¿Cómo...?	*How . . . ?*
¿Cómo es...?	*What is he/she/it like?*
¿Quién...?	*Who . . . ?*

PASO 2

TELEVISION

LUNES 10

PRIMERA CADENA

8.00.—Buenos días.
9.00.—Por la mañana.
13.00.—Mi pequeño pony.
13.30.—3 × 4.
15.00.—Telediario 1.
15.35.—* Spencer, detective privado.
16.30.—Por la tarde.
18.00.—Los mundos de Yupi.
18.30.—Reloj de luna.
19.00.—Dale la vuelta.
19.30.—De película.
20.30.—Telediario 2.
21.00.—El tiempo.
21.15.—El precio justo.
23.00.—* El local de Frank.
23.30.—* Documentos TV.
0.30.—Telediario 3.
0.50.—Teledeporte.
1.05.—La noche.

DE PELICULA
Lunes, 19.30 (1.ª). Espacio dedicado al mundo del cine, presentado por Isabel Mestres.

1993 Enero

lunes	martes	miercoles	jueves	viernes	sabado	domingo
🌑 I – 30 Creciente	◯ 8 Llena	◑ 15 Menguante	● 22 Nueva	1 Sta. María	2 S. Basilio el G.	3 S. Florencio
4 S. Aquilino	5 S. Telesforo	6 S. Reyes	7 S. Raimundo	8 S. Julián y E.	9 S. Marcelino	10 S. Nicanor
11 S. Higinio	12 S. Arcadio	13 S. Hilario	14 S. Félix	15 S. Pablo y M.	16 S. Marcelo	17 S. Antonio A.
18 Sta. Prisca	19 S. Mario	20 S. Sebastián	21 S. Fructuoso	22 S. Vicente M.	23 S. Ildefonso	24 S. Francisco S
25 C. San Pablo	26 S. Timoteo	27 Sta. Ángela M.	28 S. Tomás A.	29 S. Severo	30 S. Hipólito	31 S. Juan Bosco

¿Cuál es la fecha? ¿Qué día es hoy? ¿Qué días hay clase de español? ¿Qué hora es? ¿A qué hora es la próxima clase?

Segundo paso

- Identifying classroom objects
- Asking and answering questions about location
- Using numbers from 0 to 99
- Solving simple arithmetic problems
- Expressing addresses and telephone numbers
- Expressing dates
- Telling when an event takes place
- Telling time

Un salón de clase

—¿Qué es esto?
—Es un lápiz.

—¿Qué es esto?
—Es un bolígrafo.

▪ Use **¿Qué es esto?** when asking for the identification of an object.

Actividades

P2–1   ¿Qué es esto?   Your instructor will point to some classroom objects and ask you to identify them.

P2–2   Identificación.   Ask your partner to identify the items on this table.

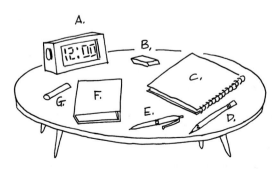

P2–3   Para la clase de español. Write down a list of the things you need for this class.

¿Dónde está?

—¿Dónde está la profesora?

—Está en la clase.

▪ To ask about the location of a person or an object, use **dónde** + **está.**

A escuchar

Look at the drawing of the classroom above. You will hear statements about the location of several people. Mark the appropriate column to indicate whether each statement is true or false.

	Sí	No			Sí	No
1.	√			4.	√	
2.	√			5.		
3.		√		6.		

Actividades

P2–4 Para completar. Complete the following sentences based on the relative position of people or objects in the drawing on page 15.

1. La pizarra está _____ la profesora.
2. El libro está _____ el escritorio.
3. María está _____ la profesora.
4. Mercedes está _____ Juan y María.
5. Juan está _____ Mercedes.
6. María está _____ la ventana.
7. La puerta está _____ de la pizarra.

P2–5 Para identificar. Identify where your classmates are in relation to one other.

MODELO: —¿Quién está al lado de Juan?

  —María (está al lado de Juan).

P2–6 ¿Dónde está? Your partner will ask where several items in your classroom are. Answer by giving their position in relation to a person or another object.

MODELO: —¿Dónde está el libro?

  —Está sobre el escritorio.

P2–7 La clase de español. The **X** marks your location on the seating chart below.

1. Tell where Juan, Ángeles, Cristina, and Pedro are seated.
2. Ask questions about the location of other students.

María	Juan	Ester	Susana	Pedro
Carlos	Cristina	Ángeles	Alberto	Anita
Mercedes	Andrés	Roberto	Rocío	Pablo
		X		

NÚMEROS 0–99

0	cero	11	once	22	veintidós
1	uno	12	doce	30	treinta
2	dos	13	trece	31	treinta y uno
3	tres	14	catorce	40	cuarenta
4	cuatro	15	quince	50	cincuenta
5	cinco	16	dieciséis	60	sesenta
6	seis	17	diecisiete	70	setenta
7	siete	18	dieciocho	80	ochenta
8	ocho	19	diecinueve	90	noventa
9	nueve	20	veinte		
10	diez	21	veintiuno		

- Numbers from 16 through 19 and 21 through 29 may be written as one word or as three words. Note the spelling changes and the written accent on some combined forms.

diez y ocho   **dieciocho**
veinte y dos   **veintidós**

- Beginning with 31, numbers are written as three words.

31   **treinta y uno**
45   **cuarenta y cinco**

- The number *one* has three forms in Spanish: **uno, un,** and **una.** Use **uno** when counting: **uno, dos, tres...** Use **un** or **una** before nouns: **un borrador, una tiza; veintiún libros, veintiuna tizas.**

- Use **hay** for both *there is* and *there are.*

Hay un libro sobre la mesa.   *There is a book on the table.*
Hay dos libros sobre la mesa.   *There are two books on the table.*

Actividades

P2–8   Para identificar.   Your instructor will read a number from each group. Circle the number.

- 8   4   3   5
- 12   9   16   6
- 37   59   41   26
- 54   38   76   95
- 83   62   72   49
- 47   14   91   56

CULTURA   In Spanish-speaking countries, the name of the street precedes the house or building number. Telephone numbers are generally given in sets of two: but if a zero begins a set, then the digits are given one at a time: 234–1905 = **dos, treinta y cuatro, diecinueve, cero cinco.**

LENGUA   For most explanations in the text, there are additional corresponding explanations in the **Student Activities Manual.** Be sure to read them since they will give you additional information that will help your comprehension.

P2–9   Una lista.   Tell your partner that you need the items below for your new office.

1	escritorio
1	pizarra
6	mesas
24	sillas
3	cestos

P2–10   Problemas.   Solve the following problems. Use **y** (+), **menos** (−), and **son** (=).

MODELO: 2 + 4 =   Dos y cuatro son seis.

- 11 + 4 =
- 8 + 2 =
- 13 + 3 =

- 20 − 6 =
- 39 + 50 =
- 80 − 1 =

- 50 − 25 =
- 26 + 40 =
- 90 − 12 =

P2–11   Números de teléfono y direcciones.

MODELO: Carlos Castellanos   Calle Colón 62   654–6416

—¿Cuál es la dirección de Carlos Castellanos?

—Calle Colón, número 62.

—¿Cuál es su teléfono?

—(El) 6 54 64 16

1. Marcelo Domínguez   General Páez 40   423–4837
2. Luisa Álvarez   Avenida Bolívar 7   956–1709
3. Margarita Jiménez   Calle Vigo 54   98–68–51
4. Hilda Orfila   Chamberí 3   615–7359

P2–12   Adivinanzas.   Try to guess the number from 0 to 99 chosen by the group leader. The leader says **más** if it is higher, **menos** if it is lower until the right answer is guessed. Then switch leaders.

DÍAS DE LA SEMANA Y MESES DEL AÑO

enero	*January*	**julio**	*July*
febrero	*February*	**agosto**	*August*
marzo	*March*	**septiembre**	*September*
abril	*April*	**octubre**	*October*
mayo	*May*	**noviembre**	*November*
junio	*June*	**diciembre**	*December*

LENGUA   Days of the week and months of the year are not capitalized in Spanish, but sometimes they are capitalized in advertisements and invitations.

- Monday (**lunes**) is normally the first day of the week on Hispanic calendars.

- To ask what day it is, use **¿Qué día es hoy?** Answer with **Hoy es…**

- To ask about the date, use **¿Cuál es la fecha?** Respond with **Es el (14) de (octubre).**

- Express *on* 1 *a day of the week* as follows:

el lunes	*on Monday*	**los lunes**	on Mondays
el domingo	*on Sunday*	**los domingos**	on Sundays

- Cardinal numbers are used with the dates (e.g., **el dos, el tres**) except for the first day of the month, which is **el primero.** In Spain, the first day is **el uno.**

- When dates are given in numbers, the day precedes the month: 11/105 11 de octubre.

Actividades

P2–13 ¿Qué día de la semana? Answer the following questions using the calendar.

¿Qué día de la semana es el 2? ¿el 5? ¿el 22? ¿el 18? ¿el 10? ¿el 13? ¿el 28?

P2–14 Preguntas.

1. ¿Qué día es hoy?
2. Si hoy es martes, ¿qué día es mañana?
3. Si hoy es jueves, ¿qué día es mañana?
4. ¿Hay clase de español los domingos? ¿Y los sábados?
5. ¿Qué días hay clase de español?

P2–15   Fechas importantes.   Tell your partner the dates when these events will take place in June.

MODELO: la reunión de estudiantes / 3

—¿Cuándo es la reunión de estudiantes?

—(Es) El 3 de junio.

1. el concierto de Gloria Estefan / 9
2. el aniversario de Carlos y María / 14
3. el banquete / 18
4. la graduación / 22
5. la fiesta / 24

P2–16   El cumpleaños.   Ask your partner when these friends have their birthday.

MODELO: Guillermo 3/5

—¿Cuándo es el cumpleaños de Guillermo?

—(Es) El 3 de mayo.

1. Juana 14/4
2. Rodolfo 13/11
3. Adela 20/8
4. Ricardo 9/12
5. Rafael 23/9
6. Carolina 31/5

LA HORA

▪ Use **¿Qué hora es?** to inquire about the hour. To tell time, use **Es la...** from one o'clock to one thirty and **Son las...** with the other hours.

Es la una.

Son las tres.

▪ To express the quarter hour use **cuarto** or **quince.** To express the half hour use **media** or **treinta.**

Son las dos y cuarto.
Son las dos y quince.

Es la una y media.
Es la una y treinta.

- To express time after the half hour subtract the minutes (using **menos**) from the next hour.

Son las cuatro menos diez.

- Use **¿A qué hora es...?** to ask the hour at which something happens.

  —¿A qué hora es la clase?   *(At) What time is (the) class?*
  —(Es) A las nueve y media.   *It's at 9:30.*

- Add **en punto** for the exact time and **más o menos** for approximate time.

  Es la una **en punto**.   *It's one o'clock sharp.*
  Son las cinco menos cuarto   *It's about quarter to five.*
    más o menos.

- For **a.m.** and **p.m.**, use the following:

  de la mañana   *(from* midnight to 11:59 A.M.*)*
  de la tarde   *(from noon to approximately 7:00 P.M.)*
  de la noche   *(from 7:00 P.M. to midnight)*

Actividades

P2–17 **¿Qué hora es en...?**   Ask what time it is in the following cities.

LOS ÁNGELES a.m.

MÉXICO p.m.

SAN JUAN p.m.

BUENOS AIRES p.m.

MADRID p.m.

CULTURA   In Spanish-speaking countries, events such as concerts, bull-fights, and religious services begin on time. Normally, business meetings and medical appointments are also kept at the scheduled hour. However, informal social functions such as parties and private gatherings do not usually begin on time. In fact, guests are expected to arrive from one half to one full hour after the time indicated. When in doubt, you may ask either **¿hora americana?** or **¿hora inglesa?** *(precise time?)* to find out if you should be punctual.

LENGUA   Note that A.M. and P.M. are not capitalized in Spanish.

P2–18 El horario de María.

MODELO: —¿A qué hora es la clase de español?

—Es a las nueve.

LUNES	
9:00	clase de español
10:15	recreo
10:30	clase de matemáticas
11:45	laboratorio
1:00	almuerzo°
2:00	clase de física
5:00	partido de tenis°

lunch

tennis match

P2–19 Mi horario.   Now make a chart of your own schedule using the one above as a model, but do not include the time. Exchange schedules with your partner, who will find out the time by asking you.

PRONUNCIACIÓN: Las consonantes P, T, C, Q, S, Z

Listen carefully to the explanation of these consonants on your cassette. If you want to read the explanation on your own or follow along while you listen to your cassette, you will find it in the **Student Activities Manual.**

A leer

Reading is an important skill that will help you develop proficiency in Spanish.

In real life we read for pleasure and information. The competent reader makes use of many different reading strategies in order to extract meaning from a wide variety of written materials. The following ideas are helpful, especially for those beginning to read in a second language.

Reading depends on more than just knowing words. Your experiences and knowledge of the world can help you comprehend the text. Language students often feel that they need to understand every word in order to understand the text. But sometimes understanding key words, such as nouns and verbs, is all you really need to get the gist of what you are reading. Remember to read the title and subtitles, and to pay close attention to visual clues, such as pictures, charts, or print size. Use these items to make educated guesses about the meaning of a text. Anticipating what you are going to read and guessing the meaning of unknown words through context will facilitate comprehension. You will be surprised how often your guesses are correct.

In addition, there are many cognates in English and Spanish. You have already encountered many of these cognates in the *Pasos*. The similarities between English and Spanish words are more noticeable in the written than in the spoken language. Take advantage of this to improve your reading comprehension.

Look over the material below and try to figure out what it is about. The title and the format will help you get a general idea about the text. The strategy of looking over a text to get the general idea is called *skimming*.

You immediately recognized this text as a TV listing even before you read it. The size and color of the title **televisión** made it stand out. The format and the times provided additional information to corroborate your guess.

As you read the listing a second time, look for the following specific details. This strategy is called *scanning*.

1. Day and date of the programs
2. Time of the morning shows
3. Names of shows considered interesting (*)
4. Titles of the first and last shows

Programas interesantes.   Review the TV listing and select the programs that seem most interesting to you. Then, in small groups, compare your lists to determine the two most popular programs.

TELEVISION

LUNES   10

PRIMERA CADENA

8.00.—Buenos días.
9.00.—Por la mañana.
13.00.—Mi pequeño pony.
13.30.—3 × 4.
15.00.—Telediario 1.
15.35.—* Spencer, detective privado.
16.30.—Por la tarde.
18.00.—Los mundos de Yupi.
18.30.—Reloj de luna.
19.00.—Dale la vuelta.
19.30.—De película.
20.30.—Telediario 2.
21.00.—El tiempo.
21.15.—El precio justo.
23.00.—* El local de Frank.
23.30.—* Documentos TV.
0.30.—Telediario 3.
0.50.—Teledeporte.
1.05.—La noche.

DE PELICULA
Lunes, 19.30 (1.ª). Espacio dedicado al mundo del cine, presentado por **Isabel Mestres.**

EL LOCAL DE FRANK
Lunes, 23.00 (1.ª). Serie americana, que cuenta la vida del dueño de un restaurante.

Expresiones útiles en la clase

Other expressions that you may hear or say in the classroom are:

Abran el libro en la página...	*Open the book to page . . .*
Más alto, por favor.	*Louder, please.*
Otra vez.	*Again.*
¿Comprende(n)?	*Do you understand?*
¿Tiene(n) alguna pregunta?	*Do you have any questions?*
No comprendo.	*I don't understand.*
No sé.	*I don't know.*
Tengo una pregunta.	*I have a question.*
Más despacio, por favor.	*More slowly, please.*
¿En qué página?	*On what page?*
¿Cómo se dice...en español?	*How do you say . . . in Spanish?*
¿Cómo se escribe...?	*How do you spell . . . ?*
presente	*here, present*
ausente	*absent*
Cambien de papel.	*Switch roles.*

VOCABULARIO

EN EL SALÓN DE CLASE

el bolígrafo	*ball-point pen*
el borrador	*eraser*
el cesto	*wastepaper basket*
el cuaderno	*notebook*
el escritorio	*desk*
el/la estudiante	*student*
el lápiz	*pencil*
el libro	*book*
la mesa	*table*
la pizarra	*chalkboard*
la puerta	*door*
el pupitre	*student desk*
el reloj	*clock*
la silla	*chair*
la tiza	*chalk*
la ventana	*window*

LUGAR

al lado (de)	*next to*
debajo (de)	*under*
detrás (de)	*behind*
enfrente (de)	*in front of*
entre	*between, among*
sobre	*on, above*

TIEMPO

el año	*year*
cuarto	*quarter*
el día	*day*
en punto	*sharp* (for telling time)
la fecha	*date*
la hora	*hour*
hoy	*today*
la mañana	*morning*
media	*half*
menos	*minus, to* (for telling time)
el mes	*month*
la semana	*week*

LA DIRECCIÓN

la calle	*street*
el número	*number*

VERBOS

está	*he/she is, you are (formal)*
hay	*there is, there are*

PALABRAS ÚTILES

a	*at, to*
el/la	*the*
en	*in*
esto	*this*
tu	*your*
un/una	*a, an*

EXPRESIONES ÚTILES

¿A qué hora es...?	*(At) What time is . . . ?*
¿Cuál es...?	*What/which one is . . . ?*
Es la.../Son las...	*It's . . .*
Es a las...	*It's at . . .*
más o menos	*more or less*
¿Qué es esto?	*What is this?*
¿Qué hora es?	*What time is it?*

PALABRAS INTERROGATIVAS

¿dónde?	*where*
¿qué?	*what*

See pages 16–19 for the numbers, the days of the week, and the months of the year.

LECCIÓN 1

¿Qué estudia usted? ¿Cómo son las clases?
¿Cuál es su clase favorita? ¿Cuál es la clase
más fácil? ¿y más difícil? ¿Cuáles son las clases
más populares?

Los estudiantes y la universidad

Los estudiantes y los cursos

Me llamo Carmen Granados. Estudio economía. Llego a la universidad a las ocho y media. Por las tardes yo trabajo en una oficina.

Horario de Carmen

hora	lunes	martes	miércoles	jueves	viernes
9:00	psicología	economía	psicología	economía	psicología
10:30	sociología	antropología	sociología	antropología	sociología
11:00					
12:00					
1:00					
2:00					
3:00	oficina	oficina	oficina	oficina	oficina

Este chico es mi amigo. Se llama David Thomas. Es norteamericano y estudia español. David llega a la universidad a las diez. Él habla español y practica con los estudiantes. David escucha los casetes en el laboratorio.

Horario de David

hora	lunes	martes	miércoles	jueves	viernes
9:00					
10:30	español	historia	español	historia	español
11:30	literatura	geografía	literatura	geografía	literatura
12:00					
1:00					
2:00					
3:15	laboratorio	laboratorio	laboratorio	laboratorio	laboratorio

¿Cómo es la clase?

| Es fácil. | Es muy difícil. | Es interesante. | Es aburrida. |

—Dora, ¿qué estudias este semestre?

—Informática y psicología.

—¿Trabajas mucho con computadoras?

—Sí, y es muy interesante.

CIENCIAS

biología
álgebra
geografía
física
química
psicología
sociología
contabilidad

LENGUAS

inglés
francés
chino
portugués
ruso
japonés
italiano
alemán

▶ Y usted, ¿qué estudia? ¿Saca buenas notas?

Actividades

1–1 ¿En qué clase...? Asocie las palabras de la izquierda con la clase apropiada.

1. casetes	a. química
2. números	b. biología
3. oxígeno	c. español
4. animales	d. historia
5. Freud	e. matemáticas
6. dólares	f. geografía
7. Napoleón	g. psicología
8. mapa	h. economía

1–2   Ciudades y lenguas.   Asocie estas ciudades con la lengua que hablan allí.

1. París	a. portugués
2. Panamá	b. ruso
3. Moscú	c. italiano
4. Shanghai	d. inglés
5. Río de Janeiro	e. japonés
6. Roma	f. español
7. Tokio	g. alemán
8. Berlín	h. chino
9. Nueva York	i. francés

1–3   Mi programa de estudios.   Marque con una X las tres clases más interesantes. Luego formen grupos de cuatro o cinco estudiantes. ¿Cuáles son las tres clases más populares?

MODELO: USTED: Mis clases son...

                  COMPAÑERO/A: Y mis clases son...

_____ historia del arte	_____ astrología
_____ informática	_____ psicología infantil
_____ física nuclear	_____ ciencias económicas
_____ el futuro de América	_____ geografía de América
_____ psicología de la comunicación	_____ el arte en México

1–4   Horarios y clases.   Completen la siguiente conversación.

USTED: Yo llego a la universidad a... ¿Y tú?

COMPAÑERO/A: ...

USTED: Yo estudio... ¿Y tú?

COMPAÑERO/A: ... ¿Cómo es la clase de...?

USTED: ...

1–5   Mis clases.   Preparen una lista de sus clases. Al lado de cada clase debe indicar si es aburrida, interesante, fácil o difícil. Comparen los resultados del grupo con los de otros grupos.

....

CULTURA Although many Spanish–speaking countries (Argentina, Chile, Colombia, Cuba, Mexico, the Dominican Republic, and Uruguay) use the **peso** as the basic currency, a significant number does not. Note the following countries and their currencies: Bolivia → **boliviano**; Costa Rica → **colón**; Ecuador → **sucre**; El Salvador → **colón**; Guatemala → **quetzal**; Honduras → **lempira**; Nicaragua → **córdoba**; Panamá → **balboa**; Paraguay → **guaraní**; Perú → **nuevo sol**; Puerto Rico → **dólar** (U.S.); España → **peseta**; and Venezuela → **bolívar.**

La vida estudiantil

Unos estudiantes caminan en la universidad. Ellos hablan de sus clases y de sus actividades. La clase de psicología es muy popular. La clase es difícil pero muy interesante.

¿Dónde está...?

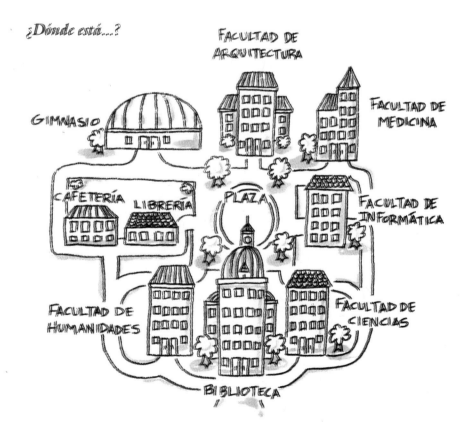

FACULTAD DE ARQUITECTURA

GIMNASIO

FACULTAD DE MEDICINA

CAFETERÍA   LIBRERÍA   PLAZA

FACULTAD DE INFORMÁTICA

FACULTAD DE HUMANIDADES

FACULTAD DE CIENCIAS

BIBLIOTECA

En la librería

ESTUDIANTE:	Necesito comprar un diccionario de español.
DEPENDIENTE:	¿Grande o pequeño?
ESTUDIANTE:	Grande. Es para mi clase de español.
DEPENDIENTE:	Este diccionario es excelente.
ESTUDIANTE:	¿Cuánto cuesta?
DEPENDIENTE:	Noventa y ocho pesos.

¿Y qué hacen por las noches o los fines de semana?

Los estudiantes toman
algo en un café.

Bailan en una
discoteca.

Miran televisión en casa.

Actividades

1–6 ¿Cuánto cuesta? Pregúntele a su compañero/a cuánto cuesta cada uno de los siguientes objetos.

MODELO: —¿Cuánto cuesta la grabadora?

—Cuesta cincuenta dólares.

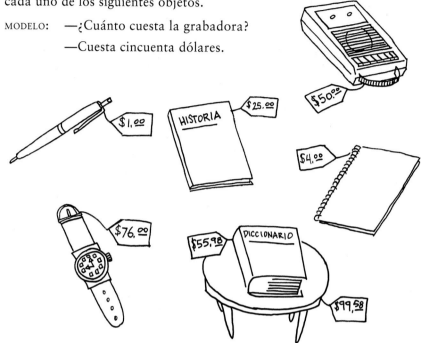

1–7 Intercambio. Complete esta conversación con la expresión apropiada.

USTED: Hablo con mis amigos en (la clase / la biblioteca / el café). ¿Y tú?

COMPAÑERO/A: ...

USTED: Escucho los casetes en (el laboratorio / el auto / el gimnasio). ¿Y tú?

COMPAÑERO/A: ...

USTED: Trabajo en la computadora en (la clase / el café / la plaza). ¿Y tú?

COMPAÑERO/A: ...

USTED: Yo estudio español en (mi casa / la cafetería / la biblioteca). ¿Y tú?

COMPAÑERO/A: ...

USTED: Miro televisión en (la universidad / la discoteca / mi casa). ¿Y tú?

COMPAÑERO/A: ...

1–8 Composición: Mis actividades y mi clase favorita.

1. Llego a la universidad a...
2. Mi clase favorita es...
3. El/La profesor/a se llama ...
4. La clase es muy...
5. Practico español en...
6. Para mi clase de español, yo necesito...

1-9   Temas estudiantiles.   Comenten sobre sus clases, su horario y otras cosas de la vida estudiantil. Pueden usar estas sugerencias.

MODELO: —¿Qué estudias este semestre?

—Historia, literatura y francés. ¿Y tú?

¿A qué hora es la clase de literatura?

A las diez y media.

¿Cómo es la clase?

Es una clase interesante.

¿Quién es el/la profesor/a?   Es el señor Hernández.

Yo, antropología y español.

A escuchar

Listen carefully to the short descriptions on your student tape. Do not worry if you cannot understand every word.

A.   First you will hear three people talking about work, studies, and free time. As you listen, determine what the main topic is. Then write the number of the description under the appropriate heading.

studies	work	free time
___	___	___

B.   Now listen to the following description to determine if it refers to the activities of a student or a professor.

student	professor
___	___

Now listen to the description again and answer the following questions.

	Sí	No
1. Alicia es muy inteligente y activa.	___	___
2. Ella estudia matemáticas en la universidad.	___	___
3. Alicia estudia mucho y saca buenas notas.	___	___
4. Ella llega a la universidad a las tres de la tarde.	___	___

 *A leer*

Look for the following information on the front and back covers of this brochure.

1. name of the institution
2. three of the classes offered
3. location

Centro Audiovisual
METODOS AUDIOVISUALES

INFORMATICA
INGLES
CONTABILIDAD
PRACTICAS DE OFICINA
CALCULO COMERCIAL
SECRETARIADO Y
ADMINISTRATIVO

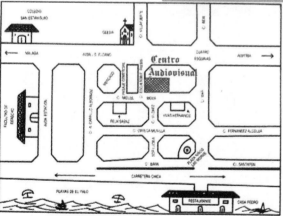

Miguel Moya, 16 - 2.º – Telf. 29 58 48
(Junto al Mercado y Academia Montes)
EL PALO

Enfoque

UNIVERSITARIOS NORTEAMERICANOS EN LOS PAÍSES HISPÁNICOS

Estudiar español como visitante en un país de habla española puede ser una experiencia maravillosa. Más de 5.000 estudiantes norteamericanos estudian la lengua y la cultura española en universidades hispánicas todos los años. España, México, Costa Rica, Venezuela y Argentina son los países de habla española más populares entre los estudiantes norteamericanos.

La Universidad Nacional Autónoma de México (UNAM)

1. SUBJECT PRONOUNS

SINGULAR		PLURAL	
yo	*I*	**nosotros, nosotras**	*we*
tú	*you* (familiar)	**vosotros, vosotras**	*you* (familiar)
usted	*you* (formal)	**ustedes**	*you* (formal)
él	*he*	**ellos**	*they* (masculine)
ella	*she*	**ellas**	*they* (feminine)

- In Spain, the plural of **tú** is **vosotros** or **vosotras.** In other Spanish-speaking countries, the plural of both **tú** and **usted** is **ustedes.**

- Except for **ustedes,** the plural subject pronouns have masculine and feminine endings. Use **-as** for a group composed only of females; and **-os** for a mixed group or one composed only of males.

- **Usted** and **ustedes** are often abbreviated as **Ud.** and **Uds.** or **Vd.** and **Vds.**

Actividad

1–10   ¿Qué pronombre usa usted?

1. Usted habla de las siguientes personas:

Sr. Martínez	Alicia y Susana	usted *(yourself)*
Sra. Gómez	Alfredo y Juana	Ana y usted

2. Usted habla con las siguientes personas:

su profesor de historia	la directora de un hospital
su amigo íntimo	dos compañeros
dos doctores	una niña

2. PRESENT TENSE OF REGULAR -AR VERBS

hablar *to speak*			
yo	habl**o**	nosotros/as	habl**amos**
tú	habl**as**	vosotros/as	habl**áis**
Ud., él, ella	habl**a**	Uds., ellos, ellas	habl**an**

Because the endings of Spanish verbs indicate the subject (the doer of the action), subject pronouns are generally used only for:

1. emphasis

Yo estudio español.	*I study Spanish.*

2. clarification

Él practica mucho. (not **ella** or **usted**)	*He practices a lot.*

3. contrast

Ella habla francés; **nosotros** hablamos español.	*She speaks French; we speak Spanish.*

▪ The Spanish present tense has several English equivalents. The context will tell you which meaning is intended.

Yo **trabajo** en la oficina.
$\begin{cases} \textit{I work in the office.} \\ \textit{I am working in the office.} \\ \textit{I will work in the office.} \\ \textit{I do work in the office.} \end{cases}$

Actividades

1–11 Mis actividades. Diga que sí o no.

MODELO: Estudio biología

Estudio biología. *o* No estudio biología.

1. hablo alemán
2. escucho casetes en español
3. trabajo con computadoras
4. camino a la universidad
5. estudio español
6. miro televisión por las noches
7. bailo en la clase de español
8. llego a la universidad por la mañana

1–12 ¿Qué estudian estas personas?

MODELO: Paco — química, biología, alemán

Paco estudia química, biología y alemán.

1. Ana — inglés, matemáticas, cálculo
2. Manuel y María — español, literatura, psicología
3. yo
4. mi compañero/a

1–13 Preferencias. Cada estudiante debe indicar el orden de sus preferencias usando los números del 8 al 1 (la que más le gusta). Sumen los números de cada actividad y comparen sus resultados con los de otros grupos.

1. _____ bailar en una discoteca
2. _____ mirar televisión en casa
3. _____ tomar algo y hablar con amigos/as en un café
4. _____ caminar por la playa
5. _____ escuchar música clásica
6. _____ escuchar música rock
7. _____ comprar casetes y videos
8. _____ hablar por teléfono con amigos

1–14   La rutina de Elena. Describa las actividades de Elena.

MODELO: Elena llega a la oficina a las nueve
menos cinco.

1. EL CLIENTE

2.

3.   4.

1–15   Unos estudiantes muy buenos.   Usted y su compañero/a son estudiantes muy buenos. ¿Qué hacen ustedes para sacar buenas notas?

1–16   Unos estudiantes malos.   ¿Qué hacen o no hacen los estudiantes
malos? Prepare una lista con su compañero/a.

1–17   Firmas: las actividades de mis compañeros/as.

MODELO: estudiar psicología

USTED: ¿Estudias psicología?

COMPAÑERO/A: Sí.

USTED: Firma aquí, por favor.

COMPAÑERO/A: _____
                        (firma)

USTED: Gracias.

1. llegar a la facultad a las nueve   _____

2. sacar buenas notas   _____

3. estudiar en la biblioteca   _____

4. mirar televisión por la noche   _____

5. bailar los sábados   _____

1–18 Mis actividades los viernes. Su compañero/a le debe hacer tres preguntas (e.g., **¿Estudias por la mañana?**). Después usted le debe hacer preguntas a su compañero/a.

1–19 Situaciones.
Role-play each of the following situations with a partner.

1. You are talking about your work. Tell your partner a) where you work, and b) the days of the week and the hours you work. Try to obtain the same information from him/her.
2. Greet your partner and ask a) how he/she is, b) what subjects he/she is studying this semester, c) the time of his/her first class (**primera clase**), and d) what the professor is like.
3. Tell your partner several things you do on Saturdays. Ask what he/she does.

3.   ARTICLES AND NOUNS: GENDER AND NUMBER

▪ Nouns are words that name a person, place, or thing. In English all nouns use the same definite article *the,* and the indefinite articles *a* and *an*. In Spanish, however, nouns are divided into masculine and feminine. Masculine nouns use **el** or **un** and feminine nouns use **la** or **una**. The terms *masculine* and *feminine* are used in a grammatical sense and have nothing to do with biological gender.

	SINGULAR		
	MASCULINE	FEMININE	
DEFINITE ARTICLES	**el**	**la**	*the*
INDEFINITE ARTICLES	**un**	**una**	*a / an*

▪ Generally, nouns that end in **-o** are masculine and require **el** or **un,** and those that end in **-a** are feminine and require **la** or **una**.

el/un libro	**el/un** cuaderno	**el/un** diccionario
la/una mesa	**la/una** silla	**la/una** ventana

▪ Nouns that end in **-d, -ción,** and **-sión** are feminine and require **la** or **una**.

la/una universidad	**la/una** lección	**la/una** televisión

▪ Some nouns that end in **-a** and **-ma** are masculine.

el/un día	**el/un** mapa	**el/un** programa	**el/un** problema

▪ In general, nouns that refer to males are masculine and require **el/un** while nouns that refer to females are feminine and require **la/una**. Masculine nouns ending in **-o** change the **-o** to **-a** for the feminine; those ending in a consonant add **-a** for the feminine.

el/un amigo	**la/una** amiga	**el/un** profesor	**la/una** profesora

- Nouns ending in -e normally share the same form (**el/la estudiante**), but sometimes they have a feminine form ending in **-a** (**el dependiente, la dependienta**).

- The definite article is used with titles when you are talking *about* someone.

  La señorita Toso trabaja mucho.
  El profesor Jones sabe hablar ocho idiomas.

| | PLURAL | | |
	MASCULINE	FEMININE	
DEFINITE ARTICLES	**los**	**las**	*the*
INDEFINITE ARTICLES	**unos**	**unas**	*some*

- Add **-s** to form the plural of nouns that end in a vowel. Add **-es** to nouns ending in a consonant.

la sill**a**	las sill**as**	el cuaderno	los cuadernos
la activida**d**	las actividades	el señor	los señores

- Nouns that end in **-z** change the **z** to **c** and add **-es**.

  el lápi**z**   los lápi**ces**

- Masculine plural forms refer to men and also to groups that include both men and women.

Actividades

1–20 Una conversación. Complete este diálogo con su compañero/a usando artículos definidos (**el, la, los, las**).

COMPAÑERO/A: ¿Dónde está María?

USTED: Está en _____ clase de _____ profesora Sánchez.

COMPAÑERO/A: Necesito hablar con ella. Es urgente.

USTED: Ella está en _____ salón de clase hasta _____ doce.

COMPAÑERO/A: ¿Y dónde está por _____ tarde?

USTED: Trabaja en _____ laboratorio de lenguas.

COMPAÑERO/A: ¿Y a qué hora llega?

USTED: Llega a _____ dos, más o menos.

1–21 Otra conversación. Use artículos indefinidos (**un, una, unos, unas**) para completar este diálogo.

USTED: Necesito comprar _____ grabadora y _____ lápices.

COMPAÑERO/A: Y yo _____ bolígrafo y _____ diccionario, pero no sé qué diccionario comprar.

USTED: Para el primer curso, _____ profesores usan _____ diccionario pequeño y otros usan _____ diccionario grande. Habla con tu profesor.

1–22 ¿Qué hay en la librería? Preparen una lista de los objetos y personas que generalmente hay en una librería. Comparen su lista con la de otros grupos.

MODELO: Hay una(s) mesa(s).

1–23 Para completar. Complete este párrafo con artículos definidos. En algunos *(some)* casos no se necesita artículo.

David Thomas es norteamericano y estudia _____ español y literatura en _____ Universidad de Málaga. _____ clases de español y literatura son _____ lunes, miércoles y viernes. David llega a _____ clase de español a _____ diez y media y habla _____ español con _____ profesor y _____ estudiantes. Por _____ tardes, David escucha _____ casetes en _____ laboratorio, camina por _____ calles de Málaga con otros estudiantes o toma algo en _____ café de la Plaza de la Constitución. _____ fines de semana hay fiestas y reuniones. La vida de David en España es muy diferente a su vida en Texas.

1–24 Saludos. Complete el siguiente diálogo.

USTED: ¿Cómo _____, Sr. Chávez?

SR. CHÁVEZ: Muy bien, gracias. ¿Y tú?

USTED: _____. ¿Cómo _____ Sra. Chávez?

SR. CHÁVEZ: _____, gracias.

1–25 Situaciones.

1. You are at a bookstore: a) ask the clerk for the location of the item you want to buy, b) ask how much it costs, c) pay the clerk, d) count your change (**cambio**), and e) thank him/her.
2. Ask as many questions as possible of your partner (e.g., his/her name, what he/she studies, needs for a particular class, or does [¿**Qué haces?**] on Saturdays). Share the information with your classmates.

4. PRESENT TENSE OF THE VERB **ESTAR**

estar *to be*					
yo	**estoy**	*I am*	nosotros/as	**estamos**	*we are*
tú	**estás**	*you are*	vosotros/as	**estáis**	*you are*
Ud., él, ella	**está**	*you are, he/she is*	Uds., ellos, ellas	**están**	*you are, they are*

- Use **estar** to express the location of persons or objects.

  —¿Dónde está el gimnasio?

  —Está al lado de la cafetería.

- Use **estar** to talk about states of health.

  —¿Cómo está el señor Mora?

  —Está muy bien.

Actividades

1–26 ¿Dónde está...? Pregúntele a su compañero/a dónde están las facultades y otros edificios de su universidad. Su compañero/a debe ser muy específico en su contestación.

1–27 Hora y lugares.

1. Pregúntele a su compañero/a dónde está a las siguientes horas.

MODELO: 8:00 a.m. —¿Dónde estás a las ocho de la mañana los lunes?

—Estoy en la clase de física.

a. 9:00 a.m.
b. 11:00 a.m.
c. 1:00 p.m.
d. 3:00 p.m.
e. 10:00 p.m.
f. 4:00 p.m.

2. Pregúnteles a dos de sus compañeros/as dónde están a) por la mañana, b) por la tarde y c) por la noche.

1–28 Intercambio.

MODELO: USTED: ¿Dónde está Ramiro a las nueve?

COMPAÑERO/A: Está en la clase de español.

USTED: ¿A qué hora estudia Mario en la biblioteca?

COMPAÑERO/A: A las diez.

Ramiro	Mario
9:00 *clase de español*	9:00 *clase de español*
10:00 *clase de historia*	10:00 *estudiar — biblioteca*
12:00 *café*	12:00 *cafetería*
1:00 *estudiar con Carolina*	1:00 *escuchar casetes — laboratorio*
2:30 *comprar libro — librería*	2:00 *clase de literatura*
3:00 *practicar basquetbol — gimnasio*	3:00 *practicar basquetbol — gimnasio*
8:00 *mirar televisión*	8:00 *hablar con una amiga*

1–29 Conversación. Mire los siguientes dibujos. Pregúntele a su compañero/a dónde están las personas, cómo están y qué hacen.

MODELO:

USTED:	¿Dónde está la chica?
COMPAÑERO/A:	Está en la biblioteca.
USTED:	¿Cómo está?
COMPAÑERO/A:	Está regular.
USTED:	¿Qué hace?
COMPAÑERO/A:	Estudia.

1.

2.

3.

1–30 Situaciones.

1. Draw a map of a university campus including the buildings and places given below. Your partner will ask you for the location of these buildings and places, and will draw his/her own version of where they are, according to the information you give him/her. When you finish compare the two drawings.

cafetería	librería
Facultad de Ciencias	Facultad de Humanidades
biblioteca	gimnasio

2. You are a new student at the university and you don't know where the bookstore is. Introduce yourself to one of your classmates—he/she should respond appropriately. Tell him/her a) that you need to go (**ir**) to the bookstore and b) ask him/her where it is. Your classmate's answers should be as specific as possible.

PRONUNCIACIÓN: Linking

Listen carefully to the explanation of Spanish linking on your cassette. If you want to read the explanation on your own or follow along while you listen to your cassette, you will find it in your **Student Activities Manual.**

REPASO GRAMATICAL

1. SUBJECT PRONOUNS

	SINGULAR		PLURAL	
yo	*I*	**nosotros, nosotras**	*we*	
tú	*you* (familiar)	**vosotros, vosotras**	*you* (familiar)	
usted	*you* (formal)	**ustedes**	*you* (formal)	
él	*he*	**ellos**	*they*	
ella	*she*	**ellas**		

2. PRESENT TENSE OF REGULAR -AR VERBS

hablar *to speak*			
yo	habl**o**	nosotros/as	habl**amos**
tú	habl**as**	vosotros/as	habl**áis**
Ud., él, ella	habl**a**	Uds., ellos, ellas	habl**an**

3. DEFINITE AND INDEFINITE ARTICLES

	SINGULAR			PLURAL		
	MASCULINE	FEMININE		MASCULINE	FEMININE	
DEFINITE ARTICLES	**el**	**la**	*the*	**los**	**las**	*the*
INDEFINITE ARTICLES	**un**	**una**	*a / an*	**unos**	**unas**	*some*

4. PRESENT TENSE OF THE VERB ESTAR

estar *to be*			
yo	**estoy**	nosotros/as	**estamos**
tú	**estás**	vosotros/as	**estáis**
Ud., él, ella	**está**	Uds., ellos, ellas	**están**

A escuchar

1–31   Cierto o Falso.   Listen to the conversation between Irma and Gustavo. Then indicate if each statement is **Cierto** (true) or **Falso** (false).

	Cierto	Falso
1. Irma toma sólo *(only)* clases de ciencias.	——	——
2. Gustavo toma sólo clases de humanidades.	——	——
3. La clase de la profesora Gómez es muy difícil.	——	——
4. La clase favorita de Gustavo es psicología.	——	——
5. Los alumnos estudian y practican geografía con una computadora.	——	——

1–32   ¿Qué clases toman?   First, as you listen to the following description, circle the words that you hear. Then complete the chart, based on the information you have obtained.

Las chicas estudian **biología / lenguas** y no estudian **psicología / economía.** Ester tiene clases de **inglés / portugués** y de **historia / geografía** los lunes, miércoles y viernes. Los martes y jueves ella toma **informática / física** y **filosofía / psicología.** Geografía es su clase favorita. Cristina estudia **contabilidad / matemáticas** y **química / biología** los lunes, miércoles y viernes. Los martes y jueves ella toma **química / biología** y **portugués / inglés.** Ella no toma **psicología / filosofía** este año, pero sí estudia física. Las clases de **física / química, contabilidad / cálculo** y economía de Jorge son los lunes, miércoles y viernes. Los martes y jueves son sus clases de psicología y biología.

nombre	lunes, miércoles y viernes	martes y jueves
	economía química contabilidad	biología psicología
	matemáticas química	biología física portugués
	portugués geografía	psicología informática

 *A conversar*

1–33 Personas famosas.   Deben nombrar personas famosas que:

1. cantan
2. bailan
3. hablan español
4. practican deportes
5. necesitan ayuda
6. trabajan en Washington

1–34 Nuevos amigos.   Debe presentarse y saludar a sus compañeros.

MODELO: —Buenas tardes, soy Amanda González. *(Shake hands)*

—Mucho gusto Amanda. Soy Marta Pérez.

—Encantada.

1–35 Encuesta: Las clases más fáciles.   Pregúnteles a sus compañeros/as qué estudian y cómo son las clases. Complete la tabla con las respuestas.

MODELO: —¿Estudias biología?

—Sí, estudio biología.

—¿Es una clase difícil?

—No, es una clase fácil.

—...

Materias	Compañeras		Compañeros	
	difícil	fácil	difícil	fácil
biología				
inglés				
economía				
física				
español				
literatura				
matemáticas				
psicología				
historia				

Ahora, prepare un informe con los resultados de su encuesta para compartir con la clase.

1. ¿Cuántos/as compañeros/as estudian economía, física, etc?
2. ¿Qué clases son fáciles?
3. ¿Qué clases son difíciles?

A leer

1–36   ¿Quiénes necesitan estas cosas?   Complete la tabla con el nombre de la persona que necesita las cosas indicadas.

1. Sergio no necesita una grabadora.
2. Las chicas necesitan grabadoras y computadoras.
3. Adriana necesita papel y Mónica no.
4. Mónica necesita cuadernos y una grabadora para su clase de inglés, Sergio y Fernando no.
5. Fernando sólo necesita un libro, papel y lápices.

nombre	casete	grabadora	cuaderno	papel	libro	lápiz	computadora
				X	X	X	
		X	X				X
	X						
		X		X			X

1–37   Preguntas.

1. ¿Lee usted el periódico?
2. ¿Qué periódico lee?
3. ¿Qué secciones del periódico lee?
4. Usted necesita saber la hora del teatro. ¿Qué sección lee?
5. Usted necesita un auto. ¿Qué sección lee?
6. Usted necesita un profesor de español. ¿Qué sección lee?

1–38   La lectura.   Mire esta sección de un periódico y decida.

1. ¿Es un editorial?
2. ¿Es la sección de cine y teatro?
3. ¿Son anuncios clasificados?
4. ¿Son para personas que necesitan autos?
5. ¿Son para personas que necesitan apartamentos?
6. ¿Son para personas que necesitan tomar clases?

1–39 Vocabulario. Debe leer los anuncios del periódico y encontrar las siguientes palabras. Trate de adivinar su significado. (*Respuestas al pie de la página.)

nativa   a domicilio
adultos   individual
escolar   castellano

1–40 ¿Ayuda para sus clases difíciles? ¿A quién deben llamar por teléfono?

1. Raquel tiene problemas en su clase de lengua. Ella estudia mucho pero necesita ayuda. Practica con sus casetes de alemán todas las tardes en el laboratorio, pero es muy difícil. Ella necesita una profesora. Busca una persona nativa. Raquel debe llamar al...

2. Eduardo estudia en su apartamento en Flores, una zona muy bonita de la ciudad de Buenos Aires. Estudia para los exámenes. Necesita un profesor para todas las materias y en especial para el inglés. Eduardo necesita un profesor de la zona donde él vive. Él debe llamar al...

3. El señor Moreno estudia por las noches en una escuela. Castellano y literatura son las clases más difíciles para él. Necesita una profesora para sacar una buena nota en el examen. Busca una profesora de la Universidad de Buenos Aires. El señor Moreno debe llamar al...

4. Mercedes estudia para los exámenes. Ella tiene tres materias: matemáticas, contabilidad y castellano. Busca una profesora para estudiar en su casa todas las mañanas. Mercedes debe llamar al teléfono...

1–41 ¿A qué número llaman? Diga qué necesitan Hugo, Ana, Luis y Felipe. Su compañero/a le dice a qué número deben llamar. Luego, cambien de papel.

MODELO: ESTUDIANTE A: Hugo necesita... ¿A quién llama?

            ESTUDIANTE B: Hugo debe llamar al...

1. Hugo
2. Ana
3. Luis
4. Felipe

INVESTIGACIÓN

- Castellano (español). ¿De dónde viene la palabra?
- No todos tienen teléfono. En algunos países no es muy fácil tener teléfono y cuesta mucho dinero.
- Las fechas. Atención: día, mes y año. 13/3/95 - el trece de marzo de 1995.

Un desafío (challenge):

¿Qué significan **UBA y UCA?** (†Respuesta al pie de la página)

A escribir

1–42 Una tarjeta postal.   Escríbales esta tarjeta postal a sus padres. Dígales cómo está usted, qué clases toma, cuándo las toma y cómo son. También explíqueles dónde estudia, toma clases, mira televisión, etc.

13/3/95

Queridos papá y mamá:

_____

_____

_____

_____

Un beso y un abrazo fuerte,

Palabras adicionales

The following words appear in the directions for the various activities in this lesson. They are listed here for recognition only. You should become familiar with them since they will appear in other lessons.

Palabras generales		**Verbos**	
cada	*each*	completar	*to complete*
la contestación	*answer*	debe(n)	*should*
el dibujo	*drawing*	firme(n)	*sign*
la firma	*signature*	hacer	*to do, to make*
el párrafo	*paragraph*	sume(n)	*add*
el pronombre	*pronoun*		
la respuesta	*answer*		
siguiente	*following*		

VOCABULARIO

EN LA CLASE

el casete	*cassette*
la computadora	*computer*
el diccionario	*dictionary*
la grabadora	*tape recorder*
el mapa	*map*
la nota	*note, grade*
la televisión	*television*

LENGUAS

el alemán	*German*
el chino	*Chinese*
el español	*Spanish*
el francés	*French*
el inglés	*English*
el italiano	*Italian*
el japonés	*Japanese*
el portugués	*Portuguese*
el ruso	*Russian*

MATERIAS

el cálculo	*calculus*
la física	*physics*
la historia	*history*
la informática	*computer science*
las matemáticas	*mathematics*
la psicología	*psychology*
la química	*chemistry*

LUGARES

la biblioteca	*library*
el café	*café*
la cafetería	*cafeteria*
la casa	*house, home*
la discoteca	*discotheque*
el gimnasio	*gymnasium*
el laboratorio	*laboratory*
la librería	*bookstore*
la oficina	*office*
la plaza	*plaza*
la universidad	*university*

FACULTADES

arquitectura	*architecture*
ciencias	*sciences*
humanidades	*humanities*
informática	*computer science*
medicina	*medicine*

PERSONAS

el/la compañero/a	*classmate*
el dependiente /la dependienta	*salesman, saleswoman*
ellos/ellas	*they*
la mamá	*mother*
nosotros/nosotras	*we*
el papá	*father*
ustedes	*you* (plural)

DESCRIPCIONES

aburrido/a	*boring*
difícil	*difficult*
excelente	*excellent*
fácil	*easy*
grande	*big*
interesante	*interesting*
norteamericano/a	*(North) American*
pequeño/a	*small*

VERBOS

bailar	*to dance*
caminar	*to walk*
comprar	*to buy*
escuchar	*to listen (to)*
estar	*to be*
estudiar	*to study*
hablar	*to speak*
llegar	*to arrive*
mirar	*to look (at)*
necesitar	*to need*
practicar	*to practice*
tomar	*to take, to drink*
trabajar	*to work*
sacar	*to get, to take (out)*

PALABRAS/EXPRESIONES ÚTILES

algo	*something*
con	*with*
¿Cuánto cuesta?	*How much is it?*
el dólar	*dollar*
este	*this*
el fin de semana	*weekend*
para	*for, to*
el peso	*peso*
¿Qué hacen?	*What do they do?*
el semestre	*semester*

LECCIÓN 2

CRISTINA PUJADES MARTÍ

Dirección: Escuelas Pías 24
Barcelona
España

Lugar de nacimiento: Figueras, Gerona, España
Fecha de nacimiento: 14 de mayo de 1970
Estado civil: soltera
Educación:
1983 / 1987   Bachiller, Instituto N°2
Figueras, Gerona

1984 / 1990   Estudiante, "Goethe Schule",
Curso de alemán para españoles

1986 / 1991   Estudiante, "Berlitz" Curso de inglés

1988 / 1992   Estudiante, Facultad de
Biología y Ciencias Naturales,
Universidad Autónoma de Barcelona

Trabajos:
1985 / 1987   Guía turística, Museo Dalí
Figueras, Gerona

1990 / 1992   Técnica en el laboratorio de química
biológica con el profesor Oriol Bach

Lenguas:
Catalán, español, inglés y alemán
Deportes y tiempo libre:
Gimnasia y baile contemporáneo
Viajes y camping
Conciertos, museos y teatro

¿De dónde es Cristina Pujades Martí? ¿Cómo es
ella? ¿Qué estudia? ¿De dónde es usted? ¿Cómo es
usted?

Los amigos hispanos

¿De dónde son mis amigos?

Me llamo Luis López. Soy de México y tengo veintidós años. Me gusta escuchar música y mirar televisión. Estudio en la Universidad de Guadalajara y deseo ser profesor de historia. Estos chicos también estudian en la universidad y somos muy buenos amigos.

Esta chica es Amanda González. Es alta, delgada, tiene ojos verdes y pelo castaño. Amanda es una chica muy agradable.

El chico se llama Ernesto Fernández. Ernesto es bajo, fuerte, muy hablador y simpático. ¿Tiene bigote?

Mi amiga se llama Lupe Villegas. No es alta ni baja. Es morena, tiene pelo corto y ojos negros. Lupe es callada y muy inteligente.

Esta chica es Marta Chávez Conde. Es española y tiene veintiún años. Es rubia, tiene ojos azules y el pelo largo. Marta es soltera y muy trabajadora. Este año está en Guadalajara con su familia.

Actividades

2–1 Asociaciones. Asocie las características con las personas presentadas en esta lección.

1. Tiene el pelo largo.
2. Tiene veintidós años.
3. Es de España.
4. Es bajo y fuerte.
5. Tiene bigote.
6. Es inteligente.
7. Tiene ojos verdes.
8. Es rubia.
9. Es delgada y tiene pelo castaño.
10. Desea ser profesor de historia.

a. Luis López
b. Amanda González
c. Ernesto Fernández
d. Lupe Villegas
e. Marta Chávez

2–2 ¿Cómo son los amigos de Luis?

1. Lupe es...
2. Marta es...
3. Amanda es...
4. Ernesto es...
5. Marta tiene...
6. Lupe tiene...

2–3   Mis compañeros/as de clase.

1. ... es hablador.
2. ... es delgada y simpática.
3. ... es alto y moreno.
4. ... es soltera y rubia.
5. ... es inteligente y trabajadora.
6. ... tiene pelo negro.

2–4   ¿Qué me gusta y qué no me gusta?   Escoja *(choose)* cuatro actividades y pregúntele a su compañero/a.

MODELO: estar en casa por las noches

—¿Te gusta estar en casa por las noches?

—Sí, me gusta. *o* —No, no me gusta.

1. mirar televisión por las tardes
2. estudiar español
3. caminar a las seis de la mañana
4. sacar buenas notas
5. trabajar los sábados y domingos
6. escuchar casetes en el laboratorio
7. bailar los fines de semana
8. hablar con amigos en los cafés

¿Cómo son estas personas?

fuerte

débil

bonita/guapa

fea

joven

viejo

bueno

malo

lista

tonta

alegre

triste

antipático

simpático

delgado

gordo

trabajador

perezoso

rica

casada

soltera

pobre

Actividades

2–5 ¿Cómo es esta persona?

1. Isabel tiene pelo negro y ojos negros. Es...
   a) rubia   b) alegre   c) morena
2. No me gusta trabajar. Soy...
   a) perezoso   b) delgado   c) fuerte
3. Maribel es muy agradable y tiene muchos amigos. Es muy...
   a) triste   b) simpática   c) pobre
4. El señor Miyares tiene ochenta años y no trabaja. Es muy...
   a) antipático   b) fuerte   c) viejo
5. Manuel no estudia mucho, pero saca buenas notas. Es muy...
   a) feo   b) listo   c) gordo

2–6 Opuestos.

MODELO: Yo no soy vieja, soy **joven.**

1. Yo no soy malo/a, soy...
2. No soy perezoso/a, soy...
3. No soy antipático/a, soy...
4. Él no es tonto, es...
5. Ella no es pobre, es...
6. Él no es guapo, es...

2–7 Autodescripción.

1. Me llamo...
2. Soy... No soy...
3. Tengo...
4. Estudio...
5. Trabajo...
6. Me gusta...

A escuchar

You will hear a student describe himself. Listen carefully to determine if the following information is mentioned or not. Mark the appropriate column.

	Sí	No
1. name	_____	_____
2. age	_____	_____
3. address	_____	_____
4. physical description	_____	_____

You will now hear a young woman describe herself. Mark the appropriate column on the chart according to the information that you hear.

Nacionalidad:	_____ El Salvador	_____ Estados Unidos	_____ Argentina
Edad:	_____ 15 años	_____ 21 años	_____ 30 años
Descripción:	_____ alta y rubia	_____ baja y morena	_____ fea y lista
Estudios:	_____ lenguas	_____ ciencias	_____ psicología

 *A leer*

Anuncios personales. Look for the following information in these ads from *Mía*, a Colombian magazine.

1. Writer's name and age

2. Writer's address

● Me llamo Andrea Osorio, soy bonita, tengo 27 años y quiero conocer un joven de 25 años, moreno, delgado y muy simpático. Interesados escribir a la carrera 42A No. 87-85, Barranquilla, Colombia.

● Deseo intercambiar correspondencia con personas de ambos sexos. Mi nombre es Daniel Fernando Arias, tengo 21 años y me gusta escribir. Favor enviar sus cartas a la carrera 5 No. 10-15, Chinchiná, Caldas, Colombia.

Primer anuncio

1. Nombre _____
   Edad _____
2. Dirección _____
   _____

Segundo anuncio

1. Nombre _____
   Edad _____
2. Dirección _____
   _____

In the first ad, the writer is interested in meeting a young man. Reread the first ad to find three characteristics the young man must have.

1. _____
2. _____
3. _____

Now read the second ad again. Can you guess the purpose of the ad?

_____

_____

CULTURA In some Spanish-speaking countries, such as Spain and Cuba, the hand gesture used to express height when referring to people, animals, or objects is the same as in the United States—hand extended horizontally with the palm down. In other Hispanic countries, this gesture is used to express the height of only animals or objects. When referring to people in these countries, the hand is held straight up with palm facing out, sometimes with fingers slightly curved; still in other countries, the palm is placed sideways with fingers extended.

¿De dónde son?

David Thomas
norteamericano

Sara Rivero
cubana

José Gutiérrez
puertorriqueño

Luis López
mexicano

Irene Herrera
venezolana

César Gómez
colombiano

Carlos Arias
panameño

Irma Treminio
salvadoreña

Carlos Padilla
peruano

Ana María Mejía
boliviana

Diana Samper
chilena

Isabel Álvarez
argentina

Actividades

2–8 Asociaciones.

1. Sara Rivero	a. Es viejo.
2. José Gutiérrez	b. Tiene bigote.
3. Ana María Mejía	c. Es de Puerto Rico.
4. Isabel Álvarez	d. Es morena y de pelo corto.
5. César Gómez	e. Es rubia.
6. Carlos Arias	f. Es salvadoreña.
7. Luis López	g. Es cubana.
8. Irma Treminio	h. Es mexicano.

2–9 Intercambio: nacionalidad y descripción.

MODELO: —¿De dónde es Ana María Mejía?

—Es boliviana/de Bolivia.

—¿Cómo es?

—Tiene pelo corto y es joven y bonita.

—¿Cuántos años tiene?

—Tiene unos veintitrés años.

2–10 Los ojos y los lentes de contacto.   Hagan una encuesta en su clase contestando las siguientes preguntas.

1. ¿Cuántos estudiantes tienen ojos verdes?
2. ¿Cuántos tienen ojos azules?
3. ¿Cuántos tienen ojos café?
4. ¿Cuántos usan lentes de contacto?
5. ¿Cuántos usan lentes de contacto de colores?
6. ¿Cuál es el color de ojos más común?
7. ¿Hay más estudiantes sin lentes de contacto o con lentes de contacto?

¿Deseas cambiar de color? ¿Qué color prefieres? ¿Azul, verde, café, violeta? ¿Un color diferente para cada día? Ojos azules el lunes, ojos verdes el martes... Ahora es posible, gracias a los lentes de contacto MULTICOLOR. Consulte su óptico. Y recuerde que MULTICOLOR puede cambiar su vida.

Enfoque

EL MUNDO DE LA LENGUA ESPAÑOLA

EL ESPAÑOL, UNA LENGUA UNIVERSAL

1.	Chino	1.300.000.000
2.	Panjabi	600.000.000
3.	Inglés	456.000.000
4.	Indostaní	383.000.000
5.	**Español**	**362.000.000**
6.	Ruso	293.000.000
7.	Árabe	208.000.000
8.	Bengalí	189.000.000

SOURCE: *The World Almanac*, 1993

El español es una de las lenguas más habladas en el mundo.

GRUPOS ÉTNICOS EN EL MUNDO

Muchos grupos raciales forman la población de los países hispánicos.

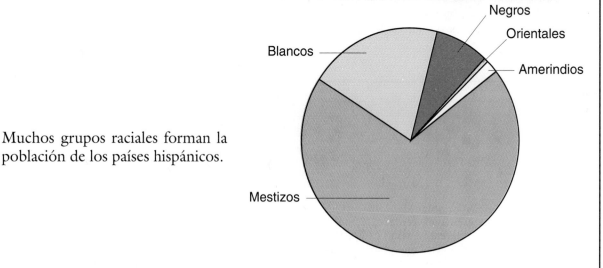

SOURCE: *The Cambridge Encyclopedia of Latin America*

1. ADJECTIVES

- Adjectives are words that describe people, places, and things. Like articles (**el, la, un, una**) and nouns (**chico, chica**), they generally have more than one form. In Spanish an adjective must agree in *gender* (masculine or feminine) and *number* (singular or plural) with the noun or pronoun it describes.

- Many adjectives end in **-o** when used with masculine words and in **-a** when used with feminine words. To form the plural, these adjectives add **-s**.

	MASCULINE	FEMININE
SINGULAR	chic**o** alt**o**	chica alta
PLURAL	chic**os** alt**os**	chicas altas

- Adjectives that end in **-e** and some adjectives that end in a consonant have only two forms, singular and plural. To form the plural, these adjectives add **-s** and **-es**, respectively.

	MASCULINE	FEMININE
SINGULAR	amig**o** interesant**e** chico popular	amig**a** interesant**e** chica popular
PLURAL	amig**os** interesant**es** chic**os** popular**es**	amig**as** interesant**es** chicas popular**es**

- Some adjectives that end in a consonant have four forms. Adjectives of nationality are included in this group.

	MASCULINE	FEMININE
SINGULAR	alumn**o** español alumn**o** trabajador	alumn**a** español**a** alumn**a** trabajador**a**
PLURAL	alumn**os** español**es** alumn**os** trabajador**es**	alumn**as** español**as** alumn**as** trabajador**as**

- Adjectives that describe a characteristic of a noun usually follow the noun.

  Necesito un papel azul.
  Es una chica alta.

- When **bueno** and **malo** precede masculine singular nouns, they are shortened to **buen** and **mal.**

  Es un **buen** libro.
  Es un **mal** hombre.

- **Grande** shortens to **gran** when it precedes any singular noun. Note the meaning associated with each position.

  Es una chica **grande.**   *She's a big girl.*
  Es una **gran** chica.   *She's a great girl.*

Actividades

2–11   Descripciones.   Usted es el/la director/a de una escuela y necesita unos empleados nuevos. ¿Qué características desea?

1. Necesito una secretaria...

   inteligente   perezosa   tonta   trabajadora   simpática

2. Necesito un consejero...

   independiente   pasivo   competente   activo   callado

3. Deseo emplear una profesora de matemáticas...

   imparcial   romántica   sincera   lista   rebelde

4. Necesito un profesor de español...

5. Necesito una subdirectora...

2–12   El presidente de los Estados Unidos.

1. El presidente de los Estados Unidos se llama...
2. El Presidente es...
3. Su casa está en...
4. Su casa es...
5. La señora del Presidente se llama...
6. Ella es...

2–13   Preguntas y descripciones.

1. ¿Cómo se llama el/la profesor/a de español?
2. ¿De dónde es él/ella?
3. ¿Cómo es él/ella?
4. ¿Trabaja mucho o poco?
5. ¿Qué lenguas habla?
6. ¿Cuántos estudiantes tiene?

2–14 Así soy. ¿Cómo es usted?

MODELO: con su amiga

Con mi amiga soy simpático/a y alegre.

1. con el/la profesor/a
2. en el trabajo
3. en público
4. en la clase
5. con sus compañeros
6. con sus padres

2–15 ¿Quién es? Preparen cuatro o cinco oraciones para describir una persona famosa. Los demás estudiantes deben tratar de averiguar quién es esa persona.

2–16 Situaciones.

1. Ask the job applicants you are interviewing: a) their names, b) where they are from, c) what they are studying, d) a description of themselves, and e) where they currently work.
2. Describe your room (**cuarto**) to a friend. Tell a) the color, b) the size, c) what you have in it, and d) what you need for it. Have your friend give you the same information about his/her room. Additional vocabulary: **cama** *(bed)*, **mesa de noche** *(nightstand)*, **televisor** *(television set)*, **radio**.

2. PRESENT TENSE AND SOME USES OF THE VERB **SER**

ser *to be*			
yo	**soy**	nosotros/as	**somos**
tú	**eres**	vosotros/as	**sois**
Ud., él, ella	**es**	Uds., ellos/as	**son**

- **Ser** is used with adjectives to describe what a person, a place, or a thing is like.

  ¿Cómo es ella?　　　　　　Es inteligente y simpática.
  ¿Cómo es la casa?　　　　　La casa es grande y muy bonita.

- **Ser** is also used to express the nationality of a person; **ser** + **de** is used to express the origin of a person.

  Nationality　　　　　　**Origin**
  Luis es chileno.　　　　　Luis es de Chile.
  Ana es boliviana.　　　　Ana es de Bolivia.

- **Ser** + **de** is used to express possession. The equivalent of the English word *whose* is **¿de quién?**

  ¿De quién es la casa?　　*Whose house is it?*
  La casa **es de** Marta.　　　*The house is Marta's.*

- De + **el** contracts to **del**. De + **la**(s) or **los** does not contract.

  El diccionario es **del** profesor, no es **de la** estudiante.

- **Ser** is used to express the location or time of an event.

  El baile **es** en la universidad.   *The dance is at the university.*
  El examen **es** a las tres.   *The exam is at three o'clock.*

3. SER AND ESTAR WITH ADJECTIVES

- **Ser** and **estar** are often used with the same adjectives. However, the choice of verb determines the meaning of the sentence.

- As you already know, **ser** + *adjective* states the norm—what someone or something is like.

  Manolo es delgado.   *Manolo is thin.* (He is a thin boy.)
  La casa es pequeña.   *The house is small.* (It's a small house.)

- **Estar** + *adjective* comments on something. It expresses a change from the norm, a condition, or how one feels about the person or object being discussed.

  Manolo está delgado.   *Manolo is thin.* (He lost weight recently.)
  La casa está pequeña.   *The house is small.* (The family has grown; the house seems too small for them.)

- Some adjectives have one meaning with **ser** and one with **estar.**

  Ese señor **es** malo.   *That man is bad.* (evil)
  Ese señor **está** malo.   *That man is sick.* (not well)

  El chico **es** listo.   *The boy is clever.*
  El chico **está** listo.   *The boy is ready.*

  La manzana **es** verde.   *The apple is green.*
  La manzana **está** verde.   *The apple is not ripe.*

  Ella **es** aburrida.   *She's boring.*
  Ella **está** aburrida.   *She's bored.*

Actividades

2–17 Descripciones.   ¿Cómo son estas personas?

MODELO: amigo

     Mi amigo es alto y moreno.

1. mamá
2. auto
3. hermana
4. jefe
5. profesor/a
6. compañero/a de cuarto

2–18 Intercambio: amigos de otros países.

MODELO: Olga Mendoza / Bolivia / callado, tranquilo

—¿Quién es?

—Es Olga Mendoza.

—¿De dónde es?

—Es boliviana.

—¿Cómo es?

—Es callada y tranquila.

1. Carolina Duplessis / Francia / inteligente, creativo
2. Fernando Arenas / Argentina / romántico, rebelde
3. María Martone / Italia / alegre, hablador
4. Carmen Cisneros / Venezuela / delgado, elegante
5. Alberto Díaz / Puerto Rico / simpático, eficiente
6. Ernesto Gutiérrez / Colombia / activo, nervioso

2–19 Posesiones. Pregúntele a su compañero/a de quién son tres objetos que están en la clase. Después cambien de papel.

2–20 Eventos y lugares. Usted está a cargo de la caseta de información en su universidad. Conteste las preguntas de los visitantes.

MODELO: VISITANTE: ¿Dónde es el banquete?

USTED: Es en la cafetería.

VISITANTE: ¿Y dónde está la cafetería?

USTED: Está al lado de la biblioteca.

1. el concierto
2. la conferencia
3. el concurso
4. la reunión de los profesores
5. la fiesta del club de español
6. la graduación

2–21 Los lugares y yo. Complete la tabla abajo y luego compare sus resultados con los de su compañero/a.

MODELO: en la clase

—Yo estoy contento/a en la clase. ¿Y tú?

—Yo estoy contento/a en la clase también. *o* —Yo estoy aburrido/a.

lugares	aburrido/a	contento/a	tranquilo/a	triste	?
1. en la clase		X			
2. en un examen					
3. en el trabajo					
4. con muchas personas					
5. en una fiesta					
6. en mi casa					

2–22   Intercambio.   Lea el siguiente párrafo. Su compañero/a le va a hacer preguntas para obtener esta información sobre Miguel Suárez.

1. nacionalidad
2. descripción
3. lugar donde trabaja
4. estudios y actividades

Miguel Suárez es de Lima, la capital de Perú. Tiene veintitrés años, es soltero y muy simpático. Trabaja en un laboratorio, pero los lunes y miércoles por la tarde estudia química en la Universidad de San Carlos. Los fines de semana, Miguel practica fútbol con sus amigos, y los sábados por la noche va al cine, a una fiesta o a una discoteca con su amiga Elena Medina.

2–23   Una persona diferente.   Hace años que usted no ve a estas personas. Comente la diferencia. Luego, con un/a compañero/a comente sobre otras personas de la clase.

MODELO: ¡Qué alto está Ángel!

1. CIRO
2. LICIA
3. LUCRECIA
4. ÁLVARO
5. BERTA
ÁNGEL

2–24   Composición breve.   Prepare una descripción de usted, sus estudios y sus actividades. Use la descripción de Miguel Suárez como modelo. Luego, intercambie la composición con un/a compañero/a e infórmele a la clase sobre su compañero/a.

2–25   Situaciones.

1. Greet a classmate by stating your name and where you are from. Then tell as much as you can about your hometown (size, location, etc.). Your classmate should give you the same type of information about his/her hometown.
2. A new student has just joined your class. Ask the student next to you who the new student is. Your classmate should give you as much information as possible about him/her.

4. QUESTION WORDS

QUESTION WORDS			
cómo	how/what	**cuál/es**	which
dónde	where	**quién/es**	who
qué	what	**cuánto/a**	how much
cuándo	when	**cuántos/as**	how many

- Question words ask for specific information about someone or something.

¿**Qué** hora es?	*What time is it?*
¿**Quién** es él?	*Who is he?*
¿**Cómo** te llamas?	*What is your name?*
¿**Dónde** están mis alumnos?	*Where are my students?*

- Use **por qué** to ask *why*. The equivalent of *because* is **porque**.

—¿**Por qué** está Pepe en la biblioteca?	*Why is Pepe at the library?*
—**Porque** necesita estudiar.	*Because he needs to study.*

- All question words have a written accent over the stressed syllable.

- If a subject is used, it normally follows the verb.

¿Bailan ustedes mucho?	*Do you dance a lot?*
¿Dónde trabaja Elsie?	*Where does Elsie work?*

- Use **qué** + **ser** when you want to ask for a definition or an explanation.

¿**Qué** es un brontosaurio?	*What is a brontosaurus?*
Es un dinosaurio.	*It's a dinosaur.*

- Use **cuál(es)** + **ser** when you want to ask which one(s).

¿**Cuál** es tu libro?	*Which is your book?*
¿**Cuáles** son tus papeles?	*Which are your papers?*

Actividades

2–26 Entrevista. Use la palabra correcta (**quién, cuándo, cuántos, cuál, por qué**) para entrevistar a su compañero/a.

1. ¿_____ son tus clases? Por la...
2. ¿_____ es tu profesor favorito? El/La profesor/a...
3. ¿_____ es tu clase favorita? La clase de...
4. ¿_____ estudias español? Porque...
5. ¿_____ alumnos hay en tu clase de español?...

LENGUA   To request repetition or clarification use ¿**Cómo?** or **Perdón.** The use of **qué**, the equivalent of English **what**, is generally considered rude by native Spanish speakers.

2–27 ¿Cuántos/as tienes? Pregúntele a su amigo/a si *(if)* tiene estas cosas. Si dice que sí, pregúntele cuántas tiene.

MODELO: calculadoras

—¿Tienes calculadora?   —Sí.

—¿Cuántas tienes?   —Tengo dos.

1. auto
2. computadora
3. grabadora
4. reloj
5. bolígrafo
6. lápices

2–28 ¿Qué o cuál(es)?

1. ¿_____ es un bolígrafo?
2. ¿_____ es tu profesor favorito?
3. ¿_____ son tus cuadernos?
4. ¿_____ es un borrador?
5. ¿_____ es la silla de Susana?
6. ¿_____ es la antropología?

2–29 Firmas. ¿Cómo son sus compañeros? ¿Qué hacen?

1. ¿Eres soltero/a?	_____
2. ¿Tienes veinte años?	_____
3. ¿Estudias y trabajas?	_____
4. ¿Eres muy trabajador/a?	_____
5. ¿Trabajas por las tardes?	_____

2–30 Entrevista.

1. ¿Cómo te llamas?
2. ¿Cómo estás?
3. ¿Dónde trabajas?
4. ¿Cuántas clases tienes?
5. ¿Cuál es tu clase favorita? ¿Por qué?
6. ¿Cuándo estudias?
7. ¿Quién es tu mejor amigo/a?
8. ¿Cómo es él/ella?

2–31 Situaciones.

1. Tell your friend that there is a party on Saturday. Your friend should a) find out where the party will take place and b) what time it begins.
2. Your partner has arranged a blind date for you tonight. You want to find out a) how old he/she is, b) where he/she is from, and c) what he/she is like.

PRONUNCIACIÓN: B, V and D

Listen carefully to the explanation of Spanish **b, v,** and **d** on your cassette. If you want to read the explanation on your own or follow along while you listen to your cassette, you will find it in your **Student Activities Manual.**

REPASO GRAMATICAL

1. ADJECTIVES

	MASCULINE	FEMININE
SINGULAR	chico alt**o**	chica alt**a**
PLURAL	chic**os** alt**os**	chic**as** alt**as**

	MASCULINE	FEMININE
SINGULAR	alumn**o** español alumn**o** trabajador	alumn**a** español**a** alumn**a** trabajador**a**
PLURAL	alumn**os** español**es** alumn**os** trabajador**es**	alumn**as** español**as** alumn**as** trabajador**as**

	MASCULINE	FEMININE
SINGULAR	amig**o** interesant**e** chic**o** popular	amig**a** interesant**e** chic**a** popular
PLURAL	amig**os** interesant**es** chic**os** popular**es**	amig**as** interesant**es** chic**as** populares

2. PRESENT TENSE OF THE VERB SER

ser   to be

yo	**soy**	nosotros/as	**somos**
tú	**eres**	vosotros/as	**sois**
Ud., él, ella	**es**	Uds., ellos/as	**son**

3. QUESTION WORDS

cómo	*how/what*	**cuál/es**	*which*
dónde	*where*	**quién/es**	*who*
qué	*what*	**cuánto/a**	*how much*
cuándo	*when*	**cuántos/as**	*how many*

A escuchar

2–32 ¿Quiénes son? First, as you listen to the description, circle the words that you hear. Then complete the chart, based on the information you have obtained.

1. **Las chicas / Los chicos** tienen veinte y veintiséis años y **las chicas / los chicos** veintiuno y veintidós.

2. **Las chicas / Los chicos** no hablan francés.

3. Susana y Dolores hablan francés pero **Dolores / Susana** no habla **alemán / inglés.**

4. **Susana y Manuel / Manuel y Dolores** son sentimentales.

5. Susana **trabaja / estudia** en la Universidad de México, pero ella es **cubana / colombiana.**

6. Dolores es **cubana / colombiana** también y trabaja en Miami.

7. **Martín / Manuel** es chileno y **Martín / Manuel** es de otro país de América del Sur.

8. Martín habla **español y portugués / alemán y francés.**

9. **Los chicos / Las chicas** no son calladas, pero uno de **los chicos / las chicas** es muy callado.

nombre	edad	nacionalidad	descripción	lenguas
		colombiano	callado	
			sentimental	español
	22		bonita	
	20	cubana		
				francés y alemán

2-33 ¿Cierto o falso? First, read along as you listen to the description of the Latorre family. Then, indicate if each statement that you hear is **Cierto** (true) or **Falso** (false).

Ésta es Lidia. Lidia es baja, delgada, muy bonita, inteligente y trabajadora. Su nombre completo es Lidia Crespo de Latorre. Lidia es de Caracas. Antonio también es venezolano. Es gordo, bajo y muy simpático también. Tiene muchos amigos y para sus amigos, Antonio es Toño. Lidia es profesora de biología y Toño estudia alemán y francés en la Universidad Nacional de Caracas. Antonio tiene 28 años y Lidia, 30. Sus días son más o menos así.

Lidia trabaja en el colegio por la mañana. Por las tardes prepara sus clases y va al gimnasio. También camina mucho. Antonio estudia por las tardes y trabaja en una librería. Ellos hablan mucho y miran televisión. Tienen muchos amigos y los fines de semana bailan con ellos en la discoteca que está cerca de la universidad. Esta noche Lidia tiene que preparar unas clases y Toño un examen de francés.

	Cierto	Falso
1.	_____	_____
2.	_____	_____
3.	_____	_____
4.	_____	_____
5.	_____	_____

 *A conversar*

2–34 ¿Cómo son? Mire el dibujo de *Mafalda* y la tabla y conteste según el modelo.

MODELO: —¿Cómo es Don Preguntón?

—Don Preguntón es bajo, feo, inteligente y hablador.

—¿Y Mafalda?

	agradable	bajo/a	divertido/a	feo/a	inteligente	hablador/a	perezoso/a	simpático/a
Don Preguntón		X		X	X	X		
Mafalda	X		X		X	X		X
Felipe	X		X	X	X	X	X	X
Miguelito	X	X	X		X			X
Manolito			X	X		X		
Susanita			X	X	X		X	
Libertad	X	X	X		X			X
Guille	X	X	X				X	X
Quino				X	X		X	X

2–35 **¿De dónde es?** Su compañero/a le va a preguntar de dónde son ciertas personas. Conteste según la información del mapa.

MODELO: —¿De dónde es Teresa Suárez?

—Es venezolana.

2–36 **¿Y su compañera/o?** Pregunte y prepare un informe oral.

preguntas	respuestas	informe oral
1. ¿Cómo te llamas?	Me llamo Marta.	Su nombre es Marta.
2. ¿De dónde...?		
3. ¿Cuántos...?		
4. ¿Cómo...?		
5. ¿Quién...?		
6. ¿Cuál...?		

 *A leer*

2-37 ¿Sí o no? ¿Qué información escribe una persona en un CV (currículum vitae)?

	Sí	No
1. el color de los ojos	——	——
2. la dirección	——	——
3. el lugar dónde nació *(born)*	——	——
4. cuántos autos tiene	——	——
5. quiénes son los amigos	——	——
6. cuántos años tiene	——	——
7. dónde estudia	——	——
8. dónde come	——	——
9. dónde trabaja	——	——
10. cuántas horas trabaja	——	——
11. cuáles son las actividades favoritas	——	——
12. si es casada o soltera	——	——

2-38 Familia de palabras. Adivine *(guess)* qué verbo va con qué sustantivo *(noun)*. Luego, conteste las preguntas.

1. —— pensar	a. el nacimiento
2. —— nombrar	b. el movimiento
3. —— mover	c. el nombramiento
4. —— nacer	d. el llamamiento
5. —— llamar	e. el pensamiento

6. ¿Cuál es la fecha de hoy?
7. ¿Qué cree usted que es **fecha de nacimiento?**
8. ¿Cuál es su fecha de nacimiento?
9. ¿Cuál es su lugar de nacimiento?

2-39 El CV de Cristina Pujades Martí. Compare las respuestas al ejercicio 2–37 con la información que escribe Cristina en el CV (página 77). Luego, conteste las preguntas.

1. ¿Cómo se llama la persona que escribe este currículum vitae?
2. ¿Cuál es su dirección?
3. ¿De dónde es?
4. ¿Cuántos años tiene?
5. ¿Es casada?
6. ¿Vive en Barcelona en el año 1983?
7. ¿Dónde trabaja en el año 1986?
8. ¿Cuándo estudia biología en la Universidad Autónoma de Barcelona?
9. ¿Cuántas lenguas habla Cristina?

CRISTINA PUJADES–MARTÍ

Dirección:	Escuelas Pías 24 Barcelona España	

Lugar de nacimiento: Figueras, Gerona, España

Fecha de nacimiento: 14 de mayo de 1970

Estado civil: soltera

Educación:	1983 / 1987	Bachiller, Instituto N°2 Figueras, Gerona
	1984 / 1990	Estudiante, "Goethe Schule", Curso de alemán para españoles
	1986 / 1991	Estudiante, "Berlitz" Curso de inglés
	1988 / 1992	Estudiante, Facultad de Biología y Ciencias Naturales, Universidad Autónoma de Barcelona
Trabajos:	1985 / 1987	Guía turística, Museo Dalí Figueras, Gerona
	1990 / 1992	Técnica en el laboratorio de química biológica con el profesor Oriol Bach

Lenguas:
Catalán, español, inglés y alemán

Deportes y tiempo libre:
Gimnasia y baile contemporáneo
Viajes y camping
Conciertos, museos y teatro

INVESTIGACIÓN

1. Cristina habla catalán. ¿Dónde hablan catalán?
2. ¿Quién es Dalí? Hay un museo con su nombre. Busque un cuadro (*painting*) de Salvador Dalí. ¿Cómo es el cuadro?
3. Gabriel García Márquez es un escritor famoso. ¿Son todas las personas del mapa famosas? ¿Quiénes son?
4. Pancho = Francisco Meche = Mercedes Lupe = Guadalupe ¿Conoces otros?
5. **Los** Latorre son Lidia y Antonio. Lidia es Lidia Crespo **de** Latorre. ¿Qué sabes de los **apellidos** en español? (Respuestas en la Lección 4)
6. ¿Cuáles son las diferencias entre un CV hispano y uno estadounidense?

 A escribir

2–40 ¿Y usted?   Conteste de acuerdo con su propia experiencia.

1. ¿Cómo se llama?
2. ¿Cuál es su dirección?
3. ¿De dónde es?
4. ¿Cuántos años tiene?
5. ¿Es soltero/a?
6. ¿Vive en Barcelona?
7. ¿Dónde trabaja?
8. ¿Estudia en la Universidad Autónoma de Barcelona?
9. ¿Cuántas lenguas habla?
10. ¿Cuáles son sus actividades favoritas?

2–41 Su currículum vitae. Prepare un currículum similar al de Cristina.

Dirección:

Lugar de nacimiento:

Fecha de nacimiento:

Estado civil:

Educación:

Trabajos:

Lenguas:

Deportes y tiempo libre:

VOCABULARIO

DESCRIPCIÓN

agradable	nice
alegre	happy, glad
alto/a	tall
antipático/a	unpleasant
bajo/a	short
bonito/a	pretty
buen	good
callado/a	quiet
casado/a	married
contento/a	happy, glad
corto/a	short
débil	weak
delgado/a	thin
feliz	happy
feo/a	ugly
fuerte	strong
gordo/a	fat
gran	great
guapo/a	good-looking, handsome
hablador/a	talkative
inteligente	intelligent
joven	young
largo/a	long
listo/a	smart, ready
malo/a	bad, evil, sick
moreno/a	brunet/brunette
nervioso/a	nervous
perezoso/a	lazy
pobre	poor
rico/a	rich, wealthy
rubio/a	blond
simpático/a	nice, charming
soltero/a	single, unmarried
tonto/a	silly, foolish
trabajador/a	hardworking
tranquilo/a	calm, tranquil
triste	sad
viejo/a	old

EL CUERPO

el bigote	moustache
los ojos	eyes
ojos azules	blue eyes
ojos de color café	brown eyes
ojos verdes	green eyes
el pelo	hair
pelo castaño	brown hair
pelo negro	black hair

HISPANOS

argentino/a	Argentinean, Argentine
boliviano/a	Bolivian
colombiano/a	Colombian
cubano/a	Cuban
chileno/a	Chilean
español/a	Spanish
mexicano/a	Mexican
panameño/a	Panamanian
peruano/a	Peruvian
puertorriqueño/a	Puerto Rican
salvadoreño/a	Salvadoran
venezolano/a	Venezuelan

VERBOS

desear	to wish, to want
me gusta	I like
ser	to be
te gusta	you like (familiar)
tengo	I have
tengo...años	I am . . . years old
tiene	he/she has, you have (formal)

PALABRAS INTERROGATIVAS

cuál/cuáles	which (one/s)
cuándo	when
cuánto/a	how much
cuántos/as	how many
de quién/de quiénes	whose
por qué	why

PALABRAS ÚTILES

de	of, from
del	(contraction of **de** + **el**) of the
el examen	exam
la familia	family
no...ni	neither . . . nor
otro/a	other
pero	but
porque	because
que	that
también	also, too

LECCIÓN 3

¿Qué hace en su tiempo libre? ¿Cuáles son sus actividades favoritas?

Actividades y planes

Diversiones populares

Estos jóvenes van mucho al cine. Hoy van a ver una
película de ciencia ficción.

En las fiestas los muchachos y
muchachas bailan, escuchan
música o conversan.

Unos chicos tocan la guitarra
y cantan canciones populares
en una reunión.

Estas chicas disfrutan de un
día de playa. Toman el sol,
nadan en el mar y descansan.

El señor López del Río lee
el periódico al aire libre.

La familia mira su
programa favorito de
televisión después de un
día de trabajo.

CULTURA Although there have been significant improvements in television broadcasting in many Spanish-speaking countries, television reception is
often of poor quality and program variety is generally limited to a few chan-
nels. Only a small percentage of families have access to cable programming.
Therefore, with the advent of VCRs **(la videograbadora)**, renting movies on
videocassette **(el video/videocasete)** has become a very common form of
home entertainment, just as it is in the United States.

Actividades

3–1 Asociaciones.

1. la playa	a. ver una película
2. la fiesta	b. leer el periódico
3. el cine	c. tomar el sol
4. la biblioteca	d. mirar televisión
5. la casa	e. bailar y conversar

3–2 Mis actividades. Para cada frase, diga lo que usted hace o no hace.

MODELO: Yo (no) canto canciones españolas. (mexicanas, francesas, portuguesas)

Yo canto canciones mexicanas. *o* Yo no canto canciones francesas.

1. Yo (no) toco la guitarra. (el piano, el violín, el saxofón)
2. Yo (no) escucho música moderna. (clásica, rock, popular)
3. En las fiestas yo (no) bailo. (canto, escucho música, hablo mucho)
4. En la playa yo (no) tomo el sol. (camino, nado en el mar, descanso)

3–3 Más actividades. ¿Qué hacen ustedes en los siguientes lugares?

MODELO: en las fiestas

—En las fiestas yo bailo mucho. ¿Y tú?

—Yo bailo y hablo con mis amigos.

1. en la universidad
2. en el café
3. en el cine
4. en la clase de español
5. en la playa
6. en la discoteca

3–4 Ya sabe mucho. Utilizando su conocimiento general, hagan una lista de todas las posibilidades para cada categoría. Luego, comparen su lista con la de otros grupos.

MODELO: títulos de obras famosas escritas en español

Don Quijote de la Mancha, El Cid Campeador, Cien años de soledad, Lazarillo de Tormes, La vida es sueño...

1. tipos de baile y música hispanos
2. tipos de comida hispana
3. playas latinoamericanas/españolas famosas
4. nombres de periódicos escritos en español
5. directores de cine hispanos
6. cantantes hispanos

La comida

En el restaurante

CAMARERO:	¿Qué desean comer?
SR. MUÑOZ:	Espaguetis con crema y una ensalada.
SR. ROSAS:	Para mí, un bistec y vegetales.
CAMARERO:	¿Y para beber?
SR. ROSAS:	Vino de la casa, por favor.

La comida rápida

La "comida rápida" es muy popular entre los jóvenes. Las "hamburgueserías" de tipo americano existen en muchas ciudades del mundo hispano. Los restaurantes de comida rápida en los países hispanos frecuentemente combinan comida típica de los Estados Unidos con comidas típicas de la región. Por ejemplo, usted puede comer una hamburguesa con papas fritas o con arroz y frijoles negros. En muchos países, usted puede tomar vino o cerveza con su hamburguesa.

Más comidas y bebidas

CULTURA Tap water is generally not served in restaurants in the Spanish-speaking world as it is in United States. Most restaurant goers order bottled mineral water (**agua mineral**) to drink with their meal, in either its carbonated (**con gas**) or noncarbonated (**sin gas**) forms.

Actividades

3–5 La dieta. ¿Cuál tiene más calorías?

1. la sopa de tomate, las hamburguesas, la sopa de pollo
2. el pollo frito, el pescado, la ensalada
3. los vegetales, la fruta, las papas fritas
4. la cerveza, la leche, el café
5. el helado de chocolate, el cereal, el arroz

3–6 Las comidas. Explíquele a su compañero/a qué come y bebe usted en el desayuno, en el almuerzo y en la comida.

MODELO: En el desayuno, yo como tostadas y bebo café. ¿Y tú?

3–7 Unos vegetarianos. Usted y su amigo/a son vegetarianos/as. ¿Qué platos comerían de este menú?

SOPAS	
Sopa de pollo	$4.500
Sopa de tomate	$3.000
Sopa de vegetales	$3.000
Sopa de pescado	$4.750
ENSALADAS	
Ensalada de lechuga y tomate	$2.200
Ensalada de pollo	$6.250
Ensalada de atún	$7.000
PLATOS PRINCIPALES	
Bistec con papas y vegetales	$16.400
Hamburgesa con papas fritas	$18.000
Pescado con papas fritas	$15.300
Arroz con vegetales	$ 6.600

3–8 En la cafetería.

MODELO: —El desayuno es muy bueno aquí. ¿Qué deseas comer?
            —Huevos fritos y tostadas.

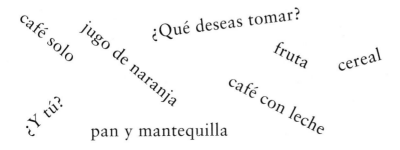

café solo   jugo de naranja   ¿Qué deseas tomar?   fruta   cereal   café con leche   ¿Y tú?   pan y mantequilla

A leer

Visuals are often incorporated into written texts, especially in ads and signs. These visuals can give you a preliminary idea of what you are about to read and will help you understand the information in the text.

Before reading the ad, look closely at the visuals and try to anticipate what you will read. Remember that cognates will also help you.

Mark the answer that best completes each statement.

1. All of the books refer to. . .
   _____ food
   _____ animals
   _____ nature

2. The title of the first book is *Queso*, a word you have not yet learned. Nevertheless, you can probably figure out that the book is about. . .
   _____ fruit
   _____ dishes
   _____ cheese

3. Below the book *Pescado*, there is another book with the title *Marisco*. The word marisco refers to. . .
   _____ only lobsters
   _____ shellfish
   _____ silver dishes

4. Below the book *Queso*, there is another book about fruit that is. . .
   _____ native
   _____ unusual
   _____ dietetic

5. The book *Las cocinas regionales de España* refers to. . .
   _____ Nestor Luján
   _____ tourism in Spain
   _____ Spanish cuisine

A escuchar

You will hear a young woman talk about herself and her activities. Complete the statements by marking the appropriate answer according to the information that you hear.

1. Diana es...
   _____ profesora
   _____ estudiante
   _____ dependienta

2. Ella habla...
   _____ una lengua
   _____ dos lenguas
   _____ tres lenguas

3. Vive en...
   _____ México
   _____ Cuba
   _____ los Estados Unidos

4. Los fines de semana ella y sus amigos...
   _____ estudian y trabajan
   _____ caminan y van a clases
   _____ van a restaurantes, al cine o a fiestas

EL CINE: PASATIEMPO DE TODOS

El cine es un pasatiempo tan popular en los países de habla española como en los Estados Unidos. Muchas películas norteamericanas tienen gran éxito en Hispanoamérica y en España, y es común ver en los cines obras de directores como Steven Spielberg, Brian De Palma, Martin Scorcese o Clint Eastwood.

En algunos países las películas norteamericanas o de lengua diferente a la española, son dobladas al español. En otros, el público lee subtítulos y así comprenden lo que dicen los actores. De ambas formas, ir al cine es una de las maneras en la que los estudiantes de español pueden mejorar su conocimiento de este idioma.

El precio de las entradas al cine es por lo general mucho más bajo en los países hispanos que en los Estados Unidos. A continuación están los precios de las entradas en algunos de los países de habla española.

ENTRADAS AL CINE	
España	$ US 3-5.00
Colombia	$ US 1-2.00
Argentina	$ US 5-7.00
México	$ US 2-4.00
Costa Rica	$ US 3-4.00

1. PRESENT TENSE OF REGULAR -ER AND -IR VERBS

comer *to eat*			
yo	com**o**	nosotros/as	com**emos**
tú	com**es**	vosotros/as	com**éis**
Ud., él, ella	com**e**	Uds., ellos/as	com**en**

vivir *to live*			
yo	viv**o**	nosotros/as	viv**imos**
tú	viv**es**	vosotros/as	viv**ís**
Ud., él, ella	viv**e**	Uds., ellos/as	viv**en**

- The endings for **-er** and **-ir** verbs are the same, except for the **nosotros** and **vosotros** forms.

- The verb **ver** has an irregular **yo** form.

  ver: **veo,** ves, ve, vemos, veis, ven

Actividades

3–9 Lugares y actividades. ¿Qué no hace usted en los siguientes lugares?

MODELO: en la playa — ver películas / tomar el sol / descansar

En la playa no veo películas.

1. en un café — comer un sándwich / comprar libros / tomar un refresco
2. en el gimnasio — hablar / beber cerveza / practicar basquetbol
3. en una discoteca — leer el periódico / bailar / escuchar música
4. en una fiesta — tocar la guitarra / cantar / mirar televisión
5. en la biblioteca — comer / leer / estudiar
6. en la clase de español — hablar español / nadar / practicar francés

Ahora, diga lo que su amigo/a no hace en estos lugares.

3-10 Intercambio. Hágale preguntas a su compañero/a sobre las actividades de estas personas.

MODELO: —¿Cuándo camina Alfonso?

—Los sábados por la mañana.

—¿Quién ve películas viejas?

—Dora Sánchez.

nombre	los sábados	los domingos
Julia Arango	estudia en la biblioteca va al cine con unos amigos	trabaja en la casa come con unos amigos
Alfonso Mencía	camina por la mañana ve programas de televisión	lee un buen libro baila en una discoteca
Dora Sánchez	descansa en la casa toca la guitarra y canta	ve películas viejas va a un café con amigos

3-11 Firmas: ¿Cuáles de sus compañeros/as hacer estas cosas?

MODELO: nadar bien   ¿Nadas bien?

1. beber café en el desayuno   _____
2. tocar la guitarra   _____
3. comer en restaurantes italianos   _____
4. ver programas cómicos por televisión   _____
5. vivir en una casa   _____
6. leer libros de ciencia ficción   _____

3-12 Sugerencias.   ¿Qué deben o no deben hacer estas personas?

MODELO: Luis está muy enfermo.

Debe tomar sopa. No debe comer hamburguesas
ni papas fritas.

1. Juan tiene un examen el lunes.
2. Francisco está débil y muy delgado.
3. Manuel y Victoria están en la playa.
4. Marta saca malas notas y ve televisión todos los días.
5. Luis y Emilia desean aprender español.

3-13 Un/a alumno/a nuevo/a.   Usted es un/a alumno/a nuevo/a en la universidad y le hace las siguientes preguntas a otro/a alumno/a.

1. ¿Vives en el dormitorio?
2. ¿Vas al gimnasio por las tardes?
3. ¿Dónde está el gimnasio?
4. ¿Comes en la cafetería?
5. ¿Es buena la comida?
6. ¿Qué comes a la hora del almuerzo?
7. ...

3–14 Entrevista. Entreviste a un/a compañero/a sobre sus diversiones. Utilice las siguientes palabras (y otras) para hacer sus preguntas.

MODELO: —¿Comes mucho en restaurantes?

—Sí.

—¿Dónde está tu restaurante favorito?

— ...

restaurantes helado ver papas fritas programas

comer libros biblioteca

periódicos novelas televisión

fruta leer sándwiches

ciencia ficción

3–15 Situaciones.

1. You are a waiter/waitress at a café and two of your classmates are the customers. Greet your customers and ask them what they would like to eat and drink. Be prepared to answer any questions they may have.
2. The soup you ordered at a restaurant has arrived cold. Call the waiter and explain that the soup is cold. The waiter should apologize. Tell the waiter that you want a salad instead of the soup.

2. PRESENT TENSE OF IR

ir	to go		
yo	**voy**	nosotros/as	**vamos**
tú	**vas**	vosotros/as	**vais**
Ud., él, ella	**va**	Uds., ellos/as	**van**

▪ Use **a** to introduce a noun after the verb **ir.** Whenever **a** is followed by the article **el,** they contract to form **al.**

Voy a la fiesta de María.   *I'm going to Maria's party.*
Vamos al gimnasio.   *We're going to the gymnasium.*

▪ Use **adónde** when asking a question with the verb **ir.**

¿Adónde vas ahora?   *Where are you going now?*

3. THE PRESENT TENSE TO EXPRESS FUTURE

▪ You may also express future time with the present tense of the verb. The context shows whether you are referring to the present or the future.

¿Estudiamos esta noche?
¿Vamos a estudiar esta noche?}   *Are we going to study tonight?*
¿Estás en casa hoy a las ocho?   *Will you be at home at eight o'clock tonight?*

4.   IR + A + **INFINITIVE TO EXPRESS FUTURE TIME**

- To express future time use the present tense of **ir** + **a** + the *infinitive* form of the verb.

    Ellos **van a nadar** después.   *They're going to swim later.*
    ¿**Vas a ir** a la fiesta?   *Are you going to go to the party?*

- The following expressions denote future time.

    esta noche   *tonight*
    mañana   *tomorrow*
    pasado mañana   *the day after tomorrow*
    la semana próxima   *next week*
    el mes/año próximo   *next month/year*

Actividades

3–16   Los lugares universitarios.   Indique adónde van estas personas.

MODELO: Juan / libro

          Juan va a una librería.

1. Javier y Mauricio / practicar ruso
2. Pablo / comer una hamburguesa
3. Alicia y Julia / usar la computadora
4. Roberto y Héctor / tomar el sol
5. Marta / tomar un refresco
6. Ud. / ...

3–17   Firmas.   Averigüe quién va a estos lugares.

MODELO: —¿Vas a la biblioteca esta tarde/noche?

1. una clase de historia	_____
2. la cafetería	_____
3. el cine	_____
4. la playa	_____
5. el gimnasio	_____
6. el laboratorio de ciencias	_____

3–18   ¿Qué vas a hacer?

MODELO: esta noche / ver televisión

          —¿Qué vas a hacer esta noche?

          —Voy a ver televisión.

1. después / leer el periódico
2. esta tarde / escribir una composición para la clase
3. mañana / estudiar para el examen
4. pasado mañana / comer con unos amigos mexicanos
5. el sábado / descansar en la playa
6. el mes próximo / ir a México

3-19 Destinos. ¿Adónde van y qué hacen allí?

MODELO: María / cine

María va al cine. Va a ver una película española.

1. Victoria / restaurante
2. Elena y Alberto / biblioteca
3. Rodrigo / playa
4. yo / casa
5. nosotros / café
6. Alina / la librería

3-20 Mi restaurante favorito. Usted y su amigo van a ir a su restaurante favorito. Diga cuándo van a ir y qué van a comer y beber.

3-21 Los planes de Maribel para el sábado. Diga lo que Maribel va a hacer y después diga lo que usted va a hacer.

1.

2.

3.

4.

5.

3–22 Unas vacaciones.   Mire este anuncio. Conversen sobre sus próximas vacaciones a uno de estos lugares, usando las siguientes preguntas para empezar la conversación.

1. ¿Adónde vas?
2. ¿Con quién vas?
3. ¿Qué lugares vas a ver?
4. ¿Cuándo vas?
5. ¿Cuántos días vas a estar allí?
6. ¿Qué vas a comprar?
7. ¿Por qué vas a ir a ese lugar?

CARTELERA DE VIAJES

ATALAYA TURISMO
27 años de experiencia, responsabilidad y profesionalismo

TODOS LOS PRECIOS INCLUYEN PASAJES AEREOS Y SERVICIOS TERRESTRES POR PERSONA BASE DOBLE

CARIBE

CANCUN, 7 días, oferta especial Junio u$s **845**

JAMAICA, 9 días, Sandals Inn "sistema todo incluido" exclusivo para parejas. u$s **1740**

VARADERO y CANCUN, 14 días con media pensión en Cuba. u$s **1455**

LA HABANA, TRINIDAD, VARADERO, 14 días con media pensión. u$s **1450**

ANTILLAS HOLANDESAS, 14 días Curaçao y Aruba con desayuno americano. u$s **1410**

LA HABANA, VARADERO y CAYO LARGO, 14 días lo mejor de Cuba, con media pensión y pensión completa. u$s **1925**

ARUBA Y CRUCERO, 16 días, Caracas, Grenada, Barbados, Martinica, Curaçao. u$s **2250**

SANTO DOMINGO y ARUBA, 15 días con media pensión en el Punta Cana Beach Resort y desayuno am. en Aruba. u$s **1720**

MEXICO

MEXICO Y PTO VALLARTA y/o MANZANILLO, 9 días sistema "todo incluido". u$s **1550**

MEXICO, TAXCO, ACAPULCO, 10 días lo tradicional tradicional. u$s **1265**

MEXICO, TAXCO, ACAPULCO, OAXACA, VILLAHERMOSA, MERIDA y CANCUN, 21 días playas y maravillas arqueológicas y coloniales. u$s **2575**

USA Y CARIBE

BAHAMAS, 9 días Grand Bahama, en el Club Fortuna con sistema "todo incluido". u$s **1175**

MIAMI e ISLAS VIRGENES (St. Thomas) 9 días con opcionales a St. John y Virgin Gorda. u$s **1560**

FLORIDA (Miami y Orlando) y **CANCUN** 17 días. u$s **1550**

PERU Y BOLIVIA

LIMA, AREQUIPA, CUZCO, MACHUPICHU, PUNO, LA PAZ, 12 días la ruta del Inca, en ómnibus, tren y aliscafo. u$s **1760**

PACIFICO SUR

TAHITI, MOOREA, BORA BORA El Paraíso! 13 días, desayuno. u$s **2690**

AUSTRALIA, NUEVA ZELANDA, POLINESIA, 28 días, un "superviaje" para conocer los atractivos de estos hermosos países. u$s **5950**

USA

MIAMI y ORLANDO, 9 días auto, hotel o departamento. u$s **899**

NEW YORK, 9 días Traslados y excursiones. u$s **1199**

CALIFORNIA, 14 días Los Angeles, San Diego, Gran Cañón, Las Vegas, San Francisco. En ómnibus con guía en castellano. u$s **1935**

USA Y CANADA

NEW YORK, NIAGARA, TORONTO, OTTAWA, MONTREAL, QUEBEC, BOSTON, 14 días tour en ómnibus con guía en castellano. u$s **1815**

Solicite los programas detallados con variantes de hoteles e itinerarios a su agente de viajes

PAGOS EN CUOTAS CON MASTERCARD - VISA

Tucumán 335 P.3ª Tel. 312-9599/5784/ 9473 311-7757 313-2736/3546 Fax: 315-8778 - DNT 404/77 - Leg.450

Operador Responsable
ATALAYA TURISMO

3–23 Situaciones.

1. Your friend is planning to go to a concert. Find out where and when the concert is, who is going to sing, and who is going to play the guitar.

2. Tell your partner about your plans for tonight. Tell him/her
   a) where you are planning to go, b) with whom, and c) what you are planning to do. Inquire about his/her plans.

5.   NUMBERS 100 TO 2,000,000

100	cien/ciento	1.000	mil
200	doscientos/as	1.100	mil cien
300	trescientos/as	2.000	dos mil
400	cuatrocientos/as	10.000	diez mil
500	quinientos/as	100.000	cien mil
600	seiscientos/as	150.000	ciento cincuenta mil
700	setecientos/as	500.000	quinientos/as mil
800	ochocientos/as	1.000.000	un millón (de)
900	novecientos/as	2.000.000	dos millones (de)

- Use **cien** to say 100 and **ciento** for numbers from 101 to 199.

100 chicos	cien chicos
120 profesoras	ciento veinte profesoras.

- The numbers 200 through 900 agree in gender with the noun they modify.

200 escritorios	doscientos escritorios
200.000 casas	doscientas mil casas

- Use **mil** for one thousand.

1.000	mil alumnos, mil alumnas

- Use **un millón** to say one million. Use **un millón de** when a noun follows.

1.000.000	un millón
1.000.000 personas	un millón de personas

- Spanish normally uses a period where English uses a comma, and a comma where English uses a period.

1.000	$19,50

....

LENGUA   In Spanish, numbers higher than one thousand are not stated in pairs as they often are in English. For example, 1942 must be articulated as **mil novecientos cuarenta y dos,** whereas in English it is often given as *nineteen forty-two.*

Although this is changing somewhat, telephone numbers are generally not stated as individual numbers, but in groups of two whenever possible. This also depends on how the numbers are written, which varies from country to country.

237–515	=	dos—treinta y siete—cinco—quince
12–24–67	=	doce—veinticuatro—sesenta y siete
243–8970	=	dos—cuarenta y tres—ochenta y nueve—setenta.

Actividades

3–24 Para identificar. Su profesor/a va a leer un número de cada grupo. Identifique el número.

- 114   360   850   524
- 213   330   490   919
- 818   625   723   513

- 667   777   984   534
- 1.310   1.420   3.640   6.860
- 10.467   50.312   100.000   2.000.000

3–25 Problemas.

1.	437 + 83	3.	893 + 15	5.	1.500 + 2.000
2.	731 + 72	4.	237 + 863	6.	650.000 + 350.000

3–26 Firmas. Determine quién nació en los siguientes años.

MODELO: 1940

¿Naciste en 1940?

1966 _____	1972 _____
1967 _____	1973 _____
1968 _____	1974 _____
1969 _____	1975 _____
1970 _____	1976 _____
1971 _____	1977 _____

3–27 ¿Cuándo va a ocurrir?

MODELO: Mi amigo Roberto va a comprar una casa.

En 1998.

1. Una mujer va a ser la presidenta de los Estados Unidos.
2. Vamos a usar autos eléctricos en los Estados Unidos.
3. Los astrónomos van a descubrir otro planeta.
4. Van a descubrir una cura para el cáncer.
5. No vamos a tener más petróleo.
6. El inglés, el japonés y el español van a ser las lenguas oficiales del mundo.
7. Voy a visitar la América del Sur.
8. Voy a comprar un auto nuevo.

3–28 Intercambio. El anuncio en la página siguiente es de Iberia, la aerolínea española que vuela a diferentes destinos en este hemisferio.

MODELO: —¿Cuánto cuesta ir a Lima?

—Ciento ochenta y dos mil doscientas pesetas.

Hoy es día de playa.

• Río de Janeiro 95.000 ptas. • San Juan de Puerto Rico 118.200 ptas.
• México 115.400 ptas. • La Habana y Varadero 131.900 ptas.
• Miami/Orlando 99.000 ptas. • Bogotá/Cartagena de Indias 149.300 ptas.
• Cancún 116.500 ptas. • San José de Costa Rica y Playa Tambor 139.000 ptas.
• Buenos Aires 153.200 ptas. • Guatemala y México 232.300 ptas.
• Panamá e Isla Contadora 143.300 ptas. • Santiago de Chile 230.700 ptas.
• Lima, Cuzco y Machu Picchu 182.200 ptas. • Santo Domingo/Playa Bávaro 119.500 ptas.
• Los Angeles 125.200 ptas. • Quito e Islas Galápagos 265.800 ptas.
• Caracas/Isla Margarita 136.000 ptas.

Todos los paquetes incluyen avión ida y vuelta desde Madrid, 7 noches de hotel en habitación doble y traslados.
Precios válidos desde el 1 de noviembre y sujetos a posibles variaciones. Solicite el folleto en su agencia de viajes.

Vuela al verano.

IBERIA

3–29   Situaciones.

1. Itemize your expenses for next week. You will go to the movies,
   spend a day at the beach, eat at a restaurant, and go dancing. Tell
   your partner how much you are going to spend (**gastar**) for each activity.

2. Tell your partner some of the things you brought to class or that
   you have at home. Say how much each of these things costs.

3. Ask your partner 1) his/her address, 2) phone number, and 3) zip
   code (**código postal**).

PRONUNCIACIÓN: **g, j, r,** and **rr**

Listen carefully to the explanation of Spanish **g, j, r,** and **rr** on your cassette. If you want to read the explanation on your own or follow along
while you listen to your cassette, you will find it in your *Student Activities Manual.*

REPASO GRAMATICAL

1. PRESENT TENSE OF REGULAR -ER AND -IR VERBS

comer *to eat*		
yo **como**	nosotros/as	com**emos**
tú **comes**	vosotros/as	com**éis**
Ud., él, ella com**e**	Uds., ellos/as	com**en**

vivir *to live*		
yo viv**o**	nosotros/as	viv**imos**
tú viv**es**	vosotros/as	viv**ís**
Ud., él, ella viv**e**	Uds., ellos/as	viv**en**

2. PRESENT TENSE OF IR

ir *to go*		
yo **voy**	nosotros/as	**vamos**
tú **vas**	vosotros/as	**vais**
Ud., él, ella **va**	Uds., ellos/as	**van**

3. FUTURE TENSE WITH IR+A

ir + **a** + *infinitive*	*will* + *verb*
Ana **va a ser** la presidenta.	*Ana will be the president.*

 A escuchar

3–30 Las grabaciones telefónicas. You are calling the museums listed below to find out their hours of operation and where they are located. Indicate the information on the chart below.

	Horas	Dirección
Museo de Arte	_____	_____
Museo de Historia	_____	_____
Museo de Antropología	_____	_____
Museo de Ciencias Naturales	_____	_____

3–31 ¿Quiénes van adónde y cuánto pagan? First, as you listen to the following statements, circle the words that you hear. Then complete the chart, based on the information you obtain (point of reference: U.S.).

1. Agustina va a estar en **Perú / México.**
   Ella va a pagar **3.255 / 2.155** dólares.
2. Tomás paga **70.657 / 70.756** pesetas y él **no va / va**
   a Latinoamérica.
3. El vuelo 332 **no va / va** a España.
4. El vuelo 900 **no es / es** internacional.
5. Adriana **no va / va** a un país de Norteamérica en el vuelo 201.
6. El vuelo a Lima **es / no es** el 606.
7. La persona que va a México paga 1.567.000 pesos y **no toma**
   / toma el vuelo 201.
8. Pablo **va / no va** a viajar por Estados Unidos y paga 564 dólares.

nombre	destino	vuelo	precio
	Miami		
	Madrid		
	México		
	Lima		

101

A conversar

 3-32 Confitería Compostela.   Su compañero/a le va a preguntar cuánto pagan ciertas personas. Conteste según el modelo.

MODELO: —¿Cuánto paga Juan?

—Juan paga 5.000. ¿Y Esteban?

CAFETERIA

Café	A 4.000
Café doble	A 7.000
Café c/crema	A 5.000
Capuchino	A 8.000
Capuchino a la italiana	A 12.000
Café c/leche	A 5.000
Café c/leche, pan y manteca . .	A 8.000
Café c/leche y 3 medias lunas . .	A 8.000
Té c/limón	A 5.000
Té c/leche	A 6.000
Té de leche	A 6.000
Tés medicinales	A 5.000
Leche fría	A 5.000
Leche caliente	A 6.000
Leche fría c/crema	A 6.500
Leche caliente c/crema	A 7.000
Chocolate a la madrileña	A
Chocolate espeso	A
Submarino	A 8.000
Toddy frío	A
Toddy caliente	A
Cindor	A
Yoghurt	A 5.000
Crema jarrita	A

CATEGORIA A

CONFITERIA

Compostela

SANDWICHERIA - BAR

CORDOBA 4502   MAR DEL PLATA

1. Juan / café con leche
2. Sonia / leche fría
3. Ana Inés / té con leche
4. María Soledad / leche caliente
5. Esteban / café doble
6. Fernando / té con limón

 3-33 ¿Qué comen sus compañeros/as?   Hagan una encuesta (página 103) para averiguar qué comen sus compañeros/as.

MODELO: USTED: Susana, ¿comes huevos en el desayuno?

SUSANA: Sí, como huevos en el desayuno.

USTED: ¿Comes huevos en el almuerzo o en la cena?

SUSANA: No, no como huevos en el almuerzo ni en la cena.

| | desayuno | | almuerzo | | cena | |
	chicos	chicas	chicos	chicas	chicos	chicas
huevos						
café						
jugo						
leche						
sopa						
hamburguesa						
papas fritas						
ensalada						
pollo						

3–34 ¿Qué vas a hacer? Hágale varias preguntas a su compañero/a. Tome notas sobre las respuestas y prepare un informe oral para la clase.

MODELO: —¿Qué vas a hacer esta noche?

—Voy a comer en un restaurante. ¿Y tú?

—Yo voy a ir al cine con los chicos de la clase de francés.

1. esta tarde
2. después
3. mañana
4. pasado mañana
5. el próximo sábado
6. la semana próxima
7. el mes próximo
8. el año próximo

INVESTIGACIÓN

Más horarios
¿A qué hora toma usted el desayuno?
¿Sabe usted cuáles son los horarios de las comidas en España y en otros países hispanos?
¿Qué es la merienda? Una merienda típica en España puede ser chocolate con churros.
¿Sabe usted qué es un churro?

CULTURA   Mealtimes in Hispanic countries differ from those in the United States. People typically eat breakfast at around 7:00 or 8:00 A.M. Breakfast often consists of **café con leche** (strong coffee with hot milk) or **chocolate caliente** (hot chocolate) with bread, a sweet roll, and sometimes juice or fruit. This is a light breakfast, so people sometimes have a snack in the late morning. Cereals are becoming more popular, especially among the younger generation. The main meal of the day is lunch **(el almuerzo** or **la comida),** eaten between 1:00 and 3:00 P.M., depending on the country. Fast-food places are popular, especially among young people. Supper **(la cena** or **la comida)** is served after 7:00 or 8:00 P.M., and sometimes as late as 10:00 or 11:00 in Spain.

 *A leer*

3-35 Una tarjeta postal. Mire la postal y conteste las preguntas.

1. ¿En su ciudad hay muchos cines en la misma calle? ¿Dónde hay muchos cines? ¿Come y bebe usted cuando está en el cine? ¿A qué hora es la última función? ¿Cuál es la hora más popular para ir al cine?

   ¿Qué hora es...?

   14:30 _____   16:45 _____   23:00 _____   21:00 _____

   ¿Qué día es...?

   Mcoles. _____   Sáb. _____   Dom. _____

3-36 Vocabulario. Lea las siguientes oraciones para descubrir el significado de las palabras en **negrita**. Luego, conteste las preguntas.

- Los sábados pago 300 pesetas por una hamburguesa con papas fritas. Hoy hay un **descuento** del 50%. Hoy pago 150 pesetas.

- Maricela tiene 15 años. Ella no va a ver la película *Drácula* porque es (S A M 16) **sólo apta para mayores** de 16 años. Maricela es **menor** de 16.

- En los cines siempre vemos diez minutos de **variedades** antes de la película.

  1. ¿Estudia los sábados por la noche o va al cine?
  2. Tiene un descuento del 50%. ¿Cuánto vas a pagar por una cena de 2.500 pesetas?
  3. ¿Es usted mayor de 18?
  4. ¿En los Estados Unidos las **variedades** son antes o después de la película?

3–37 El cine. Lea los siguientes párrafos y usando los anuncios de cines, determine qué van a ver estas personas.

1. Ernesto, Graciela y Martín van a un cine en la calle Lavalle. Son mayores de trece y menores de dieciséis. Van a ver una película a las tres y media de la tarde. ¿Qué película van a ver?

2. Marcelo y Alejandra van a ver una película en un cine que está en la calle Corrientes, número mil quinientos sesenta y cinco. Marcelo tiene 15 años y Alejandra tiene 16. Van a estar en el cine a las nueve de la noche y no van a ver una película con Robert de Niro. ¿Qué película van a ver?

3. El cine está en la calle Lavalle. Es la una de la mañana del sábado y Ángela va a la película por la noche. Ángela es mayor de diez y ocho. El número de teléfono del cine es tres, dos, dos, uno, cinco, uno, cinco. La película va a comenzar en cuarenta minutos. ¿Qué película va a ver?

4. Adriana y Mónica también van a ir a la calle Lavalle. Su cine está en el ochocientos veinte de esa calle. Son las seis de la tarde y la película va a comenzar en diez minutos. Ellas son mayores de dieciséis años. ¿Qué película van a ver?

A escribir

3–38   Preguntas.

1. ¿Qué hace usted los fines de semana? ¿Va a bailar, come en restaurantes, va al cine, baila en el club?
2. ¿Con quién hace estas actividades? ¿Con su compañero/a de cuarto, sus amigos, su novio/a, los chicos de la clase?
3. ¿Adónde van ustedes?
4. ¿Qué beben y qué comen?
5. ¿Cuánto dinero necesita?
6. ¿A qué hora está en casa?

3–39   ¿Qué van a hacer?   Use las preguntas de arriba como base para escribir un párrafo sobre qué van ustedes a hacer este fin de semana.

VOCABULARIO[1]

COMUNICACIÓN

el periódico	*newspaper*
el programa	*program*

DIVERSIONES

la canción	*song*
la fiesta	*party*
la guitarra	*guitar*
la música	*music*
la película	*film*
película de ciencia ficción	*science fiction film*
la reunión	*meeting, get-together*

LUGARES

el cine	*movies*
el mar	*sea*
la playa	*beach*

EN UN CAFÉ O RESTAURANTE

el agua	*water*
el almuerzo	*lunch*
el arroz	*rice*
el atún	*tuna*
el bistec	*steak*
el café	*coffee*
el/la camarero/a	*waiter/waitress*
la cena	*dinner, supper*
el cereal	*cereal*
la cerveza	*beer*
la comida	*dinner, supper*
la crema	*cream*
el desayuno	*breakfast*
la ensalada	*salad*
los espaguetis	*spaghetti*
la fruta	*fruit*
la hamburguesa	*hamburger*
el helado	*ice cream*
el huevo	*egg*
el jugo	*juice*
la leche	*milk*
la lechuga	*lettuce*
el/la muchacho/a	*boy/girl*
la naranja	*orange*
el pan	*bread*
la papa	*potato*
las papas fritas	*french fries*

el pescado	*fish*
el pollo	*chicken*
el queso	*cheese*
el refresco	*soda*
el sándwich	*sandwich*
la sopa	*soup*
el té	*tea*
el tomate	*tomato*
la tostada	*toast*
el vegetal	*vegetable*
el vino	*wine*

DESCRIPCIÓN

caliente	*hot*
favorito/a	*favorite*
frío/a	*cold*
frito/a	*fried*

VERBOS

beber	*to drink*
cantar	*to sing*
comer	*to eat*
conversar	*to talk, to converse*
deber	*should, ought*
descansar	*to rest, to relax*
disfrutar (de)	*to enjoy*
escribir	*to write*
ir	*to go*
leer	*to read*
nadar	*to swim*
tocar	*to play (an instrument), to touch*
tomar	*to drink, to take*
tomar el sol	*to sunbathe*
ver	*to see*
vivir	*to live*

EXPRESIONES Y PALABRAS ÚTILES

¿adónde?	*where (to)?*
el año próximo	*next year*
al aire libre	*outdoors*
después	*after, afterwards*
estar a dieta	*to be on a diet*
mañana	*tomorrow*
pasado mañana	*the day after tomorrow*
para mí	*for me*

[1]See page 97 for the numbers 100 to 2,000,000.

LECCIÓN 4

¿Cómo es esta familia? ¿Cuántas personas hay?
¿Quiénes son? ¿Cómo son? ¿Cuántas personas hay
en su familia? ¿Cómo se llaman y cómo son?

La familia

Las familias

Una foto familiar: tres generaciones —abuelos, hijos y nietos.

Una familia joven pasea con sus hijos en el zoológico de Chapultepec en la ciudad de México.

Una familia puertorriqueña de Nueva York celebra el bautizo de su hija. Las relaciones entre los padrinos, los ahijados y sus padres son muy importantes en la cultura hispana.

La familia de Eduardo

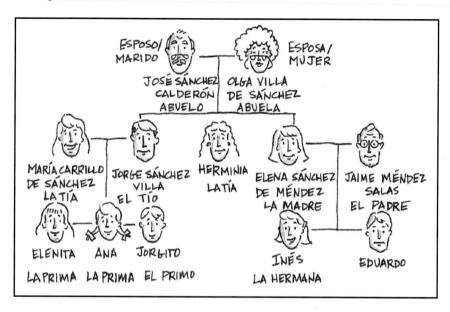

Eduardo habla de su familia.

Me llamo Eduardo Méndez Sánchez. Yo soy colombiano y vivo en un apartamento en Bogotá con mis padres y mi hermana Inés. Mi tío, el hermano de mi mamá, se llama Jorge. Mis tías se llaman María y Herminia. Mi papá no tiene hermanos; es hijo único. Elenita, Ana y Jorgito son mis primos. Son los sobrinos de mis padres.

Mis abuelos son los suegros de mi tía María. Ella es la nuera de mis abuelos y mi papá es el yerno. Mi madre es la cuñada de María. ¿Quién es el cuñado de mi padre?

La hermana de mi mamá es Herminia. Herminia y Sergio están divorciados. Ahora ella está casada con Osvaldo y Sergio está casado con Paula.

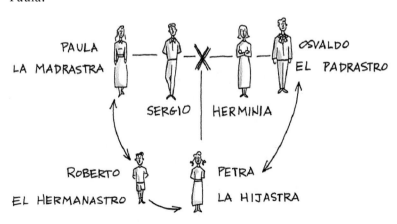

Actividades

4–1 La familia de Eduardo. Complete las siguientes oraciones de acuerdo con el árbol genealógico de Eduardo.

1. La hermana de Eduardo se llama _____.
2. Don José y doña Olga son los _____ de Eduardo. Ellos tienen _____ hijas y _____ hijo.
3. Eduardo es el _____ de Jaime.
4. Jaime es el _____ de Eduardo, y Elena es la _____.
5. Inés y Ana son _____.
6. Don José y doña Olga tienen _____ nietos y _____ nietas.
7. Elena es la _____ de Jorgito, Elenita y Ana.
8. Inés es la _____ de Jorge y María.

4–2 Asociaciones.

1. la esposa de mi papá
2. el hermano de mi prima
3. la madre de mi esposo/a
4. el hijo de mi hijo
5. el hermano de mi mamá
6. la hermana de mi esposo/a

a. primo
b. nieto
c. madre
d. suegra
e. cuñada
f. tío

4–3 ¿Quién es y cómo es? Escoja a algún familiar de Eduardo. Su compañero/a debe decir cuál es su parentesco con Eduardo y usar su imaginación para dar información adicional.

MODELO: ¿Quién es Elenita?

Es la prima de Eduardo. Tiene dieciocho años y estudia psicología. Es muy simpática y tiene muchos amigos.

4–4 Entrevista. Descubra cómo es la familia de su compañero/a. Pueden usar algunas de estas palabras y expresiones en la conversación.

hermanos/as ¿Cuántos ... tienes? ir tíos padres ¿Dónde vive(n)...? estar Tengo... divorciado/a primos/as viejo/a casado/a ¿Cómo...?

Más sobre la familia de Eduardo

Jorgito corre y juega con otros niños en el parque. En la casa, él quiere jugar con su perro Sansón, pero Sansón es muy perezoso y siempre tiene sueño.

Sansón es un perro muy bueno y muy tranquilo. Elenita y su novio piensan que es un poco tonto. Cuando Sansón sale y ve otros perros grandes, tiene mucho miedo.

Elenita va al gimnasio y Ana tiene clases de baile dos veces a la semana. Cuando llegan a la casa tienen mucha sed. ¿Y Sansón? Bueno, Sansón siempre tiene hambre.

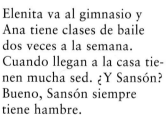

Mi tío Jorge es una persona muy ocupada. Él siempre tiene prisa. Mi tía María es muy tranquila. Ella nunca tiene prisa.

Por la noche mi abuela tiene frío, pero nosotros tenemos calor.

Actividades

4–5   Entrevista.

1. ¿Cuántas personas viven en tu casa? ¿Quiénes son? ¿Cómo son?
2. ¿Qué hacen por la noche?
3. ¿Tienes perro? ¿Cómo se llama?
4. ¿Cómo es tu perro?
5. ...

4–6   Mi familia.   Cada estudiante debe preparar un pequeño árbol genealógico y hablar sobre sus parientes.

MODELO: Mi hermano se llama Bob. Es soltero y tiene treinta años. Vive en Chicago y trabaja en un banco. Bob es alto y delgado y muy simpático.

4–7   Firmas.   ¿Cómo son las familias de mis compañeros/as?

1. tener dos hermanos   _____
2. vivir con los padres   _____
3. tener muchos primos   _____
4. ser hijo/a único/a   _____
5. tener novio/a   _____

4–8   Características familiares.   Pregúntele a su compañero/a sobre las características de sus familiares. Su compañero/a le contesta con una descripción de esa persona.

MODELO: —¿Tienes un pariente muy alto?

   —Sí, mi tío. Él es muy alto y muy gordo. Está casado con mi tía Luisa y tienen tres hijos: Silvina, Magda y Carlos...

1. muy, muy delgado
2. de ojos verdes
3. de pelo largo
4. divorciado
5. perezoso
6. muy trabajador
7. ...

A escuchar

You will hear descriptions of four families. Mark the appropriate column to indicate whether the family is big or small.

	Grande	Pequeña
1.	____	____
2.	____	____
3.	____	____
4.	____	____

A leer

Read the following paragraph paying special attention to the visuals and answer the questions.

El trabajo y el cuidado infantil

En Hispanoamérica y en los Estados Unidos, muchas familias necesitan dos salarios para vivir. Como esta situación es más común entre los padres jóvenes, muchos hijos de menos de cinco años van a una guardería mientras los padres trabajan. Los padres divorciados o separados que trabajan y viven con sus hijos pequeños tienen el mismo problema.

Can you find. . .

1. the percentage of families with two salaries?
2. the number of couples with two incomes?
3. the average weekly cost of day care?
4. the Spanish word for a day care center?

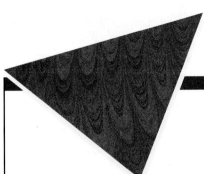

Enfoque

LA FAMILIA MODERNA

Buenos Aires

Los cambios en la sociedad moderna han afectado las características de la familia tradicional en los países del mundo hispánico. La familia tradicional era numerosa, constituida por los padres, los hijos y otros familiares. En muchos casos vivían en la misma casa los padres, varios hijos, los abuelos y algunos tíos y sobrinos.

Hoy día la típica familia hispana es menos numerosa. Mientras que en 1970 el promedio de hijos por familia era de 3,5, en 1990 esta cifra bajó a 2,85.

Esto se debe en parte a que en la actualidad las parejas se casan a una edad mayor. Mientras que en 1954 la edad promedio para el matrimonio era de 20 años, actualmente es de 25 años.

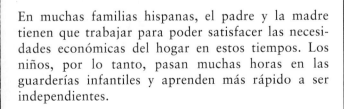

En muchas familias hispanas, el padre y la madre tienen que trabajar para poder satisfacer las necesidades económicas del hogar en estos tiempos. Los niños, por lo tanto, pasan muchas horas en las guarderías infantiles y aprenden más rápido a ser independientes.

Toledo

$e = ei$

$o = ue$

1. PRESENT TENSE OF E → IE AND O → UE STEM-CHANGING VERBS

pensar *to think*			
yo	pienso	nosotros/as	pensamos
tú	piensas	vosotros/as	pensáis
Ud., él, ella	piensa	Uds., ellos/as	piensan

volver *to return*			
yo	vuelvo	nosotros/as	volvemos
tú	vuelves	vosotros/as	volvéis
Ud., él, ella	vuelve	Uds., ellos/as	vuelven

- These verbs change the stem vowel **e** to **ie** and **o** to **ue** except in the **nosotros** and **vosotros** forms.[1]

- These stem changes occur whenever the stem vowel is stressed: pienso/pensamos; vuelvo/volvemos.

- Other common verbs and their vowel changes are:

e → ie		o → ue	
empezar	*to begin*	almorzar	*to have lunch*
preferir	*to prefer*	costar	*to cost*
querer	*to want, to love*	dormir	*to sleep*
		poder	*to be able to, can*

- **Tener** *(to have)* and **venir** *(to come)*, in addition to changing e→ie, have an irregular **yo** form.

PRESENT TENSE		
	tener	**venir**
yo	tengo	vengo
tú	tienes	vienes
Ud., él, ella	tiene	viene
nosotros/as	tenemos	venimos
vosotros/as	tenéis	venís
Uds., ellos/as	tienen	vienen

---

[1]Stem-changing verbs are identified in vocabulary lists as follows: **pensar (ie); volver (ue).**

- The verb **jugar** *(to play a game or a sport)* changes the **u** to **ue**.

Mario **juega** muy bien, pero nosotros **jugamos** regular.

2.   EXPRESSIONS WITH **TENER**

- Spanish uses **tener** + *noun* in many cases where English uses *to be* + *adjective*. You have already seen the expression **tener...años.** These expressions always refer to people or animals but never to things.

tener		to be	
	hambre		hungry
	sed		thirsty
	sueño		sleepy
	miedo		afraid
	calor		hot
	frío		cold
	suerte		lucky
	cuidado		careful
	prisa		in a hurry

- With these expressions use **mucho/mucha** to indicate *very*.

Tengo **mucho** calor. (frío, miedo, sueño, cuidado)
Tienen **mucha** hambre. (sed, suerte, prisa)

- Use **tener** + **que** + *infinitive* or **hay** + **que** + *infinitive* to express obligation.

Tengo que terminar hoy.	*I have to finish today.*
Hay que terminar hoy.	*It's necessary to finish today.*

Actividades

4–9   Asociaciones.

1. Mi hermano va a comer mucho.
2. Mi hermana duerme 10 horas.
3. Mi primo está en el Polo Norte.
4. Mis abuelos toman mucha agua.
5. Mi mamá gana cuando juega a la lotería.
6. Son las 8:00 y necesito estar en casa a las 8:10.

a. Tienen sed.
b. Tengo prisa.
c. Tiene suerte.
d. Tiene frío.
e. Tiene hambre.
f. Tiene sueño.

4–10   Preferencias.

MODELO: café o té

—Yo prefiero té.

—Pues, yo prefiero café. *o* —Prefiero té también.

1. el jazz o la música rock
2. la playa o el cine
3. la leche o la cerveza
4. mirar televisión o leer
5. la comida mexicana o la comida italiana
6. el béisbol o el basquetbol

4-11 **¿Qué quieren hacer estas personas?**

MODELO: María quiere correr esta tarde.

Carlos

Pablo y Alberto

Marisa

nosotros

yo

4-12 **Las horas.** Averigüe a qué hora empiezan y a qué hora termi-nan las siguientes actividades.

MODELO: la clase de español

—¿A qué hora empieza la clase de español?

—Empieza a...

—¿A qué hora termina?

—Termina a...

1. la clase de historia
2. la música en una discoteca
3. las noticias

4. su programa favorito de televisión
5. los juegos de béisbol
6. las fiestas de sus amigos

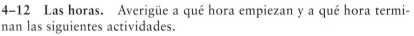

4-13   ¿Qué tienen estas personas?

MODELO: Pablo tiene frío.

4-14   ¿Qué piensan hacer estas personas?

MODELO: Mi hermano desea estar delgado.

Él piensa correr mucho (o estar a dieta, o comer poco).

1. Mi hermana tiene un examen mañana.
2. Mi tía está muy enferma.
3. Mis abuelos están de vacaciones.
4. Mi primo y yo vamos a un restaurante español.
5. Yo voy a ir a México.

4-15   Los Altagracia. ¿Qué tienen que hacer los miembros de esta familia?

MODELO: Pedrito necesita unos libros para sus clases.

Tiene que ir a la biblioteca / librería.

1. La madre quiere ver una película argentina.
2. El niño tiene mucha hambre.
3. Pedrito quiere sacar buenas notas.
4. El papá está muy gordo.
5. La madre trabaja mucho.
6. Magdalena quiere hablar francés muy bien.

4–16   Los sobrinos.   Su sobrino tiene diez meses. Diga qué cosas puede y no puede hacer. Después su compañero/a le va a decir lo que puede hacer su sobrino.

MODELO: desayunar huevos fritos

Mi sobrino no puede desayunar huevos fritos.

1. caminar rápido
2. correr
3. tomar jugo
4. beber leche
5. comer hamburguesas
6. estar solo en la casa

4–17   Entrevista.

1. ¿A qué hora almuerzas? ¿Dónde? ¿Con quién?
2. ¿Qué prefieres almorzar?
3. ¿Qué bebes en el almuerzo?
4. ¿Duermes una siesta después del almuerzo?
5. ¿Vuelves a la universidad después del almuerzo?

4–18   Una fiesta.   Usted y su compañero/a organizan una fiesta para el club de español. Deben explicarles los siguientes puntos a unos compañeros.

1. número de personas que vienen
2. a qué hora empieza la fiesta
3. personas que no pueden venir
4. comida y bebida que tienen para la fiesta
5. qué tienen que hacer sus compañeros/as

4–19   Situaciones.

1. Find out a) what city your partner prefers to visit, b) why, c) when he/she is planning to go, and d) with whom.
2. Pretend that you are in your favorite restaurant. Use the verb **querer** to tell your partner all of the things that you want to drink and eat. Your partner should do the same.

3.   POSSESSIVE ADJECTIVES

mi, mis	*my*
tu, tus	*your*
su, sus	*your* (formal), *his, her, its, their*
nuestro/a, nuestros/as	*our*
vuestro/a, vuestros/as	*your* (familiar)

- Possessive adjectives always precede the noun they modify.

  mi mamá   **tu** hermana

- Possessive adjectives change number (and gender for **nosotros** and **vosotros**) to agree with the thing possessed, not with the possessor.

  mi casa, **mis** casas
  nuestro padre, **nuestros** padres, **nuestra** familia, **nuestras** primas

▪ **Su** and **sus** have multiple meanings. To ensure clarity, you may use **de** + *the name of the possessor* or *the appropriate pronoun.*

su tía
$\begin{cases} \text{la tía de ella (la tía de Elena)} \\ \text{la tía de él (la tía de Jorge)} \\ \text{la tía de usted} \\ \text{la tía de ustedes} \\ \text{la tía de ellos (la tía de Elena y Jorge)} \\ \text{la tía de ellas (la tía de Elena y Olga)} \end{cases}$

Actividades

4–20 Comparaciones. Comparen las siguientes personas y cosas.

MODELO: —Mi bicicleta es negra y fea. ¿Cómo es tu bicicleta?

—Es azul y blanca.

1. la familia
2. el auto
3. el/la novio/a
4. la madre
5. el restaurante favorito
6. el/la profesor/a de inglés
7. la computadora
8. el perro
9. la casa

4–21 Cosas favoritas. Use la siguiente lista para averiguar las preferencias de su compañero/a.

MODELO: libro

—¿Cuál es tu libro favorito?

—Mi libro favorito es...

| película | programas de televisión | amigo/a |
| clases | canciones | cantante |

Ahora, cambie de compañero/a. Su segundo compañero/a debe averiguar las preferencias del primer compañero/de la primera compañera.

MODELO: —¿Cuál es su libro favorito?

—Su libro favorito es...

4–22 Información sobre la familia.

1. ¿Cuántos hermanos tienes?
2. ¿Cómo se llaman tus hermanos?
3. ¿Cuántos años tienen?
4. ¿Dónde viven tus hermanos?
5. ¿De qué color es el pelo de tu hermano mayor? ¿Y los ojos?
6. ¿Son simpáticos tus hermanos?

4–23 Nuestra universidad. Preparen un pequeño párrafo sobre su universidad usando la forma correcta de **nuestro.** Algunos temas que pueden usar son: profesores, clases, estudiantes y equipo de fútbol o basquetbol.

4–24   Situaciones.

1. You are doing some research regarding immigrants in this country. Diagram your partner's family tree as he/she describes it to you. Find out where the various family members are from.

2. You and your partner are opponents in a debate. You will argue the case for large families and your partner will defend his/her preference for small families.

4.   PRESENT TENSE OF HACER, PONER, AND SALIR

- The verbs *hacer, poner*, and *salir* are irregular in the present tense. After looking over the illustrations below, turn to page 124 and study the rules and forms for these verbs.

El padre pone la mesa.

La madre prepara el desayuno.

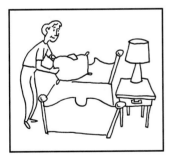

El hijo hace la cama.

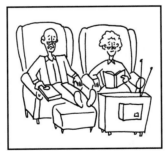

Los abuelos ponen la televisión.

La familia desayuna y sale.

Present Tense			
	hacer	**poner**	**salir**
yo	**hago**	**pongo**	**salgo**
tú	haces	pones	sales
Ud., él, ella	hace	pone	sale
nosotros/as	hacemos	ponemos	salimos
vosotros/as	hacéis	ponéis	salís
Uds., ellos/as	hacen	ponen	salen

- These verbs are regular except for the **yo** form.[2]

- **Poner** normally means *to put*. However, with electrical appliances, **poner** means *to turn on*.

Él va a **poner** los platos en la mesa.	*He's going to put the plates on the table.*
Yo **pongo** la televisión por la tarde.	*I turn on the TV in the afternoon.*

- **Salir** can be used with several different prepositions.

  a. To express that you are leaving a place, use **salir de**.

Yo **salgo de** mi cuarto ahora.	*I'm leaving my room now.*

  b. To express the place of your destination, use **salir para**.

Salgo para tu casa.	*I'm leaving for your house.*

  c. To express with whom you go out or the person you date, use **salir con**.

Ella **sale con** Mauricio.	*She goes out with Mauricio.*

Actividades

4–25 ¿Cuándo salen? El curso termina el viernes. Usted y sus compañeros van a salir a horas diferentes. Diga a qué hora salen.

MODELO: Juan / 8 a.m.

  Juan sale a las ocho de la mañana.

1. Alicia / 9 a.m.
2. Pedro y Julio / 11:00 a.m.
3. Mi amigo Luis / 3:00 p.m.
4. Tú / 2:30 p.m.
5. Yo / 1:00 p.m.
6. Mirta y Elda / 10:00 a.m.

---

[2]These verbs are marked with (g) in vocabulary lists.

4–26   Responsabilidades.   ¿Quién hace estas cosas en su casa?

MODELO: preparar la cena

—¿Quién prepara la cena?

—Mi mamá prepara la cena.

1. hacer la cama
2. preparar el desayuno
3. poner la mesa
4. poner la televisión
5. comprar la comida
6. sacar el perro

4–27   Las clases de español.

MODELO: —Mi hermano tiene la clase por la mañana.
¿Y tú?

—Yo tengo la clase por la tarde.   o   —Yo también
tengo la clase por la mañana.

1. Él hace la tarea por la noche. ¿Y tú?
2. Él llega a la clase a las nueve. ¿Y tú?
3. Él pone la tarea sobre el escritorio del profesor. ¿Y tú?
4. Él habla español en la clase. ¿Y tú?
5. Él sale de la clase a las diez. ¿Y tú?
6. Él estudia en la biblioteca después del almuerzo. ¿Y tú?

4–28   ¿De dónde salen, con quién y para dónde?   Complete el siguiente párrafo con la forma correcta de **salir** + **de, para** o **con.**

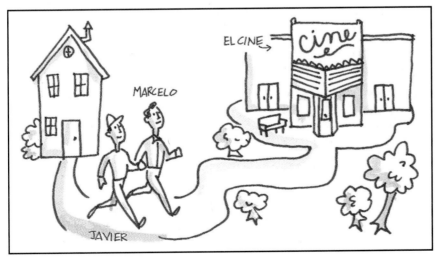

1. Javier y Marcelo son hermanos. Ellos _____ su casa. _____ el cine.
Javier siempre _____ Marcelo los domingos por la tarde.

Ahora complete el siguiente párrafo de acuerdo con sus actividades.

2. Yo _____ la casa a las nueve de la mañana. _____ la universidad.
Llego a la universidad a las nueve y media. Las clases terminan a las
cuatro. A esa hora yo _____ la casa. Por las noches _____ mi novio/a.

4–29 Entrevista. Usted quiere saber qué hace su compañero/a en su tiempo libre. Hágale las siguientes preguntas.

1. ¿A qué hora sales de la universidad?
2. ¿Sales para tu casa o para el trabajo?
3. ¿Qué haces cuando llegas a tu casa?
4. ¿Cuándo pones la televisión?
5. ¿Qué programa prefieres?
6. ¿Con quién sales los fines de semana? ¿Adónde van?

4–30 Situación.

You and your partner are discussing what your family members/roommates do in the morning. Say a) who sets the table, b) who prepares breakfast, c) who makes the beds, and d) what time you leave.

PRONUNCIACIÓN: l, m, n, and ñ

Listen carefully to the explanation of the Spanish l, m, n, and ñ on your cassette. If you want to read the explanation on your own or follow along while you listen to your cassette, you will find it in your *Student Activities Manual.*

REPASO GRAMATICAL

1. PRESENT TENSE OF E → IE AND O → UE STEM-CHANGING VERBS

pensar *to think*			
yo	pienso	nosotros/as	pensamos
tú	piensas	vosotros/as	pensáis
Ud., él, ella	piensa	Uds., ellos/as	piensan

volver *to return*			
yo	vuelvo	nosotros/as	volvemos
tú	vuelves	vosotros/as	volvéis
Ud., él, ella	vuelve	Uds., ellos/as	vuelven

2. PRESENT TENSE OF TENER AND VENIR

Present Tense	tener	venir
yo	tengo	vengo
tú	tienes	vienes
Ud., él, ella	tiene	viene
nosotros/as	tenemos	venimos
vosotros/as	tenéis	venís
Uds., ellos/as	tienen	vienen

3. PRESENT TENSE OF HACER, PONER, AND SALIR

Present Tense	hacer	poner	salir
yo	hago	pongo	salgo
tú	haces	pones	sales
Ud., él, ella	hace	pone	sale
nosotros/as	hacemos	ponemos	salimos
vosotros/as	hacéis	ponéis	salís
Uds., ellos/as	hacen	ponen	salen

A escuchar

4–31 Un matrimonio. Look at the marriage announcement below from a Chilean newspaper, *El Mercurio*. Answer the questions that you hear based on the announcement.

> FERNANDO Montes Correa, María Cristina Allende de Montes, Alfonso Donoso Flores y Vitalia Schmidt de Donoso participan a usted el matrimonio de sus hijos Isabel Margarita Montes Allende y José Francisco Donoso Schmidt, y le invitan a la ceremonia religiosa que se efectuará con misa de precepto en el Colegio del Sagrado Corazón (Santa Magdalena Sofía 277), el día sábado 8 de mayo, a las 19.30 horas. Santiago, abril de 1993.
>
> Matrimonio
>
> Donoso Schmidt
>
> Montes Allende

1. _____
2. _____
3. _____
4. _____
5. _____
6. _____
7. _____
8. _____
9. _____

4–32 Nora está muy mal. Take notes as you listen to the conversation between Nora and Teresa. Then listen again and mark the correct response.

1. Gloria es la...
   a. hermana de Teresa
   b. hermana de Nora
   c. amiga de Nora
2. Federico es el...
   a. cuñado de Nora
   b. padre de Ana
   c. padre de Susana
3. Susana trabaja...
   a. con la hermana de Ana
   b. por las tardes
   c. por las noches
4. Ana es la...
   a. hermana de Nora
   b. sobrina de Nora
   c. hija de Susana
5. Los hijos de Gloria y Federico son...
   a. Teresa y Nora
   b. Ana, Ernesto y Susana
   c. Ernesto y Federico
6. Carlos es...
   a. sobrino de Nora
   b. hijo de Nora
   c. hermano de Nora
7. Teresa piensa que sus padres...
   a. están enfermos
   b. trabajan mucho
   c. no comen bien
8. Los abuelos de Teresa están...
   a. con Nora
   b. mal
   c. muy jóvenes

 *A conversar*

4–33 **¿Cómo es su familia?** Entreviste a un compañero/a.

1. familia grande o pequeña.
   ¿Quiénes son?
2. dónde viven los abuelos,
   los padres, los tíos, etc.
3. cuántos hermanos
4. hermano favorito. ¿Por qué?
5. cuántos tíos
6. tío favorito. ¿Por qué?
7. cuántos primos
8. primo favorito. ¿Por qué?
9. de dónde son los abuelos

4–34 **Los parientes.** Pregúnteles a sus compañeros/as cuántos parientes tienen.

nombre	hermanos/as	tíos/as	abuelos/as	primos/as
Totales				

4–35 **Adivina, adivinador, quién es.** Piense en una persona del dibujo y su compañero/a tiene que hacer preguntas para descubrir quién es.

MODELO: USTED: (Ud. piensa en Nereida Martín de Alvarado)

                COMPAÑERO/A: ¿Es la tía de Luciano Morales Ponce?

                USTED: No, no es Patricia Alvarado de
                           Villa. No es Alba Paz de Alvarado.

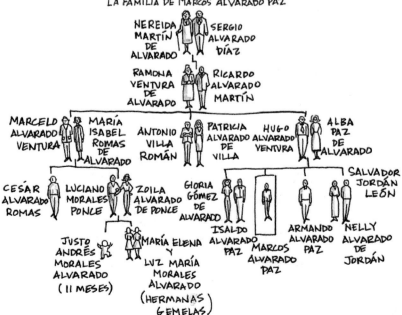

LA FAMILIA DE MARCOS ALVARADO PAZ

 *A leer*

4–36 Vocabulario. Lea lo siguiente y luego conteste las preguntas.

- Familias de palabras

funeral	avisar	fallecer
funerario	aviso	fallecimiento
fúnebre		

- Sinónimos y antónimos

  morir = fallecer ≠ vivir
  pesar = tristeza ≠ felicidad

- Estoy muy triste porque mi abuela está muy, muy mal. Creo que va a **fallecer** muy pronto.

- Mis padres me anuncian el **fallecimiento** de mi abuela. El funeral va a ser mañana en el cementerio de Bogotá. Yo voy a escribir un aviso para el periódico.

  1. ¿En dónde anuncian los fallecimientos?

     a. en la sección de avisos clasificados
     b. en la sección de avisos fúnebres
     c. en la sección de avisos sociales

  2. ¿Quién participa el fallecimiento?

     a. la familia
     b. el gobierno
     c. los profesores

4–37 Unos avisos. Mire los recortes del periódico y conteste la pregunta.

¿Cree usted que los avisos son de...?

     a. los precios de los autos
     b. los funerales de la fecha
     c. los casamientos de la fecha

4–38 Un aviso fúnebre.   Ahora, lea el aviso fúnebre del señor
Celestino Fernández. Luego, conteste las preguntas.

† FERNANDEZ, Celestino,
q.e.p.d., falleció el 16-1-93, c.a.s.r. y
b.p. - Su esposa, María Rosa Iglesias; sus hijas María Inés y María
del Carmen; su hijo político Roberto A. Sánchez y su nieto Ger-
mán; sobrinos y d/d invitan a
acompañar sus restos al cementerio Parque Memorial, hoy a las 9.30
hs. C/v Lavalleja 1556, piso 1°, Dto.
«B». Se ruega no enviar ofrendas
florales. - EMPRESA MARIN,
Bulnes 1346, Cap., Tel. 88-8171, 89-
7839.

**AVISOS
FUNEBRES**

† DANESI, Lucía Nora, q.e.p.d.,
falleció el 16-1-93. - Su esposo, Miguel; su hijo Gustavo; sus padres, hermanos, hermanos políticos,
sobrinos, primos y d/d invitan a
acompañar sus restos al cementerio de la Chacarita, hoy a las 10.45
hs. C/v 33 Orientales 1071, sala «2».
- LA SUD AMERICANA, hijos de
Domingo Marotta, Avda. Garay
3719, Tel. 921-5415/5868.

† ASENSIO QUIROS, Enrique,
q.e.p.d., falleció el 16-1-93, c.a.s.r. y
b.p. - Su esposa, Myriam Gutiérrez;
sus hijos Roxana y Miguel Aguirre
y Enrique; sus hermanos Adolfo e
Isabel Hernández (a); sus amigos
Jorge y Ana Marini y familia y Re-
beca Lacunza y d/d invitan a
acompañar sus restos al cementerio de la Chacarita, hoy a las 9 hs.
C/m Zavalía 2142, P.B., Dto. «B». -
CASA MAURICIO USAL, Monroe
3514, Tel. 541-7790.

† GALLIPOLI, María Angélica
Peregrina, q.e.p.d., falleció el 15-
1-93. - Su hermana Zulema Esther
Gallipoli, sus primos y d/d invitan
a acompañar sus restos al Cem. de
la Recoleta hoy a las 11 hs. C/v
Acevedo 1120 Dto. «A». - SEPE-
LIOS AMERICA, Av. Córdoba
4739/41, tel. 772-8539/8654.

INVESTIGACIÓN

De nombres y apellidos.
El apellido Fernández
 viene del nombre
 Fernando. ¿Sabe
 usted por qué?
¿En inglés hay apellidos
 que tienen origen en
 un nombre?
¿Cuál es el origen de los
 siguientes apellidos?

Hernández Ramiro
Álvarez Martín
Martínez Hernán
Gonzálvez Álvaro
Ramírez Gonzalo

¿Dónde ponemos el
 apellido de la mamá?
La madre de Lucía es
 Susan Pérez y el
 padre es Ernesto
 Ruiz. Lucía se llama
 Lucía Ruiz Pérez.
¿Y usted cómo se
 llama? ¿Usa usted el
 apellido de su
 madre?

1. ¿Cómo se llama la esposa de Celestino Fernández?
2. ¿Cómo se llaman las hijas de María Rosa Iglesias?
3. ¿Cuántos nietos tiene la señora María Rosa Iglesias de Fernández?
4. ¿Cómo se llama el nieto?
5. ¿Cree usted que tiene hermanos el señor Fernández? ¿Por qué?

4–39 ¿Quiénes participan el fallecimiento?   Escriba los nombres de
los parientes o una marca (/) si el nombre no está.

apellido	esposa/o	padres	hijos/as	nietos/as	sobrinos/as	hermanos/as	tíos/as	primos/as
Asensio Quiros								
Danesi								
Fernández								
Gallipoli								

A escribir

4–40 Una foto familiar.   Conteste estas preguntas de acuerdo con su experiencia.

1. ¿Cuándo toman fotos en su familia?
2. ¿En qué fechas hay reuniones familiares?
3. ¿Quiénes van a las reuniones?
4. ¿Qué hacen en las reuniones? ¿Hablan, bailan, cantan, escuchan música, comen, beben o miran televisión?
5. ¿Qué comen, qué beben y de qué hablan?
6. ¿Quién toma las fotos?

4–41 La familia González.   Escriba un párrafo usando la foto y contestando las siguientes preguntas.

1. ¿Cuándo toman la foto? ¿Por qué?
2. ¿Cómo son y cómo están las personas en la foto?
3. ¿Cuál es la relación entre las personas?
4. ¿Qué hacen en las reuniones?
5. ¿Qué comen, qué beben y de qué hablan?
6. ¿Quién toma la foto?

VOCABULARIO

LA FAMILIA

la abuela	grandmother
el abuelo	grandfather
la cuñada	sister-in-law
el cuñado	brother-in-law
el/la hermanastro/a	stepbrother/stepsister
el/la hermano/a	brother/sister
el/la hijo/a	son, daughter
hijo/a único/a	only child
el/la hijastro/a	stepson/stepdaughter
la madre	mother
la madrastra	stepmother
la nieta	granddaughter
el nieto	grandson
el/la niño/a	child
la nuera	daughter-in-law
el padrastro	stepfather
los padres	parents
el padre	father
el/la primo/a	cousin
el/la sobrino/a	nephew/niece
la suegra	mother-in-law
el suegro	father-in-law
el/la tío/a	uncle, aunt
el yerno	son-in-law

OTRAS RELACIONES

la esposa/mujer	wife
el esposo/marido	husband
la novia	fiancée, girlfriend
el novio	fiancé, boyfriend
el/la niño/a	child

DESCRIPCIONES

divorciado/a	divorced
ocupado/a	busy
tranquilo/a	calm, tranquil

VERBOS

almorzar (ue)	to have lunch
celebrar	to celebrate
correr	to run
costar (ue)	to cost
desayunar	to have breakfast
dormir (ue)	to sleep
empezar (ie)	to begin, start
hacer (g)	to do, to make
hacer la cama	to make the bed
jugar (ue)	to play (game, sport)
pasear	to stroll, to take a walk
pensar (ie)	to think
pensar + infinitive	to plan to + verb
poder (ue)	to be able to, can
poner (g)	to put, to turn on
poner la mesa	to set the table
preferir (ie)	to prefer
preparar	to prepare
querer (ie)	to want, to love
salir (g)	to leave, to go out
tener (g, ie)	to have
tener que + infinitive	to have to + verb
terminar	to finish
venir (g, ie)	to come
volver (ue)	to return

PALABRAS Y EXPRESIONES ÚTILES

el baile	dance
bueno	well
el dinero	money
dos veces	twice
hay que + infinitive	it's necessary to + verb
nunca	never
el perro	dog
siempre	always
la telenovela	soap opera
un poco	a little

See page 118 for expressions with **tener** + *noun*

LECCIÓN 5

ULTIMOS APARTAMENTOS

En la zona de Buganvilla. Lujoso apartamento para estrenar. 170m2. Tres alcobas, cuatro baños. Sala de televisión. Estudio. Sala y comedor independientes, zona completa de servicios. Garaje doble. Acabados de lujo. Salón comunal. Gimnasio. Exclusivo y hermoso edificio. Teléfono: 2492010.

¿Dónde vive usted? ¿en un apartamento, en una casa, en un condominio? ¿Vive usted cerca o lejos de la universidad? ¿Dónde vive su familia?

La casa y los muebles

135

En casa

Una casa en un barrio de Ponce, Puerto Rico. Algunas personas prefieren vivir cerca del centro, generalmente en edificios de apartmentos. Creen que los barrios de las afueras están muy lejos del trabajo y de los centros de diversión.

Para alquilar

décimo

noveno

octavo

séptimo

sexto

quinto

cuarto

tercero

segundo

primero

planta baja

ULTIMOS APARTAMENTOS

AL MAS ALTO NIVEL
Y EN LA MEJOR ZONA
DE BRAVO MURILLO
Garaje opcional
aire acondicionado
calidades lujo
ENTRADA: 1.100.000 ptas.
RESTO: 13 años
GEDECO
☎ 402 03 50-571 78 42

SANTA BARBARA

En la zona de Buganvilla. Lujoso apartamento para estrenar. 170m2. Tres alcobas, cuatro baños. Sala de televisión. Estudio. Sala y comedor independientes, zona completa de servicios. Garaje doble. Acabados de lujo. Salón comunal. Gimnasio. Exclusivo y hermoso edificio. Teléfono: 2492010, Santa Fe de Bogotá.

CULTURA Notice that the first floor is normally called la **planta baja** in Hispanic countries. The second floor is called **el primer piso.**

EL TECHO

EL BAÑO LA TOALLA
LA DUCHA
EL LAVABO
LA BAÑADERA
EL INODORO

EL CUARTO LA CÓMODA
LA LÁMPARA EL ESPEJO
LA CAMA
LA CALEFACCIÓN
EL ARMARIO

LA TERRAZA
LA BARBACOA

EL DORMITORIO
EL AIRE ACONDICIONADO
LA ALMOHADA
EL RADIO
LAS SÁBANAS
LA MANTA

LA ESTUFA LA COCINA
EL FREGADERO
EL REFRIGERADOR
EL HORNO

EL GARAJE

EL CUADRO EL TELEVISOR
LA CHIMENEA
EL SOFÁ LA BUTACA
LA SALA

LAS CORTINAS
LA ALFOMBRA
EL COMEDOR

EL JARDÍN

....

CULTURA In general, Hispanic homes tend to be smaller and built more closely together than American homes, but spacious homes can be found in affluent neighborhoods. Living quarters for domestic help is especially characteristic of middle-class homes and apartments in Latin America, although this has begun to disappear in new constructions.

Actividades

5–1   La casa.   ¿En qué lugar(es) puede usted...?

	comedor	sala	cocina	garaje	cuarto	jardín
preparar la comida	____	____	____	____	____	____
poner el auto	____	____	____	____	____	____
ver televisión	____	____	____	____	____	____
correr y jugar	____	____	____	____	____	____
escuchar música	____	____	____	____	____	____
almorzar	____	____	____	____	____	____
dormir	____	____	____	____	____	____
cultivar vegetales	____	____	____	____	____	____
leer el periódico	____	____	____	____	____	____
conversar	____	____	____	____	____	____

5–2   La casa.   ¿En qué parte de la casa está(n)...?

1. la estufa	a. la cocina
2. la barbacoa	b. el baño
3. el sofá y las butacas	c. la sala
4. la mesa de comer	d. el dormitorio
5. la mesa de noche	e. el comedor
6. el jabón y las toallas	f. la terraza
7. la cama	
8. la cómoda	
9. las almohadas y las sábanas	
10. la bañadera	

5–3   Mi casa.   Conteste las preguntas de su compañero/a, describiéndole los cuartos de su casa.

MODELO: —¿Cómo es (la sala)?

—Es pequeña. La alfombra es verde y hay un sofá grande, dos sillas modernas y una mesa con una lámpara.

5–4   ¿Cómo es tu...?   Hágale las siguientes preguntas a su compañero/a.

1. ¿Vives en una casa o en un apartamento?
2. ¿Está cerca o lejos de la universidad?
3. ¿Es grande?
4. ¿Cuántos cuartos tiene?
5. ¿Tiene aire acondicionado y calefacción?
6. ¿Qué muebles tienes en la sala?
7. ¿Y en tu cuarto?
8. ¿Qué electrodomésticos hay en la cocina?

5–5 ¿Comprar, vender o alquilar? Lea otra vez el anuncio con el título Santa Bárbara. Luego conteste las preguntas.

1. En este anuncio, *alcobas* quiere decir...
   a. dormitorios   b. salas   c. baños
2. Aquí se vende...
   a. una alcoba   b. una casa   c. un apartamento
3. *Zona de servicio* quiere decir que hay
   a. un área para la lavadora, secadora, etc.
   b. un comedor
   c. un cuarto para fiestas
4. El apartamento tiene...
   a. trece dormitorios b. dos dormitorios c. tres dormitorios
5. La sala y el comedor estan...
   a. lejos   b. separados   c. juntos

> **SANTA BARBARA**
>
> En la zona de Buganvilla. Lujoso apartamento para estrenar. 170m2. Tres alcobas, cuatro baños. Sala de televisión. Estudio. Sala y comedor independientes, zona completa de servicios. Garaje doble. Acabados de lujo. Salón comunal. Gimnasio. Exclusivo y hermoso edificio. Teléfono: 2492010, Santa Fe de Bogotá.

¿De qué color es la alfombra?

anaranjado/a   gris   rojo/a

amarillo/a   blanco/a   morado/a   rosado/a

5–6 ¿De qué color son? Pregúntele a su compañero/a de qué color son los cuartos y los muebles en su casa o apartamento.

MODELO: la lámpara de la sala
           —¿De qué color es la lámpara de la sala?
           —(La lámpara de la sala) Es blanca.

1. la cocina
2. las cortinas de la cocina
3. la sala
4. el sofá de la sala
5. su dormitorio
6. la alfombra de su cuarto
7. el baño
8. las toallas en el baño

Las tareas domésticas

El señor Sánchez
lava los platos.

Ana seca los platos.

Eduardo limpia el baño
y su mamá pasa la aspiradora.

María cocina. Ella usa mucho
los electrodomésticos.

Elenita barre
la terraza.

El señor Méndez
saca la basura.

La abuela tiende la ropa en el jardín
y después la dobla cuando está seca.

Elenita plancha la ropa.

Actividades

5–7 Por la mañana.   ¿En qué orden hace usted estas cosas?

_____ lavar los platos   _____ desayunar

_____ preparar el café   _____ secar los platos

_____ salir para la universidad   _____ hacer la cama

5–8 Las tareas domésticas.   Diga quién hace estas tareas domésticas en su casa. Después pregúntele a su compañero/a.

MODELO: limpiar las ventanas

—En mi casa mi papá limpia las ventanas. ¿Y en tu casa?

—Mi mamá.

1. lavar los platos
2. preparar las comidas
3. pasar la aspiradora
4. secar los platos
5. hacer las camas
6. lavar la ropa
7. limpiar los baños
8. sacar la basura
9. planchar la ropa

5–9 Actividades en la casa.   Pregúntele a su compañero/a qué hace en diferentes lugares de la casa.

MODELO: —¿Qué haces en (el cuarto)?

—Yo duermo, veo televisión y también plancho.

5–10 Firmas.   Mi casa.

MODELO: tener un sofá en la sala

—¿Tienes un sofá en la sala?

1. vivir en un apartamento	_____
2. vivir en una casa	_____
3. vivir en un condominio	_____
4. estar su casa lejos de la universidad	_____
5. ser grande la casa/el apartamento/el condominio	_____
6. tener aire acondicionado	_____
7. tener terraza	_____
8. tener jardín	_____
9. cultivar flores en el jardín	_____
10. tener barbacoa	_____

Las actividades de Eduardo por la mañana

Eduardo se despierta temprano.

Se levanta.

Se cepilla/se lava los dientes.

Se afeita.

Se seca.

Se quita el/la piyama.

Se baña/ se ducha.

Se pone la camisa.

Se peina.

Se sienta a desayunar.

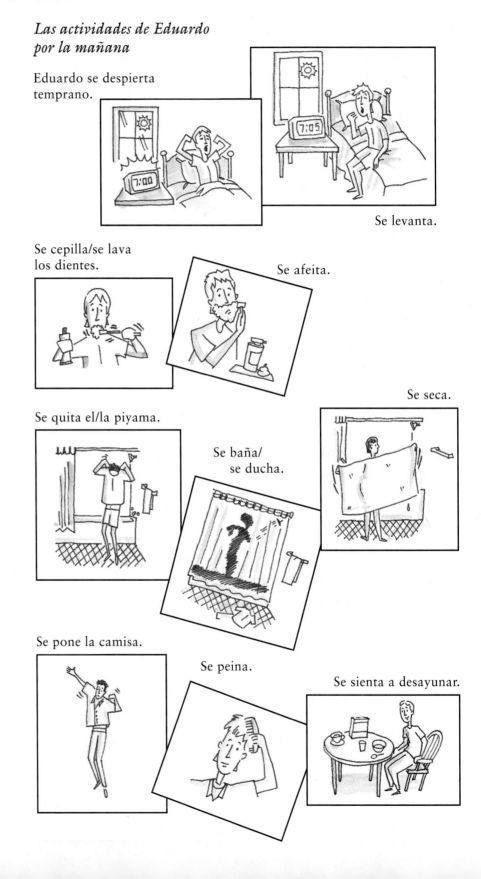

Actividades

5-11   Preguntas.

1. ¿A qué hora se despierta Eduardo?
2. ¿Dónde duerme Eduardo?
3. ¿A qué hora se levanta?
4. ¿Dónde se afeita?
5. ¿Con qué se seca?
6. ¿Dónde se peina?

5-12   Por la mañana.   ¿En qué orden hace el Sr. Méndez estas cosas?

_____ Prepara el café.

_____ Se levanta.

_____ Sale para el trabajo.

_____ Se lava los dientes y se afeita.

_____ Se despierta.

_____ Toma el desayuno con su familia.

_____ Se pone la ropa para ir al trabajo.

_____ Se quita la piyama.

A escuchar

You will hear a short description about a family's problems. Then mark the appropriate ending to each statement below.

1. La familia vive en un apartamento de...

   _____ un cuarto

   _____ dos cuartos

   _____ tres cuartos

2. Jorge y su esposa tienen...

   _____ un hijo y una hija

   _____ dos hijas

   _____ tres hijos

3. Quieren un apartamento...

   _____ más grande

   _____ más pequeño

   _____ en las afueras

4. El problema es que ellos tienen...

   _____ poco dinero

   _____ poco tiempo para los niños

   _____ pocos amigos en el edificio

 A leer

Quickly scan the following ad from a furniture store to locate the answer to these questions.

1. What is the name of the store?
2. How many floors does it have?
3. Can you guess what **sótano** means?

Bienvenidos

EN SU VISITA A	MUEBLES SANCHEZ HOYA, SA	ENCONTRARAN EN:
	92 93 94 95 96 97 9.	

4ª	Muebles para: Salitas, Dormitorios Juveniles de estilo Clásico y Moderno, Muebles Convertibles, Sofás-Camas.
3ª	Salones, Comedores, Dormitorios matrimonio, Tresillos, Auxiliares, de estilo **Moderno.**
2ª	Salones, Comedores, Tresillos, Dormitorios matrimonio, Muebles auxiliares, de estilos **Clásicos y Provenzal.**
1ª	Electrodomésticos, T.V. y Equipos Musicales, Lámparas, Muebles de Cocina, Galería de Cuadros. Muebles para entradas de estilos Clásico y Modernos. Artículos de Regalo. Accesorios de Baño. **División Administrativa.**
BAJA:	Salones, Comedores y Dormitorios de estilos Clásicos, Moderno y Rústicos. Muebles para oficina y Despacho. Mobiliario estilo Chino. **Alta Calidad.**
SOTANO:	Terraza y Jardín. Muebles rústicos y castellanos, sofás-cama, muebles caña y mimbre. Tresillos y comedores. **Económicos.**

Scan the ad again, this time looking for the floor numbers. In Spanish, ordinal numbers agree with the nouns they modify: **cuarto piso** (4º) or **cuarta planta** (4ª). Now identify the floor(s) where you can buy the following:

1. muebles para la terraza   ____   ____

2. un horno microondas   ____   ____

3. una cama y una mesa de noche   ____   ____

4. un escritorio   ____   ____

5. muebles para el comedor   ____   ____

LA ARQUITECTURA EN LOS PAÍSES HISPANOS

La arquitectura colonial hispánica es una mezcla de las influencias de las culturas árabe y europea. Hoy en día, en muchas ciudades hispanoamericanas, tales como San Juan (Puerto Rico), Cartagena (Colombia), Lima (Perú) y otras, podemos ver casas de estilo colonial español. Entre sus características están los patios interiores, el uso de mosaicos multicolores y los balcones de madera.

El viejo San Juan

Cartagena

1. PRETERIT TENSE OF REGULAR VERBS

Spanish has two simple tenses to express the past: the preterit and the imperfect (**el pretérito y el imperfecto**). Use the preterit to express what was completed in the past.

	hablar	comer	vivir
yo	hablé	comí	viví
tú	hablaste	comiste	viviste
Ud., él, ella	habló	comió	vivió
nosotros/as	hablamos	comimos	vivimos
vosotros/as	hablasteis	comisteis	vivisteis
Uds., ellos/as	hablaron	comieron	vivieron

- Notice that the **nosotros** form of the preterit of **-ar** and **-ir** verbs is the same as the present form. The context will help you interpret if it is present or past.

  Llegamos a las tres.　　{ *We arrive at three.* / *We arrived at three.* }

- Stem-changing **-ar** and **-er** verbs do not change in the preterit.

  pensar: pensé, pensaste, pensó, pensamos, pensasteis, pensaron

  volver: volví, volviste, volvió, volvimos, volvisteis, volvieron

- Some expressions that you can use with the preterit to denote past time are:

anoche	*last night*
anteayer	*day before yesterday*
anteanoche/antenoche	*night before last*
ayer	*yesterday*
el año pasado	*last year*
la semana pasada	*last week*
el mes pasado	*last month*

- Verbs ending in **-car, -gar,** and, **-zar** have a spelling change in the **yo** form.

  sacar: saqué, sacaste, sacó...

  llegar: llegué, llegaste, llegó...

  empezar: empecé, empezaste, empezó...

Actividades

5–13   ¿Qué hizo usted ayer?

1. *Por la mañana:* _____ desayuné
   _____ escribí una composición
   _____ tomé el sol en la playa
   _____ compré un auto
   _____ estudié español
   _____ conversé con unos amigos

2. *Por la tarde:*   _____ almorcé en la cafetería
   _____ escuché canciones populares
   _____ practiqué tenis
   _____ saqué libros de la biblioteca
   _____ trabajé en el laboratorio
   _____ volví a casa

3. *Por la noche:*   _____ preparé la cena
   _____ miré televisión
   _____ descansé en mi cuarto
   _____ planché ropa
   _____ salí con mis amigos
   _____ hablé por teléfono

5–14   Hoy es diferente.   Su compañero/a le va a decir que las siguientes personas siempre hacen ciertas cosas. Usted le va a contestar que sí, pero que hoy no hicieron esas cosas.

MODELO: Juan almuerza a la una.

—Juan siempre almuerza a la una.

—Sí, pero hoy no almorzó a la una.

1. Amanda canta muy bien.
2. Jorgito juega con su perro.
3. Mis compañeros beben un café.
4. Juan trabaja mucho.
5. La clase empieza a las nueve.
6. Mis hermanos corren en la playa.

5–15   Las actividades de Ernesto ayer.   Complete las oraciones, diciendo lo que Ernesto hizo ayer.

MODELO: salir de su casa a las...

Salió de su casa a las ocho.

1. llegar a la biblioteca a las...
2. estudiar con...una hora
3. caminar a la Facultad de Humanidades
4. hablar con la profesora...
5. entrar en la clase de psicología a las...
6. salir de la clase a las...
7. comer una hamburguesa en...

5-16   El sábado pasado.   ¿Qué hicieron Yolanda y Pedro?

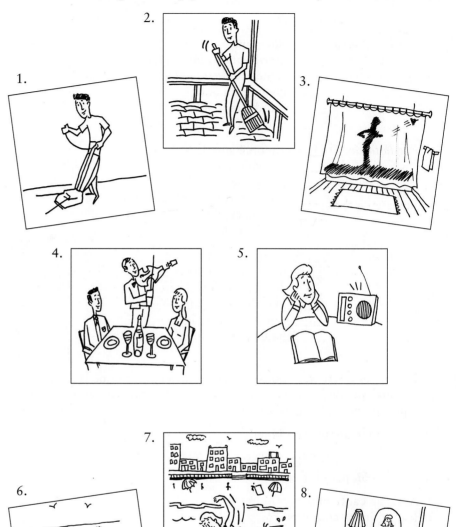

5-17   El domingo pasado.   Piense en seis cosas que su compañero/a hace generalmente los domingos. Pregúntele si hizo estas cosas el domingo pasado.

MODELO: —¿Saliste con tu novio/a?

   —Sí, salí (No, no salí) con mi novio/a.

5-18   Un día de playa.   Preparen una lista de todas las cosas que hicieron en la playa. Comparen su lista con la de otros dos estudiantes.

5-19   Situaciones.

1. You want to sell your house/apartment. Describe your house to the real estate agent, who will ask questions about the house (e.g., how much you want for it, when you bought it, how old it is, if it has a dishwasher).
2. You had dinner at a very fancy restaurant last night. Your partner should find out a) where you had dinner, b) with whom, c) what you ate, and d) who paid (**pagar**).

2.   DIRECT OBJECT NOUNS AND PRONOUNS

¿Qué hacen estas personas?

¿Quién lava **el auto**?

Juan   **lo**   lava.

¿Quién saca **la basura**?

Alicia   **la**   saca.

▪ Direct object pronouns may refer to people, animals, or things.

DIRECT OBJECT PRONOUNS	
me	*me*
te	*you* (familiar, singular)
lo	*you* (formal, singular), *him, it* (masculine)
la	*you* (formal, singular), *her, it* (feminine)
nos	*us*
os	*you* (familiar plural)
los	*you* (formal & familiar, plural), *them* (masculine)
las	*you* (formal & familiar, plural), *them* (feminine)

- When direct object nouns refer to a specific person, a group of persons, or to a pet, the word **a** precedes the direct object. This **a** is called the personal **a** and has no equivalent in English.

Amanda seca **los platos**.	*Amanda dries the dishes.*
Amanda seca **a la niña**.	*Amanda dries off the girl.*
¿Ves **a tus tíos**?	*Do you see your aunt and uncle?*

- Place the direct object pronoun before the conjugated verb form and after the word **no** when it appears.

¿Magdalena prepara **la comida**? No, **no la** prepara.
¿Quieres mucho **a tu perro**? Sí, **lo** quiero mucho.

- A direct object pronoun may be placed before the conjugated verb or be attached to the accompanying infinitive.

¿Vas a visitar **a Rafael**?	Sí, **lo** voy a visitar.
	Sí, voy a visitar**lo**.

- Since the question word **quién(es)** refers to people, use the personal **a** when **quién(es)** is used as a direct object.

—¿**A quién(es)** vas a ver?
—Voy a ver a Pedro.

Actividades

5–20   Responsabilidades en casa.

MODELO: —¿Limpiaste tu cuarto?

—Sí, lo limpié.   *o* —No, no lo limpié.

1. ¿Sacaste la basura?
2. ¿Limpiaste la cocina? ¿Y el garaje?
3. ¿Barriste la terraza?

4. ¿Secaste los platos?
5. ¿Lavaste la ropa?
6. ¿Pasaste la aspiradora?

5–21   ¿Qué hacen ustedes en la clase?

MODELO: —¿Hablan español en la clase?

—Sí, lo hablamos.

1. ¿Contestan preguntas?
2. ¿Leen periódicos?
3. ¿Escuchan casetes?

4. ¿Escriben diálogos?
5. ¿Estudian el vocabulario?
6. ¿Ven películas?

5–22   Mis actividades de ayer.   Pregúntele a su compañero/a sobre lo que hizo ayer.

MODELO: preparar el desayuno

—¿Preparaste el desayuno?

—Sí, lo preparé. *o* No, no lo preparé.

1. sacar al perro
2. barrer la terraza
3. limpiar tu cuarto

4. planchar las camisas
5. comprar el periódico
6. ver a tus amigos

5-23 ¿Cuándo haces estas cosas?

MODELO: limpiar el baño

—¿Cuándo limpias el baño?

—Lo limpio tres veces a la semana.

1. lavar la ropa
2. preparar la comida
3. pasar la aspiradora
4. hacer la cama
5. escuchar música
6. leer el periódico

5-24 En mi cuarto. Dígale a su compañero/a lo que usted va a hacer en su cuarto esta tarde. Él/Ella debe decir si también lo va a hacer o no.

MODELO: limpiar mi cuarto.

—Voy a limpiar mi cuarto.

—Yo (no) lo voy a limpiar. *o* voy a limpiarlo también.

1. mirar televisión
2. lavar las ventanas
3. pasar la aspiradora
4. hacer la cama
5. doblar la ropa
6. hacer la tarea

5-25 Entrevista. Pregúntele a su compañero/a sobre sus relaciones con otras personas.

1. ¿Quién te comprende en tu casa?
2. ¿Quién te quiere?
3. ¿Quién te llama por teléfono?
4. ¿A quiénes llamas tú?
5. ¿A quién(es) quieres tú mucho?
6. ¿A quién(es) quieres un poco?

5-26 Situaciones.

1. Your partner is looking for María, a mutual friend. Tell your part-ner that you saw her this afternoon. Your partner should find out at what time you saw her and where.
2. You are at a furniture store buying a sofa. Find out when they can deliver (**entregar**) it. The salesperson will tell you that they will de-liver it next Monday morning. Tell him/her that you are not going to be home Monday morning, but that you will be home in the af-ternoon. The salesperson will tell you that they will deliver it in the afternoon.

3. REFLEXIVE VERBS AND PRONOUNS

yo	**me lavo**	*I wash myself*
tú	**te lavas**	*you wash yourself*
Ud.	**se lava**	*you wash yourself*
él	**se lava**	*he washes himself*
ella	**se lava**	*she washes herself*
nosotros/as	**nos lavamos**	*we wash ourselves*
vosotros/as	**os laváis**	*you wash yourselves*
Uds.	**se lavan**	*you wash yourselves*
ellos/as	**se lavan**	*they wash themselves*

*[handwritten note in left margin: * tener que = have to]*

[handwritten note: Each other ∫ if verb not reflexive, make reflexive. If already reflexive, use el uno al otro / la una a la otra (one to another)]

[handwritten note above bullet: Reflexive pronouns always go immediately before conjugated verb]

▪ Spanish uses reflexive pronouns and verbs to express what people do to or for themselves.

> *Reflexive*
> Margarita **se acuesta.** (Margarita is the doer and the receiver.)

> *Non reflexive*
> Margarita acuesta a su hijo. (Margarita is the doer and her son is the receiver.)

▪ A reflexive pronoun refers to the same person as the subject. In English this is expressed by pronouns ending in *-self* or *-selves* (e.g., *myself, themselves*). In many cases, Spanish uses reflexives where English does not (e.g., **afeitarse,** *to shave*).

▪ Place reflexive pronouns before the conjugated verb and after the word **no** in negative constructions. Reflexive pronouns may precede the conjugated verb or be attached to the infinitive.

> Yo (no) **me** voy a acostar a las diez.
> Yo (no) voy a acostar**me** a las diez.

▪ When referring to parts of the body and articles of clothing, use definite articles, rather than possessives with reflexive verbs.

> Me lavo **los** dientes. | *I brush my teeth.*
> Me pongo **la** sudadera. | *I put on my sweatshirt.*

▪ The plural reflexive pronouns (**nos, os, se**) can be used to express reciprocal actions. In English, reciprocal actions are usually expressed with *each other* or *one another.*

> Ellos **se ven** todas las semanas. | *They see each other every week.*

▪ Some verbs change meaning when used reflexively.

acostar	*to put to bed*	acostarse	*to go to bed, to lie down*
dormir	*to sleep*	dormirse	*to fall asleep*
ir	*to go*	irse	*to go away, to leave*
levantar	*to raise, to lift*	levantarse	*to get up*
llamar	*to call*	llamarse	*to be called*
quitar	*to take away*	quitarse	*to take off*

Actividades

5–27 ¿Qué hacemos?   Conversen sobre sus actividades diarias.

MODELO: —Yo me despierto a las siete.

—Y yo me despierto a las ocho.

1. Yo me levanto a las siete y media.
2. Después me lavo los dientes.
3. Yo desayuno muy poco por las mañanas.
4. Llego a la universidad a las nueve.
5. Salgo a las cuatro.
6. Yo me baño por la tarde.
7. Me acuesto a las once.
8. Me duermo más o menos a las doce.

5–28 Un día típico de Marcela Gracia.   Después de leer estos párrafos, hablen de las actividades de Marcela usando la tabla que sigue.

MODELO:

nombre	Se llama Marcela Gracia.

Me llamo Marcela Gracia y vivo en Caracas. Soy locutora de televisión y siempre estoy muy ocupada.

Me despierto a las 6:00 y hago ejercicio. A las 6:30 me baño, me peino, me maquillo y luego desayuno. Me voy al trabajo a las 7:30.

Empiezo a trabajar a las 8:00. Tengo una reunión con mi jefe a las 9:30. Después hago muchas llamadas por teléfono entre las 10:00 y las 11:30. A veces tengo que salir para hablar con otras personas. Almuerzo a la 1:00 y vuelvo a los estudios a las 2:30. A esa hora me lavo los dientes, me peino y me maquillo otra vez. Mi programa empieza a las 3:30 y tengo que estar lista a las 3:15.

dónde vive
profesión
6:00 a 6:30
6:30 a 7:30
8:00
9:30
10:00 a 11:30
1:00 a 2:30
2:30 a 3:15
3:30

5–29 Mi hermano y yo. Explique cómo el horario de usted es diferente al de su hermano.

MODELO: despertarse / 8:00 / 7:00

Mi hermano se despierta a las ocho y yo me despierto a las siete.

	mi hermano	yo
levantarse	8:15	7:05
afeitarse	8:20	7:10
bañarse	8:30	7:15
peinarse	8:45	7:20

5–30 La familia Roselló. Describa las actividades de la familia Roselló el lunes pasado.

MODELO: la mamá / levantarse / 6:30

La mamá se levantó a las seis y media.

1. el papá / despertarse / 6:45
2. la mamá / lavarse y peinarse
3. el papá / afeitarse / bañarse
4. el papá / despertar / a los niños
5. los niños / lavarse los dientes
6. la mamá / preparar el desayuno
7. los niños / desayunar / con sus padres
8. la familia / salir / 8:00

5–31 ¿Cuánto tiempo necesitas? Conversen sobre cuánto tiempo ustedes necesitan para hacer ciertas cosas. Usen la siguiente lista para empezar.

MODELO: lavarse

—¿Cuánto tiempo necesitas para lavarte?

—Necesito diez minutos para lavarme.

—Y yo necesito quince minutos.

1. bañarse
2. afeitarse/maquillarse
3. peinarse
4. desayunar

5–32 De vacaciones en Madrid. ¿Qué cosas va a hacer mañana con su amigo/a?

MODELO: levantarse a las ocho

Nos vamos a levantar a las ocho (Vamos a levantarnos a las ocho).

1. bañarse
2. ponerse ropa cómoda
3. desayunar en un café
4. visitar el Museo del Prado
5. almorzar en un restaurante típico
6. ir al teatro
7. cenar con unos amigos
8. acostarse a la una

5–33 Situación.
Ask your partner a) what time he/she gets up on weekdays (**entre semana**), b) what he/she has for breakfast, c) what time he/she leaves for school and returns home, d) what he/she does in the evenings, and e) what time he/she goes to bed.

PRONUNCIACIÓN: ll, y, and x

Listen carefully to the explanation of Spanish **ll, y,** and **x** on your cassette. If you want to read the explanation on your own or follow along while you listen to your cassette, you will find it in your *Student Activities Manual.*

REPASO GRAMATICAL

1. PRETERIT TENSE OF REGULAR VERBS

	hablar	comer	vivir
yo	hablé	comí	viví
tú	hablaste	comiste	viviste
Ud., él, ella	habló	comió	vivió
nosotros/as	hablamos	comimos	vivimos
vosotros/as	hablasteis	comisteis	vivisteis
Uds., ellos/as	hablaron	comieron	vivieron

2. DIRECT OBJECT PRONOUNS

me	*me*
te	*you* (familiar, singular)
lo	*you* (formal, singular), *him, it* (masculine)
la	*you* (formal, singular), *her, it* (feminine)
nos	*us*
os	*you* (familiar plural)
los	*you* (formal & familiar, plural), *them* (masculine)
las	*you* (formal & familiar, plural), *them* (feminine)

3. REFLEXIVE VERBS AND PRONOUNS

yo	**me lavo**	*I wash (myself)*
tú	**te lavas**	*you wash (yourself)*
Ud.	**se lava**	*you wash (yourself)*
él	**se lava**	*he washes (himself)*
ella	**se lava**	*she washes (herself)*
nosotros/as	**nos lavamos**	*we wash (ourselves)*
vosotros/as	**os laváis**	*you wash (yourselves)*
Uds.	**se lavan**	*you wash (yourselves)*
ellos/as	**se lavan**	*they wash (themselves)*

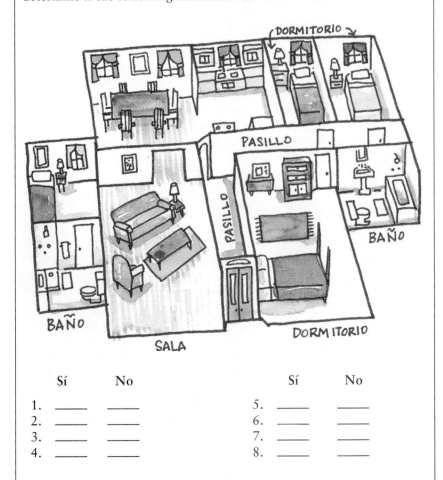

A escuchar

5–34 ¿Lógico o ilógico?   Listen to the following statements and indicate if each is **Lógico** (logical) or **Ilógico** (illogical).

	Lógico	Ilógico			Lógico	Ilógico
1.	____	____		5.	____	____
2.	____	____		6.	____	____
3.	____	____		7.	____	____
4.	____	____		8.	____	____

5–35 La casa de los Pérez-Esquivel.   Based on the drawing below, determine if the following statements are true or not.

	Sí	No			Sí	No
1.	____	____		5.	____	____
2.	____	____		6.	____	____
3.	____	____		7.	____	____
4.	____	____		8.	____	____

A conversar

5–36 **¿Qué tienen en su casa Oscar Arias y Margarita Penón de Arias?**
Haga preguntas en base al dibujo y su compañero/a debe contestar.

MODELO: —¿Tienen los Arias dos dormitorios en su casa?

—No, no tienen dos dormitorios. Tienen tres dormitorios.

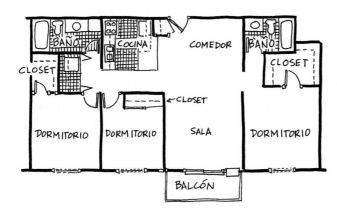

5–37 ¿Y Uds.? Describan su casa y las tareas de la casa. Luego decidan quién es el/la más afortunado/a y por qué. Preparen un informe para toda la clase.

5–38 Buscando apartamento. En grupos de tres, hagan esta actividad. Belén y Rafael Moneo buscan apartamento por unos meses en Barcelona. Su amiga Silvia les dice que hay un apartamento para alquilar en su edificio. Los Moneo quieren información sobre el apartamento y le hacen preguntas a Silvia. Lean sólo las instrucciones para su papel.

Los Moneo quieren saber:

1. cuántas habitaciones tiene

2. cuántos baños tiene y si son con bañadera o con ducha

3. cuánto es el alquiler

4. si tiene muebles

5. si tiene aire acondicionado y calefacción

6. si tiene teléfono

Silvia sabe:

1. tiene tres habitaciones, una sala y un comedor muy grandes

2. tiene dos baños con bañadera

3. el alquiler es de 50.000 pesetas al mes

4. tiene muebles muy buenos

5. no tiene aire acondicionado y la calefacción es muy vieja.

6. tiene teléfono con contestador

MODELO:—¿En qué piso está el apartamento?

—En el cuarto piso.

—¿Cuántos dormitorios tiene?

—Tiene tres.

A leer

5–39   ¿Qué quieren decir estos cognados?

dedicar	debate
incluir	similar
ocurrir	opinión; opinar
exclusivamente	salario
mantener; mantenimiento	sociedad
potencial	estereotipo

5–40   Prefijos y sufijos.

1. Cuando una persona no es competente, decimos que es incompetente. Si algo no es posible, decimos que es imposible. ¿Qué decimos cuando algo no es...?

necesario	personal
directo	probable
moral	

2. Cuando compramos algo, tenemos que pagar. Si tenemos el dinero o el crédito necesario para pagar, lo que compramos es pagable. Si no podemos pagar, lo que compramos es _____ .

3. Cuando admiramos algo, decimos que es admirable. Si aceptamos algo, decimos que es aceptable. Trate ahora de deducir el significado de las siguientes palabras.

respetable	negociable
adaptable	irritable
divisible	

5–41   Las expectativas.   Mire el título y el gráfico del artículo en la página siguiente y conteste. Hay más de una respuesta posible.

El artículo va a hablar de...

1. los derechos de la mujer
2. el trabajo de los hombres
3. el trabajo de las mujeres
4. el salario de las mujeres
5. el salario de los hombres
6. las horas que trabajan las mujeres en sus casas

Vocabulario

quedarse de piedra	*to be shocked*
ama de casa	*housewife*
compartida	*shared*
sino	*but*

La mujer orquesta

Compra y cocina
17 h 30 m semanales a 800 ptas/h=
14.000

Limpieza ropa y calzado
6 h 18 m semanales a 1.200 ptas/h=
7.560

Costura
2 h 48 m semanales a 600 ptas/h=
1.680

Limpieza vivienda
17 h 30 m semanales a 800 ptas/h=
14.000

Cuidado niños
6 h 18 m horas semanales a 600 ptas/h=
3.780

TOTAL AL MES = 177.753

CARMEN TREJO

Las diferentes tareas que realizan las amas de casa y el tiempo que dedican a cada una de ellas dependen en gran medida del tamaño de su familia. Cuando alguien les remplaza, no suele cobrar por horas, sino un sueldo global bastante inferior

Una labor impagable

"Antonio se quedó de piedra cuando su esposa le presentó una cuenta de 250.000 pesetas por los trabajos de la casa. El precio incluyó los trabajos de la casa: la limpieza del piso, el lavado y planchado de la ropa. Esta situación imaginaria puede ocurrir en 6.000.000 de hogares españoles.

De acuerdo con un estudio de una compañía inglesa, las inglesas dedicadas exclusivamente a su hogar trabajan un total de 71 horas semanales en las diferentes tareas de mantenimiento, que van desde cocinar hasta cuidar el jardín. Esto representaría un salario de unas 60.000 pesetas. Los resultados del estudio no son muy científicos, pero el debate sobre el salario del ama de casa vuelve a surgir.

No hay un estudio similar en España, pero datos del Instituto de la Mujer dicen que la mujer española dedica, como promedio, 6 horas y 12 minutos por día a las tareas de la casa. Y que un 20,3% de las españolas dedican entre 6 y 10 horas diarias a sus hogares y un 15,4% más de 10. En realidad, nadie cree que deba darse un salario por este trabajo. Según la directora del Instituto de la Mujer, Purificación Gutiérrez, aceptar el pago sería aceptar el estereotipo de la "mujer en casa" y "el hombre fuera".

La directora del Instituto de la Mujer opina que hay que luchar para demostrar que "las tareas domésticas no son exclusivas de las mujeres, sino responsabilidad compartida de la familia y la sociedad".

Adaptación de *El País,* domingo 14 de febrero 1993

5–42   La lectura.   Vuelva a la actividad 5–41 y fíjese si después de leer el artículo sus respuestas son las mismas.

5–43   ¿Cierto o falso?

1. Las mujeres quieren un salario por trabajar en la casa.
2. En España hay seis millones de amas de casa.
3. Muchas mujeres españolas dedican más de seis horas diarias al trabajo de la casa.
4. La mujer española no quiere que las tareas se compartan.
5. Purificación Gutiérrez no quiere un salario para la mujer.

A escribir

5–44   Ud. y su compañero/a acaban de alquilar un apartamento y quieren contar cómo fue el proceso paso a paso. Escríbales una carta a sus padres y use las preguntas como guía. Incluya un plano del apartamento.

1. ¿Cuándo empezaron a buscar?
2. ¿Qué periódicos consultaron?
3. ¿Cuántos apartamentos vieron?
4. ¿Cuándo vieron este apartamento?
5. ¿Cómo es el apartamento? ¿Cuántos cuartos tiene?
6. ¿Cuánto pagan de alquiler?
7. ¿En qué barrio está?

VOCABULARIO

EN UNA CASA

el aire acondicionado	*air conditioning*
el armario	*closet*
el baño	*bathroom*
la calefacción	*heating*
la cocina	*kitchen*
el comedor	*dining room*
el cuarto	*bedroom*
la chimenea	*fireplace*
el dormitorio	*bedroom*
la escalera	*stairs*
el garaje	*garage*
el jardín	*garden*
el pasillo	*hall*
el piso	*floor*
la planta baja	*first floor*
la sala	*living room*
el techo	*roof*
la terraza	*terrace*

MUEBLES Y ACCESORIOS

la alfombra	*carpet, rug*
la butaca	*armchair*
la cama	*bed*
la cómoda	*dresser*
la cortina	*curtain*
el cuadro	*picture*
el espejo	*mirror*
la lámpara	*lamp*
la mesa de noche	*night table*
el sofá	*sofa*

ELECTRODOMÉSTICOS

la aspiradora	*vacuum cleaner*
la lavadora	*washing machine*
el lavaplatos	*dishwasher*
el (horno) microondas	*microwave oven*
la plancha	*iron*
el/la radio	*radio*
el refrigerador	*refrigerator*
la secadora	*dryer*
el televisor	*television set*

PARA LA CAMA

la almohada	*pillow*
la manta	*blanket*
la sábana	*sheet*

EN EL BAÑO Y LA COCINA

la bañadera	*bathtub*
la basura	*garbage*
la ducha	*shower*
la estufa	*stove*
el fregadero	*sink*
el horno	*oven*
el inodoro	*toilet*
el jabón	*soap*
el lavabo	*bathroom sink*
el plato	*dish, plate*
la toalla	*towel*

VERBOS

acostar (ue)	*to put to bed*
acostarse	*to go to bed, to lie down*
afeitar(se)	*to shave*
bañar(se)	*to bathe*
barrer	*to sweep*
cocinar	*to cook*
despertarse (ie)	*to wake up*
doblar	*to fold*
dormirse (ue)	*to fall asleep*
irse	*to go away, to leave*
lavar(se)	*to wash*
lavarse/cepillarse los dientes	*to brush one's teeth*
levantar	*to raise*
levantarse	*to get up*
limpiar	*to clean*
pasar la aspiradora	*to vacuum*
peinar(se)	*to comb*
planchar	*to iron*
quitar	*to take out, to remove*
quitarse	*to take off*
secar(se)	*to dry*
sentarse (ie)	*to sit down*
tender (ie)	*to hang (clothes); to make (bed)*
usar	*to use*

[handwritten: DUCHARSE — to take a shower]
[handwritten: (se) Poner — to put on]

LUGARES

las afueras	*outskirts*
el barrio	*neighborhood*
el centro	*downtown, center*
el país	*country*

EXPRESIONES ÚTILES

cerca (de)	*near*
lejos (de)	*far*

Expressions used with the preterit to denote past tense are on page 146. Colors are listed on page 139.

LECCIÓN 6

¿Cuántas estaciones hay? ¿Cuáles son? ¿En qué estación estamos ahora? ¿Qué deportes practica usted? ¿Le gusta ir a la playa? ¿Cuál es su playa favorita? ¿Cuándo va usted a la playa?

El tiempo y los deportes

Las estaciones

En el invierno, el esquí es muy popular en Argentina, Chile y España.

Hace calor en invierno en Puerto Rico, la República Dominicana y Venezuela, y el béisbol es el deporte más importante.

En la primavera, hace buen tiempo y muchas personas prefieren jugar al tenis o al golf. Estos dos deportes son populares casi todo el año.

164

En el verano, la gente va a la playa a jugar al voleibol, a nadar o a bucear. Hay playas muy bonitas en México, Puerto Rico, Cuba y el resto del Caribe.

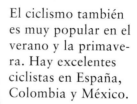

El ciclismo también es muy popular en el verano y la primavera. Hay excelentes ciclistas en España, Colombia y México.

En el otoño, empieza la temporada de fútbol y de basquetbol, dos deportes que también se juegan en el invierno. Hay excelentes equipos de fútbol en España, Argentina, Uruguay y en el resto de América del Sur. El basquetbol o baloncesto es popular, especialmente entre los jóvenes españoles.

CULTURA The most popular sport in the Hispanic world is soccer (*fútbol*). In some countries, a national team is selected from the best players of different teams around the country. The national team then represents the country in annual international tournaments, and every fourth year plays in the World Cup (**la Copa del Mundo / la Copa Mundial**).

Actividades

6–1　Los países y los deportes.　Escoja entre Argentina, Chile, España, Puerto Rico, México, Cuba, República Dominicana y Colombia para decir en qué países...

1. hay ciclistas muy buenos　——　——　——
2. es muy popular el béisbol　——　——　——
3. hay excelentes equipos
   de fútbol　——　——　——
4. es muy popular el esquí　——　——　——
5. hay playas muy bonitas　——　——　——

6–2　Deportes.　¿En qué estación se practican estos deportes?

	invierno	primavera	verano	otoño
1. el ciclismo	——	——	——	——
2. el fútbol	——	——	——	——
3. el esquí	——	——	——	——
4. el voleibol	——	——	——	——
5. el tenis	——	——	——	——
6. el basquetbol	——	——	——	——

6–3　Encuesta.　Primero completen esta encuesta y luego comparen los resultados de su grupo con los de otro grupo.

1. deporte favorito ——
2. jugador/a favorito/a ——
3. asistencia a los partidos
   a) todos ——　b) pocos ——　c) ninguno ——
4. ver los partidos por televisión
   a) todos ——　b) pocos ——　c) ninguno ——

6–4　¿Qué deporte es?　Identifique cada deporte.

1. Hay nueve jugadores en cada equipo y usan un bate y una pelota.
2. Es un juego para dos o cuatro personas; se juega con una pelota y raquetas.
3. Es un deporte popular en el invierno, pero necesitamos nieve para practicarlo.
4. En este deporte los jugadores no pueden usar las manos.
5. Para este deporte, que es muy popular en el verano y la primavera, necesitamos tener bicicleta.
6. Hay cinco jugadores en cada equipo que pueden lanzar *(throw)* la pelota a un cesto.

6–5　Tu deporte favorito.　Hágale las siguientes preguntas a su compañero/a. Después él/ella va a hacerle las misma preguntas a usted.

1. ¿Cuál es tu deporte favorito?
2. ¿Dónde lo practicas?
3. ¿Con quién lo practicas?
4. ¿Cuándo lo practicas?
5. ¿Ves los partidos de béisbol o de fútbol?

El tiempo

En el invierno nieva y hace frío.

En la primavera hace buen tiempo.

A veces no hace sol. Hoy está
nublado.

En el verano hace sol. Hoy está
despejado y hace mucho calor.

Otros días hace mal tiempo y
llueve.

En el otoño hace fresco y hace
viento.

Actividades

6–6   Las temperaturas máximas y mínimas.   Escoja una ciudad española y complete el siguiente diálogo con su compañero/a. En los países hispanos se usa el sistema centígrado. Para convertirlo a Farenheit, debe multiplicar por 1.8 y sumarle 32 (e.g., 10°C × 1.8 = 18; 18 + 32 = 50°F).

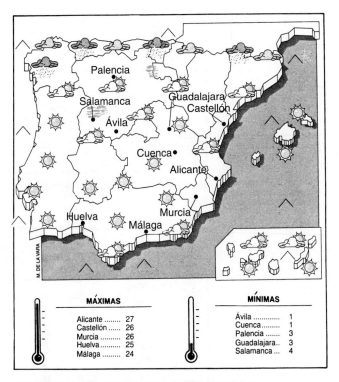

MÁXIMAS	
Alicante	27
Castellón	26
Murcia	26
Huelva	25
Málaga	24

MÍNIMAS	
Ávila	1
Cuenca	1
Palencia	3
Guadalajara	3
Salamanca	4

Tormentas   Chubascos   Nublado   Cubierto
Despejado   Nieve   Lluvia   Niebla   Viento

USTED:	¿Qué temperatura hace en _____?
COMPAÑERO/A:	Unos _____ grados, más o menos.
USTED:	¿Por el día o por la noche?
COMPAÑERO/A:	Por _____.
USTED:	¿Cuánto es eso en Farenheit?
COMPAÑERO/A:	_____

6–7   Las estaciones y los deportes en mi ciudad.

MODELO:	Estudiante 1:	¿Qué tiempo hace en (estación)?
	Estudiante 2:	...
	Estudiante 1:	¿Qué deportes practican?
	Estudiante 2:	...

6–8   ¿Qué tiempo hace?

1.

2.

3.

4.

5.

6.

7.

Un partido de béisbol

Nuestro equipo de béisbol practica todos los días. Yo creo que es un equipo excelente.

El partido de hoy es muy importante. Todos los aficionados están muy emocionados y ahora están aplaudiendo.

Uno de los jugadores no está de acuerdo con la decisión del árbitro. En estos momentos están discutiendo.

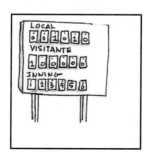

Es un partido muy reñido. El equipo contrario también es muy bueno, pero nuestro equipo está ganando.

Actividades

6–9 Para completar.

1. Nuestro equipo de béisbol es...
   a. bueno   b. muy bueno   c. regular

2. Nuestro equipo practica...
   a. a veces   b. todos los días   c. los fines de semana

3. El partido de hoy es...
   a. aburrido   b. muy importante   c. muy corto

4. En el estadio hay...
   a. mucho público   b. pocas personas   c. muchos árbitros

5. Los aficionados están...
   a. discutiendo con sus amigos   b. jugando béisbol
   c. aplaudiendo a los jugadores

6. El árbitro y uno de los jugadores están...
   a. bailando   b. conversando   c. discutiendo

7. En el partido nuestro equipo está...
   a. ganando   b. discutiendo   c. aplaudiendo

8. El equipo contrario está...
   a. ganando   b. corriendo   c. perdiendo

 *A escuchar*

You will hear a young man talking about his family's sports activities. As you listen, look at the chart and circle the sports that they play each season.

verano	otoño	invierno	primavera
esquí	fútbol	esquí	tenis
voleibol	tenis	basquetbol	golf
béisbol	golf	voleibol	ciclismo

You will now hear some weather forecasts. Place an X on the chart to indicate if each forecast predicts good or bad weather.

	Buen tiempo	Mal tiempo
1.	_____	_____
2.	_____	_____
3.	_____	_____
4.	_____	_____

CULTURA Hispanic sports fans generally do not boo opposing teams or particular players. Instead, they whistle when they want to show their displeasure. This kind of behavior may occur at a soccer game, a boxing match, or other popular sports events.

A leer

Read the ad from a Colombian radio station and answer the questions.

1. La estación de radio se especializa en programas de...

    _____ música   _____ comedias   _____ deportes

2. Los aficionados pueden escuchar los eventos que ocurren...

    _____ sólo en ciudades colombianas

    _____ de lunes a viernes

    _____ en Colombia y otros países

3. En esta estación tienen...

    _____ sólo narradores

    _____ sólo comentaristas

    _____ narradores y comentaristas

4. Para escuchar esta estación en Medellín debe sintonizar el número...

    _____ 690   _____ 830   _____ 1.260

Enfoque

DEPORTES Y ESPECTÁCULOS

Madrid

Hay deportes que son mucho más populares en los países hispanos que en los Estados Unidos.

El fútbol es el deporte que más aficionados tiene, tanto en España como en toda América Latina. De hecho, los equipos hispanos siempre juegan un papel importante en los campeonatos mundiales de fútbol que se celebran cada cuatro años. Los equipos de Argentina y Uruguay han sido campeones mundiales en varias ocasiones.

Los toros (*bullfighting*) es uno de los espectáculos más tradicionales de España y algunos países de Hispanoamérica. Aunque muchos lo consideran demasiado violento, sus aficionados sostienen que torear es un arte que representa el eterno conflicto entre la vida y la muerte.

1. PRESENT PROGRESSIVE

	PRESENT INDICATIVE ESTAR	PRESENT PARTICIPLE -NDO
yo	**estoy**	
tú	**estás**	**hablando**
Ud., él, ella	**está**	**comiendo**
nosotros/as	**estamos**	**escribiendo**
vosotros/as	**estáis**	
Uds., ellos/as	**están**	

- Form the present progressive with the present of **estar** + the *present participle*. To form the present participle, add **-ando** to the stem of **-ar** verbs and **-iendo** to the stem of **-er** and **-ir** verbs.

   hablar   →   hablando
   comer   →   comiendo
   escribir   →   escribiendo

- When the stem of an **-er** or **-ir** verb ends in a vowel, add **-yendo**.

   leer   →   leyendo
   creer   →   creyendo

- The **-ir** verbs that change the stem vowel **o** to **ue** in the present (**dormir** → **duermo**), change the **o** to **u** in the present participle:

   Ellos están durmiendo.

- However, stem-changing **-ar** and **-er** verbs do not change in the present participle:

   Graciela está almorzando con Felipe y Susana.

- Use the present progressive to emphasize an action in progress at the moment of speaking.

   Marcela estudia mucho. *(normally)*
   Marcela está estudiando. *(at this moment)*

   Jorge juega frecuentemente en el parque. *(normally)*
   Jorge está jugando ahora en el parque. *(at this moment)*

- Spanish does not use the present progressive to express future time.

   Salgo esta noche.   *I'm leaving tonight.*

173

Actividades

6–10 ¿Qué cree usted? Escoja la respuesta lógica.

1. Andrés tiene un examen esta tarde. Por eso, él...
   a. está estudiando con un compañero
   b. está jugando al tenis con su novia
   c. está conversando con sus amigos en un café

2. Mañana hay una competencia muy importante y los atletas...
   a. están bailando en la fiesta
   b. están practicando en el estadio
   c. están limpiando los muebles

3. Es la hora del desayuno y los niños...
   a. están jugando en el parque
   b. están corriendo en la calle
   c. están comiendo el cereal en el comedor

4. Esta noche vienen unos amigos a cenar a casa de los Gorostiza. Son las siete y la señora...
   a. está comprando un auto grande
   b. está cocinando un plato especial
   c. está nadando en la piscina

5. Uno de los jugadores de béisbol no está de acuerdo con la decisión del árbitro. Ellos...
   a. están conversando
   b. están discutiendo
   c. están buceando

6–11 La vida activa. ¿Qué están haciendo estas personas?

1. 2. 3.

4. 5. 6.

6–12 Un sábado a las diez de la noche. Use su imaginación y diga dónde están y qué están haciendo los miembros de la familia Benavides. Compare sus respuestas con las de su compañero/a.

La familia	Lugar	Actividad
Sr. Benavides		
Sra. Benavides		
Pedro (hijo, 20 años)		
Alicia (hija, 17 años)		
Rafael (hijo, 6 años)		
Abuela		

6–13 Lugares y actividades. Imagínese en estos lugares. ¿Qué está ocurriendo a su alrededor?

MODELO: un café

Unas personas están conversando y tomando café. Otras están comiendo algo y un camarero está hablando con unos señores.

1. la clase de español
2. la biblioteca
3. una discoteca
4. su casa
5. un partido de béisbol
6. la playa
7. el parque
8. su barrio

6–14 Pantomimas. Imite una actividad (e.g., *leer, cantar, dormir*) y sus compañeros deben decir qué está haciendo usted.

6–15 Situaciones.

1. Find out where your partner is from. Then ask four questions about the weather in his/her hometown and state.

2. Introduce yourself to another student in your class. Find out if he/she a) watches sports on television, b) which ones, and c) who is his/her favorite player.

3. It's the beginning of the semester and your mother/father is on the phone. He/She asks a) what you are studying, b) what you are doing right now, c) if you are eating well, d) if you are studying a lot, and other questions related to school and your social life.

2. DEMONSTRATIVE ADJECTIVES AND PRONOUNS

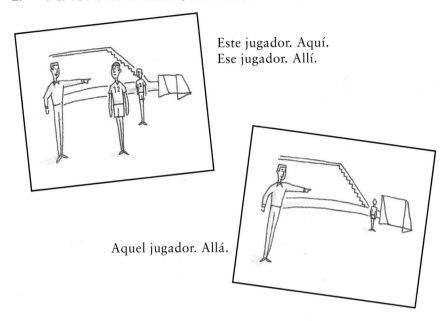

Este jugador. Aquí.
Ese jugador. Allí.

Aquel jugador. Allá.

- Demonstrative adjectives agree in gender and number with the noun they modify. English has two sets of demonstratives (this/these and that/those), but Spanish has three sets.

this	**este** jugador	*these*	**estos** jugadores	
	esta jugadora		**estas** jugadoras	
that	**ese** equipo	*those*	**esos** equipos	
	esa playa		**esas** playas	
that (over there)	**aquel** aficionado	*those* (over there)	**aquellos** aficionados	
	aquella persona		**aquellas** personas	

- Use **este, esta, estos,** and **estas** when referring to people or things that are close to you in space or time.

  Este señor no está de acuerdo.   *This gentleman doesn't agree.*
  Esta tarde vamos de compras.   *We're going shopping this afternoon.*

- Use **ese, esa, esos,** and **esas** when referring to people or things that are not relatively close to you. Sometimes they are close to the person you are addressing.

  Esa raqueta es muy buena.   *That racket is very good.*

- Use **aquel, aquella, aquellos,** and **aquellas** when referring to people or things that are even more distant.

  Aquel jugador es excelente.   *That player (over there) is excellent.*

- These demonstratives can be used as pronouns. A written accent is usually placed on the stressed vowel to distinguish demonstrative pronouns from demonstrative adjectives.

> Compran **esta** raqueta y **ésa.**   *They are buying this racket and*
> *that one.*

- To refer to a general idea or concept, or to ask for the identification of an object, use **esto, eso** or **aquello.**

> Trabajan mucho y **eso** es muy   *They work a lot and that is very*
> bueno.   *good.*
> ¿Qué es **esto?** Es un espejo.   *What is this? It's a mirror.*

Actividades

6–16   Aquí o allí.   Complete las oraciones con este, ese o aquel.

1. Yo estoy leyendo un libro y digo: "_____ libro es muy interesante".
2. Mi hermana quiere comprar un microondas. Ella está mirando uno y yo le digo: "_____ microondas es muy bueno".
3. Mi amigo dice que el auto azul que está lejos de la casa es de Pepe. Yo le digo: "_____ auto no es de Pepe".

¿Estas, esas o aquellas?

4. Yo estoy hablando de dos chicas que están cerca y digo: "_____ chicas salen con mis hermanos".
5. Tú estás comiendo una hamburguesa con papas fritas y dices: "_____ papas están frías".
6. Mi amigo está mirando unas casas que están un poco lejos y dice: "Ofelia vive en una de _____ casas".

6–17   Conversación.   Use adjetivos y pronombres demostrativos.

ADELA: Voy a comprar _____ raqueta.

IGNACIO: ¿Y por qué no compras más pelotas?

ADELA: Sí, voy a ver cuánto cuestan _____.

IGNACIO: Mira, _____ palos de golf son como los que compró tu hermano.

ADELA: ¿Cuáles? ¿_____?

IGNACIO: Sí, y _____ bates y _____ uniformes están muy buenos.

ADELA: _____ uniformes están horribles.

IGNACIO: Voy a hablar con _____ dependiente para ver si tienen otros.

ADELA: Pero tú no juegas al béisbol, ni estás en un equipo.

IGNACIO: Pero creo que voy a empezar.

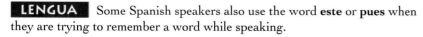

LENGUA   Some Spanish speakers also use the word **este** or **pues** when they are trying to remember a word while speaking.

Voy a ver...**este**...el programa de Cristina.

6–18 ¿De quién es? Ponga varios objetos de sus compañeros/as en diferentes lugares del salón de clase. Después pregúnteles de quién es cada objeto.

MODELO:　—¿De quién es este (ese o aquel) bolígrafo?

　　　　　　—Este (ese o aquel) bolígrafo es de David.

6–19 ¿Qué es esto (eso, aquello)? Señale diferentes objetos de la clase y pídales a sus compañeros/as que los identifiquen.

6–20 Situaciones.

Ask your partner about two students in class, one sitting relatively close to you and the other farther away from you. Find out as much as possible about the students. Let your partner make up answers.

3. SABER AND CONOCER (TO KNOW)

Both **saber** and **conocer** mean *to know*, but they are not used interchangeably.

	saber	**conocer**
yo	sé	conozco
tú	sabes	conoces
Ud., él, ella	sabe	conoce
nosotros/as	sabemos	conocemos
vosotros/as	sabéis	conocéis
Uds., ellos/as	saben	conocen

- The **yo** form of both verbs is irregular; the other forms are regular.
- Use **saber** to express knowledge of facts or pieces of information.

    Él **sabe** dónde está el estadio.　　*He knows where the stadium is.*

- Use **saber** + *infinitive* to express that you know how to do something.

    Yo sé **cocinar.**　　　　*I know how to cook.*

- Use **conocer** to express acquaintance with someone or something. **Conocer** also means to meet. Remember to use the personal **a** when referring to people.

    Yo **conozco a** Pedro Rivas.　　*I know Pedro Rivas.*
    No **conozco** ese equipo.　　　*I don't know that team.*
    Ella quiere **conocer a** Luis.　　*She wants to meet Luis.*
    Conozco bien ese libro.　　　*I am very familiar with that book.*

Actividades

6–21 **¿Sabe usted quién es?**

MODELO: Es una chica muy pobre que va a un baile. Allí conoce a un príncipe, pero a las 12:00 de la noche ella debe volver a su casa.

Sí, sé quién es. Es Cenicienta *(Cinderella).*

1. Es un gorila gigante con sentimientos humanos.
2. Es un hombre de otro planeta con una doble personalidad. Trabaja en una oficina, pero cuando se pone una ropa azul especial, puede volar.
3. Es un hombre joven, blanco, fuerte y educado por los gorilas en la jungla.
4. Es un detective privado. Es inglés, alto y delgado. Su asistente es un doctor.
5. Es una cantante cubanoamericana que vive en Miami. Es joven, morena y canta ritmos hispanos. Su marido trabaja con ella.

6–22 **Sé quién es, pero no lo conozco.** Pregúntele a su compañero/a si sabe quién es la persona mencionada y si la concoce.

MODELO: —¿Sabes quién es la mejor tenista de Argentina?

—Sí, yo sé quién es. Es Gabriela Sabatini.

—¿La conoces?

—No, no la conozco. *o* Sí, la conozco.

1. tu representante en el congreso
2. el/la presidente/a de la clase
3. el rector de la universidad
4. el jefe de tu papá o tu mamá
5. el rey de España
6. el/la estudiante más alto/a de la clase
7. el/la mejor jugador/a de basquetbol de la universidad

6–23 **¿Qué sabes hacer?**

MODELO: bailar música rock

—¿Sabes bailar música rock?

—Sí, sé bailar música rock. *o* No, no sé bailar música rock.

1. tocar guitarra
2. jugar al tenis
3. nadar
4. hacer tacos
5. planchar bien
6. trabajar con computadoras
7. usar el microondas
8. bucear

6–24   Saber o conocer.

USTED:	¿_____ a esa chica?
COMPAÑERO/A:	Sí, yo _____ a todas las chicas aquí.
USTED:	Entonces, ¿_____ dónde vive?
COMPAÑERO/A:	No, no lo _____.
USTED:	Pero _____ su número de teléfono, ¿verdad?
COMPAÑERO/A:	No, tampoco lo _____.
USTED:	Y... ¿_____ cómo se llama?
COMPAÑERO/A:	Pues, la verdad es que no lo _____.
USTED:	¿Cómo dices que la _____? Tú no _____ dónde vive, tú no _____ su nombre.
COMPAÑERO/A:	Es que yo tengo muy mala memoria.

6–25 Situaciones.

Your partner has already met the new student in class. Tell your partner that you also want to meet him/her. Your partner will tell you how he/she is going to arrange for you to meet.

4.   PRESENT TENSE OF STEM-CHANGING -IR VERBS (E → I)

Arturo pide dos entradas
para este partido importante.

pedir *(to ask for, to order)*			
yo	pido	nosotros/as	pedimos
tú	pides	vosotros/as	pedís
Ud., él, ella	pide	Uds., ellos/as	piden

▪ These **-ir** verbs change the stem vowel **e** to **i** except in the **nosotros** and **vosotros** forms. They also change the stem vowel **e** to **i** in the present participle.

El camarero está sirviendo el vino.

- Other common e → i verbs are:

conseguir	*to get*
decir	*to say*
reírse	*to laugh*
sonreírse	*to smile*
servir	*to serve*
seguir	*to continue, to follow*
vestirse	*to get dressed*

- In addition to changing e → i, the verb **decir** has an irregular **yo** form.

  decir: digo, dices, dice, decimos, decís, dicen

- The verbs **seguir** and **conseguir** also have the orthographic change **gu** → **g** in the **yo** form to maintain the same **g** sound.

  seguir: sigo, sigues, sigue, seguimos, seguís, siguen

Actividades

6–26 ¿Qué se come...? ¿Qué comida sirven en estos lugares?

MODELO: en un restaurante chino

Sirven arroz frito y pollo con vegetales.

1. en un restaurante mexicano
2. en la cafetería de la universidad
3. en un restaurante italiano
4. en un restaurante de servicio rápido
5. en un café
6. en un restaurante francés

6–27 Comidas y bebidas.

MODELO: en un partido de béisbol

—¿Qué pides en un partido de béisbol?

—Pido un perro caliente y un refresco.

1. en un restaurante elegante
2. en un McDonald's
3. en un partido de fútbol
4. en un restaurante en una playa
5. en una pizzería
6. en un café al aire libre
7. en un cine
8. en una discoteca

6–28 Una invitación.

USTED: Conseguí dos entradas para el partido del sábado. ¿Quieres ir?

COMPAÑERO/A: Sí,... Todos dicen que va a ser...

USTED: El partido es a las... Yo puedo estar en tu casa a las..., más o menos. ¿Está bien?

COMPAÑERO/A: ... Y después yo te invito a cenar. ¿De acuerdo?

USTED: ...

6–29   ¿Qué sigue?

MODELO: 1, 2, 3...   —¿Qué sigue?
                              —Sigue el (número) 4.

1. 10, 20, 30, 40, 50...
2. lunes, miércoles...
3. alto, bajo; gordo, delgado; rubio...
4. 3, 6, 9...
5. bebé, niño, joven...
6. segundo, cuarto, sexto...
7. 200, 400, 600...
8. enero, febrero, marzo...
9. 1.000, 10.000, 20.000...
10. primero, tercero, quinto...

6–30   Programas de televisión.   Primero, contesten las preguntas y luego comparen sus respuestas.

1. ¿Ves programas de deportes?   Sí _____   No _____
   Si marcaste *sí,* ¿qué programa(s) prefieres?

   _____
   _____

2. ¿Ves programas cómicos?   Sí _____   No _____
   Si marcaste *sí,* ¿con qué programa te ríes más?

   _____

3. ¿Ves telenovelas?   Sí _____   No _____
   Si marcaste *sí,* ¿qué telenovela(s) ves?

   _____
   _____
   _____

6–31   La ropa.   Explique cuánto tiempo usted necesita para vestirse para ir a los siguientes lugares y si se pone ropa formal o informal.

MODELO: para ir a la universidad

                  Me visto en 20 minutos y me pongo ropa informal.

1. para una fiesta elegante
2. para ir a las montañas
3. para jugar al béisbol
4. para una entrevista en un banco

6–32   Situación.

Your friend can get tickets for a very important game. Tell him/her that you also want some tickets. Your friend will ask how many you need. Say that you need two. Your friend will tell you to pick up (**recoger**) the tickets at his/her house at four.

PRONUNCIACIÓN: Stress and the written accent

Listen carefully to the explanation of stress and the written accent on your cassette. You will be asked to repeat and read certain words. You will find these words in your **Student Activities Manual.**

REPASO GRAMATICAL

1. PRESENT PROGRESSIVE: ESTAR + -NDO

	PRESENT ESTAR	PRESENT PARTICIPLE -NDO
yo	estoy	
tú	estás	hablando
Ud., él, ella	está	comiendo
nosotros/as	estamos	escribiendo
vosotros/as	estáis	
Uds., ellos/as	están	

2. DEMONSTRATIVE ADJECTIVES

this	este jugador / esta jugadora	these	estos jugadores / estas jugadoras
that	ese equipo / esa playa	those	esos equipos / esas playas
that (over there)	aquel aficionado / aquella persona	those (over there)	aquellos aficionados / aquellas personas

3. SABER AND CONOCER

	saber	conocer
yo	sé	conozco
tú	sabes	conoces
Ud., él, ella	sabe	conoce
nosotros/as	sabemos	conocemos
vosotros/as	sabéis	conocéis
Uds., ellos/as	saben	conocen

4. PRESENT TENSE OF STEM-CHANGING-IR VERBS (E → I)

pedir *(to ask for, to order)*

yo	pido	nosotros/as	pedimos
tú	pides	vosotros/as	pedís
Ud., él, ella	pide	Uds., ellos/as	piden

MOSAICOS

 A escuchar _____

6–33 ¿Quiénes juegan qué? Write the number of the description beside the corresponding illustration.

a. _____

b. _____

c. _____

d. _____

e. _____

f. _____

g. _____

6–34 ¿Lógico o ilógico? Indicate if the following statements are logical or illogical.

	Lógico	Ilógico		Lógico	Ilógico
1.	_____	_____	6.	_____	_____
2.	_____	_____	7.	_____	_____
3.	_____	_____	8.	_____	_____
4.	_____	_____	9.	_____	_____
5.	_____	_____	10.	_____	_____

 *A conversar*

INVESTIGACIÓN

¿Navidad en verano?
¿Por qué es invierno en
enero en España y es
verano en Chile?

6–35 ¿Y usted?   Pregúntele a cuatro o cinco compañeros qué deportes practican, cuándo, dónde y con quién. Luego haga una lista de los deportes más populares de la clase.

6–36   Radio Continental y el estado del tiempo en el mundo.   Hagan un informe del tiempo en cuatro ciudades. Presenten el informe y luego preparen unas preguntas para que la clase responda.

MODELO: —Aquí Radio Continental con el informe del
tiempo en el mundo. Lima, Perú: cielo despejado con una temperatura mínima de 20 grados y una máxima de 27.

—La Paz, Bolivia: nublado y lluvioso...

EL TIEMPO

FUENTE: DIRECCION
METEOROLOGICA DE CHILE

PRONÓSTICO

Arica 18°/24°
Iquique 18°/25°
Calama 6°/25°
Antofagasta 17°/20°
Isla de Pascua 20°/26°
Copiapó 11°/26°
Vallenar 11°/25°
La Serena 12°/19°
Despejado
Juan Fernández 13°/20°
Valparaíso 11°/20°
Nubosidad Parcial
SANTIAGO 9°/21°
Curicó 10°/20°
Cubierto
Chillán 10°/17°
Concepción 11°/17°
Lluvia
Temuco 6°/15°
Valdivia 5°/15°
Osorno 4°/13°
Pto. Montt 7°/14°
Niebla
Ancud 7°/14°
Puerto Aysén 4°/14°
Coihaique 4°/10°
Balmaceda 0°/8°
Punta Arenas 3°/10°
3°/14°

El Mundo

Ciudad	Mín.	Máx.	23-04-93 Cond.
Amsterdam	17	18	Despejado
Asunción	17	25	Nublado
Atenas	14	23	Despejado
Berlín	11	20	Nublado
Bonn	11	22	Nublado
Bruselas	11	18	Nublado
Buenos Aires	18	25	Despejado
Caracas	17	30	Despejado
Ginebra	8	20	Despejado
La Paz	5	20	Nublado
Lima	18	24	Despejado
Lisboa	7	14	Lluvioso
Londres	7	11	Lluvioso
Los Angeles	14	25	Despejado
Madrid	9	18	Nublado
Manila	24	35	Despejado
México	10	26	Nublado
Miami	16	24	Nublado
Montevideo	9	21	Despejado
Nueva York	6	18	Nublado
Panamá	22	33	Despejado
París	13	16	Lluvioso
Pekín	5	20	Despejado
Quito	19	28	Despejado
Río de Janeiro	19	32	Despejado
Roma	5	18	Despejado
Tokio	18	24	Nublado
Varsovia	10	25	Despejado
Viena	10	22	Despejado
Washington	14	23	Nublado

A leer

6–37 ¿Qué le sugiere la palabra *Mar?* Haga un mapa mental con sus ideas. Compare su mapa con el de un/a compañero/a. Aquí hay un ejemplo de un mapa mental de la palabra *lluvia*.

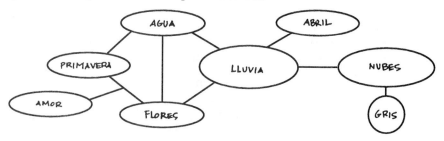

 6–38 Un cuadro de... Miren la siguiente acuarela (**acua** = agua) y escriban una descripción de tres o cuatro oraciones.

6–39 El título. ¿Qué le sugiere el título, *Acuarela de sal?*

6–40 Vocabulario Lea las definiciones y conteste las preguntas.

1. *olas* Las **olas** del Océano Pacífico son muy grandes. Para las personas que practican surf, las **olas** son muy importantes. ¿Usted practica surf?
2. *chillar* = hablar muy alto, gritar. Conozco a un niño muy mal educado; él llora y **chilla** cada vez que lo veo. ¿Conoce usted niños que chillan?

3. *desesperar*   des= no; = no esperar.

4. *clavar*   Yo necesito poner un cuadro en la sala. Voy a buscar clavos para **clavar**lo. ¿Cómo pone usted un cuadro o una acuarela en su cuarto?

5. *caracoles*   Hay muchos **caracoles** en la playa y en el mar. Mi abuelo tiene una gran colección de caracoles. ¿Usted colecciona caracoles?

6. *retazo*   = una parte, una sección. Veo un **retazo** de cielo por la ventana. ¿Ve usted un retazo de cielo por su ventana?

7. *sin embargo*   = pero. Comí todo el día y **sin embargo** tengo mucha hambre. ¿Estudia los verbos y sin embargo no los sabe?

8. *mojados*   El agua de la ola salpicó los zapatos de Lucía. Ahora, los zapatos de Lucía están **mojados**. ¿Están mojados sus zapatos?

ACUARELA DE SAL

De una colección de viajes, las manos del abuelo me traen una acuarela, un callado rumor de olas. Chinchina de repente quiere irse de mis brazos; chilla, se desespera. Ella dice que la casa tiene una nueva ventana... Pero, ¿qué quieren sus ojos, sus manos, sus pies?

La acuarela es tan limpia, tan transparente, tan exacta, que cuando el abuelo la clavó en la pared, Chinchina quiso correr, navegar y recoger caracoles, en la arena de la acuarela.

Aquello no era una ventana, no era un retazo del día salpicado de olas y de barcos. Sin embargo, ella tiene los ojos mojados. Parece que Chinchina tocó un poco el mar de la acuarela.

Manuel del Cabral (dominicano, contemporáneo)

6–41   Lea rápidamente el texto y enumere los párrafos.

6–42   Vuelva a leerlo lentamente y conteste las siguientes preguntas.

Párrafo 1

1. ¿Qué trae el abuelo?
2. ¿Qué quiere Chinchina?
3. ¿Qué tiene la casa de nuevo, una ventana o un cuadro del mar?

Párrafo 2

1. ¿Cómo es la acuarela?
2. ¿Qué quiso hacer Chinchina?

Párrafo 3

1. ¿Cómo tiene los ojos Chinchina?
2. ¿Qué tocó Chinchina?

6–43   Observe el movimiento del texto, de la acuarela a Chinchina. Marque con un color las partes que se refieren a la acuarela y con otro color las partes que se refieren a Chinchina.

6–44   El texto termina con un efecto **mágico,** sólo posible en el mundo de los niños. ¿Cuál es el efecto mágico?

 *A escribir*

6–45   Describa su lugar favorito para pasar unos días de descanso. Diga en qué estación usted va, qué tiempo hace allí y cuáles son sus actividades.

VOCABULARIO

DEPORTES	SPORTS
el baloncesto/ basquetbol	basketball
el béisbol	baseball
el ciclismo	cycling
el equipo	team
el esquí	skiing
el fútbol	soccer
el golf	golf
la temporada	(sports) season
el tenis	tennis
el voleibol	volleyball

EN EL ESTADIO

la decisión	decision ·
la entrada	ticket
el partido	game

ESTACIONES

el invierno	winter
el otoño	autumn
la primavera	spring
el verano	summer

PERSONAS

el/la aficionado/a	fan
el árbitro	umpire, referee
el/la ciclista	cyclist
la gente	people
el/la jugador/a	player

TIEMPO

la nieve	snow
el sol	sun
el viento	wind
despejado/a	clear
fresco/a	cool
nublado/a	cloudy

DESCRIPCIÓN

contrario/a	opposite, contrary
emocionado/a	excited
importante	important
reñido/a	close, hard-fought (game)

VERBOS	
aplaudir	to applaud
bucear	to scuba dive
conocer (zc)	to know, to meet
conseguir (i)	to get
creer	to believe
decir (g, i)	to say
discutir	to argue
esquiar	to ski
ganar	to win, to earn
invitar	to invite
llover (ue)	to rain
nevar (ie)	to snow
pedir (i)	to ask for, to order
reírse (i)	to laugh
saber	to know
seguir (i)	to follow
servir (i)	to serve
sonreírse (i)	to smile
vestirse (i)	to get dressed

PALABRAS ÚTILES

ahora	now
allí	there
aquí	here
casi	almost
si	if

EXPRESIONES ÚTILES

a veces	sometimes
el resto	the rest
en estos momentos	right now, at this moment
estar de acuerdo	to agree
¿Qué tiempo hace?	What's the weather?
todos los días	everyday

LECCIÓN 7

—¿En qué puedo servirle?
—Quisiera comprar un regalo para mi hermano menor.
—¿Cuántos años tiene?

La ropa y las tiendas

La ropa

...de mujeres

...de hombres

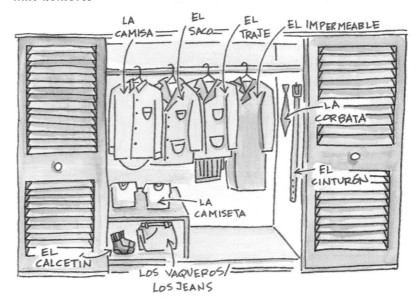

Para el invierno

 EL SUÉTER

 LA BOTA

 EL GUANTE

 EL ABRIGO

 LA BUFANDA

Para el verano

 LAS GAFAS DE SOL

 LA SANDALIA

 LOS PANTALONES CORTOS

 EL TRAJE DE BAÑO

 EL SOMBRERO

 LA GORRA

Actividades

7–1   ¿Cuándo se pone...?

	Invierno	Verano
1. el traje de baño	_____	_____
2. el suéter	_____	_____
3. el abrigo	_____	_____
4. los pantalones cortos	_____	_____
5. las botas	_____	_____
6. las sandalias	_____	_____
7. los guantes	_____	_____
8. la bufanda	_____	_____
9. la camiseta	_____	_____
10. las gafas de sol	_____	_____

7–2   Su clase.   ¿Qué ropa llevan las personas en la clase?

MODELO: César lleva vaqueros, una camisa blanca y zapatos tenis.

7–3   Preguntas.   Pregúntele a su compañero/a qué ropa lleva cuando...

1. hace frío
2. va al trabajo
3. hace calor
4. practica deportes
5. llueve
6. va a la playa
7. va a una fiesta
8. está en su casa

De compras

Más moderno

Un moderno almacén de la ciudad de Barcelona

MARTA: Las rebajas son magníficas. Mira esa chaqueta, de $50,00 a $38,00. ¿Por qué no entramos para ver si tienen tu talla?

ANA: Sí, y así me pruebo la chaqueta para estar segura que me queda bien. Está muy barata.

MARTA: O te pruebas la chaqueta en casa y si te queda mal, la cambias.

DEPENDIENTE: ¿En qué puedo servirle?

CLIENTE: Quisiera comprar un regalo para una muchacha joven. Una bolsa, una billetera...

DEPENDIENTE: Hay unas bolsas preciosas. Enseguida le muestro las que tenemos.

DEPENDIENTE: ¿Va a pagar con tarjeta de crédito o en efectivo?

SEÑOR: En efectivo.

Más tradicional

Muchas personas prefieren ir de compras a los mercados al aire libre. En este mercado de Mérida, México, unas mujeres están buscando ropa.

Actividades

7–4 ¿Cuánto cuesta(n)...?

MODELO: —¿Cuánto cuestan los zapatos tenis?

—Cuestan $19.

7–5 ¿Dónde compras...?

MODELO: —¿Dónde compras los zapatos?

—Los compro en...

7–6 ¿Quién es?   Describa la ropa que lleva un/a compañero/a sin decir su nombre. Sus compañeros deben tratar de adivinar quién es esa persona.

MODELO: —Lleva una falda roja, una blusa blanca y un suéter gris.

—Es...

A escuchar

You will hear two short conversations. For the first conversation, mark the appropriate column to indicate if the statement is true or false.

Primera conversación

	Sí	No
1. Manuel sale para la universidad en ese momento.	_____	_____
2. El abuelo cree que la ropa de Manuel está muy bien.	_____	_____
3. Manuel lleva unos pantalones muy elegantes.	_____	_____
4. Los amigos de Manuel llevan ropa muy informal.	_____	_____
5. El abuelo cree que Manuel necesita otros amigos.	_____	_____

Segunda conversación

Mark the appropriate ending to each statement.

1. El cliente necesita un traje para...

   _____ una fiesta

   _____ el trabajo

   _____ una reunión familiar

2. Él trabaja en...

   _____ un banco

   _____ un hospital

   _____ una universidad

3. El dependiente recomienda un traje...

   _____ café o negro

   _____ gris o azul

   _____ blanco

4. El precio del traje es...

   _____ muy alto

   _____ razonable

   _____ absurdo

5. El cliente también necesita...

   _____ unos zapatos

   _____ unas camisetas

   _____ una corbata

 *A leer*

Read the ads to determine where you would go to get the following:

1. Algo para su sobrino de cinco años
2. Un regalo para el Día de las Madres
3. Ropa informal para usted

Reread the ads. Can you tell which stores are having sales?

Enfoque

¡DE COMPRAS!

Ir de compras a uno de los grandes almacenes de Madrid, Buenos Aires o ciudad de México puede ser una experiencia fabulosa. Pero hay algunos detalles que conviene saber para poder tener una experiencia agradable y evitar malentendidos. Esos detalles se refieren principalmente a diferencias entre las costumbres de los Estados Unidos y los países de habla española. He aquí algunas sugerencias que puede usar para cuando haga un viaje a uno de estos países.

Los horarios   Procure saber los horarios de los almacenes antes de salir. En España e Hispanoamérica casi todos los almacenes pequeños cierran a la hora del almuerzo. En España cierran de una y media a cuatro y media o cinco de la tarde y en Hispanoamérica un poco más temprano. Por lo general, los domingos todo el comercio permanece cerrado, aunque esto está cambiando en las grandes ciudades con centros comerciales modernos.

Forma de pago   El uso de las tarjetas de crédito no es tan común como en los Estados Unidos y Europa, aunque esto también aumenta poco a poco. En los mercados al aire libre y en las tiendas pequeñas generalmente hay que pagar con dinero en efectivo.

El regateo   En algunas de las tiendas pequeñas y en los mercados los productos a la venta no tienen etiquetas con precios. En la mayoría de los casos hay que preguntarle el precio al propietario o al dependiente y luego negociar con él o ella para obtener el mejor precio.

El Corte Inglés, Madrid

1. INDIRECT OBJECT NOUNS AND PRONOUNS

Ana María le da un regalo a su amigo.

¿Qué le dice su amigo?
  ¿Qué le contesta Ana María?

INDIRECT OBJECT PRONOUNS			
me	*to or for me*	**nos**	*to or for us*
te	*to or for you* (familiar)	**os**	*to or for you* (familiar)
le	*to or for you* (formal), *him, her, it*	**les**	*to or for you* (formal), *them*

- Indirect object nouns and pronouns tell to whom or for whom an action is done.

  El profesor **me** explica la lección. — *The professor explains the lesson to me.*

- Indirect object pronouns have the same form as direct object pronouns except in the third person: **le** and **les**.

- Place the indirect object pronoun before the conjugated verb form. It may be attached to an infinitive or to a present participle.

  Te voy a comprar un regalo.
  Voy a comprar**te** un regalo. — *I'm going to buy you a present.*

  Juan **nos** está preparando la cena.
  Juan está preparándo**nos** la cena. — *Juan is preparing dinner for us.*

- When the indirect object noun is used, the corresponding indirect object pronoun is normally used.

  Yo **le** compro un regalo **a Victoria.** — *I'm buying Victoria a present.*

- To eliminate ambiguity, **le** and **les** are often clarified with the preposition **a** + *subject pronoun.*

Le hablo **a usted.**	*I'm talking to you. (not to him)*
Siempre **les** compro algo **a ellos.**	*I always buy them something.*

- For emphasis, use **a mí, ti, nosotros/as,** and **vosotros/as** with the indirect object pronouns.

Pedro **te** habla **a ti.**	*Pedro is talking to you. (not to someone else)*

2. THE VERB DAR (TO GIVE)

dar		
	Present	**Preterit**
yo	doy	di
tú	das	diste
Ud., él, ella	da	dio
nosotros/as	damos	dimos
vosotros/as	dais	disteis
Uds., ellos/as	dan	dieron

- **Dar** is almost always used with indirect object pronouns. Notice the difference between **dar** *(to give)* and **regalar** *(to give as a gift).*

Ella le **da** el casete a Pedro.	*She gives Pedro the cassette.*
Ella le **regala** el casete a Pedro.	*She gives Pedro the cassette. (as a gift)*

- In the preterit, **dar** uses the endings of **-er** and **-ir** verbs.

Actividades

7–7   Cuidar a un niño.   ¿Qué hace usted cuando cuida a un niño?

MODELO: preparar la comida

(Yo) le preparo la comida.

1. dar la comida
2. poner la televisión
3. quitar los zapatos
4. poner la piyama
5. lavar los dientes
6. leer un cuento

7–8   Su profesor/a.   ¿Qué hace o no hace su profesor/a?

MODELO: hacer preguntas   Nos hace pregutas.
          limpiar la casa   No nos limpia la casa.

1. hablar en español
2. preparar el almuerzo
3. dar buenas notas
4. lavar la ropa
5. explicar las lecciones
6. regalar entradas

7–9 Para vivir una vida sana. Use su imaginación o las sugerencias que están más abajo.

MODELO: —¿Qué me recomiendas?

—Te recomiendo comer muchos vegetales.

—¿Qué más me recomiendas?

—Te recomiendo descansar después de las comidas.

1. comer pescado y vegetales
2. caminar
3. beber mucha agua
4. nadar en la piscina

5. ir al gimnasio
6. no tomar mucha cerveza
7. no comer papas fritas
8. ...

7–10 Regalos. Después de preparar una lista, dígale a su compañero/a qué le va a regalar a cada persona.

7–11 La mamá y el niño. ¿Qué ocurre en los siguientes dibujos?

1.

2.

3.

4.

7–12 ¿Qué digo en estas situaciones?

MODELO: Es el cumpleaños de su prima y usted va a verla.

Le digo: "Feliz cumpleaños".

1. Sus padres le regalan una sudadera muy bonita.
2. Usted tiene dos entradas para un concierto y llama a un/a amigo/a.
3. Usted está en un café y viene el camarero.
4. Su novio/a quiere ir a esquiar a las montañas, pero hace mal tiempo.
5. Un amigo lo/la invita para ir al cine, pero usted tiene un examen mañana.
6. Usted está en una tienda para comprar un cinturón y viene el dependiente.

7–13 Entrevista.

USTED: ¿Te gusta escribir?

COMPAÑERO/A: ...

USTED: ¿A quién le escribes?

COMPAÑERO/A: ...

USTED: ¿Quién te escribe a ti?

COMPAÑERO/A: ...

7–14 Situación.

You are at a department store. Your partner will play the part of the salesperson. Tell him/her that a) you are looking for a present for a 20-year old young lady, b) that you are not sure what you should buy, and c) the amount that you can spend (**gastar**). Let him/her make suggestions.

3. **GUSTAR** AND SIMILAR VERBS

—¿Te gusta esta camisa? —Me gustan éstas. ¿Y a ti?

—No, no me gusta. —Me gustan mucho.

▪ Spanish uses the verb **gustar** to express likes and dislikes. However, **gustar** is not used the same way as the English verb *to like*. **Gustar** is similar to the expression *to be pleasing (to someone)*.

Me gusta ese vestido. *I like that dress. (That dress is pleasing to me.)*

▪ In this construction, the subject is the person or thing that is liked. The indirect object pronoun shows to whom something is pleasing.

Me		*I*
Te		*You (familiar)*
Le	gusta el traje.	*You (formal), He, She*
Nos		*We*
Os		*You (familiar)*
Les		*You, They, You (formal and familiar)*

like(s) the suit.

- Generally, only two forms of **gustar** are used: **gusta, gustan.** If *one* person or thing is liked, use **gusta.** If *two* or more persons or things are liked, use **gustan.** To express what people like or do not like to do, use **gusta** followed by infinitives.

Me **gusta** ese collar.	*I like that necklace.*
¿A usted no le **gustan** esos anillos?	*Don't you like those rings?*
Me **gusta caminar** por la mañana.	*I like to walk in the morning.*
¿No **te gusta** correr y nadar?	*Don't you like to run and swim?*

- Other Spanish verbs that follow the pattern of **gustar** are **encantar** *(to delight, to love),* **interesar** *(to interest, to matter),* **parecer** *(to seem),* and **quedar** *(to fit, to have something left).*

Actividades

7-15 ¿Te gusta...? Averigüe tres cosas que le gusta hacer a su compañero/a y tres cosas que no le gusta hacer.

MODELO: salir los sábados

—¿Te gusta salir los sábados?

—Sí, me gusta. o—No, no me gusta.

1. estudiar por las noches
2. llevar ropa muy formal
3. ir a los almacenes los sábados
4. dormir por la tarde
5. comprar ropa cara
6. ver telenovelas
7. ir a los partidos de fútbol
8. discutir con la gente
9. correr cuando hace mucho frío
10. llevar collares y anillos

7-16 Reacciones.

MODELO: el helado / las fiestas

—¿Te gusta el helado?

—Sí, me gusta el helado.

—¿Te gustan las fiestas?

—No, no me gustan las fiestas.

Lugares	Personas	Actividades
esta universidad	el presidente	esquiar
las tiendas	Julio Iglesias	nadar
las cafeterías	los niños	ir de compras
la playa	Gloria Estefan	leer periódicos

7–17 Los gustos de un/a amigo/a.   ¿Qué le gusta o no le gusta a su mejor amigo/a?

MODELO: las camisas azules / llevar corbata
Le gustan las camisas azules, pero no le gusta llevar corbata.

jugar al golf	la música popular	bailar
nadar	la ropa moderna	los deportes
jugar al tenis	bañarse con agua fría	ir de compras
beber *Coca-cola*	levantarse a las siete	la comida china
las canciones populares	los programas de radio	los conciertos

7–18 Problemas.

MODELO: —Pilar tiene $50,00. Paga $20,00 por un suéter. ¿Cuánto dinero le queda?

—Le quedan $30,00.

1. Ernesto tiene $75,00. Le da $20,00 a su hermano. ¿Cuánto dinero le queda?
2. Érica tiene $20,00. Va al cine y a cenar con una amiga. El cine cuesta $6,00 y la cena $12,00. ¿Cuánto dinero le queda?
3. Yo tengo $40,00. Compro un suéter por $39,00. ¿Cuánto dinero me queda?
4. Mis amigos tienen $30,00. Van a la playa y almuerzan en un restaurante al lado del mar. El almuerzo cuesta $25,00. ¿Cuánto dinero les queda?

7–19 ¿Comprador/a compulsivo/a?   Complete el cuestionario y luego compare sus resultados con los de sus compañeros/as.

Palabras útiles: me fijo *(I notice),* **la solicitud** *(application),* **tacaño/a** *(stingy)*

	Sí	No
1. Le doy mucha importancia a la ropa.	____	____
2. Me fijo en la ropa que llevan las personas.	____	____
3. Les pido solicitud de crédito a todas las tiendas.	____	____
4. Cuando voy a una tienda, siempre compro algo.	____	____
5. Les recomiendo a mis amigos tiendas y almacenes nuevos.	____	____
6. Cuando tengo dinero, siempre voy de compras.	____	____
7. Si no tengo dinero, uso las tarjetas de crédito.	____	____
8. Me gusta toda la ropa que veo.	____	____

Sí = 2 puntos   **No** = 0 puntos

De 8 a 16 puntos. Usted es un/a comprador/a compulsivo/a.

De 4 a 7 puntos. Usted es un/a comprador/a normal.

De 0 a 3 puntos. Usted es un poco tacaño/a. Le recomendamos renovar su ropa.

7–20 Situaciones.

1. You are in your favorite clothing store: a) tell the clerk what you need (e.g., pants, shoes, and so on), b) ask for the price of each item, c) say if you like each one or not, and d) decide if you will buy it/them.

2. You are going to take some friends to your favorite place (e.g., **un almacén, una playa, una ciudad**). Tell them what you like about it and what you will show them. Your friends should ask some pertinent questions about this place.

MODELO: Los voy a llevar a la universidad. A mí me gusta mucho la piscina. También me gusta la biblioteca. Yo les voy a mostrar la cafetería, el estadio y la piscina.

4. PRETERIT OF **IR** AND **SER**

ir and ser			
yo	**fui**	nosotros/as	**fuimos**
tú	**fuiste**	vosotros/as	**fuisteis**
Ud., él, ella	**fue**	Uds., ellos/as	**fueron**

▪ **Ir** and **ser** have identical forms in the preterit. The context will clarify the meaning.

El Sr. Molina **fue** vendedor.	*Mr. Molina was a salesman.*
El Sr. Molina **fue** a ver al vendedor.	*Mr. Molina went to see the salesman.*

5. PRETERIT TENSE OF STEM-CHANGING -IR VERBS (E → I) (O → U)

preferir			
yo	preferí	nosotros/as	preferimos
tú	preferiste	vosotros/as	preferisteis
Ud., él, ella	prefirió	Uds., ellos/as	prefirieron

morir

dormir			
yo	dormí	nosotros/as	dormimos
tú	dormiste	vosotros/as	dormisteis
Ud., él, ella	durmió	Uds., ellos/as	durmieron

▪ The preterit endings of stem-changing -ir verbs are the same as those for regular -ir verbs.

- All **-ir** verbs whose stem vowel **e** changes to **ie** or **i** in the present tense change the same vowel to **i** in the **usted, él, ella** form and the **ustedes, ellos, ellas** form.

- **Dormir,** whose stem vowel **o** changes to **ue** in the present tense, changes the same vowel to **u** in the **usted, él, ella** form and the **ustedes, ellos, ellas** form.

6. PRETERIT OF -ER AND -IR VERBS WHOSE STEM ENDS IN A VOWEL

leer			
yo	leí	nosotros/as	leímos
tú	leíste	vosotros/as	leísteis
Ud., él, ella	leyó	Uds., ellos/as	leyeron

oír	to hear[1]		
yo	oí	nosotros/as	oímos
tú	oíste	vosotros/as	oísteis
Ud., él, ella	oyó	Uds., ellos/as	oyeron

- The preterit endings of verbs whose stem ends in a vowel are the same as those of regular **-er** and **-ir** verbs, except for the **usted, él, ella** form and the **ustedes, ellos, ellas** form, which end in **-yó** and **-yeron.**

Actividades

7–21 Los horarios de unos amigos. ¿Qué hicieron estas personas?

MODELO: —¿Quién fue a un café? *o* ¿Qué hizo Raquel?

—Raquel fue a un café.

	Carlos	Raquel	Susana y Mirta
por la mañana	leer el periódico	dormir hasta las diez	ir a las tiendas, comprar dos blusas
por la tarde	ir a la playa con su novia	ir a un café, pedir ensalada	leer un libro
por la noche	oír las noticias	preferir estar en casa con sus amigas	invitar a unos amigos a cenar, servir espaguetis

---

[1] The present tense forms of **oír** are: **oigo, oyes, oye, oímos, oís, oyen.**

7–22   Encuesta.   Después de terminar la encuesta, compartan la información con otros grupos.

1. ¿Quiénes leyeron el periódico ayer?
2. ¿Quiénes oyeron las noticias?
3. ¿Quiénes fueron al cine?
4. ¿Quiénes miraron televisión?
5. ¿Quiénes durmieron siete horas o más?
6. ¿Quiénes durmieron menos de seis horas?

7–23   ¿Quién fue?

MODELO: el primer presidente de los Estados Unidos

Fue George Washington.

1. un gran físico que formuló la teoría de la relatividad
2. un atleta famoso que ganó cuatro medallas de oro en las Olimpiadas de 1936 en Berlín
3. un autor inglés que escribió dramas muy famosos como Hamlet
4. dos hermanos que inventaron los aviones
5. el primer piloto que cruzó el Atlántico

Ahora piensen en alguien importante y digan algunas de las cosas que hizo. Sus compañeros/as deben tratar de averiguar quién fue.

7–24   Situaciones locas.   Lean estas situaciones locas y digan cuál les parece más loca o más simpática. Después preparen dos situaciones locas para compartir con la clase.

1. Ayer escribimos una carta de diez mil palabras.
2. Ayer mi gato le ganó una pelea al elefante del zoológico.
3. Anoche leí tres libros en una hora.
4. Anoche cené en un restaurante francés muy elegante y sólo pagué quince centavos.
5. Ayer el equipo de la universidad le ganó a los Yankees 40–0.

7–25   ¿Qué hizo usted el sábado pasado?   La policía está investigando un crimen y le pide un resumen detallado de sus actividades. Su compañero/a va a hacer el papel de la policía.

7–26   Situación.

You are talking with a friend about the shopping you did yesterday. Tell him/her that you read about the sales in the newspaper. He/She should find out what you bought, where, and the clothes that were on sale.

PRONUNCIACIÓN: Stress and the written accent (continuation)

Listen carefully to the continuation of the explanation of stress and the written accent on your cassette. You will be asked to repeat and read certain words. You will find these words and the explanation in your *Student Activities Manual.*

REPASO GRAMATICAL

1. INDIRECT OBJECT PRONOUNS

me	*(to), (for) me*	**nos**	*(to), (for) us*
te	*(to), (for) you (fam.)*	**os**	*(to), (for) you (fam.)*
le	*(to), (for) you (formal)*	**les**	*(to), (for) you (formal)*
	him, her, it		*them*

2. THE VERB GUSTAR

Indirect object pronoun + **gusta/gustó** + *singular noun/pronoun*

Indirect object pronoun + **gustan/gustaron** + *plural noun/pronoun*

3. PRETERIT OF IR AND SER

ir, ser			
yo	fui	nosotros/as	fuimos
tú	fuiste	vosotros/as	fuisteis
Ud., él, ella	fue	Uds., ellos, ellas	fueron

4. PRETERIT TENSE OF STEM-CHANGING -IR VERBS (E → I) (O → U)

preferir			
yo	preferí	nosotros/as	preferimos
tú	preferiste	vosotros/as	preferisteis
Ud., él, ella	prefirió	Uds., ellos, ellas	prefirieron

dormir			
yo	dormí	nosotros/as	dormimos
tú	dormiste	vosotros/as	dormisteis
Ud., él, ella	durmió	Uds., ellos, ellas	durmieron

 A escuchar

7–27 ¡Qué problema! Andrea, Carolina, Roberto, and Darío left their shopping bags at the counter and now they are all mixed up. Listen and decide to whom each shopping bag belongs.

_____

_____

_____

_____

7–28 Palabras cruzadas.   Complete the crossword with the correct word. Then put the number next to each item.

7–29 ¿Lógico o ilógico?

	Lógico	Ilógico			Lógico	Ilógico
1.	——	——		4.	——	——
2.	——	——		5.	——	——
3.	——	——				

A conversar

7–30 ¡De rebajas!   Divida la clase en grupos de cuatro estudiantes. Cada grupo debe:

- hacer un aviso con las rebajas de una tienda de ropa. ¿Cómo se llama la tienda? ¿Cuándo son las rebajas?

- poner avisos con la ropa que tiene descuento

- elegir dos dependientes/dependientas

Las otras dos personas de cada grupo van de compras a otros grupos.

7–31 En un mercado.   Usted tiene que comprar algo en un mercado (una blusa, un sombrero, una alfombra, etc.). Pregunte el precio. Su compañero/a le va a decir cuánto cuesta. Regatee para obtener el mejor precio posible. Puede usar expresiones como:

¡Es muy caro/a!
No tengo tanto dinero. Sólo puedo pagar...
¡Imposible! Me cuesta más...

A leer

7–32 Un anuncio.   Mire el anuncio del centro comercial *Apumanque* de la próxima página y conteste.

1. Según el aviso, ¿qué necesita para pasar el invierno bajo la lluvia?
2. ¿Qué venden en una óptica?
3. ¿Qué venden en la sección de menaje?
4. ¿Puede usted dar un sinónimo de la palabra **vestuario**?
5. ¿Qué otra palabra conoce usted para **calzado**?
6. Tiene el pelo muy largo y quiere tenerlo más corto. ¿Adónde va?

7--33 En *Apumanque*.

1. Dolores quiere hacerle un regalo a su amiga. Piensa que un par de guantes, unos aretes o alguna otra joya va a gustarle mucho a Sandra. ¿A qué tipo de tienda debe ir Dolores?
2. A Julián le fascinan las cosas de cuero y sabe que en Chile la ropa es muy buena y barata. Quiere comprar una chaqueta, una billetera o un cinturón y también unas botas. ¿A cuántas tiendas puede ir?
3. Alfonso y Mónica desean comer algo. ¿A qué lugar deben ir?
4. La clase de Francisco planea un viaje a las montañas y hoy tres de los compañeros están en *Apumanque* para comprar o alquilar esquíes y ropa para esquiar. ¿Dónde pueden conseguir todo esto?
5. Marcela y Gregorio quieren ir a comprar medias y calcetines para toda la familia. ¿A qué tiendas deben ir?
6. Es el cumpleaños de su madre y usted quiere comprarle unos aretes o alguna otra joya. ¿A cuántas tiendas puede ir usted?

INVESTIGACIÓN

- ¿Sabe usted regatear? Averigüe qué significa **regatear**. Usted tiene que regatear en este ejercicio. ¡Suerte!

- Usted paga con **soles**. ¿En qué país está usted?

PARA CANTAR BAJO LA LLUVIA

APU MAN QUE
DONDE ESTA LA ACCION

Cuando conozca la gran variedad que Apumanque tiene para esta temporada Otoño - Invierno, podrá cantar bajo la lluvia. Porque en Apumanque tenemos abrigos, parkas, sweaters, calcetines de lana, botas, bufandas, impermeables, gorros y todo lo que necesita para pasar un invierno bajo la lluvia.

Para cantar bajo la lluvia....

venga a Apumanque.

Confiterías :
5 Tiendas

Peluquerías :
2 Tiendas

Discos, cassettes y
Compact Disc :
5 Tiendas

Artículos para
deportes :
5 Tiendas

Menaje :
20 Tiendas

Librerías y artículos
de escritorio :
6 Tiendas

Vestuario
masculino :
23 Tiendas

Opticas :
4 Tiendas

Vestuario
juvenil :
26 Tiendas

Joyerías, fantasía
y accesorios :
17 Tiendas

Artículos
fotográficos :
5 Tiendas

Perfumerías :
5 Tiendas

Vestuario
femenino :
64 Tiendas

Lencería :
11 Tiendas

Artículos de
cuero y
calzado :
37 Tiendas

Cordonerías, medias
y calcetines :
8 Tiendas

... y mucho más en las
336 tiendas y 33 rubros
de Apumanque

TEMPORADA **OTOÑO INVIERNO**

A escribir

7–34 Una carta breve. Un/a estudiante de intercambio va a pasar el mes de enero en su casa. Él/ella quiere saber qué clase de ropa debe llevar. Escríbale una carta muy breve diciéndole qué ropa va a necesitar y algunos de sus planes para su visita.

INVESTIGACIÓN

Para aumentar el vocabulario

La persona que vende libros se llama lib**rero**; la tienda donde venden libros se llama lib**rería**.

¿Cómo se llama la persona que vende...?

¿Cómo se llama la tienda donde venden...?

fruta	frut ___	frut ___
zapatos	zapat ___	zapat ___
perfume	perfum ___	perfum ___
confite	confit ___	confit ___
joya	joy ___	joy ___
pan	panad ___	panad ___

VOCABULARIO

LOS ACCESORIOS

el anillo	ring
el arete	earring
la billetera	wallet
la bolsa	purse
el cinturón	belt
el collar	necklace
el guante	glove
la pulsera	bracelet

LAS COMPRAS

el almacén	department store
la caja	cash register
el centro comercial	shopping center, mall
el probador	fitting room
la rebaja	sale
el regalo	present
la talla	size (of clothing)
la tienda	store

LA ROPA

el abrigo	coat
la blusa	blouse
la bata	night gown
la bota	boot
la bufanda	scarf
el calcetín	sock
la camisa	shirt
la camiseta	t-shirt
la corbata	tie
la chaqueta	jacket
la falda	skirt
las gafas de sol	sunglasses
la gorra	cap
el impermeable	raincoat
los jeans	jeans
la media	stocking, sock
los pantalones	pants
los pantalones cortos	shorts
el/la piyama	pajamas
la sandalia	sandal
el sombrero	hat
la sudadera	jogging suit, sweat shirt

el suéter	sweater
el traje	suit
el traje de baño	bathing suit
los vaqueros	jeans
el vestido	dress
el zapato	shoe
el zapato tenis	tennis shoe

DESCRIPCIÓN

ancho/a	wide
barato/a	inexpensive, cheap
caro/a	expensive
chico/a	small
estrecho/a	narrow, tight
mediano/a	medium
perfecto/a	perfect
precioso/a	beautiful
rebajado/a	marked down

VERBOS

cambiar	to change, to exchange
contestar	to answer
dar	to give
encantar	to delight, to love
encontrar (ue)	to find
entrar	to go in, to enter
gustar	to like, to be pleasing to
interesar	to interest
llevar	to wear, to take, to carry
mostrar (ue)	to show
pagar	to pay
parecer	to seem
prestar	to lend
probarse (ue)	to try on
quedar	to fit, to have something left
regalar	to give (a present)

Combinan muy bien.	*They go together.*
Creo que sí.	*I think so.*
¿En qué puedo servirle?	*May I help you?*
estar de moda	*to be fashionable*
Me gustaría cambiar esto.	*I would like to change this.*
Me queda ancho.	*It's too wide.*
Me queda estrecho.	*It's too narrow.*

The following words and expressions can be very useful when shopping in a Hispanic country.

el pañuelo	*handkerchief*
el calzón/calzoncillo	*underwear*
el camisón	*robe*
el sostén	*brassiere*
el escaparate	*display window*
el probador	*fitting room*
telas	*materials*
algodón	*cotton*
de color entero	*solid (color)*
de cuadros	*plaid, checked*
de rayas	*striped*
lana	*wool*
seda	*silk*

LECCIÓN 8

Nombre y Apellido: .... Nº .... Piso .... Dto. ....

Domicilio: .... Prov.: .... Tel. Part.: ....

Localidad: ....

(1er. Cambio): ....

(2do. Cambio): ....

DATOS PERSONALES:

Estado Civil: .... Nació en .....

Edad: .... años. Nacionalidad: .... L.E./L.C./D.N.I. Nº ......

el ...../ ...../ ...... C. I. Nº .... Exp. por: .... Afiliado Nº ......

D.M. .... Caja de Jubilaciones: ....

Libreta de Trabajo Nº .... Libreta de Menores Nº ....

Conductor Nº .... Categoría: .... Otorgado por: ....

FAMILIA:

NOMBRES	PARENTESCO	FECHA DE NACIMIENTO			ESTAN A SU CARGO	OBSERVACIONES
		DIA	MES	AÑO		

ESTUDIOS CURSADOS: Secundarios: ....

¿Busca trabajo?

El trabajo

Las profesiones

Una "chef" de Puerto Rico muestra algunas de sus especialidades.

Un profesor venezolano dando una clase de álgebra.

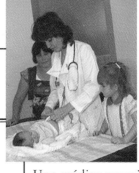

Dra. Alicia Gonica de Pérez

Cardióloga

Consultorio
Instituto de Salud
Calle de la Otra Banda 54
San José, Costa Rica
Teléfonos 367-7812 / 367-5434

Una médica examina a un bebé en San José, Costa Rica.

Unos bomberos después de apagar un fuego en San Miguel de Allende, México.

Un pescador de Mallorca descansa después de una noche de trabajo.

Dos locutores de radio esperan la señal
para comenzar un programa.

Una ejecutiva de
Bogotá, Colombia,
atiende la llamada
telefónica de un
cliente.

DANIEL DE J. ARBOLEDA

Ing. Jefe de Mantenimiento

Apartado Aéreo 1179
Tels. 266 92 90 - 266 64 64
Ext. 232 - Fax: 66 92 70
Télex: 66773
Medellín, Colombia

Smurfit
Cartón de Colombia

Un técnico revisa los con-
troles de una compañía
petrolera.

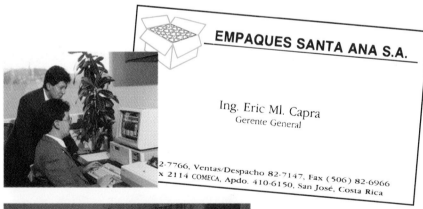

EMPAQUES SANTA ANA S.A.

Ing. Eric Ml. Capra
Gerente General

2-7766, Ventas/Despacho 82-7147, Fax (506) 82-6966
x 2114 COMECA, Apdo. 410-6150, San José, Costa Rica

Dos hombres de negocios
preparan un informe financiero en Quito, Ecuador.

Una peluquera de Madrid
peinando a una de sus
clientas.

Otras profesiones, oficios y ocupaciones

el/la abogado/a	*lawyer*
el actor/la actriz	*actor/actress*
el ama de casa	*housewife, homemaker*
el/la analista de sistemas	*systems analyst*
el/la arquitecto/a	*architect*
el/la astronauta	*astronaut*
el/la bibliotecario/a	*librarian*
el/la cajero/a	*cashier*
el/la cantante	*singer*
el/la científico/a	*scientist*
el/la contador/a	*accountant*
el/la chofer	*driver*
el/la carpintero/a	*carpenter*
el/la dentista	*dentist*
el/la electricista	*electrician*
el/la enfermero/a	*nurse*
el hombre/la mujer de negocios	*businessman/businesswoman*
el/la ingeniero/a	*engineer*
el/la intérprete	*interpreter*
el/la juez/a	*judge*
el/la mecánico/a	*mechanic*
el/la obrero/a	*worker*
el/la periodista	*journalist*
el/la piloto	*pilot*
el/la plomero/a	*plumber*
el policía/la (mujer) policía	*policeman/policewoman*
el/la recepcionista	*receptionist*
el/la secretario/a	*secretary*
el/la psicólogo/a	*psychologist*
el/la psiquiatra	*psychiatrist*
el/la vendedor/a	*salesman/saleswoman*
el/la veterinario/a	*veterinarian*

Actividades

8–1 Asociaciones. Asocie una o más profesiones con los siguientes lugares de trabajo.

1. el hospital
2. el aeropuerto
3. la clase
4. la estación de radio
5. una tienda de ropa
6. el consultorio
7. la peluquería
8. el banco
9. un estudio de Hollywood
10. un restaurante

8–2 Las profesiones y las características personales. ¿Cómo deben ser estas personas?

MODELO: un piloto

inteligente / joven / perezoso / ...

Debe ser inteligente y serio. No debe ser perezoso.

1. un/a psiquiatra
   valiente / romántico/a / irónico/a / antipático/a / inteligente / ...
2. un actor/una actriz
   guapo/a / atractivo/a / simpático/a / delgado/a / alto/a / ...
3. un hombre/una mujer de negocios
   autoritario/a / serio/a / perezoso/a / viejo/a / responsable / ...
4. un/a recepcionista ...
5. un/a astronauta ...
6. un ama de casa ...

8–3 Las ocupaciones/profesiones. Dígale a su compañero/a cuál es la ocupación de algunos miembros de su familia y de dos de sus amigos. Su compañero/a le debe hacer preguntas sobre lo que hacen en su trabajo.

8–4 Entrevista.

USTED: ¿Dónde trabajas?

COMPAÑERO/A: _____. Soy _____.

USTED: ¿Te gusta tu trabajo?

COMPAÑERO/A: _____.

USTED: ¿Qué quieres ser en el futuro?

COMPAÑERO/A: _____.

CULTURA Hispanic businesses are traditionally more hierarchical than American firms, so the boss's word is treated as if it were law. While the boss may in fact be very low-key, he or she will typically expect employees to carry out orders without asking many questions. Therefore, executives are less likely to be on a first-name basis with their employees, although this norm has become more relaxed in some countries in recent years. Nevertheless, American companies in Spain and Latin America sometimes follow the standards of the home office, especially for workers visiting from the United States.

In business situations, it is generally best to use the formal forms of address even with people your own age until the roles are clarified. However, if a social equal uses **tú** in a business situation, you may respond in kind. Despite this increasing informality, age and experience are very important factors in Hispanic businesses. Thus, it is important to address older people with **usted** unless they tell you otherwise, and special care should be taken to demonstrate one's abilities to more experienced foreign co-workers.

En una entrevista

El Sr. Suárez va a una entrevista para el puesto de director financiero.

1. BUENAS TARDES, SOY VIRGILIO SÁNCHEZ Y TENGO UNA ENTREVISTA CON LA SEÑORA CASTRO.

MUY BIEN, SR. SÁNCHEZ, SIÉNTESE, POR FAVOR.

2. SRA. CASTRO, EL SR. SÁNCHEZ ESTÁ AQUÍ ¿PUEDE PASAR?

SÍ, ELENA, CÓMO NO.

3. GRACIAS, SEÑORITA.

PASE USTED, POR FAVOR

4. BUENAS TARDES SR. SÁNCHEZ, AQUÍ TENGO SU CURRÍCULUM, ES EXCELENTE

BUENAS TARDES SRA. CASTRO

Actividades

8–5 ¿Sí o no?

	Sí	No
1. La entrevista es a las tres y media.	___	___
2. El señor se llama Virgilio Sánchez.	___	___
3. La entrevista es para el puesto de director financiero.	___	___
4. La secretaria se llama Elena.	___	___
5. La presidenta de la compañía es la Sra. Castro.	___	___

8–6 Buscando trabajo. Diga en qué orden hace usted estas cosas.

_____ Me llaman de la Compañía Rosell para una entrevista.

_____ Leo los anuncios del periódico.

_____ Voy a la compañía para la entrevista.

_____ Preparo mi currículum para la Compañía Rosell.

_____ Me ofrecen el puesto de vendedor.

8–7 Entrevista para un trabajo.

USTED: Su nombre, por favor.

COMPAÑERO/A: ...

USTED: ¿Dónde trabaja usted y qué hace allí?

COMPAÑERO/A: ...

USTED: ¿Por qué quiere trabajar en nuestra compañía?

COMPAÑERO/A: ...

 *A escuchar*

You will hear a woman talk about her profession. Mark the appropriate ending to each statement based on what you hear.

1. Elena Suárez es...

   __X__ doctora

   _____ enfermera

   _____ profesora

2. Ella trabaja en...

   _____ un consultorio

   _____ una escuela

   __X__ un hospital

3. Ella trabaja con los...

   _____ adultos

   __X__ niños

   _____ viejos

4. Elena Suárez trabaja...

   _____ poco

   _____ ni mucho ni poco

   __X__ mucho

 *A leer*

Buscando trabajo

Las siguientes personas están buscando trabajo:

1. Pedro Heredia Solís, 35 años. Graduado universitario, experiencia de vendedor y supervisor en un almacén de ropa.

2. Adela Sánchez Toraño, 28 años. Estudios comerciales, experiencia de cuatro años en la compañía Calamur. Habla español, inglés y francés.

3. Juan Gómez Machado, 25 años. Dos años de estudios universitarios, experiencia como camarero en un café.

4. Ana Gabriela Martiori, 24 años. Graduada universitaria con especialización en periodismo. Tres años de experiencia como editora de un periódico local. Idiomas: francés, inglés, italiano y alemán.

¿Cuál de los anuncios de la próxima página debe contestar cada una de las personas y por qué?

IMPORTANTE EMPRESA NACIONAL CON VARIOS
CENTROS DE TRABAJO EN ESPAÑA PRECISA:

SECRETARIA DE DIRECCION

SE SOLICITA: — Edad comprendida entre 25-35 años.
— Formación especializada en Secretariado
Internacional.
— Dominio de los idiomas francés e inglés.
— Experiencia mínima de 3 años en puesto
similar.

SE OFRECE: — Trabajo en las oficinas centrales de Madrid.
— Ambiente agradable e integración en una
empresa de gran prestigio.
— Retribución atractiva, negociable y acorde
al nivel que se exige.

Interesados escribir adjuntando currículum vitae y fotografía
reciente a: SM2, c/ Pedro Muguruza, n.º 8, 28036 MADRID,
haciendo constar: Referencia S.D.

Importante empresa de hostelería,
ubicada en Valladolid, precisa

JEFE DE COCINA

**PARA NUEVO RESTAURANTE
ITALIANO**

Retribución a convenir, según valía
y experiencia.

Interesados, enviar *currículum* al
aptdo. de Correos 431 de Valladolid

○○○○○○○○○

EMPRESA TEXTIL EN EXPANSIÓN PRECISA

REPRESENTANTES

Para la venta de polos, camisetas y cami-
sas en las siguientes zonas de España:
Canarias, Mallorca, Madrid, País Vasco,
Valencia, Cataluña, Andalucía y Castilla y
León.
Interesados, mandar *curriculum vitae* a la
siguiente dirección: Señorita M.ª Belén Gar-
cía Casado. Plazuela del Pozo, 7, 1.º, 09300
Roa (Burgos). Teléfonos (947) 54 02 86.
Tardes, de 5 a 7 horas.

EMPRESA DE TRADUCCIÓN
PRECISA
correctores
para textos técnicos y publici-
tarios. Se requiere un alto nivel lingüístico y experiencia
probada.
**Enviar CV Ref. JA
Apdo. 882 FD
28080 MADRID**

CL
SERVICIOS
LINGÜÍSTICOS

Trabajo interesante. Usted está buscando trabajo. ¿Qué anuncio contesta y por qué? Si no le interesan estos anuncios, explique qué tipo de
trabajo le interesa a usted y por qué.

LA BÚSQUEDA DE EMPLEO

TASAS DE DESEMPLEO (1992)	
España	20,1%
México	18,5%
Colombia	22,3%
Panamá	16,0%
Argentina	18,2%
Ecuador	25,6%

La búsqueda de trabajo en Hispano-américa y España puede presentar dificultades que no encontramos en los Estados Unidos. Por varios motivos el mercado de trabajo en países hispanos es muy poco flexible y difícil de penetrar, especialmente para los jóvenes.

En general la tasa de desempleo es mucho más alta que en los Estados Unidos y países europeos. Hay países donde la tasa de desempleo está por encima del 20% desde hace muchos años. Esto significa que cada empleo que sale al mercado es muy codiciado y muchos solicitantes, a pesar de ser candidatos excelentes, pueden demorar varios años antes de ser contratados en el campo de su especialización.

Por otra parte, en muchos países persiste la costumbre de conseguir empleo mediante los contactos familiares y personales. Esta tradición ocasiona con frecuencia que se les ofrezcan los mejores puestos a aquellas personas que tienen las mejores "conexiones".

1. SE + VERB

SE NECESITA
DIRECTOR
● Para hotel de 3 estrellas con más de 150 habitaciones.
● Situado en el sur de España.
Enviar solicitudes con *curriculum vitae* y pretensiones económicas al apartado de Correos de Madrid número 46.283.

SE NECESITAN
VENDEDORES DE MUEBLES
CON EXPERIENCIA
Solicitar entrevista con el Sr. Alonso. Tel. 697 54 06.

Se habla español.	*Spanish is spoken.*
Se necesitan enfermeros.	*Nurses (are) needed.*
Se vende (un) auto en buenas condiciones.	*Car in good condition for sale.*
Se venden libros aquí.	*Books (are) sold here.*

- Spanish uses the **se** + *verb* construction when emphasis is on the action and not on the person(s) responsible for the action. The noun (what is needed, sold, etc.) usually follows the verb.

- Remember, a plural noun requires a plural verb, and a singular noun, a singular verb.

- **Se** followed by the **usted, él, ella** verb form is also used to express the English indefinite *one*.

    Se come muy bien aquí. *One eats very well here.*

Actividades

8–8 Para preparar unos espaguetis. ¿En qué orden se preparan?

_____ Se pone salsa de tomate sobre los espaguetis.

_____ Se hierve el agua con un poco de sal.

_____ Se ponen los espaguetis en el agua que está hirviendo.

_____ Se escurren los espaguetis.

_____ Se pone queso sobre los espaguetis y la salsa.

_____ Se cocinan los espaguetis unos ocho minutos.

8–9   Asociaciones.

Actividades	Lugares
1. se baila y se canta	a. un almacén
2. se vende ropa	b. un estadio
3. se practica español	c. una discoteca
4. se juega al fútbol	d. el laboratorio
5. se sirve vino	e. una cama grande
6. se duerme bien	f. Nueva York
7. se necesita mucho dinero	g. una playa
8. se nada y se toma el sol	h. un restaurante italiano

8–10   Organizando la oficina.   Su compañero/a le va a preguntar dónde se ponen algunos muebles y otras cosas de la oficina. Usted debe contestar de acuerdo con el dibujo.

MODELO: la butaca

—¿Dónde se pone la butaca?

—Se pone entre las mesas pequeñas.

1. la mesa larga
2. las dos mesas pequeñas
3. la lámpara
4. las dos sillas
5. la computadora

8–11   Anuncios locos.   Lean estos anuncios "locos" y digan cuáles les gustan más. Después preparen un anuncio loco para compartir con la clase.

1. Se vende un loro (*parrot*) porque habla mucho.
2. Se necesita urgentemente un robot para hacer todas las tareas de español.
3. Se busca un/a compañero/a de cuarto que no ronque (*snore*).
4. Se compra un fantasma para aterrorizar a mi suegro/a. También se acepta un Drácula o un Frankenstein.
5. Se necesitan tres extraterrestres para organizar un club mixto de baile.

8–12   Un anuncio serio.   Escriban un anuncio para un puesto en una oficina o para vender algo.

8–13   Situaciones.

1. You are the president of an important company that is going to start a new advertising campaign (**campaña de publicidad**). Bring two ads that you like and show them to the person in charge of advertising. He/She should ask you a) why you like them and b) where you want to place them.
2. You are interviewing a prospective employee for your company. Ask him/her a) where he/she read the ad for the job, b) where he/she is working, c) why he/she wants to change jobs, and d) why he/she wants to work for your company.

2. FORMAL COMMANDS

Llene la solicitud, por favor.

- Commands (**los mandatos**) are the verb forms used to tell others to do something. Use formal commands with people you address as **usted** or **ustedes.** To form these commands, drop the final **-o** of the **yo** form of the present tense and add **-e** for **-ar** verbs and **-a** for **-er** and **-ir** verbs.

REGULAR FORMAL COMMANDS				
		USTED	USTEDES	
hablar:	hablo	hable	hablen	*speak*
comer:	como	coma	coman	*eat*
escribir:	escribo	escriba	escriban	*write*

- Verbs that are irregular in the **yo** form of the present tense maintain the same irregularity in the command.

STEM-CHANGING FORMAL COMMANDS				
		USTED	USTEDES	
pensar:	pienso	piense	piensen	*think*
dormir:	duermo	duerma	duerman	*sleep*
poner:	pongo	ponga	pongan	*put*

- The use of **usted** and **ustedes** is optional. When used, they normally follow the command.

  Pase.   *Come in.*
  Pase usted.

- To make a command negative, place **no** before the affirmative command.

  No salga ahora.   *Don't leave now.*

- Object and reflexive pronouns are attached to the end of affirmative commands (note the written accent over the stressed syllable). Object and reflexive pronouns precede a negative command, but are not attached.

  Cómprela.   Háblele.   Siéntese.
  No **la** compre.   No **le** hable.   No **se** siente.

- The verbs **ir**, **ser**, and **saber** have irregular command forms.

  ir: vaya, vayan   ser: sea, sean   saber: sepa, sepan

- Verbs ending in **-car, -gar, -zar,** and **-guir** have spelling changes.

sacar:	saco	→	sa**que**, sa**quen**
jugar:	juego	→	jue**gue**, jue**guen**
almorzar:	almuerzo	→	almuer**ce**, almuer**cen**
seguir:	sigo	→	si**ga**, si**gan**

Actividades

8–14 ¿Dónde se dirían estas cosas? ¿Cuáles de estos mandatos escucharía o leería usted en a) la sala de emergencia de un hospital o en b) un almacén?

1. Envíe su solicitud para la tarjeta de crédito por correo.
2. No hable con los pacientes.
3. Compren sus regalos de cumpleaños aquí.
4. Pague en la caja.
5. No haga visitas después de las 9 de la noche.

8–15 Mandatos de la jefa.

MODELO: llamar al Sr. Palma

           Llame al Sr. Palma.

1. contestar esta carta
2. buscar la carta del Sr. Vega
3. llamar a la Sra. Narváez
4. pedir más información al banco
5. conseguir esa dirección
6. terminar el proyecto

8–16 Mandatos del entrenador de un equipo.

MODELO: practicar todos los días

           Practiquen todos los días.

1. comer bien
2. tomar mucha agua
3. acostarse a las once
4. dormir ocho horas
5. llegar temprano a la práctica
6. correr todas las mañanas
7. prepararse bien para los partidos
8. levantarse a las ocho

8–17 Preguntas de un/a estudiante. Su compañero/a debe hacer el papel del/de la profesor/a y debe contestar que sí a las preguntas.

MODELO: ¿Estudio esta lección?

           Sí, estúdiela.

1. ¿Contesto estas preguntas?
2. ¿Escucho el casete?
3. ¿Escribo estas palabras?
4. ¿Leo la lección ocho?
5. ¿Hago la tarea?
6. ¿Termino la composición para mañana?

8–18   Las cosas que no debe hacer un/a estudiante.   Ahora, cambien de papel y el/la profesor/a debe contestar que no a las preguntas.

MODELO: —¿Contesto las preguntas en inglés?
          —No, no las conteste en inglés.

1. ¿Escucho canciones americanas en la clase?
2. ¿Escribo los anuncios en inglés?
3. ¿Termino la tarea en la clase?
4. ¿Hablo francés con mis compañeros?
5. ¿Compro otro cuaderno?

8–19   ¿Qué deben hacer estas personas?

MODELO: El Sr. Álvarez no está contento en su trabajo.

          Busque otro trabajo. o Hable con su jefe.

1. El Sr. Jiménez necesita un vendedor en su compañía.
2. Una persona está tocando la puerta de su oficina.
3. Sus amigos quieren hablar con el profesor Gómez.
4. El Sr. Peña quiere saber qué película van a poner en la televisión esta noche.
5. La Sra. Hurtado no quiere vivir en una casa y está buscando un apartamento.
6. Su hermano quiere comprarle un regalo a su novia.

8–20   Las órdenes del señor/de la señora Rico.   Uno de los estudiantes va a hacer el papel de un/a millonario/a que les da órdenes a las personas que hacen todo el trabajo en su casa. El/La otro/a estudiante puede hacer preguntas para continuar el diálogo.

MODELO: —Lave el Rolls-Royce azul, por favor.

          —Muy bien. ¿Y llevo el Rolls-Royce blanco al mecánico?

8–21   Situaciones.

1. You will be out of town for a week for a series of job interviews. Your neighbor has volunteered to watch your apartment while you are away. Tell him/her what to do and not to do in your absence. Some possibilities: **revisar la grabadora, sacar el perro, darle comida al gato,** etc.
2. Tell a person who is new to this country how to write a check step-by-step. Explain where a) to put the date, b) to write the payee's name, c) to write the amount (**cantidad**) in numbers, d) to write the amount in words, and e) to sign the check.

3.　SOME IRREGULAR PRETERITS

- These three verbs have irregular preterit forms. All of them have an **i** in the stem and do not stress the last syllable in the **yo** and **usted, él, ella** forms.

Infinitive	New Stem	Preterit Forms
hacer	**hic-**	hice, hiciste, hizo, hicimos, hicisteis, hicieron
querer	**quis-**[1]	quise, quisiste, quise, quisimos, quisisteis, quisieron
venir	**vin-**	vine, viniste, vino, vinimos, vinisteis, vinieron

- The verbs **decir, traer** (*to bring*), and all verbs ending in **-ducir** (e.g., **traducir** *to translate*) have a **j** in the stem and use the ending **-eron** instead of **-ieron**. **Decir** also has an **i** in the stem.

Infinitive	New Stem	Preterit Forms
decir	**dij-**	dije, dijiste, dijo, dijimos, dijisteis, dijeron
traer	**traj-**	traje, trajiste, trajo, trajimos, trajisteis, trajeron
traducir	**traduj-**	traduje, tradujiste, tradujo, tradujimos, tradujisteis, tradujeron

Actividades

8–22　¿Qué hizo ayer en el trabajo?　Ayer usted quiso hacer muchas cosas en su trabajo pero fue imposible.

MODELO:　preparar el informe

　　　　　—¿Preparaste el informe?

　　　　　—Quise prepararlo, pero fue imposible.

1. llamar a la abogada
2. escribir las cartas
3. terminar el proyecto
4. cambiar la computadora
5. hablarle al gerente
6. almorzar con ese cliente
7. preparar el contrato
8. indicarle el precio
9. contestar el teléfono
10. enviar el currículum

---

[1]The verb **querer** in the preterit followed by an infinitive normally means to try, but to fail to do something.

8–23 ¿Qué hicieron ayer? En grupos de cuatro, cada estudiante va a hacer el papel de una de estas personas y hablar de sus actividades ayer. Los otros le deben hacer preguntas para obtener más información.

1. La doctora Ileana Suárez

MODELO: llamarme

Un paciente me llamó.

venir al consultorio / traerme su historia médica / decirme los síntomas / ...

2. El ingeniero Ramiro López

ir a la oficina / hablar con el arquitecto / revisar un proyecto / conversar con los técnicos / ...

3. Elena Montoya, una mujer de negocios

ir a ver a unos clientes / traducir unos anuncios / llegar a la oficina a las once / ...

4. Sara Santiago, una locutora de televisión

entrevistar a unos políticos / hacer una reportaje en la televisión / volver a los estudios por la tarde / ...

8–24 La historia de una tarjeta postal. Lea los siguientes párrafos y cambien los verbos al pretérito.

Dos de mis mejores amigos _____ (ir) a Perú en agosto. Desde allí me _____ (enviar) una tarjeta postal, pero no _____ (escribir) bien la dirección. _____ (Volver) a los Estados Unidos en octubre, enseguida me _____ (llamar) y _____ (venir) a verme a mi apartamento. Ellos me _____ (traer) un suéter precioso y me _____ (decir) que el viaje _____ (ser) magnífico. Los tres _____ (hablar) mucho de Perú y yo les _____ (hacer) muchas preguntas. Después ellos me _____ (preguntar) por la tarjeta postal. Yo les _____ (decir): "¿Qué tarjeta?" En ese momento el cartero _____ (llegar) con la tarjeta de mis amigos.

8–25 Situaciones.

1. Your partner went out of town last weekend. Ask a) where he/she went, b) what he/she did, and c) when he/she returned. Then your partner will ask you similar questions to find out what you did during the weekend.

2. Tell your partner about the things you did at work or school this week. Your partner will ask you questions about your activities.

PRONUNCIACIÓN: Stress and the written accent (conclusion)

Listen to the conclusion of the explanation of stress and the written accent on your cassette. You will be asked to repeat and read certain words. These words and their explanations are in your *Student Activities Manual.*

REPASO GRAMATICAL

1. SE + VERB

> **Se** + **usted, él, ella** *verb form*   + *singular noun*
> Se necesita un vendedor.
> **Se** + **ustedes, ellos/as** *verb form* + *plural noun*
> Se necesitan unos vendedores.

2. FORMAL COMMANDS

REGULAR FORMAL COMMANDS				
		USTED	USTEDES	
hablar:	hablo	habl**e**	habl**en**	*speak*
comer:	como	com**a**	com**an**	*eat*
escribir:	escribo	escrib**a**	escrib**an**	*write*

3. SOME IRREGULAR PRETERITS

yo puse
poner = to put

yo pudo
poder = to be able to can

tener
yo tuvé
tuviste
tuvó

estar
yo estuvé

INFINITIVE	NEW STEM	PRETERIT FORMS
hacer	**hic-**	hice, hiciste, hizo, hicimos, hicisteis, hicieron
querer	**quis-**	quise, quisiste, quise, quisimos, quisisteis, quisieron
venir	**vin-**	vine, viniste, vino, vinimos, vinisteis, vinieron
decir	**dij-**	dije, dijiste, dijo, dijimos, dijisteis, dijeron
traer	**traj-**	traje, trajiste, trajo, trajimos, trajisteis, trajeron
traducir	**traduj-**	traduje, tradujiste, tradujo, tradujimos, tradujisteis, tradujeron

to bring

 *A escuchar* _____

8–26 Las profesiones. Write the name of the person next to the corresponding illustration.

Susana

Susana

Fernando

8–27 ¿Lógico o ilógico?

	Lógico	Ilógico			Lógico	Ilógico
1.	___	___		5.	___	___
2.	___	___		6.	___	___
3.	___	___		7.	___	___
4.	___	___		8.	___	___

A conversar

8–28 Adivina, adivinador. Su compañero/a dice lo que hace esta persona y usted dice la profesión de la persona. Cambien de papel.

MODELO: —Es la persona que viene a arreglar el baño de mi casa.

—¡Oh! ¡Qué difícil! Es el plomero.

8–29 Las profesiones. La clase se divide en dos grupos, **A** y **B**. Las personas del grupo **A** deben hacerles preguntas a las del grupo **B** hasta encontrar las personas de la profesión que buscan. Después deben hacerles dos o tres preguntas sobre su experiencia, sus estudios, etc. Las personas del grupo **B** deben estar preparadas para contestar esas preguntas.

Las profesiones son:

abogado/a	programador/a
actor/actriz	vendedor/a
arquitecto/a	mecánico/a
veterinario/a	peluquero/a
electricista	obrero/a
ingeniero/a	bombero/a

> ## INVESTIGACIÓN
>
> Mandar significa dar órdenes. Un hombre que siempre está dando órdenes es un mandón. ¿Y una mujer?

8–30 Don Mandón. Uno de ustedes va a hacer el papel del mandón y los otros deben cumplir sus órdenes. Cambien el papel del mandón después de tres órdenes.

8–31 Buscando trabajo. Elijan un aviso y completen la solicitud de empleo de la siguiente página.

JEFE DE SERVICIO

necesita importante empresa de SERVICIOS FUNERARIOS

Se requiere: Experiencia de 5 años en empresa del sector en puesto de similar responsabilidad. **Se ofrece:** Buenas perspectivas de desarrollo profesional. Integración en empresa en expansión.

Interesados, enviar CV y fotografía reciente, especificando pretensiones económicas, al apartado de Correos 61.242 de Madrid.

COLEGIO PRIVADO

necesita

DIRECTOR/A

LUGAR DE RESIDENCIA NOROESTE DE LA PENÍNSULA

Requisitos:

✔ Titulación adecuada.
✔ Experiencia contrastada en cargo similar.
✔ Madurez y responsabilidad.
✔ Capacidad de organización, coordinación y trabajo.
✔ Relaciones públicas.

Sueldo interesante, a convenir.

Interesados, enviar "currículum", con fotografía reciente, al apartado de Correos 61.298, 28080 Madrid.

EMPRESA DE ÁMBITO NACIONAL

necesita para Madrid y Comunidad
(Interesados en provincias contactar telefónicamente)

8 VENDEDORES/AS

250.000 Pta./mes, ampliamente superables

Se exige: Experiencia en ventas directas. Buena presencia y deseos de superación. Mayor de 22 años. Coche propio (no imprescindible). Incorporación inmediata.

Se ofrece: Trabajo programado por la empresa. Formación a cargo de la misma. Visitas previamente concertadas. Producto sin competencia. Promoción inmediata a quien demuestre valía. Fijo más comisión. S.S.R.G. pasado periodo de prueba.

Interesados, llamar a los teléfonos 521 90 96 - 521 36 93 - 521 91 62. Lunes día 3, de 8 a 15 horas, señorita Pilar.

Nombre y Apellido: .... Nº .... Piso .... Dto. ....

Domicilio: .... Tel. Part.: ....

Localidad: .... Prov.: ....

(1er. Cambio): ....

(2do. Cambio): ....

DATOS PERSONALES: .... Nació en ....

Edad: .... años. Nacionalidad: .... Estado Civil: .... L.E./L.C./D.N.I. Nº ....

el ...../...../..... C. I. Nº .... Exp. por: .... Afiliado Nº ....

D.M. .... Caja de Jubilaciones: .... Registro de

Libreta de Trabajo Nº .... Libreta de Menores Nº ....

Conductor Nº .... Categoría: .... Otorgado por: ....

FAMILIA:

NOMBRES	PARENTESCO	FECHA DE NACIMIENTO			ESTAN A SU CARGO	OBSERVACIONES
		DIA	MES	AÑO		

ESTUDIOS CURSADOS: .... Secundarios: ....

Primarios: .... Idiomas: ....

Universitarios: ....

Otros Estudios: ....

TRABAJOS ANTERIORES: (Comenzando por el último o actual) .... Domicilio: ....

Empresa: .... Ramo: .... Tiempo: ....

.... Localidad: .... Tel. .... Personal a cargo /Si - No Nº ....

Cargo final: .... Sección: ....

Fecha de Ingreso: ...../...../..... Fecha de Egreso: ...../...../..... Motivo: ....

Sueldo: .... Tareas desarrolladas: ....

8–32 Un día típico en mi trabajo. Describa sus actividades diarias en el trabajo. Si usted no trabaja, imagine que usted aceptó uno de los puestos de los anuncios. Describa lo que hace.

A leer

8–33   El futuro.   El artículo que van a leer se titula "¿Qué hay que saber para triunfar en el 2000?". En un grupo, decidan qué deben saber ustedes para triunfar en el futuro. Preparen una lista.

8–34   Antes de leer.   Aumentar el vocabulario.

1. **conocer, conocimientos**
   Los conocimientos que obtenemos en la universidad son muy importantes para el futuro. ¿Qué conocimientos son importantes para usted?

2. **valorar** (dar valor, dar importancia)
   Hoy valoramos mucho los conocimientos de informática. ¿Qué valora usted en sus relaciones con otras personas?

3. **el idioma** (la lengua)
   Yo hablo tres idiomas: inglés, español y francés. ¿Qué idiomas habla usted?

4. **imprescindible** (esencial, indispensable)
   Es imprescindible llegar a tiempo a una entrevista. ¿Qué es imprescindible para usted?

5. **empresa** (compañía, negocio)
   Ana trabaja en una empresa de transporte. ¿Trabaja usted en una empresa?

6. **exigir** (demandar)
   En esa empresa, les exigen mucho a los empleados. ¿Exige mucho el/la profesor/a en esta clase?

7. **título** (documento que dice que terminamos los estudios)
   Pilar recibió su título de abogada la semana pasada. ¿Tiene usted un título?

8. **hacer falta** (necesitar)
   A Patricio le hace falta más experiencia para ese puesto. ¿Qué le hace falta a usted para esta clase?

8–35   Más palabras.

augurar	*to forecast, to predict*	**quejarse**	*to complain*
medio ambiente	*environment*	**rentable**	*profitable*

8–36   Uso de ciertas palabras.

el título pelado (sólo el título)

Muchas empresas quieren algo más que el título pelado.

ojo (tener cuidado, prestar atención)
¡Ojo con ese señor! Tiene mucha influencia.

¿Qué hay que saber para triunfar en el año 2000?

La formación de cualquier profesional no se detiene en la realización de los estudios en un centro determinado, y la obtención de un título. Empresarios, profesionales y *headhunters* coinciden hoy en día en afirmar el valor que tiene ampliar los conocimientos durante o después del periodo de estudios para la obtención del título profesional. De entre todos los conocimientos que un joven puede adquirir, hay algunos que se valoran más. Éstos son algunos de los que pueden garantizar, en el presente y el futuro, el triunfo profesional, en forma muchas veces de jugoso sobresueldo.

Idiomas: Las empresas ya no valoran el conocimiento del inglés; lo exigen. Conocer el francés, el alemán o el italiano es muy positivo si se quiere trabajar en empresas oriundas de estos países. El conocimiento de idiomas menos habituales (japonés, árabe, lenguas escandinavas) puede abrir puertas a trabajos en multinacionales. Sin embargo, el conocimiento de los idiomas, de por sí, no garantiza la valoración profesional.

Estancias en el extranjero: Las empresas españolas, en su mayoría, tienden a valorar más a un demandante de empleo que tenga una proyección más allá de nuestras

- Imprescindible saber inglés
- Haber estudiado o ampliado estudios en el extranjero
- Dominio de la informática
- Especializarse en: tecnologías modernas, telecomunicaciones, diseño urbanístico, preservación del medio ambiente, ingeniería de caminos
- Experiencia en puestos de responsabilidad y gestión de empresas
- Derecho: los abogados siempre hacen falta

fronteras. Resulta rentable completar la formación académica con una estancia en el extranjero.

Informática: Las principales empresas del sector en España llevan años quejándose de que en España faltan 11.000 titulados de informática. Por supuesto, hay mucha gente que la estudia, pero en cursos equivocados. Se siguen enseñando lenguajes como el Basic, cuando para el lenguaje C, considerado el más importante hoy en día, faltan expertos.

Nuevas tecnologías: Los expertos auguran que todas las tecnologías ligadas a las telecomunicaciones tendrán demanda en los próximos años; se estima que en el año 2000, el sector de telecomunicaciones y adyacentes (electrónica, telemática) supondrá el 25 por ciento de la actividad económica mundial. Por otra parte, se augura una demanda fuerte para el diseño urbanístico y el medio ambiente. En el caso concreto de España faltan ingenieros de caminos, y otras profesiones relacionadas con la construcción.

Economía y empresariales: La demanda es alta, pero, ojo al *máster,* porque el título *pelado* cada vez les dice menos a los contratadores. Toda formación adicional y específica será bien recibida.

Derecho: Los abogados, ya se sabe, son incombustibles. Siempre hacen falta. Las empresas prefieren abogados sin especializar que se puedan adaptar a cualquier trabajo. Dos son las excepciones: en primer lugar, la formación en materia de gestión empresarial. Y, en segundo lugar, si hay una especialización muy valorada a la hora de entrar en nómina: el derecho comunitario. Esta última demanda se agudizará cada vez más.

8–37   Preguntas.

1. ¿Qué palabras en inglés vio usted en el artículo? Márquelas con un círculo.
2. Según el artículo, ¿cuáles son los idiomas importantes para las empresas en España?
3. ¿Prefieren las empresas a las personas que realizaron algunos estudios o que trabajaron fuera de España un tiempo? ¿Está usted de acuerdo con esto?
4. Según el artículo, ¿cuántos graduados de informática se necesitan?
5. ¿Qué campos o especializaciones van a ser muy importantes en el futuro?
6. ¿Qué dice el artículo sobre las posibilidades de trabajo para los abogados?

8–38   Una comparación.   Comparen la lista que escribieron sobre lo que hay que saber para triunfar en el futuro y lo que dice el artículo. ¿Qué diferencias y semejanzas encuentran?

VOCABULARIO

PROFESIONES Y OFICIOS

el/la abogado/a	*lawyer*
el actor	*actor*
la actriz	*actress*
el ama de casa	*housewife, homemaker*
el/la analista de sistemas	*systems analyst*
el/la arquitecto/a	*architect*
el/la astronauta	*astronaut*
el/la bibliotecario/a	*librarian*
el bombero	*fireman*
el/la cajero/a	*cashier*
el/la cantante	*singer*
el/la carpintero/a	*carpenter*
el/la científico/a	*scientist*
el/la cocinero/a	*cook*
el/la contador/a	*accountant*
el/la chofer	*driver*
el/la dentista	*dentist*
el/la director/a	*director, manager*
el/la electricista	*electrician*
el/la enfermero/a	*nurse*
el/la gerente	*manager*
el hombre/la mujer de negocios	*business man/woman*
el/la ingeniero/a	*engineer*
el/la intérprete	*interpreter*
el/la juez/a	*judge*
el/la mecánico/a	*mechanic*
el/la médico/a	*medical doctor*
el/la obrero/a	*worker*
el/la peluquero/a	*hairdresser*
el/la periodista	*journalist*
el/la piloto	*pilot*
el/la plomero/a	*plumber*
el policía/la (mujer) policía	*policeman, policewoman*
el/la (p)sicólogo/a	*psychologist*
el/la (p)siquiatra	*psychiatrist*
el/la recepcionista	*receptionist*
el/la secretario/a	*secretary*
el/la vendedor/a	*salesman, saleswoman*
el/la veterinario/a	*veterinarian*

LUGARES

el banco	*bank*
la compañía	*company*
la habitación	*room*
el hospital	*hospital*
el hotel	*hotel*
la peluquería	*beauty salon, barbershop*

TRABAJO

el apartado de correos	*P.O. box*
la entrevista	*interview*
la experiencia	*experience*
el puesto	*position*
la solicitud	*application*
el sueldo	*salary*

VERBOS

cerrar (ie)	*to close*
despedir (i)	*to dismiss, to fire*
entender (ie)	*to understand*
enviar	*to send*
indicar	*to indicate*
llenar	*to fill out*
pasar	*to come in*
preguntar	*to ask (a question)*
traer	*to bring*
traducir	*to translate*

Almanaque

República Argentina

▼ GEOGRAFÍA Y DEMOGRAFÍA

Área: 2.780.092 km². Es el país más grande de habla española; tiene una extensión cuatro veces más grande que el estado de Texas.

Clima: Templado en la capital, con una temperatura promedio de 23°C en el verano y 9°C en el invierno.

Población: 32.860.000

Ciudades principales: Buenos Aires — capital (10.500.000), Córdoba (969.000), Rosario (750.455), Mendoza (597.000), San Miguel de Tucumán (497.000)

Grupos étnicos y raciales: Europeos (españoles, italianos, otros) 98%, mestizos y otros (2%).

Religión: Católica (90%), protestante (2%), judía (2%)

▼ DATOS HISTÓRICOS

Había indígenas en varios niveles de desarollo cultural: desde las afueras del imperio Inca en el noroeste hasta los más primitivos en Tierra del Fuego en el sur.

1536–1816	Colonia española	1982	Guerra de las Malvinas contra Inglaterra, principio de la crisis de la deuda
1816	Independencia		
1865–1870	Guerra contra Paraguay		
1880–1920	Época de gran inmigración europea	1983	Transición a la democracia
1946–1955	Presidencia de Juan D. Perón	1989	El presidente Carlos Menem empieza una reforma económica
1973–1974	Segunda presidencia de Perón		
1976–1983	Dictadura militar		

▼ SOCIEDAD

Personas famosas: General José de San Martín, libertador; Gabriela Sabatini, estrella de tenis

Literatura: Julio Cortázar (1914–1984), *Las armas secretas* (1967); Jorge Luis Borges (1900–1986), *El informe de Brodie* (1970)

Música: El tango, música moderna y música folclórica gaucha

Cine: *No habrá más penas ni olvido* (1983) dir. Héctor Olivera; *La historia oficial* (1985) dir. Luis Puenzo; *La cruz invertida* (1988) dir. Mario David; *Verónico Cruz* (1988) dir. Miguel Pereira

República de Bolivia

▼ GEOGRAFÍA Y DEMOGRAFÍA

Área: 1.098.581 km² (más o menos el área de Texas y California juntos)

Clima: Depende de la altura. En el Altiplano hace frío (10°C) durante todo el año, mientras que en los llanos hace un clima tropical (25°C).

Población: 7.243.000

Ciudades principales: La Paz — capital administrativa (1.669.000), Santa Cruz (529.000), Cochabamba (403.000)

Grupos étnicos y raciales: Indígenas 55% (quechua 30%, aimara 25%), mestizos 25–30%, europeos 5–15%

Religión: Católica 95%, protestante 5%, cultos tradicionales e indígenas

▼ DATOS HISTÓRICOS

Antiguo centro de cultura aimara

1300–	Conquistado por los incas	1952–1964	Reformas económicas, nacionalización de minas, reforma agraria
1538–1825	Colonia de España		
1879–1880	Guerra del Pacífico contra Chile; pierde el acceso al mar	1987	El gobierno de Jaime Paz Zamora comienza a abrir la economía y a reducir la deuda exterior
1932–1935	Guerra del Chaco; pierde territorio al Paraguay		

▼ SOCIEDAD

Literatura: Renato Prada Oropeza (1937–   ) *Argal* (1967)

Arte: Arte tradicional y moderno

Música: La música tradicional de los quechuas y aimaras evoca la soledad del altiplano. La cueca es un baile típico.

República de Colombia

▼ GEOGRAFÍA Y DEMOGRAFÍA

Área: 1.141.748 km^2 (una extensión similar a la de Texas y Nuevo México juntos)

Clima: Templado en las regiones altas durante todo el año; tropical en las costas

Población: 33.170.000

Ciudades principales: Santa Fe de Bogotá — capital (4.819.000), Medellín (1.664.000), Cali (1.637.000), Barranquilla (1.000.000)

Grupos étnicos y raciales: Mestizos 58%, europeos 20%, mulatos 14%, africanos 4%

Religión: Católica 95%

▼ DATOS HISTÓRICOS

Habitada por grupos indígenas por milenios

1525–1810	Colonia de España	1946–1958	"La Violencia", época de inestabilidad política y guerra civil en que murieron más de 200.000 personas
1822	Fundación de la Gran Colombia con Venezuela, Ecuador y Panamá		
1830	Venezuela y Ecuador se separan de la unión	1980–1992	La lucha contra el narcotráfico continúa
1899–1902	"Guerra de los Mil Días" (guerra civil)		
1903	Panamá declara su independencia de Colombia		

▼ SOCIEDAD

Personas famosas: Francisco de Paula Santander, general y político

Literatura: Gabriel García Márquez (1928–   ), Premio Nóbel (1982), *Cien años de soledad* (1967); José Eustasio Rivera (1888–1928), *La vorágine* (1924)

Arte: Alejandro Obregón, Fernando Botero, Édgar Negret

Música: Cumbia, vallenatos, música del Caribe — salsa y merengue

República de Costa Rica

▼ GEOGRAFÍA Y DEMOGRAFÍA

Área: 51.100 km² (un poco más pequeño que el estado de Virginia Occidental)

Clima: Depende de la altura y de la zona — en San José es templado (18°C), en las costas es tropical (árido en la costa del oeste, húmedo en la del Caribe).

Población: 3.151.000

Ciudades principales: San José — capital (890.000)

Grupos étnicos y raciales: Europeos y mestizos 96%, africanos 3%, indígenas 1%

Religión: Católica 95%

▼ DATOS HISTÓRICOS

1522–1821	Colonia de España
1823–1838	Miembro de las Provincias Unidas de Centroamérica
1938	Independencia
1948	Guerra civil concluye en la abolición de las fuerzas armadas
1980–1990	Se toman medidas para proteger los bosques tropicales
1987	El presidente Oscar Arias obtiene el Premio Nóbel de la Paz por sus esfuerzos en la búsqueda de la paz en Centroamérica

▼ SOCIEDAD

Literatura: Quince Duncan (1940–) *Una canción en la madrugada* (1970)

Platos típicos: Tamal — masa de maíz con cerdo, papas y verduras

República de Cuba

▼ GEOGRAFÍA Y DEMOGRAFÍA

Área: 110.861 km² (más o menos el tamaño de Pensilvania)

Clima: Tropical (27°C); de mayo a octubre es época de lluvias

Población: 10.785.000

Ciudades principales: La Habana — capital (2.077.000), Santiago de Cuba (397.000), Camagüey (274.000)

Grupos étnicos y raciales: Mulatos 51%, europeos 37%, africanos 11%

Religión: Católica, religiones afrocubanas (palo monte y santería), protestante

▼ DATOS HISTÓRICOS

Habitada por indios siboneyes y taínos

1492	Cristóbal Colón llega a la isla
1511–1898	Colonia de España
1895–1898	Guerra de Independencia
1902	Se establece la República de Cuba
1952–1958	Golpe militar y dictadura de Fulgencio Batista
1959	La revolución lleva a Fidel Castro al poder
1961	Fidel Castro declara a Cuba primer estado marxista–leninista de América
1989	Se empeoran las condiciones económicas en Cuba con la caída del comunismo mundial

▼ SOCIEDAD

Literatura: José Martí (1853–1895), *Versos sencillos* (1891); Alejo Carpentier (1904–1980), *El arpa y la sombra* (1979)

Música: Conga, rumba, cha-cha-cha, mambo, salsa y nueva trova

Cine: *Clandestinos* (1987) dir. Fernando Pérez; *La inútil muerte de mi socio Manolo* (1989) dir. Julio García Espinosa; *Memorias del subdesarrollo* (1968) y *La útima cena* (1977) dir. Tomás Gutiérrez Alea; *María Antonia* (1990), dir. Sergio Giral

República de Chile

▼ GEOGRAFÍA Y DEMOGRAFÍA

Área: 756.626 km² (más grande que el estado de Texas)

Clima: Varía entre calor seco al norte y frío húmedo al sur. La temperatura promedio del valle central es de 28°C en el verano (enero y febrero) y 10°C en el invierno (julio y agosto). Cae bastante lluvia en el centro.

Población: 13.395.000

Ciudades principales: Santiago — capital (5.236.000), Concepción (307.000), Viña del Mar (305.000), Valparaíso (290.000)

Grupos étnicos y raciales: Europeos y mestizos 95%, indígenas 3%

Religión: Católica 89%, protestante 11%

▼ DATOS HISTÓRICOS

Habitado por los araucanos

1536–1818	Colonia de España
1818	Independencia
1879–1880	Guerra del Pacífico. Ganó en el norte territorio rico en minerales del Perú y Bolivia.
1964–1970	El presidente Eduardo Frei inicia reformas
1970–1973	El presidente Salvador Allende extiende aún más las reformas agraria y política

1973	Gobierno militar asume el poder
1986	Comienza fuerte crecimiento económico
1990	Vuelta a la democracia con la elección de Patricio Aylwin. La economía sigue creciendo rápidamente y es hoy por hoy la más dinámica de Sudamérica.

▼ SOCIEDAD

Personas famosas: Bernardo O'Higgins, Libertador y 'Director Supremo" (1817–1823)

Literatura: Gabriela Mistral (1889–1957), Premio Nóbel (1945); Pablo Neruda (1904–1973), Premio Nóbel (1971); María Luisa Bombal (1910–1981), *La última niebla* (1935)

República del Ecuador

▼ GEOGRAFÍA Y DEMOGRAFÍA

Área: 285.561 km² (extensión similar a la del estado de Colorado)

Clima: Tropical en la costa, moderado en las zonas altas; temperatura promedio: Guayaquil 24°C, Quito 15°C

Población: 10.880.000

Ciudades principales: Quito — capital (1.500.000), Guayaquil (2.000.000)

Grupos étnicos y raciales: Mestizos 62%, indígenas 22%, africanos 10%, europeos 6%

Religión: Católica 95%

▼ DATOS HISTÓRICOS

Existen grupos indígenas desde hace milenios

1300	Conquistado por los incas
1528–1822	Colonia de España
1822–1830	Miembro de la Gran Colombia
1830	Independencia

1980–1990 Se asigna gran parte del gasto público a mejorar los sistemas de educación y salud, con resultados significativos. El control de la industria petrolera pasa al gobierno.

▼ SOCIEDAD

Literatura: Demetrio Aguilera Malta (1909–1982), *El secuestro del general* (1973); Jorge Icaza, *Huasipungo* (1934)

Música: Música folclórica

República de El Salvador

▼ GEOGRAFÍA Y DEMOGRAFÍA

Área: 21.041 km² (más o menos la extensión de Massachusetts)

Clima: Tropical (27°C temperatura promedio), con lluvias de mayo a octubre

Población: 5.473.000

Ciudades principales: San Salvador — capital (1.400.000)

Grupos étnicos y raciales: Mestizos 89%, indígenas 10%, europeos 1%

Religión: Católica 97%

▼ DATOS HISTÓRICOS

1524–1821	Colonia de España	1969	Guerra contra Honduras
1822–1838	Miembro de las Provincias Unidas de Centroamérica	1970–1975	Resurge el conflicto guerrillero
1838	Independencia	1979–1992	Guerra civil

▼ SOCIEDAD

Literatura: Manlio Argueta (1936–   ), *Cuzcatlán* (1986)

Música: Música folclórica

Platos típicos: Gallo en chicha

Reino de España

▼ GEOGRAFÍA Y DEMOGRAFÍA

Área: 504.750 km² (más pequeño que el estado de Texas)

Clima: Templado en el norte (temperatura promedio: 9–18°C), pero estaciones más extremas en el centro con temperaturas promedio en el verano de 24°C y en el invierno de 5°C

Población: 39.465.000

Ciudades principales: Madrid — capital (3.120.000), Barcelona (1.707.000), Valencia (758.000), Sevilla (678.000)

Regiones y lenguas: Castilla y otras regiones (español), Cataluña, Galicia (gallego), País Vasco (vasco).

Religión: Católica 99%

▼ DATOS HISTÓRICOS

100 a.C.	Parte del Imperio Romano	1936–1939	Guerra civil
500	España pasa a los visigodos	1939–1975	Dictadura de Francisco Franco
711–712	Los moros conquistan España	1975	Monarquía y transición a la democracia
718	Empieza la reconquista por parte de los cristianos	1992	Juegos Olímpicos en Barcelona
1492	El país se libera de los moros Cristóbal Colón llega a América		

▼ SOCIEDAD

Literatura: Miguel de Cervantes Saavedra (1547–1616), *Don Quijote de la Mancha;* Ana María Matute (1926–   ); Camilo José Cela (1916–   ), Premio Nóbel (1989)

Arte: 'El Greco' (1541–1614), Francisco de Goya (1746–1828), Pablo Picasso (1881–1973), Diego Velázquez (1599–1660)

Música: Flamenco, música regional y popular

Cine: *Mujeres al borde de un ataque de nervios* (1988) dir. Pedro Almodóvar

República de Guatemala

▼ GEOGRAFÍA Y DEMOGRAFÍA

Área: 108.889 km² (más o menos la extensión del estado de Tennessee)

Clima: Depende de la altura; tropical en zonas bajas (28°C), templado en las montañas (20°C)

Población: 9.386.000

Ciudades principales: Ciudad de Guatemala — capital (1.095.000), Quetzaltenango (72.922), Puerto Barrios (46.882), Antigua (30.000)

Grupos étnicos y raciales: 'Ladinos' 45% (mestizos e indígenas de habla española), indígenas 55%.

Religión: Mayormente católica 80%, algunos protestantes 10%. Se practica también el culto tradicional de los mayas.

▼ DATOS HISTÓRICOS

300–900	Apogeo de la civilización maya
1523–1821	Colonia de España
1822–1838	Miembro de las Provincias Unidas de Centroamérica
1838	Independencia
1944	Revolución, acompañada de reformas
1954–1985	Régimen militar opresivo gobierna el país
1976	Terremoto (más de 22.000 muertos)
1985	La elección de Marco Vinicio Cerezo señala la vuelta a la democracia, pero la violencia continúa

▼ SOCIEDAD

Personas famosas: Rigoberta Menchú, Premio Nóbel de la Paz (1992)

Literatura: Miguel Ángel Asturias, (1899–1974) Premio Nóbel de literatura (1967), *Leyendas de Guatemala* (1930), *El señor presidente* (1948)

Arte: Artesanía indígena; mezcla de lo indígena y lo moderno

Música: Marimba y otros ritmos de origen indígena

República de Honduras

▼ GEOGRAFÍA Y DEMOGRAFÍA

Área: 112.088 km² (un poco más grande que Tennessee)

Clima: Tropical en la costa, templado en el interior, con lluvias de mayo a noviembre

Población: 5.342.000

Ciudades principales: Tegucigalpa — capital (550.000), San Pedro Sula (399.000)

Grupos étnicos y raciales: Mestizos 90%, indígenas 7%, africanos 2%, europeos 1%

Religión: Católica 97%

▼ DATOS HISTÓRICOS

Parte del imperio maya

1524–1821	Colonia de España	1969	Guerra contra El Salvador
1822–1838	Parte de las Provincias Unidas de Centroamérica	1989	Elección del presidente Rafael Leonardo Callejas
1838	Independencia		

▼ SOCIEDAD

Literatura: Roberto Sosa (1930–   ) *Mar interior* (1967)

Música: Música folclórica

Platos típicos: Tamales, tortillas, arroz con frijoles

Estados Unidos Mexicanos

MÉXICO

▼ GEOGRAFÍA Y DEMOGRAFÍA

Área: 1.958.201 km² (tres veces más grande que Texas)

Clima: Templado en las zonas altas del norte y centro (con frío en el invierno); tropical en las zonas bajas y en el sur

Población: 91.000.000

Ciudades principales: México, D.F. — capital (20.000.000), Guadalajara (3.000.000), Monterrey (2.700.000)

Grupos étnicos y raciales: Mestizos 60%, indígenas 30%, europeos 9%

Religión: Católica 97%, protestante 3%

▼ DATOS HISTÓRICOS

Existen culturas indígenas desde la antigüedad. Las más conocidas son la cultura maya y la azteca.

1519	Hernán Cortés llega al Yucatán y comienza la conquista española
1521	Fin del Imperio Azteca
1810	Independencia
1846–1848	Guerra contra los Estados Unidos; México pierde gran parte de su territorio
1862–1867	Los franceses invaden e instalan a Maximiliano como emperador de México
1876–1910	Época del dictador Porfirio Díaz, modernización económica
1910–1917	Revolución mexicana
1934–1940	Reforma agraria bajo el presidente Cárdenas
1938	Nacionalización de las compañías petroleras extranjeras
1982	Surge la crisis de la deuda
1985	Terremoto en la capital
1989	El presidente Carlos Salinas acelera la reforma económica. La economía se abre y vuelve a crecer.

▼ SOCIEDAD

Personas famosas: Alfonso García Robles (1911–   ), Premio Nóbel de la Paz (1982)

Literatura: Carlos Fuentes (1928–   ), *La muerte de Artemio Cruz* (1962); Laura Esquivel (1950–   ), *Como agua para chocolate* (1989); Octavio Paz (1914–   ), *Piedra del sol* (1957) Premio Nóbel (1990); Elena Poniatowska (1933–   ), *La noche de Tlaltelolco* (1971)

Arte: Diego Rivera (1886–1957), José Clemente Orozco (1883–1949), Rufino Tamayo (1900–1991)

Música: Mariachis y otros ritmos tradicionales

Cine: *Eréndira* (1983) dir. Ruy Guerra; *Como agua para chocolate* (1992) dir. Alfonso Arau; *Macario* (1960) dir. Roberto Galvadón

República de Nicaragua

▼ GEOGRAFÍA Y DEMOGRAFÍA

Área: 129.640 km² (tan extenso como el estado de Florida)

Clima: Tropical en las costas, templado en el interior, con lluvias de mayo a noviembre

Población: 3.805.000

Ciudades principales: Managua — capital (1.000.000)

Grupos étnicos y raciales: Mestizos 69%, europeos 17%, africanos 9%, indígenas 5%

Religión: Católica 95%

▼ DATOS HISTÓRICOS

Habitada por varios grupos indígenas desde la antigüedad

1522–1821	Colonia de España
1823–1838	Miembro de las Provincias Unidas de Centroamérica
1838	Independencia
1924–1938	Augusto César Sandino lucha contra las fuerzas de ocupación norteamericanas
1972	Terremoto destruye gran parte de Managua
1934–1979	Dominación del país por la familia Somoza
1979–1990	El presidente Daniel Ortega y los Sandinistas asumen el poder; los 'contras' resisten y la situación económica empeora
1990	Elecciones democráticas eligen al gobierno de Violeta Chamorro y termina la guerra civil

▼ SOCIEDAD

Literatura: Rubén Darío (1867–1916), *Azul* (1888)

Cine: *Alsino y el Cóndor* (1983) dir. Miguel Littín

República de Panamá

▼ GEOGRAFÍA Y DEMOGRAFÍA

Área: 75.517 km² (un poco más extenso que Virginia Occidental)

Clima: Tropical (temperatura promedio: 27°C); lluvias de mayo a noviembre

Población: 2.503.000

Ciudades principales: Ciudad de Panamá — capital (440.000)

Grupos étnicos y raciales: Mestizos y mulatos 70%, africanos 14%, europeos 10%, indígenas 6%

Religión: Católica 93%, protestante 6%

▼ DATOS HISTÓRICOS

1513	Vasco Núñez de Balboa es el primer europeo que ve el Océano Pacífico luego de cruzar el istmo de Panamá
1518–1821	Colonia de España
1821–1903	Forma parte de Colombia
1903	Independencia; el gobierno cede el control de la zona del canal a los Estados Unidos
1914	Se abre el canal de Panamá
1977	Nuevo tratado asegura la entrega del canal a Panamá para finales del siglo
1989	EE.UU. invade a Panamá y captura al general Manuel Noriega, acusado de complicidad en narcotráfico

▼ SOCIEDAD

Platos típicos: Picante de almejas, Sancocho — cazuela de carne y verduras

Musica: tamborito

República del Paraguay

▼ GEOGRAFÍA Y DEMOGRAFÍA

Área: 406.752 km² (un poco más pequeño que el estado de California)

Clima: Templado al este del río Paraguay, semiárido y tropical al oeste

Población: 4.871.000

Ciudades principales: Asunción — capital (607.000)

Grupos étnicos y raciales: Mestizos 95%, europeos e indígenas 5%

Religión: Católica 90%, menonitas y demás protestantes

▼ DATOS HISTÓRICOS

Habitado por los guaraníes desde la antigüedad

1537–1811 Colonia de España	1954–1989 Dictadura del general Alfredo Stroessner
1865–1870 Guerra contra la Triple Alianza de Argentina, Brasil y Uruguay; muere la mitad de la población y el país pierde gran parte de su territorio.	1990 El presidente Andrés Rodríguez anuncia reforma política
	1993 Elecciones democráticas

▼ SOCIEDAD

Literatura: Augusto Roa Bastos (1917–   ), *Yo, el supremo* (1974)

Platos típicos: Costillas de cerdo en vinagre, Tallarines (espaguetis) con salsa de hongos, Chepa — pan de queso, Torta de pasa

República del Perú

▼ GEOGRAFÍA Y DEMOGRAFÍA

Área: 1.285.216 km² (tres veces más grande que California)

Clima: Templado y muy seco en la costa (21°C), frío en la sierra (13°C), y húmedo y tropical en la selva (27°C)

Población: 22.585.000

Ciudades principales: Lima — capital (5.826.000), Arequipa (634.000), Callao (589.000)

Grupos étnicos y raciales: Indígenas 45%, mestizos 37%, europeos 15%

Religión: Católica 89%, protestante 5%, cultos tradicionales

▼ DATOS HISTÓRICOS

1300–1500	El imperio inca se extiende hacia el norte y el sur de Cuzco, la capital
1535–1821	Colonia de España
1968	Golpe militar, iniciación de reformas agrarias
1980–1990	Entra en un período de democracia pero también de mucha inestabilidad: el narcotráfico, las actividades guerrilleras del 'Sendero Luminoso', la alta inflación, el desempleo — todos contribuyen a un sentido generalizado de frustración
1992	El presidente Alberto Fujimori suspende el Congreso

▼ SOCIEDAD

Literatura: Mario Vargas Llosa (1936–), *La ciudad y los perros* (1963); José María Arguedas (1911–1969), *Los Ríos Profundos* (1958); Hernando De Soto (1941–), *El otro sendero* 1986)

Música: Música típica de los quechuas

Cine: *La boca del lobo* (1988) dir. Francisco J. Lombardi

Puerto Rico

▼ GEOGRAFÍA Y DEMOGRAFÍA

Área: 9.104 km² (tres veces más grande que Rhode Island)

Clima: Tropical (temperatura promedio: 26°C), con lluvias de mayo a octubre

Población: 3.528.000

Ciudades principales: San Juan — capital 1.200.000

Grupos étnicos y raciales: Mulatos, europeos, africanos

Religión: Católica 85%, protestante 4.7%

▼ DATOS HISTÓRICOS

Habitado por los indios taínos

1508–1898	Colonia de España	1952	Se convierte en un estado libre asociado
1898–1952	Posesión de los Estados Unidos		

▼ SOCIEDAD

Personas famosas: Rita Moreno, actriz

Literatura: Rosario Ferré (1942–   ), *Árbol y sus sombras* (1989)

Música: Salsa, la plena

República Dominicana

▼ GEOGRAFÍA Y DEMOGRAFÍA

Área: 48.442 km² (más o menos la extensión de Vermont y New Hampshire juntos)

Clima: Tropical (27°C), con lluvias de mayo a octubre

Población: 8.124.000

Ciudades principales: Santo Domingo — capital (2.411.900), Santiago de los Caballeros (490.000)

Grupos étnicos y raciales: Mulatos 73%, europeos 16%, africanos 11%

Religión: Católica 95% y ritos afroantillanos

▼ DATOS HISTÓRICOS

1496	Los españoles fundan Santo Domingo	1930–1961	Época del general Rafael Trujillo
1821	Independencia	1965	Inestabilidad política e invasión norteamericana y de la OEA
1822–1844	Ocupación por Haití		

▼ SOCIEDAD

Música: Merengue

Platos típicos: Sopa hamaca — con pescado y verduras, Carne de cerdo guisada, Sancocho prieto de siete carnes, Torta de coco

República del Uruguay

▼ GEOGRAFÍA Y DEMOGRAFÍA

Área: 177.414 km² (extensión similar a la del estado de Washington)

Clima: Templado (16°C), con lluvias todo el año

Población: 3.130.000

Ciudades principales: Montevideo — capital (1.310.000)

Grupos étnicos y raciales: Europeos 88%, mestizos 8%, africanos 4%

Religión: Católica 96%, protestante 2%, judía 2%

▼ DATOS HISTÓRICOS

1624–1828	Colonia de España
1828	Independencia
1903–1929	Época del presidente José Batlle y Ordóñez; reforma social convierte el país en "la Suiza de Latinoamérica"

1973–1989   Dictadura militar
1989   Vuelve la democracia con la elección del presidente Luis Alberto Lacalle

▼ SOCIEDAD

Literatura: Juan Carlos Onetti (1909), *La vida breve* (1968)

Música: candombe, milonga

Platos típicos: Chivito, Cacerola de pavo, Calamares a la plancha, Cazuela de mariscos, Pan de maíz, Postre chaja

República de Venezuela

▼ GEOGRAFÍA Y DEMOGRAFÍA

Área: 912.050 km² (el tamaño de los estados de Texas y Oklahoma juntos)

Clima: Es tropical en la costa y las áreas bajas, hay nieve perpetua en los picos de los Andes. La temperatura promedio es de 27°C en Caracas.

Población: 20.430.000

Ciudades principales: Caracas — capital (1.290.000), Maracaibo (1.206.000), Valencia (955.000), Barquisimeto (723.000)

Grupos étnicos y raciales: Mestizos y mulatos 67%, europeos 21%, africanos 10%, indígenas 2%

Religión: Católica 96%, protestante 2%

▼ DATOS HISTÓRICOS

1520–1822	Colonia de España
1822–1829	Miembro de la Gran Colombia
1829	Independencia
1922	Primera producción de petróleo
1958	Comienza actual período democrático, ininterrumpido hasta hoy en día
1976	Nacionalización de compañías extranjeras de petróleo

1989–1992   El presidente Carlos Andrés Pérez inicia reforma económica que resulta en crecimiento acelerado (9,2% en 1991)

1993   El presidente Pérez es destituido y sometido a juicio por cargos de corrupción

▼ SOCIEDAD

Personas famosas: Simón Bolívar, Libertador (1783–1830)

Literatura: Rómulo Gallegos (1884–1969), *Doña Bárbara* (1929); Arturo Uslar Pietri (1906–   ) *Lanzas coloradas* (1944)

Música: joropo, salsa

LECCIÓN 9

El ciclismo es una de las muchas maneras de mantenerse en forma.

Los ejercicios y la naturaleza

¿Cómo se mantiene en forma?

Caminar es la solución para las personas que prefieren estar al aire libre y hacer un ejercicio ligero.

Para otras personas que quieren un ejercicio más fuerte, montar en bicicleta es la respuesta.

242

Los ejercicios aeróbicos son muy populares entre la gente joven, especialmente los que desean estar en forma o bajar de peso.

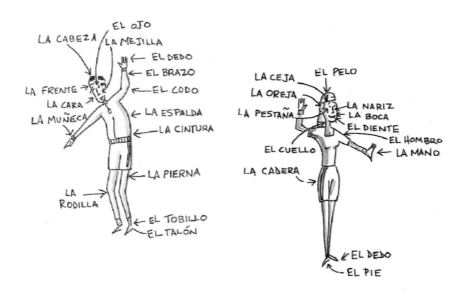

Actividades.

9–1   Asociaciones.

Partes del cuerpo	Acciones
1. la boca	a. tocar el piano
2. los ojos	b. comer algo
3. los dedos	c. caminar
4. el pelo	d. leer un libro
5. la cabeza	e. peinarse
6. los pies	f. pensar

9–2 Más asociaciones.   ¿En qué parte del cuerpo se ponen estos accesorios y esta ropa?

1. el calcetín
2. el anillo
3. el guante
4. la blusa
5. el collar
6. el arete
7. el reloj
8. el sombrero

a. la muñeca
b. el dedo
c. el cuerpo
d. la oreja
e. el cuello
f. la cabeza
g. el pie
h. la mano

9–3 Preferencias.   Indique que actividad prefieren y por qué.

1. caminar
2. correr
3. nadar

4. hacer ejercicios aeróbicos
5. montar en bicicleta
6. jugar al tenis

9–4 La unificación del cuerpo.   Su compañero/a le va a mencionar dos partes del cuerpo. Usted le debe contestar con la parte del cuerpo que une las otras dos.

MODELO: mano, brazo

—¿Qué une la mano y el brazo?

—La muñeca los une.

1. la cabeza, el pecho
2. el hombro, la mano
3. la pierna, el pie
4. el pecho, el brazo

9–5 Para estar en forma.   Hágale preguntas a su compañero/a sobre la utilidad de las actividades en la tabla.

Actividad	Resistencia	Flexibilidad	Fuerza	Relajación
atletismo	••	••••	•••	••
baile	•••	••••	•	••••
ciclismo	••••	••	•••	•
fútbol	•••	•••	•••	•
golf	•	••	•	••••
jogging	••••	••	••	••••
marcha	••	•	•	••••
montaña	•••	•	••	••
natación	••••	••••	••••	••••
squash	•••	•••	••	••
subir escaleras	•••	•	••	•
tenis	••	•••	••	••
trabajos domésticos	•	••	•	•
yoga	•	•••	•	••••
• *May poco útil*		••• *Bastante útil*		
•• *Útil*		•••• *Muy útil*		

MODELO: —¿Qué actividades son muy útiles para tener
flexibilidad? *o* Si quiero tener mucha flexibilidad, ¿qué debo practicar?

—El atletismo, el baile y la natación.

9–6 ¿Cuál es su talla? Las siguientes personas hacen muchos ejercicios, pero no todas tienen el mismo físico. Determine si son de talla pequeña, mediana o grande, de acuerdo con las tablas de abajo.

1. Jorge: 1,63 m y 65 kg
2. Elena: 1,78 m y 61 kg
3. Eduardo: 1,90 m y 68 kg
4. María Eugenia: 1,68 m y 57 kg
5. Adalberto: 1,73 y 75 kg
6. Carmen: 1,50 y 54 kg

PESO IDEAL
HOMBRES

Estatura (con zapatos) metros	Talla pequeña kilogramos	Talla mediana kilogramos	Talla grande kilogramos
1,58	51-54	53-58	57-64
1,60	52-55	55-60	59-65
1,63	54-56	56-60	60-67
1,65	55-58	58-63	61-70
1,68	57-60	60-65	63-71
1,70	58-62	61-67	64-73
1,73	60-64	63-69	67-75
1,75	62-66	64-71	69-77
1,78	63-68	67-74	70-79
1,80	65-70	69-75	72-81
1,83	68-72	70-77	74-83
1,85	69-73	73-80	76-86
1,88	71-76	74-82	78-88
1,90	73-78	75-83	81-90
1,93	75-80	78-86	83-92

PESO IDEAL
MUJERES

Estatura (con zapatos) metros	Talla pequeña kilogramos	Talla mediana kilogramos	Talla grande kilogramos
1,47	42-44	43-48	47-54
1,50	43-46	44-50	48-55
1,52	43-47	48-51	49-57
1,55	45-48	47-53	51-58
1,58	46-50	48-54	52-59
1,60	48-51	50-55	53-61
1,63	49-53	51-57	55-63
1,65	50-54	53-59	57-64
1,68	52-56	54-61	58-66
1,70	53-58	56-63	60-68
1,73	55-59	58-65	62-70
1,75	57-61	60-67	64-72
1,78	59-63	62-68	66-74
1,80	61-65	63-70	68-76
1,83	63-67	65-72	69-78

CULTURA The metric system is used throughout the Hispanic world.
Therefore, weight is measured in kilos instead of pounds (2.2 pounds per
kilo), and height in meters instead of feet (3.3 feet per meter).

La naturaleza

¿Por cuánto tiempo estará
sin contaminarse el agua de
este lago en los Andes?

Los árboles ayudan a purificar
el aire. Los ecologistas luchan por
mantener los bosques tropicales
y evitar la contaminación.

Actividades

9–7 Para evitar la contaminación. Preparen una lista de cosas que se
pueden hacer para evitar la contaminación. Comparen su lista con la de
otros grupos.

9–8 Las opiniones de mi compañero/a.

1. ¿Crees que es importante tener parques nacionales? ¿Por qué?
2. ¿Qué se puede hacer en los parques nacionales?
3. ¿Cómo podemos cuidar los parques nacionales?

Un paisaje en el valle Putumayo en los Andes de Colombia. Hay que cuidar y conservar los recursos naturales para el futuro.

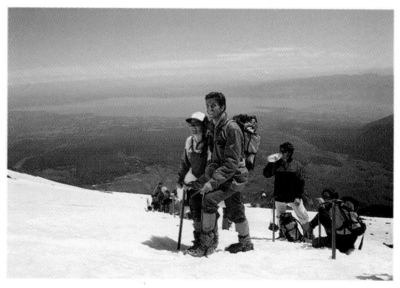

El contacto con la naturaleza es muy importante para muchas personas. Por eso van al campo o a las montañas y se olvidan de la vida en las grandes ciudades, al menos por unas horas.

9–9   Mi lugar favorito en el verano.   Dígale a su compañero/a adónde prefiere ir usted durante las vacaciones (las montañas, un bosque tropical, un lago, etc.) y explíquele por qué. Después, su compañero/a debe hacer lo mismo.

9–10   Conservación de los recursos naturales.   Preparen una lista de cosas que se pueden hacer para conservar los recursos naturales. Comparen su lista con la de otros grupos.

9–11   Su contribución al medio ambiente.   Escojan las cosas que ustedes hacen para ahorrar energía. Comparen lo que ustedes hacen con lo que hacen otros compañeros/as.

1. caminar o usar el transporte público
2. usar menos el lavaplatos
3. usar mucha agua caliente para bañarse
4. mantener la casa muy fría con aire acondicionado en el verano
5. mantener la casa a una temperatura cómoda, en el invierno con la calefacción
6. comprar autos más eficientes
7. secar la ropa al sol
8. lavar la ropa con agua fría

9–12   Los efectos del estrés. Su compañero/a está muy cansado/a y usted trata de hablarle y aconsejarle. Puede usar algunas de estas sugerencias.

MODELO: —Me parece que estás muy cansado/a.
            —Es cierto, es muy difícil trabajar y estudiar.

Debes olvidarte de todo durante unos días.

No puedo dormir bien.

Estoy nervioso/a.

Debes cuidarte.

Conozco un hotel pequeño muy económico al lado de un lago

Me gustaría ir.

¿Por qué no vas a las montañas?

A escuchar

You will hear a short description about a variety of exercises. After listening to the description, complete the chart below.

1. Un ejercicio muy fácil: _____
2. Dos ejercicios más activos: _____
                                    _____
3. Dos ejercicios muy buenos
   para practicar con los amigos: _____
                                    _____
4. Un deporte ideal para
   el invierno: _____

A leer

MADRUGUELE AL...

STRESS **63** in club

Tu cuerpo

¡ Haga ejercicio antes de ir a trabajar !
Ingrese al **"CLUB DE MADRUGADORES"**
del **63 IN CLUB**

Desde las 7 a.m., de Lunes a Sábado, antes de sus actividades diarias, comience el más completo programa de ejercicios físicos y preparación mental **ANTI-STRESS**. Se sentirá **IN**spirado

- Natación
- Squash
- Raquetbol
- Microfútbol
- Basquetbol

- Gimnasio
- Gimnasia
- Dancercise
- Jazz
- Danza moderna

- Saunas
- Turcos

MIXTO

Parqueadero Vigilado
Calle 63A No. 17 - 49 Tels. 249 5303 - 249 5304

Éste es un anuncio de un gimnasio de Bogotá, la capital de Colombia. Primero mire el anuncio fijándose en los elementos visuales y en el tamaño de las letras. Después, lea el anuncio con cuidado y conteste las siguientes preguntas, marcando la columna apropiada.

	Sí	No
1. Las personas pueden ir los domingos al gimnasio.	____	____
2. Pueden ir antes del trabajo.	____	____
3. En este gimnasio sólo hacen ejercicios físicos.	____	____
4. Pueden ir hombres y mujeres.	____	____
5. Aceptan tarjetas de crédito.	____	____

Usted y su compañero/a van a inaugurar un gimnasio. Preparen un anuncio explicando lo que ustedes les pueden ofrecer a sus clientes. Comparen su anuncio con los de otros compañeros/as.

CULTURA In recent years, as in the United States and Europe, the interest in physical fitness and exercise has risen in the Spanish-speaking world. There are many **gimnasios** in large cities, as well as public and private health clubs. Although, in general, people smoke **(fumar)** much more than in the United States, there is increasing awareness of the dangers of smoking and the number of smokers is beginning to decrease.

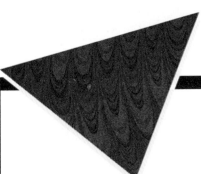

Enfoque

EL AMAZONAS EN PELIGRO

Aunque no es el río más largo, el Amazonas está considerado el río más caudaloso del mundo debido al inmenso volumen de agua que corre por sus tributarios y por su vertiente principal. La cuenca del Amazonas cubre un área de más de 7 millones de kilómetros cuadrados, región comparable a las dos terceras partes del territorio de los Estados Unidos. Debido a su densa vegetación selvática esta área es conocida como el "pulmón" del planeta. Hoy en día la región está amenazada por miles de campesinos que invaden la selva en busca de tierra para cultivar. Se calcula que entre 1979 y 1990 se han desforestado 22 millones de hectáreas de la región amazónica, lo que los científicos consideran una pérdida irreparable para el medio ambiente del planeta. En los últimos años los gobiernos de Colombia, Perú y Brasil han impuesto medidas que intentan controlar la desforestación, logrando que entre 1989 y 1990 decreciera un 23%.

1. INFORMAL COMMANDS

Consejos para caminar al aire libre

Respira por la nariz.
Mueve los brazos libremente.
Lleva zapatos cómodos.
Cuídate y no te canses,
   especialmente los primeros
   días.

- Use informal commands with those whom you address as **tú.** To form the affirmative **tú** command, use the present indicative **tú** form without the final **-s.**

PRESENT INDICATIVE		AFFIRMATIVE TÚ COMMAND
llamar:	llamas	llama
leer:	lees	lee
escribir:	escribes	escribe

- To form the negative **tú** command, use the **usted** command + **-s.**

USTED COMMAND		NEGATIVE TÚ COMMAND
llamar:	llame	no llames
leer:	lea	no leas
escribir:	escriba	no escribas

▪ Some -**er** and -**ir** verbs have shortened affirmative **tú** commands, but their negative command takes the long form like other verbs.

poner: pon, no pongas

salir: sal, no salgas

tener: ten, no tengas

venir: ven, no vengas

hacer: haz, no hagas

decir: di, no digas

ir: ve, no vayas

ser: sé, no seas

▪ Placement of object and reflexive pronouns with **tú** commands is the same as with **usted** commands.

Affirmative	**Negative**
Cómprala.	No la compres.
Háblale.	No le hables.
Siéntate.	No te sientes.

▪ The plural of **tú** commands in Spanish America is the **ustedes** command.

Escribe (tú).	Escriban (ustedes).

Actividades

9–13 Consejos. ¿Qué consejo da usted en cada situación?

1. Su compañero saca notas muy bajas en la clase de química.
   a. Mira más programas de televisión.
   b. Practica en el laboratorio.
   c. Ve al cine con tu novia.
2. Su hermano quiere estar más delgado.
   a. No comas hamburguesas.
   b. No hagas ejercicio.
   c. No bebas té.
3. Su amiga quiere organizar una fiesta.
   a. Ve al cine por la noche.
   b. Camina en el campo.
   c. Invita a un grupo simpático.
4. A su amiga le gusta una sudadera que vio en una tienda.
   a. Cómprala.
   b. Muévela.
   c. Contéstala.
5. Su compañero quiere ir a un partido de fútbol muy importante.
   a. Saluda a tus amigos.
   b. Consigue la entrada hoy.
   c. Practica en el estadio.

9–14   Cuidando a un niño.   Dígale todas las cosas que debe hacer.

MODELO: despertarse
            Despiértate.

1. levantarse
2. lavarse la cara y los dientes
3. vestirse
4. ponerse las medias y los zapatos
5. venir a desayunar
6. beber el jugo de naranja
7. comer el cereal
8. salir a jugar

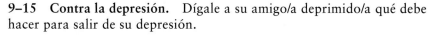

9–15   Contra la depresión.   Dígale a su amigo/a deprimido/a qué debe hacer para salir de su depresión.

MODELO: ir al cine
            Ve al cine.

1. caminar por las mañanas
2. salir con amigos
3. hacer ejercicio
4. hablar con un psicólogo
5. escuchar música alegre
6. practicar deportes

9–16   Más ideas contra la depresión.   Hagan una lista de las cosas que una persona deprimida debe o no debe hacer. Luego, compartan su lista con la clase.

9–17   Consejos para una entrevista.   Preparen una lista de lo que una persona debe hacer y no debe hacer para causar una buena impresión. Usen la forma del mandato.

MODELO: Llega temprano. *o* No hables demasiado.

9–18   Órdenes.   Cada estudiante debe darle una orden a otro estudiante del grupo. Este estudiante debe hacer lo que le indicaron.

MODELO: Pon la mano derecha sobre el hombro izquierdo.

9–19   Situaciones.

1. You are expecting company for the weekend. A friend has come to help you with the housework. Tell your friend to a) open (**abrir**) the windows, b) vacuum the living room, c) put towels in the bathroom, and d) prepare a salad.
2. You are organizing a surprise party for a friend. Two classmates are going to help. Tell them a) what they should do, b) whom they should call, etc. Your classmates should give you some ideas for the party.

2.   COMPARISONS

Comparisons of inequality

Eduardo pesa 80 kilos.
Eduardo pesa menos que Álvaro.

Álvaro pesa 95 kilos.
Álvaro pesa más que Eduardo.

Juliana mide 1 metro 70.
Juliana es más alta que Adela.

Adela mide 1 metro 57.
Adela es más baja que Juliana.

- Use **más...que** or **menos...que** to express unequal comparisons with nouns, adjectives, and adverbs.

COMPARISONS OF INEQUALITY	
Él tiene $\begin{Bmatrix} \textbf{más} \\ \textbf{menos} \end{Bmatrix}$ trajes **que** yo.	He has $\begin{Bmatrix} more \\ fewer \end{Bmatrix}$ suits than I.
Ella es $\begin{Bmatrix} \textbf{más} \\ \textbf{menos} \end{Bmatrix}$ activa **que** él.	She is $\begin{Bmatrix} more \\ less \end{Bmatrix}$ active than he.
Ana habla **más** rápidamente **que** yo.	Ana speaks faster than I.

- Use **de** instead of **que** before numbers.

    Humberto tiene **más de** veinte años.
    Jorge pesa **menos de** 80 kilos.

- The following adjectives have regular and irregular comparative forms.

bueno	más bueno/mejor[1]	*better*
malo	más malo/peor[1]	*worse*
pequeño	más pequeño/menor	*smaller*
joven	más joven/menor	*younger*
grande	más grande/mayor	*bigger*
viejo	más viejo/mayor	*older*

Este gimnasio es $\begin{Bmatrix} \text{mejor} \\ \text{peor} \end{Bmatrix}$ que aquél.

- The following adverbs have irregular forms for comparisons of inequality.

bien	→ mejor	Yo canto **mejor** que Héctor.
mal	→ peor	Héctor canta **peor** que yo.
mucho	→ más	El cartero camina **más** que usted.
poco	→ menos	Ese niño come **menos** que tu hijo.

Actividades

9–20 Comparación de dos estudiantes.

Gloria López Reyes
Edad: 19 años
Altura: 1,60 m
Peso: 50 kilos
Promedio: A
Actividades: Club de Latín, Presidenta del Club de Ciencias
Honores: Beca de matemáticas
Intereses: lectura, arte, música clásica

Felipe Saura Torres
Edad: 20 años
Altura: 1,80 m
Peso: 84 kilos
Promedio: B
Actividades: Club de Baile, Redactor del periódico
Honores: Premio por sus editoriales
Intereses: deportes, baile, música popular, guitarra

MODELO: activo
Felipe es más activo que Gloria.
Gloria es menos activa que Felipe.

1. serio
2. delgado
3. atlético
4. inteligente
5. alegre
6. fuerte
7. simpático
8. trabajador
9. popular
10. joven
11. interesante
12. alto
13. bajo
14. hablador

[1]**Más bueno** and **más malo** are not used interchangeably with **mejor** and **peor**. **Más bueno** and **más malo** refer to a person's moral qualities.

9–21 **La casa de los Vázquez y la casa de los Llano.**

MODELO: terraza 25 m² (metros cuadrados) / terraza 20 m²
La terraza de (la casa de) los Vázquez es más
grande que la terraza de los Llano.

La casa de los Vázquez	La casa de los Llano
a 5 km del centro	a 2 km del centro
2 pisos	1 piso
sala 18 m²	sala 20 m²
comedor 12 m²	comedor 10 m²
cocina 16 m²	cocina 18 m²
4 habitaciones	3 habitaciones
3 baños	2 baños
garaje 1 auto	garaje 2 autos
precio 200.000,00 pesos	150.000,00 pesos

9–22 **Personas famosas.**   Compare las siguientes personas.

1. Arnold Schwarzenegger y Andy García
2. Madonna y Cher
3. Michael Jordan y Charles Barkley
4. Julio Iglesias y Plácido Domingo
5. el Presidente y el Vicepresidente

9–23 **Usando metros y kilos.**   Averigüen cuánto miden en metros y cuánto pesan en kilos usando la tabla de equivalencias. Después hagan comparaciones entre ustedes dos y otros compañeros.

Estatura		Peso	
pies	metros	libras	kilos
5	1,52	90	41
5,1	1,55	100	45,5
5,2	1,58	110	50
5,3	1,60	120	54,5
5,4	1,62	130	59
5,5	1,65	140	63,5
5,6	1,68	150	68
5,7	1,70	160	72,5
5,8	1,73	170	77
5,9	1,75	180	81.5
5,10	1,78	190	86
5,11	1,80	200	91
6	1,83	210	95
6,1	1,85	220	100
6,2	1,88	230	104,5
6,3	1,90	240	109

9–24   Situaciones.

1. You and your partner should select two cars and compare them according to size, price, appearance, prestige, weight, etc.
2. Compare your university with a rival school. Some possible areas of comparison are: a) athletic teams, b) size, c) number of students, d) tuition, e) professors, and f) departments.

Comparisons of equality

Hay **tantas** chicas **como** chicos en la clase de ejercicios.

Felipe es **tan** fuerte **como** Arturo.

Ana es **tan** alta **como** Lucía.

Felipe y Carlos pesan **tanto como** Arturo.

CARLOS

COMPARISONS OF EQUALITY	
tan ... como	*as . . . as*
tantos/as ... como	*as many . . . as*
tanto/a ... como	*as much . . . as*
tanto como	*as much as*

- Use **tan ... como** to express equal comparisons with adjectives and adverbs.

Él es **tan** alto **como** ella.	*He is as tall as she.*
Mirta escribe **tan** bien **como** Pepe.	*Mirta writes as well as Pepe.*

- Use **tanto(s)/tanta(s) ... como** to express equal comparison with nouns.

Lola tiene **tanto** trabajo **como** su amiga.	*Lola has as much work as her friend.*
Hay **tanta** leche **como** café.	*There is as much milk as coffee.*
Hay **tantos** lagos **como** ríos.	*There are as many lakes as rivers.*
Hay **tantas** enfermeras **como** técnicos.	*There are as many nurses as technicians.*

- Use **tanto como** to express equal comparison of activities.

La enfermera trabaja **tanto como** el doctor.	*The nurse works as much as the doctor.*

Actividades

9–25 **Comparaciones.**

1. Soy tan inteligente como...
2. Un tigre come tanto como...
3. Mi novio/a es tan guapo/a como...
4. En Nueva York hay tantos teatros como...
5. Los Ángeles es tan bonito como...
6. King Kong es tan feo como...

9–26 **Intercambio.** Comparen a estos cuatro estudiantes.

MODELO: —Vilma tiene tantos hermanos como Marta.

—Sí, y tiene más hermanos que Ricardo.

	Pedro	Vilma	Marta	Ricardo
clases	5	5	4	6
dinero	$15	$8	$15	$8
hermanos	3	4	4	3
discos	225	253	253	309
casetes	45	38	56	56

9–27 **Dos médicos excelentes.** El Dr. López y la Dra. Garcés son iguales en todo. Compárelos.

MODELO: famoso

El Dr. López es tan famoso como la Dra. Garcés.

1. bueno
2. tener pacientes
3. inteligente
4. viajar
5. enfermeras
6. saber
7. trabajar
8. tener libros
9. ganar dinero

9–28 **¿Qué auto debemos comprar?** Comparen los dos autos que aparecen más abajo y decidan cuál van a comprar y explíquenle a su compañero/a por qué.

marca	año	precio	cilindros	consumo de gasolina
Ford Escort GT	1991	$6.000	4	30 kms. por galón
Chevrolet Camaro	1989	$5.000	6	25 kms. por galón

9–29 Opiniones. Exprese su opinión comparando las siguientes personas o cosas. Puede usar las palabras que aparecen entre paréntesis o usar otras palabras.

MODELO: comida china y comida italiana (buena)

La comida china es tan buena como la comida italiana. *o*

La comida china es mejor/peor que la comida italiana.

1. Tina Turner y Liza Minelli
   (famosa / rica / simpática / alta)
2. autos norteamericanos y autos japoneses
   (bueno / grande / caro / cómodo / fuerte)
3. dos ciudades (e.g., Nueva York y San Francisco)
   (teatros / cines / restaurantes / habitantes / hoteles)
4. dos programas de televisión
   (triste / largo / bueno / simpático / malo)

 9–30 Su opinión. Escojan dos películas que puedan ganar el Óscar este año y compárenlas. Pueden incluir artistas, acción, duración, fotografía o música. Después comparta las opiniones con otro grupo.

 9–31 Situación.

Compare two sports with respect to activity, players, interest, and so on. Say why you prefer one over the other. Ask your partner about his/her favorite sport.

3. MORE IRREGULAR PRETERITS

INFINITIVE	NEW STEM	PRETERIT FORMS
estar	**estuv-**	estuve, estuviste, estuvo, estuvimos, estuvisteis, estuvieron
tener	**tuv-**	tuve, tuviste, tuvo, tuvimos, tuvisteis, tuvieron
poder	**pud-**	pude, pudiste, pudo, pudimos, pudisteis, pudieron
poner	**pus-**	puse, pusiste, puso, pusimos, pusisteis, pusieron
saber[1]	**sup-**	supe, supiste, supo, supimos, supisteis, supieron

These irregular verbs have a **u** in the preterit stem. As in the group of verbs presented in *Lección 8,* the **yo** and **usted, él,** and **ella** forms do not stress the last syllable.

---

[1]**Saber** in the preterit normally means *to learn* or *to find out*. **Supe que llegaron anoche.** *I learned that you arrived last night.*

Actividades

9–32 Antes del partido. Usted es el/la entrenador/a de un equipo de voleibol que tiene un partido en otra ciudad. Usted le va a preguntar dónde los/las jugadores/as pusieron ciertas cosas y su compañero/a le va a contestar.

MODELO: Miguel / el uniforme (su mochila)

—¿Dónde puso Miguel el uniforme?

—Lo puso en su mochila.

1. Jorge y Arturo / su ropa (el auto)
2. Alicia / los zapatos tenis (su bolsa)
3. ustedes / las botellas de agua (el maletín)
4. Pedrito / su sudadera (su mochila)
5. (tú) / las direcciones (mi billetera)

9–33 Excusas. Las siguientes personas no pudieron ir al partido de béisbol ayer por la tarde. Primero, diga qué excusa dieron estas personas y luego explique por qué no pudo ir usted.

MODELO: Irma / sentirse mal ayer.

Irma no pudo ir al partido porque se sintió mal anoche.

1. Esperanza / tener que ir al médico.
2. Norma y Elvira / tener un examen ayer.
3. Fermín y Cecilia / perder los boletos.
4. Tú / ir a la biblioteca.
5. Aurelio / tener que terminar la tarea.
6. Yo...

9–34 En contacto con la naturaleza. Usted decidió pasar unos días muy tranquilos en contacto con la naturaleza. Escoja uno de los lugares que se indican abajo y conteste las preguntas de su compañero/a. Después cambien de papel.

los lagos	las montañas	el campo	la playa

1. ¿Adónde fuiste?
2. ¿Cuánto tiempo estuviste allí?
3. ¿Qué pudiste hacer allí?
4. ¿Pudiste hablar español con otras personas?
5. ¿Tuviste alguna experiencia inolvidable?
6. ...

9–35 El domingo pasado. Dígale a su compañero/a cómo fue el domingo pasado (agradable, aburrido, fantástico, etc.). Él/Ella es muy curioso/a y le va a hacer preguntas para saber lo siguiente: lugares donde estuvo, con quién(es) y qué hizo.

9–36 El dinero desapareció. Usted está en un viaje de negocios y leyó en el periódico que alguien entró anoche en el Banco Internacional y se llevó cinco millones de pesos. Hay varios detectives investigando el robo, pero todos están de acuerdo con que el ladrón es el gerente del banco y van a decir por qué lo supieron.

MODELO: la secretaria / el gerente recibir una llamada misteriosa

La secretaria lo supo porque el gerente recibió
una llamada misteriosa.

1. el detective / escuchar un mensaje en el contestador automático
2. los policías / el gerente llegar a su casa en un auto nuevo
3. su cuñado / lo oír hablar con un banco de Suiza
4. los empleados / comprar una casa de medio millón de dólares
5. tú / encontrar una bolsa llena de dinero en su oficina
5. yo...

9–37 El viaje de mis amigos. Hágales preguntas a dos de sus compañeros/as para obtener la siguiente información.

MODELO: dinero / gastar

—¿Cuánto dinero gastaron?

—Gastamos $800.

1. ciudad(es) / estar
2. nombre del hotel / llamar
3. tiempo / estar
4. lugares y personas / conocer
5. platos típicos / comer
6. otras cosas / poder hacer

9–38 La fiesta de anoche. Su compañero/a quiere saber más de la fiesta. Conteste sus preguntas.

MODELO: —¿Cuántas personas fueron a la fiesta?

—Fueron unas 50 personas.

1. ¿Conociste a alguien interesante?
2. ¿Con quién fuiste?
3. ¿Pudiste bailar?
4. ¿Qué comiste?
5. ¿Qué bebiste?
6. ¿Qué te pusiste para la fiesta?

9–39 Situaciones.

1. There is a new comedy in town. Tell your partner a) that you were able to get tickets, b) that you met the principal actor after the show (**la función**), and c) that he autographed your program. Your partner will ask you some questions about the show and the actors.
2. You went on a business trip to Mexico City. Your friend should find out a) if you slept on the plane (**el avión**), b) how long you were in Mexico, c) if you were able to visit all your clients, and d) if you had any problems with your ticket (**boleto**).

REPASO GRAMATICAL

1. AFFIRMATIVE AND NEGATIVE INFORMAL COMMANDS

	PRESENT INDICATIVE	AFFIRMATIVE TÚ COMMAND
llamar:	llamas	llama
leer:	lees	lee
escribir:	escribes	escribe

	USTED COMMAND	NEGATIVE TÚ COMMAND
llamar:	llame	no llames
leer:	lea	no leas
escribir:	escriba	no escribas

2. COMPARISONS OF INEQUALITY

más + *adjective* + **que**
menos + *adjective* + **que**
más/menos + *adverb* + **que**

3. COMPARISONS OF EQUALITY

tan + *adjective/adverb* + **como**	as + *adjective/adverb* + as
tantos/as + *noun* + **como**	as many + *noun* + as
tanto/a + *noun* + **como**	as much + *noun* + as
tanto como	as much as

4. MORE IRREGULAR PRETERITS

INFINITIVE	NEW STEM	PRETERIT FORMS
estar	**estuv-**	estuve, estuviste, estuvo, estuvimos, estuvisteis, estuvieron
tener	**tuv-**	tuve, tuviste, tuvo, tuvimos, tuvisteis, tuvieron
poder	**pud-**	pude, pudiste, pudo, pudimos, pudisteis, pudieron
poner	**pus-**	puse, pusiste, puso, pusimos, pusisteis, pusieron
saber	**sup-**	supe, supiste, supo, supimos, supisteis, supieron

 A escuchar _____

9–40 El cuerpo humano. Write the corresponding number of the body part that relates to the statement read by the speaker.

1. _____   5. _____   9. _____
2. _____   6. _____   10. _____
3. _____   7. _____
4. _____   8. _____

9–41 ¿Lógico o ilógico?

    Lógico   Ilógico

1. _____ _____   6. _____ _____
2. _____ _____   7. _____ _____
3. _____ _____   8. _____ _____
4. _____ _____   9. _____ _____
5. _____ _____   10. _____ _____

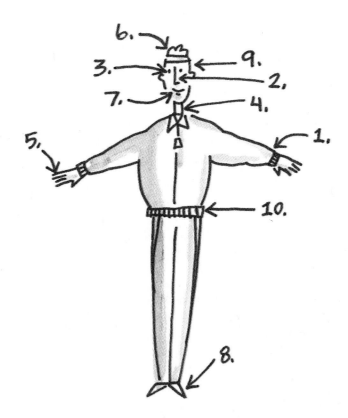

9–42   ¿Cuál es más grande?   Based on the table below, determine if the statements that you hear are **Cierto** or **Falso**.

DIVISIÓN TERRITORIAL DE AMÉRICA			
Nombre	Sup. (km²)	Población	Capital
Argentina	2.795.960	30.000.000	Buenos Aires
Bolivia	1.098.581	600.000	Sucre–La Paz
Brasil	8.511.965	132.000.000	Brasilia
Colombia	1.138.914	30.000.000	Bogotá
Costa Rica	50.900	2.600.000	San José
Cuba	110.922	10.000.000	La Habana
Chile	756.636	12.000.000	Santiago
Dominica	751	85.000	Roseau
Rep. Dominicana	48.442	6.000.000	Santo Domingo
Ecuador	275.341	9.000.000	Quito
El Salvador	21.400	5.000.000	San Salvador
Estados Unidos	9.363.124	228.000.000	Washington
Guatemala	108.889	8.000.000	Guatemala
Honduras	112.088	4.000.000	Tegucigalpa
México	1.972.547	75.000.000	México
Nicaragua	148.000	2.500.000	Managua
Panamá	75.650	2.000.000	Panamá
Paraguay	406.752	3.400.000	Asunción
Perú	1.285.215	18.000.000	Lima
Uruguay	186.926	3.000.000	Montevideo
Venezuela	912.050	15.000.000	Caracas

	Cierto	Falso			Cierto	Falso
1.	——	——		4.	——	——
2.	——	——		5.	——	——
3.	——	——		6.	——	——

A conversar

9–43   Adivina, adivinador.   Piense en tres instrucciones por lo menos. Su compañero/a debe adivinar para qué son las instrucciones.

MODELO: —Toma un huevo del refrigerador. No lo rompas. Cierra el refrigerador. Pon agua a hervir. Pon el huevo en el agua. Cocínalo de siete a diez minutos. No lo cocines más de diez minutos porque la parte amarilla del centro se pone negra.

—Son las instrucciones para hacer un huevo duro *(hard boiled)*.

9–44   Más comparaciones.   Utilicen la tabla de la página 264 y hagan preguntas usando las comparaciones de igualdad y de superioridad.

MODELO: —¿Es Colombia más grande que Bolivia?

—Sí, Colombia es más grande que Bolivia.

9–45   Un poco de geografía.   Busquen información sobre dos países de la tabla de la página 264 en su libro de texto y en la biblioteca. Hagan una comparación utilizando estas categorías para su comparación: número de habitantes, superficie, densidad de población (número de personas por superficie), nivel de educación, etc. Preparen un informe para la clase.

9–46   ¿Quién es?   Elija una de las fotos de los niños. Su compañero/a debe descubrir cuál eligió haciéndole preguntas con los comparativos.

MODELO: *(Usted elige a Camilo Olmedo.)*

—¿Tiene menos años que Gabriel Pérez Moreno?

—Sí, tiene menos años que Gabriel.

—¿Es mayor que Fernando Vigil?

—No, es menor que Fernando.

—¿Tiene tantos hermanos como Gabriel?

—Sí, tiene tantos hermanos como Gabriel.

—¿Es Camilo Olmedo?

—Sí.

RIVAS BIXIO, Francisco
13 kilos, 1 hermano

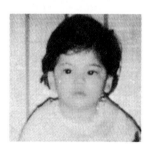

GARCÍA, Eyelen
6,5 kilos

PÉREZ MORENO, Gabriel
9 kilos, 2 hermanos

BORDIGA, Tatiana
5 kilos, 1 hermano

OLMEDO, Camilo
14 kilos, 2 hermanos

VIGIL, Fernando
32 kilos

MARTÍN, Matías
30 kilos, 3 hermanos

BONESI, Mayra
11 kilos, 2 hermanos

A leer

9–47 Vocabulario. Estas palabras son cognados. ¿Puede deducir su significado?

el silencio
interrogar
transparente
calma
inundar

9–48 Otras palabras. Complete las oraciones con la palabra adecuada del vocabulario.

mudo *mute, silent*	**el latido** *beat*
el escudo *shield*	**la espada** *sword*
profundo *deep*	**enamorado** *in love*
el dolor *pain*	**la mirada** *look*
agudo *sharp*	

1. Enrique está muy _____ de su novia.
2. El lago es muy _____ allí.
3. Los ojos de la niña tienen una _____ profunda.
4. El pobre hombre tuvo un _____ _____ en el pecho *(breast)* y los _____ de su corazón se hicieron lentos.
5. El hombre de la Edad Media necesita una _____ y un _____ para defender su tierra, su enamorada y su vida.
6. No pude hablar; me dejó _____.

9–49 Antes de leer. Conteste las preguntas antes de leer el poema.

1. ¿Qué le sugiere la palabra **silencio**?
2. Cuando uno está callado, en *perfecto silencio,* ¿qué puede oír? ¿El estar en silencio le permite a usted observar, mirar y ver mejor? ¿Puede usted preguntar con sus ojos, con su mirada?
3. ¿Alguna vez puede comunicarse con la mirada? ¿Cuándo?
4. Los párrafos de un poema se llaman **estrofas.** ¿Cuántas estrofas tiene el poema?
5. Las líneas de una poema se llaman **versos.** ¿Cuántos versos tienen las estrofas?
6. El poema habla del silencio. Imagine que usted quiere estar en absoluto silencio. ¿Qué órdenes le daría a su hermano/a para que no lo/la moleste?
7. Mientras lee el poema, subraye todos los mandatos. Luego complete la tabla en la próxima página.

Verbo	Mandato afirmativo	Mandato negativo

INVESTIGACIÓN

Los mandatos son muy enfáticos y en español hay otras maneras de pedir algo. Por ejemplo, es más amable usar expresiones como:

- por favor
- necesito pedirte/ le/les un favor
- tengo que pedirte/ le/les un favor
- ¿Puede/s ayudarme a + *infinitivo*? ¿Qué ocurre en su lengua? ¿Son los mandatos la forma más amable de pedir algo?

El Silencio

No digas nada. No preguntes nada.
Cuando quieras hablar, quédate mudo;
que un silencio sin fin sea tu escudo,
y al mismo tiempo tu perfecta espada.

No llames si la puerta está cerrada,
no llores si el dolor es más agudo.
No cantes si el camino es menos rudo,
no interrogues sino con la mirada.

Y en la calma profunda y transparente
que poco a poco y silenciosamente
inundará tu pecho de este modo.

Sentirás el latido enamorado
con que tu corazón recuperado
te irá diciendo todo, todo, todo.

Francisco Luis Bernárdez (1900–1978)

9–50 Análisis. Lea el poema nuevamente y conteste las siguientes preguntas.

1. El escudo y la espada son armas. Las armas son poderosas. En el poema hay una metáfora que dice:

   "...que un **silencio** sin fin sea tu **escudo**,
   y al mismo tiempo tu perfecta **espada**."

   ¿Cree usted que el silencio puede ser tan poderoso como una espada y un escudo? ¿En qué situaciones?

2. En la última estrofa hay repetición. Según el poema, el silencio va a decir **todo, todo, todo.** ¿Puede pensar en una situación en la cual el silencio lo dice todo?

A escribir

9–51   Consejos de jóvenes.   Elija de la siguiente lista el tema que más le guste y escriba las instrucciones correspondientes usando por lo menos cinco mandatos afirmativos y cinco negativos.

Instrucciones para

- vivir muchos años
- tener éxito en los estudios
- tener un planeta limpio

VOCABULARIO

EJERCICIOS

los ejercicios aeróbicos	*aerobics*

ESTATURA

el metro	*meter*
el pie	*foot*

PESO

la libra	*pound*
el kilo(gramo)	*kilo(gram)*

EL MEDIO AMBIENTE

el árbol	*tree*
el bosque	*forest*
la contaminación	*pollution*
el/la ecologista	*ecologist*
el lago	*lake*
la montaña	*mountain*
la naturaleza	*nature*
el paisaje	*landscape*
los recursos naturales	*natural resources*

DESCRIPCIONES

cómodo/a	*comfortable*
ideal	*ideal*
ligero/a	*light*
mayor	*bigger, older*
mejor	*better*
menor	*smaller, younger*
peor	*worse*

VERBOS

ayudar (a)	*to help*
bajar de peso	*to lose weight*
contaminar	*to contaminate, to pollute*
cuidar	*to take care of*
evitar	*to avoid*
luchar	*to fight*
mantener (g, ie)	*to maintain*
medir (i)	*to measure*
montar (en)	*to ride*
mover (ue)	*to move*
pesar	*to weigh*
respirar	*to breathe*

EXPRESIONES ÚTILES

al menos	*at least*
en forma	*in shape*
especialmente	*especially*
las que/los que	*those who*
más...que	*more than, . . . er than (e.g., shorter than)*
menos...que	*less than, fewer than*
por eso	*that's why*
tan...como	*as . . . as*
tanto/a...como	*as much . . . as*
tantos/as...como	*as many . . . as*

For parts of the body, see page 243.

LECCIÓN 10

¿Qué desayunó usted esta mañana? ¿Qué almorzó ayer? ¿Qué bebe normalmente en las comidas? ¿Toma café durante el día? ¿Qué tipo de postre prefiere?

La comida

En el supermercado

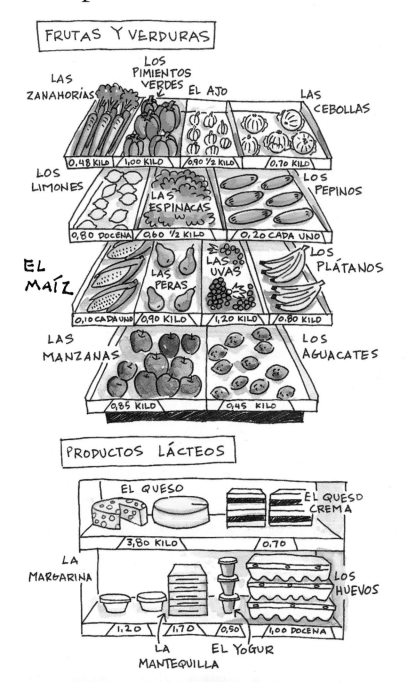

FRUTAS Y VERDURAS

LAS ZANAHORIAS

LOS PIMIENTOS VERDES

EL AJO

LAS CEBOLLAS

0,48 KILO | 1,00 KILO | 0,90 ½ KILO | 0,70 KILO

LOS LIMONES

LAS ESPINACAS

LOS PEPINOS

0,80 DOCENA | 0,60 ½ KILO | 0,20 CADA UNO

EL MAÍZ

LAS PERAS

LAS UVAS

LOS PLÁTANOS

0,10 CADA UNO | 0,90 KILO | 1,20 KILO | 0,80 KILO

LAS MANZANAS

LOS AGUACATES

0,85 KILO | 0,45 KILO

PRODUCTOS LÁCTEOS

EL QUESO

EL QUESO CREMA

3,80 KILO | 0,70

LA MARGARINA

LOS HUEVOS

1,20 | 1,70 | 0,50 | 1,00 DOCENA

LA MANTEQUILLA

EL YOGUR

272

sabe bien – tastes good
sabe mal – tastes bad

guineo – banana

AVES, CARNES Y PESCADOS

LOS CAMARONES   EL PESCADO

12,00 KILO   7,00 KILO

EL POLLO   EL PAVO

5,00 KILO   6,00 KILO

EL JAMÓN   LA CARNE

4,50 KILO   4,00 KILO   5,00 KILO

EL CERDO

CONDIMENTOS

LA SAL   LA PIMIENTA   LA MOSTAZA   LA VAINILLA

0,40   4,00   1,25   0,80

LA HARINA   EL/LA AZÚCAR   EL VINAGRE

1,20   4,49 KILO   0,60

LA MAYONESA   EL ACEITE

1,20   1,50

EL PAN   LAS GALLETAS

0,50   1,50

LOS REFRESCOS

0,40 CADA UNO

EL VINO BLANCO   EL VINO TINTO

4,50   4,00

Actividades

10–1 Los precios. Pregúntele a su compañero/a el precio de algunos de los comestibles en el supermercado.

MODELO: —¿Cuánto cuestan las zanahorias?

—Cuestan 48 centavos el kilo.

10–2 Un inventario. Haga una lista de la comida que tienen en el refrigerador y en la despensa. Después otros compañeros/as les van a preguntar qué tienen ustedes.

Refrigerador	Despensa
_____	_____
_____	_____
_____	_____
_____	_____
_____	_____
_____	_____

10–3 Preparativos para una cena. Preparen un menú y una lista de lo que tienen que comprar para una cena. Después las personas de otro grupo les van a hacer las siguientes preguntas.

1. ¿Cuál es el menú?
2. ¿Qué tienen que comprar?
3. ¿A cuántas personas van a invitar?
4. ¿Cuánto va a costar la cena?

¿Dónde se compra...?

Las frutas tropicales como los plátanos, mangos, piñas y papayas son muy populares en el área del Caribe.

Los dulces maravillo-
sos de una pastelería
en la ciudad de
México.

España es uno de los países que tiene más variedad de pescados y
mariscos. En la dieta del español, el pescado ocupa un lugar muy
importante.

Los mercados al aire libre son lugares donde se puede comprar toda
clase de comidas y artesanías, además de ser importantes centros de
reunión.

Una invitación a cenar

SRA. MENA: Pedro, tenemos que invitar a los Sosa a cenar.

SR. MENA: Es verdad. Ellos nos invitaron el mes pasado. ¿Por qué no los llamas ahora? Podemos reunirnos este fin de semana o el próximo.

SRA. MENA: ¿Crees que puedan cenar con nosotros el sábado?

SRA. SOSA: ¡Ay, María! Lo siento muchísimo, pero este sábado tenemos entradas para el teatro.

SRA. MENA: Ah, ¡qué lástima! ¿Y el otro sábado?

SRA. SOSA: Encantados. Tenemos muchos deseos de verlos.

saucer – un platillo

CULTURA Dining etiquette in Spanish-speaking countries differs somewhat from that in the United States. In Spanish-speaking countries, it is customary for people to place both forearms on the table while eating. In Spain and other countries, people eat with the fork in the left hand and the knife in the right hand. Fruit is generally peeled and eaten with a knife and fork.

Actividades

10–4 Entrenando a un/a camarero/a. Dígale dónde debe poner cada cosa de acuerdo con el dibujo anterior.

MODELO: —Ponga el cuchillo a la derecha del plato.

—¿Y dónde pongo la copa?

10–5 La lista de compras de la señora Mena. ¿Qué va a tener que comprar la señora Mena? Complete la lista de las compras que necesita según lo que quiere servir.

Quiere servir

fruta

vegetales

ensalada

dos tipos de carne

comida para el desayuno

una cena italiana

Lista de compras
_____
_____
_____
_____
_____
_____
_____
_____
_____
_____
_____

10–6 Una cena. Usted está muy ocupado/a porque tiene invitados esta noche. Dígale a su compañero/a todas las cosas que tiene que hacer. Su compañero/a le puede preguntar a quién va a invitar y qué va a servir.

10–7 Mi receta favorita. Entre usted y su compañero/a, escojan una receta simple. Escriban los ingredientes y después expliquen a otro grupo de estudiantes cómo se prepara. Las siguientes palabras pueden facilitarle su explicación: **batir** *(to beat)*, **añadir** *(to add)*, **hervir** (ie) *(to boil)*, **freír** (i) *(to fry)*, **cortar** *(to cut)*.

CULTURA Many Spanish speakers in the U.S. retain the culinary traditions of their homeland, which vary greatly from country to country. These traditions often include typical recipes, methods of cooking, and even different hours for eating meals. For example, in Miami and other areas where there is a large Cuban population, black beans and rice, as well as fried bananas are standard fare.

LENGUA When giving a recipe in Spanish, people normally use commands (e.g., **cocine** or **cocina**), or a **se** + *verb* construction (**se cocina el arroz**).

 *A escuchar* _____

You will hear two short descriptions about Mr. Benítez and his cooking, followed by some statements related to them. Mark the appropriate column to indicate whether each statement is true or false. Do not worry if there are words you may not understand.

	Descripción 1			Descripción 2	
	Sí	**No**		**Sí**	**No**
1.	✗		1.	✗	✗
2.		✗	2.	✗	
3.		✗	3.	✗	
4.	✗		4.		✗

 *A leer*

Lea el siguiente artículo e indique todas las cualidades del plátano en la lista a continuación.

_____ pocas calorías	_____ poca grasa	_____ mucha fibra
_____ poco nutritivo	_____ vitamina	_____ potasio

PLÁTANOS
Cuanto más maduros, mejor

El plátano no sólo es una de las frutas más sabrosas y nutritivas que se conocen sino también una de las más sanas. Su contenido en grasa es prácticamente nulo y por ello aporta muy pocas calorías. Un plátano pequeño tan sólo tiene 80. En cambio el plátano tiene una gran cantidad de fibras solubles como la pectina que tiene la propiedad de disminuir el colesterol. Cuanto más maduros son, más cantidad de pectina contienen.

Además los plátanos tienen mucha vitamina B6 y minerales como potasio y magnesio.

El plátano con yogur y germen de trigo resulta un energético y sabroso desayuno para niños y adultos.

Enfoque

LOS MERCADOS AL AIRE LIBRE

En muchas ciudades de Hispanoamérica, y aún hoy día en España, los mercados abiertos o al aire libre son el foco comercial de la comunidad. Especialmente en las poblaciones pequeñas estos mercados ofrecen la oportunidad a artesanos, campesinos y agricultores de vender sus productos a los mejores precios. Los compradores, por su parte, pueden adquirir productos frescos y naturales.

Oaxaca, México

1. THE PRESENT SUBJUNCTIVE

In previous lessons, you used the present tense of the indicative mood to state facts (what is happening, what regularly happens, or what has happened) and to talk about what you are certain will occur. Thus, in the sentence **Yo sé que Pepe siempre va a clase,** the speaker is stating the facts as he or she knows them to be true: Pepe always goes to class.

Spanish uses the subjunctive mood to talk about things that are not factual. In this chapter you will learn about the uses of the subjunctive to talk about what you want, hope, or doubt will happen. You will also learn about the use of the subjunctive with verbs of emotion.

SR. MENA: ¿Qué traigo del supermercado?

SRA. MENA: Necesito que traigas un kilo de camarones frescos y lechuga y tomate para la ensalada.

SR. MENA: ¿Eso es todo?

SRA. MENA: Sí. Ojalá que vuelvas rápido y me puedas ayudar.

- To form the present subjunctive, use the **yo** form of the present indicative, drop the final -o, and add the subjunctive endings. Notice that as with **usted/ustedes** commands, -ar verbs change the -a to -e, and -er and -ir verbs change the -e and -i to -a.

	hablar	comer	vivir
yo	hable	coma	viva
tú	hables	comas	vivas
Ud., él, ella	hable	coma	viva
nosotros/as	hablemos	comamos	vivamos
vosotros/as	habléis	comáis	viváis
Uds., ellos/as	hablen	coman	vivan

- The present subjunctive of verbs with irregular indicative **yo** form are:

conocer: conozca, conozcas...   tener: tenga, tengas...
decir: diga, digas...   traer: traiga, traigas...
hacer: haga, hagas...   venir: venga, vengas...
poner: ponga, pongas...   ver: vea, veas...
salir: salga, salgas...

- The following verbs have irregular forms:

ir: vaya, vayas...   saber: sepa, sepas...   ser: sea, seas...

- The present subjunctive of **hay** is **haya**.

- The stem-changing -**ar** and -**er** verbs follow the same pattern as the present indicative.

pensar: piense, pienses, piense, pensemos, penséis, piensen
volver: vuelva, vuelvas, vuelva, volvamos, volváis, vuelvan

- The stem-changing -**ir** verbs follow the same pattern as the present indicative, but have an additional change in the **nosotros** and **vosotros** forms.

preferir: prefiera, prefieras, prefiera, prefiramos, prefiráis, prefieran
dormir: duerma, duermas, duerma, durmamos, durmáis, duerman

2. THE SUBJUNCTIVE USED TO EXPRESS WISHES AND HOPE

- When the verb of the main clause expresses wishes or hope, use a subjunctive verb form in the dependent clause. Notice in the examples below that there is a different subject in each clause.

Main clause	Dependent clause	
La jefa **quiere**	que Lalo **haga** el trabajo.	*The boss wants Lalo to do the work.*
Yo **espero**	que Félix **termine** temprano.	*I hope Felix will finish early.*

- When there is only one subject, use an infinitive instead of a clause with the verb in the subjunctive.

Yo **espero terminar** temprano.   *I hope to finish early.*
La jefa **quiere hacer** el trabajo.   *The boss wants to do the work.*

- Common verbs that express want and hope are **desear, esperar, necesitar, pedir, preferir, permitir, prohibir,** and **querer**.

- With the verb **decir**, use the subjunctive in the dependent clause when expressing a wish or an order. Use the indicative when reporting information.

Dice que los niños **duermen**.   *She says (that) the children are sleeping.* (reporting)
Dice que los niños **duerman**.   *She says (that) the children should sleep.* (an order)

[handwritten margin note: dormir / duerma / duermas / duerma / durmamos *]*

- With the verbs **pedir**, **permitir**, and **prohibir**, Spanish sometimes uses an indirect object.

Me prohíbe que (yo) entre.   *He forbids me to go in.*
Les permite que salgan esta   *He allows them to go out*
noche.   *tonight.*

- The expression **ojalá (que)**, which originally meant *May Allah grant that. . .*, is always followed by the subjunctive. Its English equivalent is *I/we hope. . .* The word **que** is optional after **ojalá**.

Ojalá (que) ellos **vengan**   *I hope they'll come early.*
temprano.
Ojalá (que) **pueda** ir al   *I hope I can go to the gym.*
gimnasio.

Actividades

10–8 Una reunión del club de español. Digan lo que usted y su compañero/a quieren o prefieren que hagan otras personas para esta reunión.

MODELO: Marta / traer vasos
           Queremos / Preferimos que Marta traiga los vasos.

1. Alberto / invitar a los profesores   *invite*
2. Julia y Ángeles / preparar la ensalada   *preparen*
3. Vilma / comprar los refrescos   *compre*
4. Roberto / traer el estéreo   *traiga / ponga*
5. Juan y Berta / poner la mesa
6. Tú / llamar a unos estudiantes   *llames*

10–9 La excursión del sábado. David está organizando una excursión y dejó esta nota. Explíquele a su compañero/a lo que dice David en la nota.

MODELO: preparar unos sándwiches

       David dice que preparemos unos sándwiches.

> Llamar a Federico.
> Buscar a María.
> Desayunar bien antes de salir.
> Salir temprano.
> Traer refrescos.

10–10 Unos invitados a cenar.
La Sra. de Sánchez está muy ocupada. ¿Qué quiere/necesita/espera ella que hagan estas personas?

1. Elenita

2. Ana

3. Jorgito

4. Sr. Sánchez

5. los Mena

10–11 Cuidando a mi hermanito/a. Usted tiene que cuidar a su hermanito/a hoy. Su compañero/a va a hacer el papel de su hermanito/a y usted le va a decir a su compañero/a lo que (no) quiere que haga. Su compañero/a le va a contestar que sí quiere hacer esas cosas.

MODELO: salir a la calle

—No quiero que salgas a la calle.

—Pero yo quiero salir a la calle.

1. ir a la playa con los amigos
2. ver televisión con su hermana
3. ir al cine
4. cenar en casa
5. jugar al voleibol después de comer
6. acostarse temprano
7. bañarse antes de acostarse
8. portarse bien

10–12   Una entrevista para un trabajo.   Preparen una lista con las cosas que ustedes esperan o necesitan hacer.

MODELO: Necesito (Espero) salir temprano.

10–13   Una fiesta en el club de español.   Responda a los comentarios de su compañero/a usando **ojalá que...**

MODELO: —Dicen que van a servir comida.

—Ojalá que sirvan comida mexicana.

1. Marta cree que van a tocar música.
2. Creo que van a ir algunos de los estudiantes de nuestra clase.
3. Berta quiere invitar a sus primos.
4. La fiesta va a terminar después de las doce de la noche.

10–14   Permisos y prohibiciones.   Hagan una lista de las actividades que permiten o prohíben en una fábrica o en una oficina.

MODELO: Permiten que los empleados salgan temprano
para ir al médico.

Prohíben que los empleados beban cerveza en
la cafetería.

10–15   Situaciones.

1. Ask a classmate which Hispanic foods he/she likes best. Ask him/her about other ethnic foods.
2. Find out about the food that your partner buys every week,
   a) where he/she buys it,
   b) how much it costs, and
   c) who cooks the meals.
3. You are unable to go to the market this week because you were in an accident. Call a friend and ask him/her to go for you. Tell your friend what you want him/her to buy. You will need some items from the following categories: a) **carne,** b) **verduras,** c) **frutas,** and d) **bebidas.**

3.   THE SUBJUNCTIVE WITH VERBS AND EXPRESSIONS OF DOUBT

▪ When the verb in the main clause expresses doubt or uncertainty, use a subjunctive verb form in the dependent clause.

Dudo que ella **conozca** a Amanda.	*I doubt that she knows Amanda.*

▪ When doubt is implied with the verbs **creer** and **pensar** in questions or in the negative, use a subjunctive verb form in the dependent clause. If no doubt is implied, use the indicative.

¿Crees que { **lleguen** / **llegan** } hoy?   *Do you think they'll arrive today?*

No, no creo que **lleguen** hoy.   *No, I don't think they'll arrive today.*

- Since the expressions **tal vez** and **quizá(s)** convey doubt, the subjunctive is normally used.

$$\left.\begin{array}{l} \text{Tal vez} \\ \text{Quizá(s)} \end{array}\right\} \text{ella } \textbf{pruebe} \text{ el postre.} \qquad \textit{Perhaps she'll try the dessert.}$$

Actividades

10–16 ¿Qué cree usted? Digan su opinión sobre las cosas que se afirman más abajo.

MODELO: —Hay vida en Marte.

—Yo creo que hay vida en Marte. *o*

—Yo dudo/no creo que haya vida en Marte. *o*

—Tal vez/Quizá(s) haya vida en Marte.

1. Los Yankees tienen los mejores jugadores.
2. El yogur tiene muchas calorías.
3. Todos debemos beber mucha agua.
4. Los amigos son más importantes que el dinero.
5. Los médicos visitan a los enfermos en su casa.
6. El pescado es mejor que la carne para la salud.
7. Es importante hacer ejercicio regularmente.
8. La comida afecta nuestra personalidad.

10–17 Un/a mentiroso/a. Uno de ustedes va a exagerar y decir las cosas que hace, las personas que conoce, etc. Los/as otros/as dos van a decir que lo dudan.

MODELO: —Yo hablo todos los días con Eddie Murphy.

—Dudo que él hable todos los días con Eddie Murphy.

—Yo también lo dudo.

10–18 Una cita muy especial. Usted y su compañero/a van a hacer una lista de lo que ustedes esperan que pase en esa cita y lo que dudan que pase. Comparen sus listas con las de otros estudiantes.

MODELO: —Espero que me invite a comer.

—Dudo que vayamos a un restaurante elegante.

10–19 Opiniones. Determine la opinión de sus compañeros/as sobre los siguientes temas. Comparen la opinión del grupo con la de otros grupos.

MODELO: las vacaciones

—Creo que las vacaciones son importantes
  para todos. Y tú, ¿qué crees?

—Dudo que las vacaciones muy cortas sean
  buenas para todos.

1. la lotería
2. la televisión
3. la universidad

4. los doctores
5. la vida en los Estados Unidos
6. los deportes

10–20 Situación.

Go to your local market and find the section where they have Hispanic/Spanish foods. Write down the names of the foods you can find, the prices, and if possible, what they are used for. During the next class meeting, interview a classmate about what he/she discovered. Then he/she will do the same with you. Report your findings to the class.

4. THE PRESENT SUBJUNCTIVE WITH VERBS OF EMOTION

▪ When the verb of the main clauses expresses emotion (e.g., fear, happiness, sorrow), use a subjunctive verb form in the dependent clause.

Sentimos que no **puedan** venir.	We're sorry (that) they cannot come.
Me alegro de que **estés** aquí.	I'm glad that you're here.

▪ Common verbs that express emotions are **alegrarse (de), sentir, gustar,** and **temer.**

10–21 Un amigo enfermo. Usted va a visitar a su amigo en la clínica. ¿Qué le dice usted a su amigo?

1. Siento que... *I'm sorry*
2. Me alegro de que... *I'm happy*
3. Espero que... *I hope*
4. Deseo que...
5. Temo que... *I'm afraid that*

10–22 Reacciones emocionales. ¿Qué diría usted al saber lo siguiente?

MODELO: tu papá / comer mucha grasa

Papá, no me gusta que comas tanta grasa.

(No) Me gusta...	(No) Me molesta...	Me encanta...
Temo...	¡Qué bueno...!	¡Es increíble...!

1. una amiga / siempre invitarte a un restaurante elegante
2. tu hermano / comer con las manos
3. tu abuela / ir a clases de ejercicios aeróbicos
4. tu hermana / comer sólo carbohidratos
5. tu mamá / acompañarte a una hamburguesería
6. tu prima / ser vegetariana
7. ...

10–23 Opiniones. Su compañero/a le va a hablar de lo que va a hacer su amigo Luis en México. Exprese sus opiniones empezando con una de estas expresiones: **me alegro de que, siento que, me gusta que** o **temo que.**

lunes	martes	miércoles	jueves
salir para Mérida	va a comer en un restaurante caro	ir a Uxmal	ir a la capital
su hermano no puede ir	no tiene mucho dinero	no puede ir a Tulúm	quedarse con sus tíos

10–24 Una reunión. Complete la siguiente conversación con su compañero/a.

USTED: El sábado nos vamos a reunir en casa de Asunción. ¿Puedes ir?

COMPAÑERO/A: No,...

USTED: Siento que... ¿Y tu hermano?

COMPAÑERO/A: Sí,...

USTED: Me alegro de que...

 10–25 Situación.

Tell your friend that you are going to start taking an aerobics class. He/She should say that he/she is glad you are doing it. Invite him/her to join you. He/She should decline and explain why.

REPASO GRAMATICAL

PRESENT SUBJUNCTIVE

	hablar	comer	vivir
yo	hable	coma	viva
tú	hables	comas	vivas
Ud., él, ella	hable	coma	viva
nosotros/as	hablemos	comamos	vivamos
vosotros/as	habléis	comáis	viváis
Uds., ellos/as	hablen	coman	vivan

MOSAICOS

A escuchar

10–26 Una receta. Sara wants to serve gazpacho soup at a dinner for some friends, but is unsure of the recipe. She left a message for her father and is now calling again to see if he can help with the ingredients. As you listen to the conversation, mark all ingredients that Sara will need for the gazpacho.

_____ tacos	_____ jamón	__X__ sal
__X__ ajo	_____ pan	__X__ tomates
_____ zanahoria	__X__ cebolla	_____ chocolate
_____ pavo	_____ aguacate	_____ limón
__X__ pepino	__X__ agua	__X__ aceite

10–27 ¿Logico o Ilógico?

	Lógico	Ilógico
1.		X
2.	X	
3.	X	
4.		X
5.	X	
6.	X	
7.		X

10–28 Otra vez un lío. Carolina, Roberto, Darío, and Andrea went grocery shopping and they have exactly the same bags. While waiting in one of the shops they put their bags on the floor and got them mixed up. Help them figure out which bag belongs to whom.

Roberto   Andrea   Darío   Carolina

10–23 Opiniones. Su compañero/a le va a hablar de lo que va a hacer su amigo Luis en México. Exprese sus opiniones empezando con una de estas expresiones: **me alegro de que, siento que, me gusta que** o **temo que.**

lunes	martes	miércoles	jueves
salir para Mérida	va a comer en un restaurante caro	ir a Uxmal	ir a la capital
su hermano no puede ir	no tiene mucho dinero	no puede ir a Tulúm	quedarse con sus tíos

10–24 Una reunión. Complete la siguiente conversación con su compañero/a.

USTED: El sábado nos vamos a reunir en casa de Asunción. ¿Puedes ir?

COMPAÑERO/A: No,...

USTED: Siento que... ¿Y tu hermano?

COMPAÑERO/A: Sí,...

USTED: Me alegro de que...

 10–25 Situación.

Tell your friend that you are going to start taking an aerobics class. He/She should say that he/she is glad you are doing it. Invite him/her to join you. He/She should decline and explain why.

REPASO GRAMATICAL

PRESENT SUBJUNCTIVE

	hablar	comer	vivir
yo	hable	coma	viva
tú	hables	comas	vivas
Ud., él, ella	hable	coma	viva
nosotros/as	hablemos	comamos	vivamos
vosotros/as	habléis	comáis	viváis
Uds., ellos/as	hablen	coman	vivan

MOSAICOS

A escuchar

INVESTIGACIÓN

El gazpacho es una sopa fría típica del sur de España. Sus ingredientes básicos son tomate, pimiento, pepinos y ajo. Muchas familias tienen una receta especial que consideran la "original". ¿Hay algún plato típico de su región? ¿Son todas las recetas iguales o también tienen muchas familias una "original"?

10–26   Una receta.   Sara wants to serve gazpacho soup at a dinner for some friends, but is unsure of the recipe. She left a message for her father and is now calling again to see if he can help with the ingredients. As you listen to the conversation, mark all ingredients that Sara will need for the gazpacho.

_____ tacos	_____ jamón	✗ sal
✗ ajo	_____ pan	✗ tomates
_____ zanahoria	✗ cebolla	_____ chocolate
_____ pavo	_____ aguacate	_____ limón
✗ pepino	✗ agua	✗ aceite

10–27   ¿Logico o Ilógico?

	Lógico	Ilógico
1.		✗
2.	✗	
3.	✗	
4.		✗
5.	✗	
6.	✗	
7.		✗

10–28   Otra vez un lío.   Carolina, Roberto, Darío, and Andrea went grocery shopping and they have exactly the same bags. While waiting in one of the shops they put their bags on the floor and got them mixed up. Help them figure out which bag belongs to whom.

Roberto   Andre   Darío   Carolina

A conversar

10–29 Encuesta. Pregúnteles a sus compañeros/as si les gustan, les gustan mucho, les encantan o no les gustan las siguientes cosas. Luego haga comparaciones con los resultados.

alimento	gusta	gusta mucho	encanta	no gusta
los camarones	X			
el azúcar	X			
las espinacas		X		
la gelatina	X			
la pimienta		X		
el pepino		X		
el queso		X		

10–30 ¡Ojalá! Usted quiere saber qué esperan sus compañeros/as acerca del lugar donde viven. Haga preguntas y su compañero/a debe responder. Luego prepare un informe para la clase. Utilice el subjuntivo con expresiones de duda, esperanza, deseo, etc.

MODELO: —¿Qué esperas que haga el gobernador del estado?

—Espero que el gobernador limpie las ciudades.

Informe: Mi compañero/a espera que el gobernador limpie las ciudades.

10–31 ¿Qué esperamos del sexo opuesto? En distintas hojas, escriban las siguientes oraciones incompletas. Luego circulen la hoja y cada uno debe completar la oración de forma original. Luego comparen todas las hojas y vean qué esperan sus compañeros/as del sexo opuesto.

MODELO: Creo que los hombres son iguales que las mujeres.

(No) Creo que los hombres / las mujeres

(No) Quiero que los hombres / las mujeres

Ojalá que los hombres / las mujeres

(No) Siento que los hombres / las mujeres

(No) Temo que los hombres / las mujeres

(No) Me alegro de que los hombres / las mujeres

(No) Espero que los hombres / las mujeres

(No) Necesito que los hombres / las mujeres

(No) Deseo que los hombres / las mujeres

Tal vez los hombres / las mujeres

Quizás los hombres / las mujeres

Prefiero que los hombres / las mujeres

INVESTIGACIÓN

La palabra **ojalá** viene del árabe. Otras palabras que usted conoce tienen el mismo origen. Por ejemplo: aceite, alcalde, alfombra, almacén, azúcar, cero, zanahoria, etc. ¿Cuándo estuvieron los árabes en España? ¿Fue éste un período importante en la historia de España? ¿En qué parte de España vivieron más tiempo?

10–32 Preparativos de una fiesta. Para una fiesta que van a dar tienen que decidir las actividades, el número de invitados, la comida, las bebidas, dónde poner la mesa, los muebles, la música, etc. Usted es muy práctico/a pero su compañero/a es poco práctico/a. Discutan las propuestas y traten de influir en su compañero/a.

MODELO:　—Es mejor que compremos tenedores plásticos.

　　　　　—No. Es mejor usar nuestros tenedores.

10–33 Antes de leer. Mire la lista de postres. ¿Cuáles de estos postres son de origen hispano?

INVESTIGACIÓN

¿Usted siempre come postre? En la mayoría de los países hispanos el postre es parte de la comida. Se sirve al final y puede ser fruta o algo más elaborado. ¿Conoce usted algún postre de origen hispano? ¿Qué ingredientes tiene? ¿Cómo se hace? ¿Comió alguna vez tortillas? ¿Qué tipo de tortilla? ¿Sabe qué diferencia hay entre la tortilla española y la tortilla mexicana?

SANTA TERESITA

M E N U

POSTRES		POSTRES HELADOS	
Fruta de estación	$1,30	Copa "Santa Teresita"	$7,00
Ensalada de frutas	$2,20	Sundaes de Butterscotch	$6,50
Ensalada de frutas con helado	$3,20	Banana Split	$6,00
Duraznos en Almíbar	$2,00	Charlotte	$3,00
Ananá en Almíbar	$2,50	Almendrado	$2,50
Flan casero	$1,50	Bombón Escocés	$2,80
Panqueque con dulce de leche	$2,50	Bombón Suizo	$2,80
Panqueque de banana	$5,00	Torta de almendras	$2,80
Waffle con dulce de leche	$2,50	Don Pedro	$4,50
Waffle con crema Chantilly	$3,00	Helado tres gustos	$2,50
Waffle con helado	$3,00	Milk Shake	$3,00
Frutas con crema Chantilly	$3,00		
Porción de crema Chantilly	$0,80		
Porción de dulce de leche	$0,60		

Esta casa as atendida por sus dueños, habiendo alcanzado notoriedad por la calidad de su servicio y la cordialidad de su atención. En tal sentido rogamos a Ud. nos acerque su inquietud. Estamos para servirlo.

Muchas gracias

10–34   Mire la receta de abajo y conteste.

1. Usted va a leer las instrucciones para hacer...
   a. una ensalada
   b. una carne
   c. un postre

2. Las instrucciones son para hacer...
   a. flan
   b. gelatina
   c. postre de vainilla

3. Para hacer este flan usted cree que necesita...
   a. una caja de gelatina Goya
   b. una caja de flan Goya
   c. huevos, leche y azúcar

4. Hacer este flan es...
   a. tan fácil como hacer gelatina
   b. más difícil que hacer un flan con huevos, leche y azúcar
   c. tan difícil como hacer una paella

5. Este flan se hace en...
   a. tres pasos
   b. cinco pasos
   c. más de diez pasos

10–35   Un postre típico.   Ahora lea las instrucciones para hacer el
Flan Goya. Luego vuelva a la actividad anterior y cambie las respuestas
si es necesario.

GOYA. flan

INSTRUCCIONES:

1. **El caramelo:** En una olla pequeña, cocine a fuego lento 1/2 taza de azúcar hasta que esté dorada y acaramelada. Rápidamente ponga el azúcar acaramelada en un molde. Mueva el molde en forma circular. El caramelo debe cubrir las paredes del molde. Déjelo enfriar en el refrigerador por unos minutos.

2. Coloque el contenido del paquete en una olla mediana. Añada lentamente dos tazas de leche. Déjela hervir a fuego moderado durante dos minutos. Revuelva continuamente con una cuchara de madera.

3. Quite la olla del fuego y vuelque el contenido en el molde acaramelado. Déjelo enfriar en el refrigerador por tres horas o más. Desmolde y sirva.

En su búsqueda de productos latinos en el supermercado, ¿encontraron
productos Goya?

10–36 Preguntas. Lea otra vez las instrucciones y elija la/s respuesta/s correcta/s.

1. El caramelo se hace con...
   a. huevos y azúcar   b. azúcar   c. azúcar y agua

2. Para hacer el caramelo hay que cocinar el azúcar a fuego...
   a. lento   b. mediano   c. fuerte

3. El caramelo cocinado se pone en...
   a. un molde   b. cuatro moldes   c. una olla

4. Antes de añadir los otros ingredientes, el caramelo debe estar...
   a. frío   b. caliente   c. al tiempo

5. La leche se añade a...
   a. la olla   b. al contenido del paquete   c. al molde con el caramelo

6. La leche debe hervir dos minutos a fuego...
   a. lento   b. moderado   c. fuerte

7. El flan debe enfriarse en...
   a. el refrigerador   b. el baño   c. el jardín

10–37 ¿Recuerda los mandatos? ¿Puede identificar los mandatos en las instrucciones? Aunque no los entienda, usted ya sabe que son mandatos. ¿Puede descubrir el significado por el contexto?

A escribir

10–38 Una carta. Escríbale una carta a un amigo en México y descríbale su plato favorito. Siga el siguiente esquema en su composición.

- En la introducción, explique el origen del plato.

- En el desarrollo, incluya los ingredientes y explique algo sobre ellos. Después dé las instrucciones para hacer el plato.

- Finalmente, explique cómo debe servirse: frío, caliente, con qué otros platos, qué tipo de vino o bebidas, etc.

- En la conclusión, diga que le puede escribir si tiene comentarios o preguntas sobre la receta.

VOCABULARIO

COMIDA

el aceite	oil
el aguacate	avocado
el ajo	garlic
el azúcar	sugar
el camarón	shrimp
la carne	meat
la cebolla	onion
el cerdo	pork
la espinaca	spinach
la galletita	cookie
la gelatina	gelatin
la harina	flour
el limón	lemon
el maíz	corn
la mantequilla	butter
la manzana	apple
la margarina	margarine
el marisco	seafood
la mayonesa	mayonnaise
la mostaza	mustard
el pavo	turkey
la pera	pear
la pimienta	pepper
el pimiento verde	green pepper
el pepino	cucumber
el plátano	banana
la sal	salt
la salsa de tomate	tomato sauce
la uva	grape
la vainilla	vanilla
la verdura	vegetable
el vinagre	vinegar
el vino tinto	red wine
el yogur	yogurt
la zanahoria	carrot

EN LA MESA

la bandeja	tray
la botella de vino	bottle of wine
la copa	(stemmed) glass
la cuchara	spoon
la cucharita	teaspoon
el cuchillo	knife
el mantel	tablecloth
el plato	plate, dish
la servilleta	napkin
la taza	cup
el tenedor	fork
el vaso	glass

LUGARES

el área (f.)	area
el supermercado	supermarket
el teatro	theater

UNA CENA

la dieta	diet
la invitación	invitation
el invitado	guest

VERBOS

alegrarse (de)	to be glad (about)
dudar	to doubt
esperar	to hope, to expect, to wait for
invitar	to invite
permitir	to permit, to allow
prohibir	to prohibit, to forbid
quedar	to be, to remain
sentir (ie, i)	to be sorry
temer	to fear

PALABRAS ÚTILES

ojalá	I/we hope
quizá(s)/tal vez	maybe

EXPRESIONES ÚTILES

Es verdad.	That's right.
¡Qué lástima!	What a shame!
Tener deseos de	to feel like

LECCIÓN 11

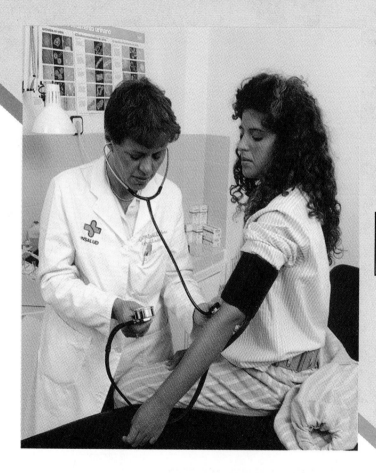

CLÍNICA DE ASMA Y ALERGIAS
Dr. Rubén Shturman

AMSTERDAN 219-A 2° PISO
294-3866   584-0153

Dra. Gabriela Jacobo de Alcaraz
CIRUJANO DENTISTA
86-48-44
CONSULTORIO 314

SEGUNDO PISO

**Dr. Fco. Javier
Amador Cumplido**
CIRUGÍA Y ENFERMEDADES
DE LOS OJOS
86-43-57
CONSULTORIO 204

Dr. Héctor Molina Oviedo
PSIQUIATRA
86-51-49
CONSULTORIO 102

Dra. Silvia Corona López
MEDICINA INTERNA
86-51-49
CONSULTORIO 102

Dr. Jaime A. Rodríguez Peláez
PEDIATRA NIÑOS Y
ADOLESCENTES
86-17-15
CONSULTORIO 212

La médica examina a la paciente. ¿Qué opina usted de los médicos y del sistema de salud de los Estados Unidos?

La salud y los médicos

¿Qué tienes?

Jorgito está enfermo

SRA. VILLA: ¿Qué te pasa, Jorgito? Tienes muy mala cara. ¿Estás enfermo?

JORGITO: Me siento muy mal y tengo dolor de garganta. Anoche tosí mucho.

SRA. VILLA: Déjame ver si tienes fiebre.

SRA. VILLA: Jorgito, tienes 39 grados. Quiero que tomes una aspirina. Enseguida llamo al médico.

JORGITO: ¿El médico?

¿Tienes fiebre?

	Centígrado		Farenheit
	40°	=	104°
	39°	=	102°
	38°	=	100°
	37°	=	98.6° (normal)

CULTURA In Spanish-speaking countries, doctors do not earn equally high salaries as do their counterparts in the United States. Nevertheless, doctors typically are highly regarded as men and women of science and learning and enjoy an important social status. Medical malpractice suits are almost unheard of in most countries, and patients are far less likely to seek a second opinion, especially if they have limited financial resources.

When seeking medical assistance in a Spanish-speaking country, remember that many doctors spend a relatively long time listening to their patients' problems. This may mean a much longer wait in the doctor's office! Nevertheless, this personal touch is considered very important by most patients, and they might be offended if the doctor completed the diagnosis too quickly.

DOCTOR:	Vamos a ver, Jorgito. Cuéntame cómo te sientes.
JORGITO:	Ahora me duele la cabeza y también me duelen los oídos.
DOCTOR:	Vamos a examinarte los oídos y la garganta. Abre bien la boca y di "Ah".

DOCTOR:	Tienes una infección en los oídos. No es seria, Jorgito, pero es necesario que te cuides. Señora Villa, ¿Jorgito es alérgico a los antibióticos?
SRA. VILLA:	No, doctor.
JORGITO:	Mamá, no quiero que me ponga una inyección.

las oídos – inner ear
las orejas – outer ear

DOCTOR:	No, qué va. Te voy a recetar unas pastillas. Debes tomarlas cada cuatro horas.
JORGITO:	Está bien, doctor.
DOCTOR:	Además, tienes gripe. Debes descansar y beber mucho líquido. Aquí está la receta, señora.
SRA. VILLA:	Gracias, doctor.

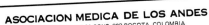

ASOCIACION MEDICA DE LOS ANDES
AVENIDA 9 No. 117-20 CONS. 303 BOGOTA, COLOMBIA

TELS: 612 2434
215 2893
215 2300
EXT. 229
TAS: 616 25 00

FELIPE GOMEZ JARAMILLO, M.D.
SECCION DE UROLOGIA

Jaime Pérez.
Marzo 19/93

1- Nooflaxacina
tomar 1 teb cada 12 horas.
teb #14.

Actividades

11–1   La enfermedad de Jorgito.   Marque las respuestas correctas. Puede haber más de una respuesta correcta.

1. Los síntomas de Jorgito son...
   _____ dolor de oídos   _____ dolor de garganta   _____ fiebre
   _____ dolor de espalda   _____ dolor de estómago   _____ alergias

2. El médico cree que Jorgito...
   _____ tiene gripe   _____ tiene una infección en los oídos
   _____ no ve bien   _____ es alérgico a los antibióticos

3. Según el médico, Jorgito necesita...
   _____ ir a un especialista de los oídos   _____ descansar
   _____ tomar unas pastillas   _____ beber mucho líquido
           cada cuatro horas

4. A Jorgito no le gustan...
   _____ los médicos   _____ los refrescos
   _____ las pastillas   _____ las inyecciones

11–2   Usted es el/la doctor/a.   ¿Qué recomienda en estos casos?

1. Su paciente tiene una infección en los ojos
   a. que nade en la piscina
   b. que tome antibióticos
   c. que lea mucho

2. A su paciente le duele mucho la espalda
   a. que vaya a la playa
   b. que beba mucho líquido
   c. que no haga mucho ejercicio

3. Su paciente tiene fiebre y le duele el cuerpo
   a. que descanse y tome aspirinas
   b. que coma mucho y camine
   c. que vaya a su trabajo y después al cine

4. Estamos en primavera y su paciente es alérgico al polen de muchas plantas
   a. que vaya al campo para respirar el aire
   b. que duerma en una habitación con aire acondicionado
   c. que trabaje en el jardín

5. A su paciente le duele mucho un pie
   a. que corra tres kilómetros todos los días
   b. que tome clases de baile
   c. que descanse y no camine

6. A su paciente le duele la garganta y tiene tos
   a. que hable poco y no salga
   b. que vaya a esquiar con sus amigos
   c. que cante en el concierto de esta noche

11–3 ¿A quién debo llamar? Explíquele a su compañero/a sus síntomas o lo que usted necesita. Su compañero/a le va a decir a quién debe llamar de acuerdo con los anuncios.

SEGUNDO PISO		
Dr. Fco. Javier Amador Cumplido CIRUGÍA Y ENFERMEDADES DE LOS OJOS **86-43-57** *CONSULTORIO 204*	**Dra. Silvia Corona López** MEDICINA INTERNA **86-51-49** *CONSULTORIO 102*	
Dr. Héctor Molina Oviedo PSIQUIATRA **86-51-49** *CONSULTORIO 102*	**Dr. Jaime A. Rodríguez Peláez** PEDIATRA NIÑOS Y ADOLESCENTES **86-17-15** *CONSULTORIO 212*	

CLÍNICA DE ASMA Y ALERGIAS
Dr. Rubén Shturman

AMSTERDAN 219-A 2° PISO
294-3866   584-0153

Dra. Gabriela Jacobo de Alcaraz
CIRUJANO DENTISTA
86-48-44
CONSULTORIO 314

Dr. Raúl Elguezábal R.
MEDICINA
FAMILIAR Y CIRUGÍA
86-34-73 EU. 428-4846
CONSULTORIO 309

MODELO: —Necesito un examen médico para un nuevo trabajo.

—Llama a la Dra. Corona López.

1. Me duele la cabeza cuando leo o miro televisión.
2. Siempre me siento triste y deprimido/a y no puedo dormir.
3. Mi hermano pequeño está enfermo y tiene fiebre.
4. No puedo respirar bien y tengo la piel irritada.
5. Me duelen mucho los dientes cuando como.
6. Necesito una operación.

11–4 Médicos y pacientes. Escoja el consejo o diagnóstico adecuado para cada caso.

1. Me duele mucho la rodilla.
2. No veo bien cuando leo.
3. Como mucha carne y huevos.
4. Tengo mucha tos.
5. Me duele el cuerpo y tengo fiebre.
6. No puedo respirar en la primavera o cuando cambia el tiempo.
7. Soy diabético/a y no sigo la dieta muy bien.

a. Estas pastillas son muy buenas para la garganta.
b. Descanse y no camine.
c. Puede tener el colesterol muy alto.
d. Puede ser una alergia o asma.
e. Si usted come dulces o azúcar, va a necesitar más insulina.
f. Quizás tenga usted gripe.
g. Creo que necesita cambiar de gafas.

Médicos, farmacias y hospitales

En los países hispanos hay menos restricciones sobre las medicinas y se puede obtener muchas de ellas sin receta médica. En casos que no son graves, los clientes siguen los consejos del farmacéutico, estableciéndose de esta forma una relación personal entre ellos.

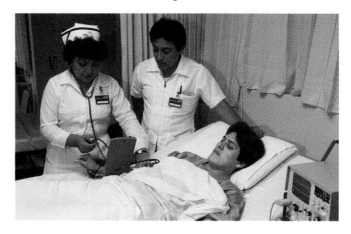

Un médico observa a una enfermera que le toma la tensión a un paciente en un hospital de Mérida, México.

En muchos países hispanos, los médicos recién graduados tienen que trabajar en zonas rurales o muy pobres como una forma de servicio social, antes de establecer su consultorio propio o trabajar en un hospital.

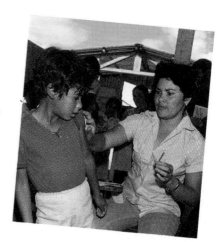

Actividades

11–5   Una consulta.

DOCTOR/A: ¿Cómo te sientes?
USTED: ...
DOCTOR/A: Tienes un poco de fiebre. ¿Qué te duele?
USTED: ...
DOCTOR/A: ¿Qué otros síntomas tienes?
USTED: ...
DOCTOR/A: ¿Eres alérgico/a a la penicilina?
USTED: ...
DOCTOR/A: Te voy a recetar... Si no te sientes bien mañana, me llamas.

Una emergencia.

Usted está de viaje en España y su amigo Raúl se enferma. Son las 10:30 de la noche. ¿A qué farmacia llama? Haga la llamada, describa la enfermedad, pregunte cómo llegar, etc. El/La farmacéutico/a le va a hacer preguntas y recetar la medicina necesaria.

Farmacias de guardia

De nueve y media de la mañana a diez de la noche: Puerta·Nueva, 3 (esquina a Carretería). Gallito, 1 (junto ambulatorio Los Girasoles, sector Carretera Cádiz) frente a barriada La Paz. Avenida Juan Sebastián Elcano, 123 (Pedregalejo, junto cochera de autobuses). Capitán Huelin, 11 (Haza de Cuevas, detrás del Cine Cayri). Arroyo de los Angeles, Bl. Venus (frente Colegio Gibraljaire). Urbanización Parque del Sur, Bl. 16 (Ciudad Jardín). Alemania, 3-7 (junto antiguo mercado de mayoristas).

De diez de la noche a nueve y media de la mañana: Larios, 8, teléfono 211915. Serrato, s/n (barriada Santa Isabel), teléfono 333345.

TORREMOLINOS-BENALMADENA

De nueve y media de la mañana a diez de la noche: Arroyo de la Miel, Avda. de la Concepción, Bloque I (a 80 metros centro salud), Benalmádena. Montemar, calle Aladino, 19, Torremolinos.

De diez de la noche a nueve y media de la mañana: Arroyo de la Miel, Avda. de la Concepción, Bloque I (a 80 metros centro salud), Benalmádena.

11-6 ¿Sí o no?

	Sí	No
1. Es muy difícil obtener medicinas en el mundo hispano.	____	____
2. El farmacéutico también puede darles consejos y medicinas a los pacientes.	____	____
3. Los médicos jóvenes nunca trabajan en las zonas rurales.	____	____
4. Por la noche hay farmacias donde se puede comprar medicinas.	____	____
5. Las enfermeras de México se visten muy diferente a las enfermeras de los Estados Unidos.	____	____

CULTURA   Most of the medicine that is available in the United States is also available in the Hispanic world, although sometimes by a different name. In many cases, prescriptions are not needed and pharmacists have more freedom in advising patients. Pharmacists may also give injections and take the patient's blood pressure. People can always get to a pharmacy since they rotate night and holiday duty (**farmacias de turno/de guardia**). The list of these pharmacies appears in the local newspaper.

11–7 ¿El/La médico/a ideal? Pregúntele a su compañero/a cómo prefiere que sea su médico/a.

MODELO: ser hablador(a) / callado(a)

—¿Cómo prefieres que sea tu médico/a?
¿Hablador/a o callado/a?

—Prefiero que sea hablador/a porque...

1. ser hombre / mujer
2. ser mayor / joven
3. decir las cosas de forma directa / indirecta
4. tener un consultorio privado / compartir una clínica con otros/as médicos/as
5. ser especialista / médico/a general
6. saber mucho de tu vida personal / no preguntar mucho sobre tu vida personal
7. ...

11–8 En una farmacia. Usted tiene un catarro terrible y va a la farmacia para explicarle sus síntomas al farmacéutico y pedirle consejo. Puede usar algunas de estas sugerencias.

MODELO: —Me siento muy mal.

—¿Qué le pasa?

Tengo mucho catarro y no puedo respirar bien.

¿Cuántas pastillas debo tomar? Tome tres pastillas al día.

Siempre debe tomar vitamina C.

Este antihistamínico es excelente.

Éste es el segundo catarro este invierno. ¿Toma usted vitaminas?

Como muchas frutas y verduras.

 *A escuchar*

You will hear two patients describing their ailments. After each description, you will hear some advice. Mark the appropriate column to indicate whether it is good or bad advice.

	Bueno	Malo		Bueno	Malo
1. a.	X		2. a.		X
b.		X	b.		X
c.	X		c.	X	
d.		X	d.	X	

 *A leer*

1. Éste es un anuncio del Ministerio de Sanidad y Consumo animando a las personas a que se cuiden. Sus conocimientos de cómo mantener la salud lo/la van a ayudar a comprender mejor el anuncio.

Te quieres *si llevas una vida sana,* **si no fumas** *o moderas el consumo de tabaco, si tu dieta es rica* **en fibra, frutas** *y* **verduras,** *si vigilas tu peso, si haces* **ejercicio** *y te mides la tensión de vez en cuando. Así, reduces los riesgos de enfermedad cardiovascular y tendrás un* **corazón sano** *para toda la vida.*

No te quieres *si no cuidas tu corazón. No te quieres cuando* **fumas,** *cuando tomas* **mucha sal** *o exceso de* **grasa animal** *que aumenta peligrosamente el colesterol en tu sangre. Tampoco te quieres si no te preocupas de medirte la tensión.*

Quiérete un poquito más, y cuídate, de CORAZON.

MINISTERIO DE SANIDAD Y CONSUMO

Ahora determine si cada actividad significa que te quieres o que no te quieres.

	Te quieres	No te quieres
a. fumas mucho	——	——
b. llevas una vida sana	——	——
c. comes mucha grasa animal	——	——
d. haces ejercicio	——	——
e. usas mucha sal	——	——
f. tu peso es normal	——	——
g. consumes frutas y vegetales	——	——
h. te cuidas el corazón	——	——

2. **¿Me quiero o no me quiero?** Dígale a su compañero/a si usted está entre las personas que se quieren o entre las que no se quieren y explíquele qué hace para estar entre esas personas. Después, su compañero/a le debe decir en qué grupo está él/ella y qué hace para estar en ese grupo.

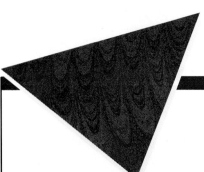

Enfoque

LOS SISTEMAS DE SALUD

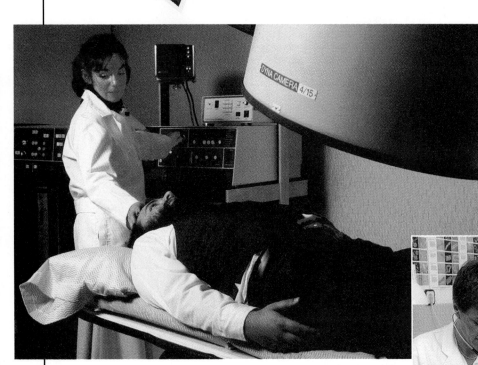

En la mayoría de los países que integran el mundo de habla española funcionan sistemas públicos de salud. Financiados y administrados por los gobiernos de esos países, estos sistemas tratan de ofrecer atención médica en todas las especialidades y a todos sus habitantes.

En algunos países los organismos de salud cubren a casi toda la población mediante centros hospitalarios y puestos de salud situados en todas las regiones del país. En otros países, la medicina privada funciona junto con los servicios públicos de salud.

En general, el costo de los servicios médicos y las medicinas es más bajo en el mundo de habla española que en los Estados Unidos. De hecho, muchos norteamericanos que viven cerca de la frontera mexicana compran sus medicinas en farmacias mexicanas a precios que son hasta un 50% más bajos que en los Estados Unidos.

A pesar de que en las grandes ciudades del mundo hispano funcionan excelentes hospitales y hay médicos altamente especializados, podemos decir, en general, que el nivel tecnológico de los servicios y del equipo médico es más alto en los Estados Unidos.

1. INDICATIVE AND SUBJUNCTIVE AFTER IMPERSONAL EXPRESSIONS

—Resbalé y me caí. Me duele mucho el brazo.

—Es necesario hacer una radiografía.

EL HUESO

—¿Tengo el brazo fracturado?

—Sí, pero es una fractura simple.

—Es muy importante que usted no mueva el brazo. En tres semanas va a estar perfectamente bien.

- Impersonal expressions that express a subject in the dependent clause may use either the indicative or the subjunctive.

- Use the indicative after impersonal expressions that denote certainty.

  Es verdad que Ana **fuma** mucho.   *It's true that Ana smokes a lot.*

- Other expressions that require the indicative are: **es cierto que, es evidente que, es obvio que,** and **es seguro que.**

- In the negative, these same expressions normally use the subjunctive.

  No es cierto que **fume** tanto.   *It's not true that she smokes so much.*

305

- Use the subjunctive with expressions that denote possiblity, probability, importance, or other value judgments.

  Es probable que **venga** hoy.   *It's probable that he will come today.*

- Other expressions that require the subjunctive are: **es posible que, es importante que, es bueno que, es mejor que, es natural que,** and **es lógico que.**

- Impersonal expressions may also be followed by an infinitive when no subject is expressed. Generalizations are often expressed in this way.

  Es necesario **ir** al médico dos veces al año.   *It is necessary to see a doctor twice a year.*

Actividades

11–9   Consejos a una persona con gripe.   Empiece sus consejos con las expresiones **es importante que** o **no es bueno que.**

MODELO: beber líquido

Es importante que usted beba bastante líquido.

1. dormir bastante *duerma*
2. tomar sopa de pollo *tome*
3. tomar la medicina *tome*
4. ir a la universidad *vaya*
5. hacer ejercicio *haga*
6. trabajar mucho *trabaje*
7. descansar *descanse*
8. bañarse con agua fría *se bañe*
9. esquiar esta semana *esquíe*
10. tomar bebidas calientes *tome*

11–10   Recomendaciones.   Su compañero/a le va a explicar cómo se siente y usted va a escoger la recomendación adecuada.

MODELO: dolor de estómago (comer muy poco)

—Tengo dolor de estómago.

—Es necesario que comas muy poco.

descansar	acostarse
tomar antibióticos	ir al campo
dormir bastante	hablar poco
tomar dos aspirinas	llamar al médico

1. dolor de cabeza
2. fiebre
3. dolor en las piernas
4. estar nervioso/a
5. una infección en los ojos
6. una alergia terrible
7. dolor de garganta
8. dolor de espalda
9. mucha tos
10. dolor de oídos

11–11 ¿Por qué se sienten mal? Usted es médico/a y sus pacientes le van a decir sus síntomas. Usted les hace una pregunta y luego una recomendación.

MODELO: dolerle la cabeza / mirar televisión

> PACIENTE: Me duele la cabeza.
>
> MÉDICO/A: ¿Mira mucha televisión?
>
> PACIENTE: Sí, tres o cuatro horas.
>
> MÉDICO/A: Pues es importante que no mire televisión.

1. dolerle la garganta / hablar mucho
2. dolerle el estómago / comer a horas irregulares
3. dolerle los ojos / leer con poca luz
4. dolerle los pies / caminar mucho
5. dolerle la espalda / trabajar en el jardín

11–12 Reacciones lógicas. Lean las siguientes situaciones y completen las siguientes oraciones lógicamente.

1. La Sra. Ortiz va al médico porque no se siente bien. Ella trabaja más de diez horas todos los días y duerme muy poco. Además no come bien y no toma vitaminas ni hace ejercicio. ¿Qué le dicen ustedes a la Sra. Ortiz?

   a. Es obvio que...   b. Es probable que...   c. Es necesario que...

2. Julia estudia español en la universidad y quiere trabajar en un país hispano después de su graduación. ¿Qué le dicen ustedes a Julia?

   a. Es cierto que...   b. Es importante que...   c. Es mejor que...

3. El mes próximo es el cumpleaños de Martita y quiere celebrar su cumpleaños con una fiesta. ¿Qué le dicen ustedes?

   a. Es posible que...   b. Es verdad que...   c. Es muy importante que...

11–13 Cómo ser saludable. Preparen una lista de consejos para ser saludable. Comparen sus consejos con los de otros grupos.

MODELO: Para ser saludable, es importante que... / Es mejor que... / Es necesario que...

11–14 Situaciones.

1. Your friend is a heavy smoker. Ask your friend how many cigarettes (**cigarrillos**) he/she smokes a day, tell him/her it is important to stop smoking (**dejar de fumar**), and give him/her some good advice such as going to a gym, walking, and chewing gum (**masticar chicle**).

2. Enact the roles of a doctor and a patient. The patient should describe all his/her symptoms and ask appropriate questions. The doctor should ask pertinent questions and prescribe some medication. The patient should also ask the doctor some questions.

2. THE EQUIVALENTS OF ENGLISH **LET'S**

▪ **Vamos** + **a** + *infinitive* is commonly used in Spanish to express English *let's* + *verb*.

    Vamos a empezar ahora.   *Let's begin now.*

▪ Use **vamos** by itself to mean *let's go*. The negative *let's not go* is **no vayamos**.

    Vamos al gimnasio.   *Let's go to the gym.*
    No vayamos al gimnasio.   *Let's not go to the gym.*

▪ Another equivalent for *let's* + *verb* is the **nosotros** form of the present subjunctive.

    Hablemos con el médico   *Let's talk to the doctor.*
    No corramos tan rápido.   *Let's not run so fast.*

▪ The final **-s** of reflexive affirmative commands is dropped when the pronoun **nos** is attached.

    Levantemos + **nos**   Levantémonos.
    Sirvamos + **nos**   Sirvámonos.

Actividades

11–15 Resoluciones de Año Nuevo. Sugiérale a su compañero/a un cambio de actitud para el año nuevo.

MODELO: comer más verduras

      —Vamos a comer más verduras.

      —Sí, comamos más verduras.

1. comer menos comida frita
2. tomar leche descremada
3. ver menos televisión
4. levantarse a las 6:00
5. acostarse temprano
6. hacer ejercicio
7. dormir ocho horas
8. nadar más
9. caminar todas las mañanas
10. jugar al tenis
11. manejar menos
12. montar en bicicleta

11–16 Un viaje a Madrid. Cada uno debe decir las cosas que quiere que el grupo haga durante su viaje a Madrid.

MODELO: comer en un buen restaurante

      Comamos (Vamos a comer) en un buen restaurante el domingo.

1. ir a la ópera
2. caminar por la ciudad
3. visitar el Prado
4. ir al Parque del Retiro
5. ver la Puerta de Alcalá
6. almorzar en un café
7. ver una corrida de toros
8. montar el metro
9. ir al Palacio Real
10. comprar tarjetas postales

11–17 La preparación de una fiesta. En un grupo deben dar sus ideas para la fiesta.

MODELO: invitar

　　　　　Invitemos a Carlota, Lucía, Pablo y Marcos.

1. servir	4. tocar	7. tener
2. preparar	5. vestirse	8. traer
3. empezar	6. bailar	9. comprar

11–18 Situación.

You and a friend are planning to visit a classmate who is in the hospital. Decide a) when you will visit, b) what you are going to take him/her, and c) what you can do for your classmate after he/she leaves the hospital.

3. THE SUPERLATIVE

Las mejores frutas y verduras de Málaga

- To form the superlative use a *definite article + noun + **más/menos** + adjective*. To express *in* or *at* with the superlative use **de.**

　　Es **el** traje **más/menos** caro 　　*It is the most/least expensive suit*
　　(**de** la tienda). 　　　　　　　　　*(in the store).*

- Do not use **más** or **menos** with **mejor, peor, mayor,** and **menor.**

　　Son **los mejores** vinos del país. 　*They're the best wines in the*
　　　　　　　　　　　　　　　　　　　country.

- When the referent is clear, you may delete the noun when using the superlative.

　　Es **el más caro** de la tienda 　　　*It's the most expensive one in*
　　　　　　　　　　　　　　　　　　　the store.
　　Son **los mejores** del país. 　　　　*They're the best ones in the*
　　　　　　　　　　　　　　　　　　　country.

Superlative with -ísimo

- To express the idea of *extremely,* add the ending **-ísimo** (**-a, -os, -as**) to the adjective. If the adjective ends in a consonant, add **-ísimo** directly to the singular form of the adjective. If it ends in a vowel, drop the vowel before adding **-ísimo.**

fácil	El examen es **facilísimo.**	*The exam is extremely easy.*
grande	La casa es **grandísima.**	*The house is extremely big.*
bueno	Las verduras son **buenísimas.**	*The vegetables are extremely good.*

Actividades

11–19 La universidad.

MODELO: el edificio más alto

—¿Cuál es el edificio más alto de la universidad?

—La biblioteca es el edificio más alto.

1. el edificio más grande
2. la clase más interesante
3. el/la mejor profesor/a
4. el libro más caro
5. la peor comida de la cafetería
6. el deporte más popular
7. el/la mejor estudiante
8. la materia menos difícil
9. el peor equipo
10. los mejores atletas

11–20 Preguntas personales.

1. ¿Quién es tu mejor amigo? ¿Y tu mejor amiga?
2. ¿Con quién hablas cuando tienes un problema?
3. ¿Cuál es el peor día de la semana para ti? ¿Por qué?
4. ¿Y cuál es el mejor día? ¿Por qué?

11–21 Opiniones.   Contesten estas preguntas.

1. ¿Dónde venden la mejor pizza? ¿Y la mejor hamburguesa?
2. ¿Cuál es la mejor película de este año? ¿Y la peor?
3. ¿Cuál es el peor programa de televisión este año? ¿Y el mejor?
4. ¿Cuál es el mejor equipo de béisbol este año? ¿Y el peor?
5. ¿Cuáles son los mejores jugadores?

11–22 En el teatro.   Usted y su compañero/a están en el teatro. Él/ella le da su opinión y usted está de acuerdo con todo lo que dice. Use el adjetivo terminado en la forma apropiada de **-ísimo.**

MODELO: —Este drama es muy interesante.

—Sí, es interesantísimo.

1. Las entradas son muy caras.
2. Los actores son buenos.
3. Los asientos son cómodos.
4. El programa es muy largo.
5. El actor principal es muy viejo.
6. La actriz principal es muy simpática.

11–23   Mis compañeros/as.

MODELO: alto   —¿Quién es el/la más alto/a de la clase?

—... es el/la más alto/a (de la clase).

1. simpático	4. popular	7. serio
2. paciente	5. fuerte	8. listo
3. inteligente	6. elegante	9. optimista

11–24   Un concurso de aficionados al arte.   En grupos de ocho alumnos, deben decidir quiénes son los/las ganadores/as. Dos de ustedes van a anunciar primero los premios principales y después los premios de consolación. Luego, piensen en otras categorías posibles y anuncien los ganadores/as.

MODELO: La mejor diseñadora es la Srta. Asunción Benítez.

Premios principales	**Premios de consolación**
mejor cantante	más creativo/a
mejor actor/actriz	más ingenioso/a
mejor bailarín/bailarina	más rápido/a
mejor pianista/violinista	más sensitivo/a

11–25   Situación.

You are new in the area and need a medical check-up (**examen/chequeo médico**). Ask your friend who the best doctor is and if it is difficult to get an appointment (**turno/cita**). Your friend will answer your questions and add a few remarks about the doctor (e.g. his/her attitude with patients, promptness, etc.)

4.   PRONOUNS AFTER PREPOSITIONS

- In *Lección 7* you used **a** + *pronoun* to clarify or emphasize the indirect object pronoun. Spanish uses subject pronouns after prepositions except for **yo** and **tú**, for which **mí** and **ti** are used. Some common prepositions are: **a, de, para, con,** and **sin.**

A él le gusta bailar.

Juan **me** habla **a mí**; no **te** habla **a ti.**

Para ustedes es un viaje muy largo.

Mis padres no quieren ir **sin nosotros.**

- In the following cases, Spanish does not use **mí** and **ti.**

  1. After **con,** use **conmigo** and **contigo.**

     ¿Vas **conmigo**? Sí, voy **contigo.**

  2. After **entre,** use **yo** and **tú.**

     Entre tú y **yo** terminamos el trabajo.

Actividades

11–26 En un restaurante. ¿Qué le piden al camarero los Rivas?

MODELO: El Sr. Rivas quiere comer pescado y papas
fritas. ¿Qué dice?

Para mí, pescado y papas fritas.

1. La Sra. Rivas quiere espaguetis y ensalada. ¿Qué dice?
2. Las dos chicas quieren pollo frito y vegetales. ¿Qué dice el Sr. Rivas?
3. El niño pequeño quiere sopa. ¿Qué dice la Sra. Rivas?
4. La niña pequeña quiere pizza. ¿Qué dice el Sr. Rivas?
5. Los Rivas quieren una botella de vino tinto. ¿Qué dice la Sra. Rivas?

11–27 ¡Al hospital! De acuerdo con la tabla, diga con quién van a ir
las personas indicadas para visitar a un familiar que está en el hospital.

MODELO: Pedro y Magdalena van a ir con nosotros.

nosotros	yo	tú	él	ellos
Pedro Magdalena	Alicia Marta	Carmen Alberto	Jorge Javier	Mónica Rafael

11–28 ¿En el carro de quién? Complete el siguiente diálogo con su
compañero/a usando pronombres.

USTED: ¿Vas conmigo?

COMPAÑERO/A: No, no voy _____.

USTED: ¿Con quién vas a ir?

COMPAÑERO/A: Voy a ir con _____.

USTED: ¿Dónde te vas a sentar?

COMPAÑERO/A: Entre _____ y _____.

5. RELATIVE PRONOUNS

▪ The relative pronouns **que** and **quien(es)** combine two clauses into
one sentence.

Los médicos trabajan en ese hospital.
Los médicos son excelentes. →
Los médicos **que** trabajan en ese hospital son excelentes.

▪ **Que** is the most commonly used relative pronoun. It may refer to
persons or things.

Las vitaminas **que** yo tomo son muy caras.
Ése es el doctor **que** me receta las vitaminas.

- **Quien(es)** refers only to persons and may replace **que** in a clause set off by commas.

  Los Márquez, **quienes/que** viven   *The Márquezes, who live in the*
  en la ciudad, prefieren el campo.   *city, prefer the country.*

- Use **quien(es)** after a preposition when referring to people.

  Allí está el señor **a quien** le   *There is the gentleman to whom*
  debes dar el dinero.   *you should give the money.*

Actividades

11–29 Una telenovela.   Complete los siguientes párrafos con **que** o **quien.**

> *Mi corazón* es la telenovela _____ tiene más público. El actor principal es Álvaro Montalvo. Él es el actor de _____ todos hablan. La crítica cree que este año va a ganar el premio Talía, _____ es el equivalente del Óscar norteamericano. El 90 por ciento de las chicas dice que Álvaro es el actor con _____ les gustaría salir.

> Silvina Bosque es la actriz principal. En la telenovela ella está enamorada de Álvaro, pero Álvaro no la quiere. Esmeralda del Valle es la chica a _____ él quiere, pero Esmeralda no es buena. A ella sólo le interesa el dinero de Álvaro. La telenovela es muy melodramática y siempre hay problemas _____ mantienen el interés del público.

11–30 Mi médico/a o dentista.   Descríbale a su compañero/a su médico/a o dentista. Mencione por lo menos tres características.

MODELO: Mi médico/a es... Es un/a médico/a / dentista
          que...

11–31 Un choque.   Con un/a compañero/a complete esta conversación con los pronombres **que** o **quien.**

EVARISTO: Jorge, ¿qué haces aquí en el hospital? ¿A quién viniste a ver?

JORGE: A Ángela. Es la chica con _____ estoy saliendo.

EVARISTO: ¿Y qué pasó?

JORGE: Tuvimos un accidente con el carro _____ su padre le regaló.

EVARISTO: ¡Qué horror! ¿Y a quién llamaste?

JORGE: A nadie. Pero, mira, aquí viene la doctora _____ está atendiendo a Ángela.

11–32 Situación.

Your university is celebrating **El día de la salud.** Tell your friend that the faculty of the School of Medicine will give advice on health and nutrition and will do free (**gratis**) blood pressure exams. Your friend should ask a) more about the celebration, b) who is going with you, and c) if he/she can go as well.

REPASO GRAMATICAL

1. THE ENGLISH EQUIVALENTS OF **LET'S**

> **Vamos/No vayamos** + a + *infinitive*
>
> **Nosotros** form of subjunctive: **Hablemos.** *Let's talk.*

2. THE SUPERLATIVE

> *definite article* + (noun) + **más/menos** + *adjective* + de
> El dentista más caro de la ciudad.
>
> *adjective* + **ísimo**
> grande + **ísimo** = grandísimo
> fácil+ **ísimo** = facilísimo

3. PRONOUNS AFTER PREPOSITIONS

SUBJECT PRONOUNS	PRONOUNS AFTER PREPOSITIONS	SUBJECT PRONOUNS	PRONOUNS AFTER PREPOSITION
yo	**mí**	nosotros/as	**nosotros/as**
tú	**ti**	vosotros/as	**vosotros/as**
usted, él, ella	**usted, él, ella**	ustedes, ellos, ellas	**ustedes, ellos, ellas**

 A escuchar

11–33 **¿Seguro?** Listen to the sentences to determine if they express certainty (**certidumbre**) or uncertainty (**incertidumbre**).

Certidumbre	Incertidumbre		Certidumbre	Incertidumbre
1. ___	___	5.	___	___
2. ___	___	6.	___	___
3. ___	___	7.	___	___
4. ___	___			

11–34 **¿Quién es quién?** Listen to the following sentences to identify the people in the pictures.

Test ✗

11-35 Un/a doctor/a responsable. You are a very organized and busy doctor. At the end of each day, you write down each patient's problem on a chart. Complete the following chart with the information you hear.

paciente/fecha: 24/5	síntomas	tratamiento	otra información
Carrera	cansarse fumar toser	*no fumar duerme medication*	volver en 4 semanas
Araujo	*ear infection*	inyección de antihistamínicos	en el hospital
Dominguez	*infeccion de la garganta*	antibióticos (Amoxilina 500 mg x 8 horas)	volver en 10 días

38°C – 100%

A conversar

11-36 Mayores y menores. Practiquen el superlativo haciendo preguntas sobre los niños de las fotos.

MODELO: —¿Quién es la mayor?

—María del Rosario Uzurita es la mayor. ¿Quién es el mayor?

CAROANA, M. Fernanda, 3 años.

CAPOBIANCO, Angela, 7 años.

RIVAS BIXIO, Juan I., 6 años.

BIANCO, Nicolás M., 8 meses.

GARCIA, Elena, 8 meses.

UZURITA, M. del Rosario, 8 años.

REMON ITHARTE,
M. Inés, 6 años.

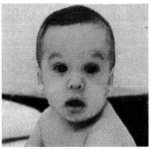

PALACIN,
Maximiliano, 8 meses.

LUGO, Gustavo A.,
4 años.
LUGO, César D.,
4 años.

11–37 Dificilísimo. Averigüe qué les parecen a sus compañeros/as las siguientes cosas. Sus compañeros/as deben responder usando el superlativo con **-ísimo.**

MODELO: —¿Qué te parece la clase de español?

—La clase de español me parece facilísima.

nombre	las películas de...	el libro de español	el periódico de la ciudad	su compañero/a	sus profesores

11–38 El/La recepcionista de la doctora Vidal. Imaginen que uno de ustedes es el/la recepcionista y el/la otro/a es el/la paciente. Llamen a la recepcionista, explíquenle sus síntomas y pídanle una cita con la doctora.

MODELO: —Consultorio de la Dra. Vidal, buenas tardes.

—Necesito ver a la doctora, por favor.

—Dígame, ¿qué le pasa?

—Tengo fiebre muy alta y me duelen los oídos.

—Hmm, un momento. ¿Puede venir hoy a las 5:30?

—Sí, a las 5:30 está bien.

—¿Su nombre, por favor?

—Jorge Galdoz.

—Muy bien, señor Galdoz. Lo esperamos a las 5:30.

—Gracias. Adiós.

INVESTIGACIÓN

En la mayoría de los países hispanos los médicos van a la casa de los pacientes cuando están enfermos. ¿Viene el/la médico/a a visitarlo/la a su casa? ¿En qué situaciones?

11–39 Por una vida sin SIDA *(AIDS).*   Ustedes van a preparar un afiche para una campaña sobre el SIDA en su universidad. Decidan qué ideas pueden incluir en el afiche. Utilicen las siguientes frases para empezar.

Hagamos...

Es importante...

Es preferible...

Es imposible...

Es necesario...

Es bueno...

Llamemos...

Es malo...

Es deseable...

Es mejor...

Lista de tareas a realizar
- *pedir dinero a hombres y mujeres de negocios*
- *hacer publicidad en la televisión*
- *conseguir entrevistas en los periódicos*
- *visitar los colegios, las bibliotecas, etc.*
- *escribir a enfermos de SIDA*
- *entrevistar a las autoridades*
- *organizar campañas de apoyo*
- *repartir folletos informativos*

 A leer

---

¿ QUE ES EL S.I.D.A. ?

El SIDA es una infección causada por un virus que puede desorganizar las defensas del organismo, dando lugar a la aparición de enfermedades oportunistas.

SIGNIFICADO

 Sindrome: Conjunto de síntomas característicos de una enfermedad.

Inmuno: Referido al sistema de defensa de nuestro cuerpo contra las enfermedades (Sistema Inmunitario).

Deficiencia: Indica que el sistema de defensa funciona deficientemente o no funciona.

 Adquirida: Basado en el contagio persona a persona, a través de elementos o secreciones sexuales y/o sanguíneas

¿ COMO SE CONTAGIA ?

VIA SEXUAL

VIA SANGUINEA

- A través de instrumentos punzantes y/o cortantes.
- Transfusiones sanguíneas.
- Agujas y jeringas infectadas.

OTROS

- Cepillos dentales.
- Máquinas de afeitar.
- Contagio Madre - Hijo. Transmisión de la madre infectada al feto durante la gestación y a través de la leche materna.
- Transplante de órganos infectados.

¿ COMO SE PREVIENE ?

... ACTUE CON PRUDENCIA EN TODO MOMENTO !!

☞ No comparta agujas, jeringas, cepillos dentales, máquinas de afeitar, etc.

¿ COMO NO SE CONTAGIA ?

NO se contagia por:

☞ Trabajar, estudiar, dar la mano, tocar, abrazar o sentarse en compañía de un infectado.

☞ Compartir vajilla, vasos, botellas, alimentos, bombillas, ropa, sábanas, toallas.

☞ Exposición a la tos, estornudo, lágrimas o sudor.

☞ NO se propaga en: medios públicos de transporte, ni por el agua de las piscinas, ni a través de las picaduras de insectos.

11–40 Un resumen. Lea el folleto y haga un resumen de 3 ó 4 oraciones con las ideas principales. Luego, lea paso a paso el folleto y conteste las siguientes preguntas.

1. ¿Qué es el SIDA?
2. ¿Cuál es el significado de la sigla SIDA?
3. ¿Cómo se contagia el SIDA?
4. ¿Cómo no se contagia?
5. ¿Cuál es la base fundamental de la prevención?

A escribir

11–41 Querido/a compañero/a. Usted es el editor de un periódico escolar y tiene que escribir una nota dirigida a los alumnos de su escuela sobre el SIDA. Siguiendo la siguiente estructura, escriba la nota para el periódico.

Saludo:

Datos personales. Razón u objetivos de la carta.

Datos científicos sobre el SIDA en su comunidad y su país.

Consejos para los alumnos.

Datos sobre lugares a los que los alumnos pueden recurrir para lograr apoyo e información.

Despedida final.

VOCABULARIO

EL CUERPO HUMANO

el corazón	*heart*
la garganta	*throat*
el hueso	*bone*
el oído	*(inner) ear*
la sangre	*blood*

LA SALUD

la fiebre	*fever*
la fractura	*fracture*
la gripe	*flu*
la infección	*infection*
el síntoma	*symptom*
la tensión	*pressure*

TRATAMIENTO MÉDICO

el antibiótico	*antibiotic*
la aspirina	*aspirin*
la inyección	*injection*
el grado	*degree*
el líquido	*liquid*
la pastilla	*pill*
la radiografía	*X ray picture*
la receta	*prescription*

PERSONAS

el/la farmacéutico/a	*pharmacist*
el/la paciente	*patient*

LUGARES

la clínica	*clinic*
el consultorio	*doctor's office*

DESCRIPCIONES

alérgico/a	*allergic*
enfermo/a	*sick*
fracturado/a	*fractured, broken*
grave	*serious*
personal	*personal*
rural	*rural*
serio/a	*serious*
social	*social*

VERBOS

abrir	*to open*
caerse	*to fall*
cansarse	*to get tired*
cuidar	*to take care of*
doler (ue)	*to hurt*
examinar	*to examine*
fumar	*to smoke*
obtener (g, ie)	*to obtain*
recetar	*to prescribe*
resbalar	*to slip, skid*
sentirse (ie)	*to feel*
toser	*to cough*

IMPERSONAL EXPRESSIONS

Es bueno	*It is good*
Es cierto	*It is certain*
Es evidente	*It is evident*
Es importante	*It is important*
Es lógico	*It is logical*
Es mejor	*It is better*
Es necesario	*It is necessary*
Es natural	*It is natural*
Es obvio	*It is obvious*
Es posible	*It is possible*
Es probable	*It is probable*
Es seguro	*It is sure*
Es verdad	*It is true*

PALABRAS ÚTILES

además	*besides*
conmigo	*with me*
contigo	*with you* (familiar)
enseguida	*immediately*
sin	*without*

EXPRESIONES ÚTILES

cada ... horas	*every . . . hours*
déjame ...	*let me . . .*
¿Qué te pasa?	*What's wrong (with you)?*
tener dolor de ...	*to have a/an . . . ache*
tener mala cara	*to look terrible*
qué va	*nothing of the sort, no way*

LECCIÓN 12

"Buenas tardes, señores pasajeros. LACSA anuncia la salida del vuelo 718 con destino a San José. Favor de pasar a la puerta de salida número 18."

Los viajes

COMUNICACIÓN

- Making travel arrangements
- Asking about and discussing travel schedules
- Communicating by phone
- Expressing denial and uncertainty
- Making future plans
- Describing actions

ESTRUCTURAS

- Indicative and Subjunctive in Adjective Clauses
- Affirmative and Negative Expressions
- Adverbs

CULTURA

- Traveling in Spanish-speaking countries

Los medios de transporte

Muchos autobuses tienen todas las comodidades del mundo moderno y son la solución para las personas que no les gusta manejar en carretera.

Un viaje en una "chiva" es una experiencia inolvidable. Las chivas son unos autobuses muy comunes en Colombia. El chofer de cada chiva decora el bus con diferentes adornos de muchos colores.

....

CULTURA Many people depend on public transportation. Subways **(el metro)** help alleviate the traffic in Madrid, Barcelona, Santiago, Buenos Aires, Caracas, and Mexico City. Buses are often used for travel between cities. Many people use public transportation because of the high cost of cars and airfare. Motorcycles **(motocicletas/motos)** are popular among young people.

AVE, el tren español de alta velocidad, comenzó a prestar servicios entre Madrid y Sevilla en 1992. Este tren alcanza una velocidad de 250 kilómetros por hora y ofrece todo tipo de comodidades al viajero.

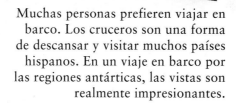

Muchas personas prefieren viajar en barco. Los cruceros son una forma de descansar y visitar muchos países hispanos. En un viaje en barco por las regiones antárticas, las vistas son realmente impresionantes.

Los aviones facilitan las comunicaciones y el comercio entre los países. Hay excelentes aerolíneas en casi todos los países hispanos. Muchas de estas compañías tienen rutas internacionales y vuelan los jets más modernos.

CULTURA The diverse geographical conditions of many Spanish-speaking countries (mountains, jungles, deserts, rivers, rainy seasons) create financial and logistical problems in the building of highways and railroads. Air travel has solved many of these problems, but remains unaffordable for many people.

En el aeropuerto

Los pasajeros hacen cola frente al mostrador de la aerolínea para facturar el equipaje y conseguir la tarjeta de embarque.

EMPLEADA:	Aquí tiene su tarjeta de embarque. Su asiento es el 10F en la sección de no fumar.
VIAJERO:	¿Cuál es la puerta de salida?
EMPLEADA:	Es la 6C. Que tenga usted un buen viaje.

Preparaciones para un viaje

Hay mucho que hacer para estar listo para un viaje: ir al banco, pedir los documentos oficiales, recoger el pasaje y preparar la ropa.

EMPACAR/HACER LA MALETA

EL CHEQUE DE VIAJERO

EL PASAJE DE IDA Y VUELTA

EL PASAPORTE

Actividades

12–1 Asociaciones.

1. las chivas
2. los autobuses
3. el AVE
4. los cruceros
5. las aerolíneas

a. para visitar diferentes islas
b. tren de alta velocidad
c. buses con muchos colores
d. vuelan los últimos jets
e. para un viaje cómodo entre dos ciudades

12–2 En una agencia de viajes. Escoja la palabra o frase adecuada para completar estas oraciones.

a. sección de no fumar	e. pasaporte
b. cheques de viajero	f. primera clase
c. sección de fumar	g. pasaje de ida y vuelta
d. asiento de ventanilla	h. clase turista

1. Sara necesita un boleto de Boston a Bogotá para el 10 de febrero. Quiere volver a Boston el 17. Ella necesita un _____.
2. Roberto es alérgico al tabaco. Quiere un asiento en la _____.
3. Carmen Rodríguez tiene mucho dinero y le gusta estar muy cómoda. Cuando viaja siempre pide un asiento en _____.
4. A Carolina le gusta ver las montañas y las ciudades cuando viaja. Prefiere un _____.
5. Samuel fuma mucho. Quiere un asiento en la _____.
6. Elena no tiene tarjetas de crédito y no quiere llevar dinero en el viaje. Necesita _____.
7. Roberto va a Guatemala y no tiene mucho dinero. Va comprar un boleto en la _____.
8. Ana necesita un documento de identificación para su viaje a Chile. Tiene que pedir un _____.

12–3 La tarjeta de embarque. Con su compañero/a busque la siguiente información en la tarjeta.

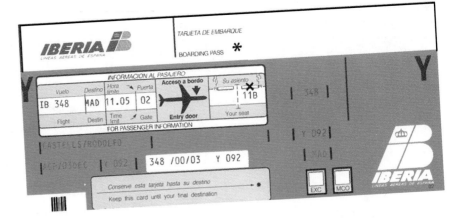

1. compañía   _____
2. número de vuelo   _____
3. puerta de salida _____
4. número de asiento _____
5. sección   _____

12–4 Antes de un viaje. Hagan una lista de las cosas que tienen que hacer antes de un viaje al extranjero. Comparen su lista con la de otros grupos.

Un coche nuevo

EL ESPEJO RETROVISOR

EL PARACHOQUES

EL CINTURÓN DE SEGURIDAD

EL BAÚL / EL MALETERO

EL VOLANTE

EL PARABRISAS

EL MOTOR

EL ESPEJO RETROVISOR

LA LLANTA

EL RADIADOR

EL LIMPIAPARABRISAS

EL ACUMULADOR / LA BATERÍA

Actividades

12–5   ¿Qué es?

1. para proteger a los pasajeros en caso
   de accidente   _____
2. para poner el equipaje   _____
3. es muy importante cuando llueve   _____
4. son negras y llevan aire por dentro   _____
5. para doblar a la izquierda o a la derecha   _____
6. hay que ponerle agua si no queremos que
   se caliente el motor   _____

12–6   Para alquilar un coche.   Complete la siguiente conversación con
su compañero/a y después cambien de papel.

EMPLEADO/A: Buenos días. ¿En qué puedo servirle?

USTED: ...

EMPLEADO/A: ¿Cuándo lo necesita y por cuánto tiempo?

USTED: ...

EMPLEADO/A: Tenemos una tarifa especial. Le podemos ofrecer...

USTED: ...

EMPLEADO/A: ¿Desea usted seguro adicional?

USTED: ...

CULTURA   In general, cars are more expensive in Spanish-speaking
countries than in the United States because of the high taxes that often double
the price of the vehicle. In some countries, such as Spain, gasoline may cost as
much as four dollars a gallon. Nevertheless, there are many cars and traffic is
a serious problem in large cities.

12–7   Mi auto favorito.   Converse con su compañero/a sobre su auto favorito, describiéndole sus características y explicándole porque le gusta.

12–8   Preferencias.   Marque con los números del 1 al 5 los medios de transporte que usted prefiere usar cuando viaja. Los estudiantes que prefirieron en primer lugar el mismo medio deben formar grupos y preparar un pequeño párrafo explicando por qué lo prefieren.

_____ auto   _____ autobús

_____ barco   _____ tren

_____ avión   _____ motocicleta

 *A escuchar*

You will hear a short conversation followed by five related statements. Mark the appropriate column to indicate whether each statement is true or false.

	Sí	**No**
1.	✕	_____
2.	✕	_____
3.	_____	✕
4.	_____	✕
5.	_____	✕

 *A leer*

Usted piensa comprar un auto nuevo, pero tiene poco dinero. Mire el anuncio de una revista en la próxima página. Léalo con cuidado buscando información que lo/la pueda ayudar a comprar el auto.

Complete las siguientes oraciones con la información que se da en el anuncio.

1. La institución que puede facilitar la compra es _____.
2. Para pagar la deuda las personas tienen hasta _____ años.
3. Las personas que no viven en la capital pueden recibir más información en _____.
4. La palabra Banamex quiere decir _____.

Con su compañero/a decidan qué auto les interesa comprar, cuáles son
sus características y cómo lo van a pagar.

Enfoque

UN PARAÍSO TURÍSTICO

Costa Brava, España

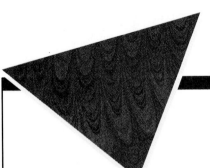

San Juan

Dada su situación geográfica, la riqueza y variedad de sus recursos naturales, sus climas y los factores relacionados a los costos de vida, los países que integran el mundo de habla española son un verdadero paraíso turístico. De hecho, la industria turística es uno de los sectores comerciales más importantes en países como España, México, Puerto Rico y la República Dominicana. Por su clima templado y la belleza de sus costas, España sirve como centro de vacaciones para toda Europa. Solamente a España llegan más de 40 millones de turistas europeos y norteamericanos cada año.

Quintana Roo, México

1. INDICATIVE AND SUBJUNCTIVE IN ADJECTIVE CLAUSES

- An adjective clause is a dependent clause that is used as an adjective.

Adjective

Hay algunos estudiantes **trabajadores**.

Adjective clause

Hay algunos estudiantes **que son trabajadores**.

- Use the indicative in an adjective clause that refers to a person, thing, or place that exists or is known.

Hay alguien que **habla** 34 lenguas.	*There is someone who speaks 34 languages.*
Quiero viajar en el tren que **sale** por la mañana.	*I want to travel on the train that leaves in the morning.* (you know there is such a train)

- Use the subjunctive in an adjective clause that refers to a person, thing, or place that does not exist or is unknown.

No hay nadie que **hable** 34 lenguas.	*There isn't anyone who speaks 34 languages.*
Quiero viajar en un tren que **salga** por la mañana.	*I want to travel on a train that leaves in the morning.* (any train as long as it leaves in the morning)

Actividades

12–9 Un lugar para descansar. Su compañero/a va a hacerle preguntas sobre este lugar. Contéstele según la información que aparece más abajo.

MODELO: hotel / tener piscina
   COMPAÑERO/A: ¿Hay un hotel que tenga piscina?
   USTED: Sí, hay un hotel que tiene piscina. *o* No, no hay un hotel que tenga piscina.

Hay
tiendas / vender ropa para esquiar
cines / dar películas españolas
lugares / aceptar cheques de viajero

No hay
autobús / llegar por la mañana
cafetería / servir comida vegetariana
lugares / aceptar cheques personales

Actividades

12–10 Agencia Las Hamacas. Con su compañero/a, compartan información sobre la agencia de acuerdo con el siguiente anuncio.

MODELO: —Hay una agencia que planea viajes al extranjero.

—Es una agencia que...

TURISMO

○ **Las Hamacas** ○

SERVICIO DE VIAJES
LE PLANEAMOS SU VIAJE A CUALQUIER PARTE
DE MÉXICO Y DEL EXTRANJERO

BOLETOS DE AVIÓN, DE BARCO, RENTA DE AUTOS, VIAJES TODO
PAGADO, RESERVACIONES A HOTELES, LOBBY HOTEL ACAPULCO IMPERIAL

521-24   **528-59**
5-22-79   LLAME LE ENVIAMOS
        SUS BOLETOS

COSTERA M. ALEMÁN N° 251, ACAPULCO, GRO.

12–11 Usted está muy equivocado/a. Explíquele a su compañero/a que sus ideas son incorrectas. Sigan el modelo.

MODELO: regalar pasajes

—¿Hay alguna agencia que regale pasajes?

—No, no hay ninguna agencia que regale pasajes.

1. vender aviones
2. cambiar cheques
3. abrir el 25 de diciembre
4. servir comidas
5. vender pasajes a Marte
6. comprar autos

12–12 Los estudiantes de esta clase. Conteste las siguientes preguntas sobre los alumnos de la clase de español. Si la respuesta es afirmativa, diga quién es.

MODELO: —¿Hay alguien que lleve una sudadera blanca?

—Sí, hay alguien que lleva una sudadera blanca.

—¿Quién es?

—Marta.

—¿Hay alguien que hable cuatro lenguas?

—No, no hay nadie que hable cuatro lenguas.

1. ¿Hay alguien que sea alto y delgado?
2. ¿Hay alguien que mida ocho pies?
3. ¿Hay alguien que sea moreno y tenga el pelo corto?
4. ¿Hay alguien que sepa hablar español?
5. ¿Hay alguien que conozca al Presidente?
6. ¿Hay alguien que tenga un avión?
7. ¿Hay alguien que estudie para ser médico?
8. ¿Hay alguien que quiera vivir en Madrid durante un año?

12–13 Un viaje a un pueblo colonial. Usted le hace las siguientes preguntas a su agente de viajes porque quiere ir a Villa de Leiva en Colombia.

USTED: ¿Hay algún vuelo que vaya a Villa de Leiva?

AGENTE: No,...

USTED: ¿Hay algún autobús que pueda tomar en Bogotá?

AGENTE: Sí,...

USTED: ¿Hay algún buen hotel allí?

AGENTE: Sí,...

12–14 Un trabajo urgente. Su compañía necesita varios/as empleados/as nuevos/as. Explíquele a su jefe/a si ya hay o no hay un/a empleado/a así en la compañía.

MODELO: —Necesito a alguien que programe la computadora.

—Sí, hay alguien que programa la computadora. o —No, no hay nadie que programe la computadora.

1. —Necesito a alguien que sepa usar mi computadora.
   —Sí, hay...
2. —Necesito un empleado que hable inglés, japonés y español.
   —No, no hay...
3. —Necesito un empleado que pueda trabajar esta noche.
   —No, no hay...
4. —Entonces, un empleado que pueda trabajar este fin de semana.
   —Sí, hay...
5. —Necesito un empleado que lleve estos documentos al banco ahora.
   —Sí, hay...

12–15 ¿A quiénes conoce? Conteste las preguntas de su compañero/a. Si su respuesta es afirmativa, debe decir quién y cómo es esa persona.

MODELO: vivir en Panamá

—¿Conoces a alguien que viva en Panamá?

—Sí, conozco a alguien que vive en Panamá. Uno de mis primos. Es un chico muy simpático. o —No, no conozco a nadie que viva en Panamá.

1. tener un Rolls Royce
2. hablar ruso
3. viajar a Europa este año
4. trabajar en el aeropuerto
5. saber canciones mexicanas

12–16 Los idealistas. Escriban juntos un párrafo explicando cómo esperan ustedes que sean estas personas o cosas ideales.

MODELO: la casa ideal

Buscamos una casa que esté frente al mar, que sea grande y que tenga una cocina muy moderna. Queremos que la sala tenga una chimenea y que podamos ver el mar...

1. el/la amigo/a ideal
2. las vacaciones ideales
3. el carro ideal
4. la universidad ideal
5. el concierto ideal

12–17 Situación.

You are at a travel agency and you want to take a trip to Puerto Rico. Ask the travel agent the following information: a) how much the ticket is, b) when the plane leaves and arrives, and c) if you need a passport. Then explain the kind of hotel you would like to get (e.g., location, price, amenities).

2. AFFIRMATIVE AND NEGATIVE EXPRESSIONS

AGENTE: Lo siento, ese vuelo está lleno. No hay ningún asiento disponible.

RICARDO: ¿Y el de la tarde?

AGENTE: Hay asientos vacíos, pero el vuelo hace escala en Mazatlán.

MARISELA: Si no hay...

AGENTE: ¿Por qué no reservan un asiento en este vuelo y los pongo en la lista de espera para el otro?

RICARDO: Está bien. Siempre hay alguien que cancela.

AFFIRMATIVE		NEGATIVE	
todo	*everything*	**nada**	*nothing*
algo	*something, anything*		
todos	*everybody, all*	**nadie**	*no one, nobody*
alguien	*someone, anyone, somebody*		
algún, alguno **(-a, -os, -as)**	*some, several, any, someone*	**ningún, ninguno,** **(-a, -os, -as)**	*no, not any, none*
o...o	*either . . . or*	**ni...ni**	*neither . . . nor*
siempre	*always*	**nunca**	*never, (not) ever*
una vez	*once*		
alguna vez	*sometime, ever*		
algunas veces	*sometimes*		
a veces	*at times*		
también	*also, too*	**tampoco**	*neither, not*

- Negative words may precede or follow the verb. If they follow the verb, use the word **no** before the verb.

> **Nadie** vive aquí. ⎱
> **No** vive **nadie** aquí. ⎰   *No one/Nobody lives here.*

- **Alguno** and **ninguno** shorten to **algún** and **ningún** before masculine singular nouns.

> ¿Ves **algún** coche?   *Do you see any car?*
> No veo **ningún** coche.   *I don't see any car.*

- Use the personal **a** when **alguno/a/os/as** and **ninguno/a** refer to a person and are the direct object of the verb. Use it also with **alguien** and **nadie** since they always refer to people. Notice that the plural forms of the negative are rarely used in Spanish.

> ¿Conoces **a** alguno de los chicos?   *Do you know any of the boys?*
> No conozco **a** ninguno.   *I don't know any.*
> ¿Conoces alguno de los libros?   *Do you know any of the books?*
> No, no conozco ninguno.   *No, I don't know any.*

Actividades

12–18 **¿Qué hace usted en los viajes?** Complete las oraciones con: **siempre, a veces, nunca.**

1. _____ me acuesto temprano.
2. _____ me levanto tarde.
3. _____ viajo en primera.
4. _____ hablo con la persona que está a mi lado.
5. _____ voy a ver partidos de béisbol o de fútbol.
6. _____ como en restaurantes elegantes.
7. _____ les escribo a mis amigos.
8. _____ voy al cine por la noche.

12–19 **¿Con qué frecuencia?** Conversen sobre estas actividades y la frecuencia de su participación en ellas.

MODELO: correr

—Yo corro tres veces a la semana. ¿Y tú?

—Yo no corro nunca. *o* —Yo corro a veces/todos los días, etc.

1. ver la televisión
2. viajar en tren
3. llamar a mis amigos
4. esquiar
5. ir de compras
6. manejar al campo
7. escuchar música clásica
8. tomar el metro
9. ir al cine
10. preparar la cena
11. caminar a la universidad
12. jugar al tenis (fútbol, béisbol)

12–20 **Un restaurante malo.** Usted quiere comer en el restaurante del hotel, pero su amigo/a piensa que el restaurante es muy malo. Hágale las siguientes preguntas. Su amigo/a va a contestarle negativamente usando la forma correcta de **ningún.**

MODELO: —¿Sirven platos típicos?

—No, no sirven ningún plato típico.

1. ¿Preparan platos de dieta?
2. ¿Tienen ensaladas buenas?
3. ¿Sirven pescado fresco?
4. ¿Tienen vinos españoles?
5. ¿Tienen postres buenos?
6. ¿Hay camareros amables?

12–21 **Mi amigo/a negativo/a.** Hágale estas preguntas para ver si su amigo/a sigue tan negativo.

MODELO: —¿Vas a llamar a alguien?

—No, no voy a llamar a nadie.

1. ¿Vas a visitar a alguien?
2. ¿Vas a ver alguna película esta noche?
3. ¿Vas a leer o vas a escuchar música?
4. ¿Vas a escribirle a algún amigo?
5. ¿Vas a comer con otras personas?
6. ¿Qué vas a hacer entonces?

12–22 Planeando un viaje. Comenten las cosas que ustedes quieren o no quieren hacer.

MODELOS: comprar el pasaje dos semanas antes

—Yo quiero comprar el pasaje dos semanas antes.

—Yo también. *o* —Yo quiero comprar el pasaje una semana antes.

no comprar el pasaje en el aeropuerto

—Yo no quiero comprar el pasaje en el aeropuerto.

—Yo tampoco. *o* —Yo quiero comprar el pasaje en la agencia de viajes.

1. llegar temprano al aeropuerto
2. pedir un asiento en el pasillo
3. dormir durante el vuelo
4. conocer a otros pasajeros
5. no llevar mucha ropa
6. facturar el equipaje
7. no ver la película
8. no gastar mucho dinero

12–23 Los gustos personales. Un estudiante dice si le gustan o no estas cosas. Los otros le contestan. Comparen sus respuestas con las de otro grupo.

MODELOS: los postres de chocolate

—A mí me gustan los postres de chocolate.

—A mí también. *o* —A mí, no.

viajar en avión

—A mí no me gusta viajar en avión.

—A mí tampoco. *o* —A mí, sí.

1. tener coches pequeños
2. los coches deportivos
3. levantarme temprano
4. hacer ejercicio
5. la música rock
6. las fiestas
7. los viajes largos
8. ir al médico

12–24 En la aduana.

INSPECTOR: ¿Tiene algo que declarar?

USTED: No,...

INSPECTOR: ¿Trae usted alguna planta?

USTED: No,...

INSPECTOR: ¿Tiene usted más de $10.000?

USTED: No,...

INSPECTOR: Por favor, abra el equipaje.

USTED: ...

12–25   En una fiesta.   Usted y un/a amigo/a están en una fiesta en casa de Luisa. Ella viene adonde están ustedes para conversar.

LUISA:	¿Quieres comer algo?
USTED:	...
LUISA:	Y tú, ¿quieres que te sirva algo?
SU AMIGO/A:	...
LUISA:	¿Quieren probar algunos postres?
USTED:	...
SU AMIGO/A:	...
LUISA:	¿Desean beber algo?
USTED:	...
SU AMIGO/A:	...

12–26   Situación.

You are in a plane and the flight attendant asks you if you would like something to drink. Tell him/her that you do not want anything. The flight attendant will then ask if you would like something to eat. Tell him/her that you do not want anything, that you ate before getting on the plane.

3.   ADVERBS

- You have used Spanish adverbs when expressing how things are done or how you feel (**bien, mal, regular**). Spanish also uses adverbs ending in **-mente**, which corresponds to the English *-ly*, to qualify how things are done.

- To form these adverbs, add **-mente** to the feminine form of the adjective. Remember that for some adjectives the feminine form ends with a consonant (**difícil**) or the vowel **-e** (**alegre**).

El coche pasó **rápidamente**.	*The car went by rapidly.*
La niña habló **fácilmente**.	*The child spoke easily.*
Pagaron **amablemente**.	*They paid cheerfully.*

- When two or more adverbs are used in a series, the suffix **-mente** should be attached only to the last adverb.

Contestaste **clara y lentamente**.	*You answered clearly and slowly.*

Actividades

12–27   ¿Lento o rápido?   ¿Qué hace usted rápidamente y qué hace usted lentamente?

MODELO: hacer la tarea

Hago la tarea lentamente (rápidamente).

1. hablar inglés	3. vestirse	5. comer
2. caminar	4. limpiar la casa	6. leer

12-28 ¿Cómo...? Pregúntele a su compañero/a cómo hace las siguientes cosas. Su compañero/a puede elegir una de las respuestas sugeridas abajo.

MODELO: —¿Cómo caminas?
—Camino rápidamente.

lentamente	alegremente	fácilmente
tranquilamente	claramente	terriblemente
normalmente	perfectamente	rápidamente

1. escribir en la computadora
2. trabajar
3. cantar
4. hablar español

5. bailar salsa
6. jugar al béisbol
7. tocar el violín
8. contestar preguntas

12-29 Preferencias y actividades.

MODELO: Yo quiero ... independientemente.

Yo quiero vivir en mi apartamento independientemente.

1. Me gusta ... tranquilamente.
2. Prefiero ... lentamente.
3. Compro ... diariamente.

4. Voy a ... regularmente.
5. Puedo ... perfectamente.
6. Necesito ... normalmente.

12-30 Entrevista.

USTED: ¿Qué haces normalmente por la tarde?

COMPAÑERO/A: ...

USTED: ¿Adónde sales regularmente y con quiénes?

COMPAÑERO/A: ...

USTED: ¿Adónde vas por la noche generalmente?

COMPAÑERO/A: ...

USTED: ¿Te gusta conversar tranquilamente con tus amigos?

COMPAÑERO/A: ...

12-31 Opiniones. Expliquen si están de acuerdo o no con las siguientes ideas y por qué.

1. Generalmente los programas de televisión tienen mucha violencia.
2. Básicamente los carros japoneses son mejores que los norteamericanos.
3. Realmente los alumnos de la escuela secundaria estudian poco.
4. Tradicionalmente los mejores jugadores de fútbol de los equipos de las universidades pasan a ser profesionales.

12-32 Situación.

You want to find out what your friend normally does on weekends. Ask as many questions as necessary and compare your activities with those of your friend.

REPASO GRAMATICAL

1. AFFIRMATIVE AND NEGATIVE EXPRESSIONS

AFFIRMATIVE		NEGATIVE	
todo	everything	**nada**	nothing
algo	something, anything		
todos	everybody, all	**nadie**	no one, nobody
alguien	someone, anyone, somebody		
algún, alguno (-a, -os, -as)	some, several, any, someone	**ningún, ninguno,** (-a, -os, -as)	no, not any, none
o...o	either . . . or	**ni...ni**	neither . . . nor
siempre	always	**nunca**	never, (not) ever
una vez	once		
alguna vez	sometime, ever		
algunas veces	sometimes		
a veces	at times		
también	also, too	**tampoco**	neither, not

2. ADVERBS ENDING IN -MENTE

ADJECTIVE	ADVERB
Feminine form: **rápida**	**rápidamente**
Ending in a consonant: **fácil**	**fácilmente**
Ending in the vowel -e: **alegre**	**alegremente**

A escuchar

12–33 ¿Quién es quién? Look at the picture and listen to the clues provided. Write the name of each person near his or her picture, according to the information that you hear.

12–34 Feliz viaje. Listen to the following conversation. Then circle the letters corresponding to all correct statements, according to what you hear.

1. La agencia de viajes se llama...
   a. Buen viaje
   b. Viaje con nosotros
   c. Feliz viaje

2. La agente de viajes le ofrece a Marcelo...
   a. dos viajes interesantes
   b. un viaje a los Estados Unidos
   c. un viaje a Suramérica

3. El viaje a México es...
   a. tan largo como el viaje a España
   b. menos largo que el viaje a España
   c. más largo que el viaje a España

4. La agente describe un viaje a España que...
   a. es de dos semanas
   b. incluye un pasaje de primera
   c. no ofrece excursiones a otras ciudades

5. La excursión a España incluye...
   a. Madrid, Barcelona y Sevilla
   b. Toledo, Ávila y Madrid
   c. Madrid y Granada

6. El viaje a México cuesta...
   a. menos de dos mil quinientos dólares
   b. más que el viaje a España
   c. igual que el viaje a España

7. Marcelo prefiere...
   a. un asiento en el pasillo
   b. la sección de fumar
   c. el viaje a España

8. Marcelo ya tiene...
   a. su pasaporte
   b. un asiento en el pasillo
   c. unos folletos que necesita

A conversar

12–35 ¿Cómo lo hicieron? Ustedes recibieron dos telegramas de Consuelo y Sebastián desde Colombia, pero la información no es clara. **A** tiene cierta información y **B** tiene otra. Traten de descubrir qué quieren decirles sus amigos.

MODELO:

	A	B
	Consuelo y Sebastián / visitar Cali	rápido

—¿Sabes cómo visitaron Cali Consuelo y Sebastián?

—Aparentemente, visitaron Cali rápidamente.

A	B
los pasajeros / subir al avión	lento
ordenado	la azafata / repartir las bebidas
el avión / moverse	horrible
peligroso	el piloto / aterrizar
los pasajeros / gritar	histérico
la piloto / explicar el problema	tranquilo
feliz	el vuelo / terminar
pasar la aduana	fácil
finalmente recorrer / Cali	alegre

12–36 ¡Buen viaje, profesor/a! Ustedes quieren planear unas vacaciones inolvidables para su profesor/a. Discutan y decidan sobre los siguientes temas. Luego preparen un informe oral explicando el plan, y finalmente, elijan el mejor viaje. Su profesor/a no puede votar.

MODELO: Queremos unas vacaciones que **sean** (subjuntivo) maravillosas.
Informe: Decidimos tomar unas vacaciones que van a ser (indicativo) maravillosas.

Para nuestro/a profesor/a queremos unas vacaciones que...

- ser
- costar
- ...

Queremos que nuestro/a profesor/a...

- ir por...
- salir
- llevar
- volver
- comprar
- visitar
- estar
- ...

12–37 Adivina, adivinador.   Usted piense en un pasajero imaginario y su compañero/a debe decir qué vuelo toma, de acuerdo con la información de la tabla. Alternen los papeles.

MODELO: —Los Gómez llegan de Buenos Aires a las seis
y veinticinco de la tarde por Aeroperú.

—Los Gómez llegan en el vuelo 696.

MOVIMIENTO
DE AVIONES

AEROPUERTO COMOD. ARTURO MERINO BENITEZ
MOVIMIENTO NACIONAL

LLEGAN:

PROCEDENCIAS	VUELO	COMPAÑÍAS	LLEGA
ARICA-IQUIQUE-ANTOFAGASTA	131	NATIONAL	11.45
ARICA-IQUIQUE-ANTOFAGASTA	097	LAN CHILE	12.28
ARICA-IQUIQUE-ANTOFAGASTA	045	LADECO	12.20
PUNTA ARENAS–PUERTO MONTT	040	LAN CHILE	12.35
COIHAIQUE-PUERTO MONTT	044	LAN CHILE	14.30
PUNTA ARENAS-PUERTO MONTT-CONCEPCION	072	LADECO	15.10
ARICA-IQUIQUE-ANTOFAGASTA	095	LAN CHILE	15.55
ARICA-IQUIQUE-ANTOFAGASTA	061	LADECO	16.10
PUNTA ARENAS-PUERTO MONTT-CONCEPCION	170	NATIONAL	19.20
PUNTA ARENAS-BALMACEDA-PUERTO MONTT	074	LADECO	20.10
LA SERENA	031	LADECO	20.10
CALAMA-ANTOFAGASTA	053	LAN CHILE	21.00
CONCEPCION	004	LADECO	21.10
TEMUCO	044	LAN CHILE	21.10
ARICA-IQUIQUE-ANTOFAGASTA	023	LADECO	21.20
CONCEPCION	034	LAN CHILE	21.50
PUNTA ARENAS–PUERTO MONTT	044	LAN CHILE	21.56
LA SERENA	133	NATIONAL	23.00

SALEN:

SALE	COMPAÑÍAS	VUELO	DESTINOS
07.33	LAN CHILE	067	PUERTO MONTT-COIHAIQUE
08.00	LAN CHILE	094	ANTOFAGASTA-IQUIQUE-ARICA
08.10	LADECO	060	ANTOFAGASTA-IQUIQUE-ARICA
08.30	LADECO	077	CONCE-P. MONTT-BALMACEDA-P. ARENAS
11.00	NATIONAL	171	PUERO MONTT-PUNTA ARENAS
13.15	LAN CHILE	045	CONCEPCION-PUNTA ARENAS
13.30	LADECO	022	ANTOFAGASTA-IQUIQUE-ARICA
14.00	LADECO	043	TEMUCO-VALDIVIA
14.45	LAN CHILE	052	ANTOFAGASTA-CALAMA
17.05	NATIONAL	132	ANTOFAGASTA-IQUIQUE-ARICA
18.00	LADECO	032	LA SERENA
18.00	LAN CHILE	096	ANTOFAGASTA-IQUIQUE-ARICA
18.10	LAN CHILE	045	TEMUCO
18.15	LADECO	071	PUERTO MONTT-PUNTA ARENAS
19.00	LADECO	005	CONCEPCION
19.45	LAN CHILE	025	CONCEPCION
21.00	NATIONAL	134	LA SERENA
21.10	LADECO	061	ANTOFAGASTA-IQUIQUE-ARICA

A leer

12–38 ¡Qué vacaciones!   Usted es una persona muy curiosa y siempre quiere saber qué hace la gente. Aquí le ofrecemos información sobre las vacaciones de los Pérez, Jorge Solá, Fernando y Adriana Rodríguez, y Patricia, Mercedes y Gabriela Hernández. Lea con mucho cuidado para poder completar la tabla. ¡Buena suerte!

nombre	destino	lugares visitados	duración del viaje	compras

Los Rodríguez salieron para Guatemala por dos semanas. Visitaron las ruinas de Tikal y estuvieron también en Antigua. En Antigua vieron muchas iglesias de la época colonial y las visitaron. Por supuesto que Adriana tomó muchas fotos de la iglesia de San Francisco y del claustro de Santa Clara. Afortunadamente, hizo muy buen tiempo en Antigua. Se divirtieron mucho allí. A los Rodríguez les encantaron los sorprendentes colores de los vestidos indígenas. Fernando pagó solamente diez dólares por una chaqueta preciosa. Desgraciadamente, cuando estaban en Antigua, Adriana se resbaló por una escalera y se fracturó una mano. Por esto, tuvieron que volver a su país una semana antes.

Jorge Solá no fue ni a Centro ni a Sudamérica. Él salió para un país donde hablan español. Por suerte, no hubo mucha contaminación esos días. Felizmente, muchos mexicanos, por ser verano, estaban de vacaciones. Por eso, no había mucha gente. Visitó el Palacio Nacional, que tiene excelentes murales de Diego Rivera, a quien Jorge admira muchísimo. El guía, con quien Jorge hablaba frecuentemente en sus excursiones, era muy simpático. Lo que más le impresionó fueron los cuadros de Frida Kahlo que vio en un museo muy pequeño en el centro de la ciudad. En sólo diez días vio muchas cosas interesantísimas. Compró algunas artesanías para su casa, pero desgraciadamente no tenía mucho dinero.

Patricia y Mercedes Hernández son colombianas, pero su madre Gabriela es española. Por fin este año ella pudo llevar a sus hijas a recorrer su país. Afortunadamente, tenían un mes para hacer el viaje. Volaron a Madrid y estuvieron allí por una semana. Visitaron el Prado, pero desafortunadamente no vieron el Guernica de Picasso porque estaba en otro museo. A las chicas lo que más les gustó fueron los cafés y bares cerca de la Plaza Mayor. Para alegrar a las chicas, Gabriela, que es una buena madre, las llevó a tomar el sol a las playas del Mediterráneo. Cuando terminó el mes, volvieron a Colombia sin un centavo, pero felices y con un montón de postales y libros recientemente publicados.

Susana y Gustavo la pasaron maravillosamente bien en su luna de miel aunque el tiempo no fue muy bueno en toda la semana. Llovió e hizo frío y por eso no pudieron ir a la playa casi nunca. Para tener tan mal tiempo no la pasaron tan mal. Los primeros días, Gustavo fue a comprar ropa y discos al centro. Susana se puso al día con la literatura de la isla y leyó dos libros de René Marqués y un libro de poemas de Julia de Burgos, que la dejó muy impresionada.

El hotel en San Juan fue un descubrimiento maravilloso— bueno, bonito y barato— casi perfecto. Además los puertorriqueños son muy simpáticos. Las vistas desde el Morro les fascinaron. A Susana también le impresionaron la vida y el movimiento que encontró en Río Piedras, cerca de la Universidad de Puerto Rico. Por fin el último día, salió el sol y pudieron bañarse en el mar antes de volver tristemente a la rutina del trabajo. Finalmente, los Pérez pudieron tomar el sol y volver del Caribe con un buen color.

A escribir

12–39   El detective famoso.   Usted es un/a famoso/a detective y ha recibido esta postal en la que le dicen que usted corre peligro si no descubre el secreto de la postal. Para descubrir el secreto tiene que demostrar que usted sabe:

1. cuál es el peligro. ¿Cómo lo sabe?
2. quiénes son las personas de la postal. ¿Cómo lo sabe?
3. por qué son como son.
4. qué hacen, dónde viven, etc. ¿Cómo lo sabe?
5. qué relación hay entre ellos. ¿Cómo lo sabe?
6. qué relación hay con usted. ¿Cómo lo sabe?

VOCABULARIO

EN EL AEROPUERTO

la aduana	customs
la aerolínea	airline
el mostrador	counter
la puerta (de salida)	gate
la sala de espera	waiting room
el vuelo	flight

EN UN AVIÓN

el asiento	seat
la clase turista	tourist/economy class
la primera clase	first class
la sección de (no) fumar	(no) smoking section
la ventanilla	window

MEDIOS DE TRANSPORTE

el auto(móvil)/ coche/carro	car
el autobús/bus/ ómnibus	bus
el avión	plane
el barco	ship
la moto(cicleta)	motorcycle
el taxi	taxi
el tren	train

PERSONAS

el/la auxiliar de vuelo	steward, stewardess
la azafata	stewardess
el/la agente de viaje	travel agent
el cliente/la clienta	client
el/la chofer	driver
el/la inspector/a de aduana	customs inspector
el/la pasajero/a	passenger

PARTES DE UN COCHE

el acumulador/ la batería	battery
el baúl/maletero	trunk
el cinturón de seguridad	safety belt
la llanta	tire
el parabrisas	windshield
el parachoques/ la defensa	bumper
el volante	steering wheel

VIAJES

la agencia de viajes	travel agency
el boleto/pasaje	ticket
el boleto de ida y vuelta	roundtrip ticket
la carretera	highway
el crucero	cruise
el cheque de viajero	traveller's check
el destino	destination
el equipaje	luggage
la hora de llegada/ salida	arrival/departure time
la lista de espera	waiting list
la maleta	suitcase
el maletín	attaché case
la mochila	backpack
el pasaporte	passport
la reservación	reservation
la ruta	route
la sala de espera	waiting room
la tarjeta de embarque	boarding pass
la velocidad	speed

DESCRIPCIÓN

disponible	available
inolvidable	unforgettable
lleno/a	full
vacío/a	empty

VERBOS

cancelar	to cancel
chequear/facturar	to check (luggage)
chocar	to collide
empacar/hacer la maleta	to pack (a suitcase)
manejar	to drive
reservar	to make a reservation
viajar	to travel
volar (ue)	to fly

EXPRESIONES ÚTILES

a tiempo	on time
hacer cola	to stand in line
hacer escala	to make a stopover

LECCIÓN 13

Hay muchas fiestas y tradiciones en el
mundo hispano. ¿Conoce usted algunas? ¿Le gusta la música? ¿Sabe bailar?

Fiestas y tradiciones

Fiestas y tradiciones

Estas carretas adornadas "hacen el camino" para llegar al Rocío, un pequeño pueblo de la provincia de Huelva en España, donde está la Ermita de la Virgen del Rocío. En este pueblo se reúnen más de un millón de personas para celebrar la fiesta de la Virgen del Rocío.

El Día de los Muertos, también conocido como el Día de los Difuntos, se celebra aquí en Pátzcuaro, México. En los países hispanos, muchas familias van al cementerio el primero de noviembre para llevarles flores y recordar a sus familiares y amigos.

CULTURA Muchas fiestas y fechas importantes son diferentes en los países hispanos y los Estados Unidos. Debido a la importancia e influencia de la religión católica, algunas fiestas religiosas se consideran también fiestas oficiales. Las fechas para el Día de la Madre y el Día del Padre varían de un país a otro. El Día de Acción de Gracias *(Thanksgiving)* y el Día de las Brujas *(Halloween)* no se celebran en los países hispanos.

Las fiestas y los bailes que se celebran, como la fiesta de San Francisco en Puebla, México, ayudan a mantener las costumbres de sus antepasados.

La Diablada es uno de los festivales folclóricos con más colorido en Hispanoamérica. Se celebra durante el Carnaval de Oruro en Bolivia.

La música, el baile y la alegría reinan en los Carnavales de Madrid. Hay comparsas que bailan en las calles, muchas personas se disfrazan, y todo el mundo se divierte.

Una de las procesiones de Semana Santa en Arcos de la Frontera, España. Durante la semana hay procesiones que comienzan por la tarde, casi siempre alrededor de las seis, y no terminan hasta la madrugada.

La celebración de los "sanfermines" el 7 de julio en Pamplona es famosa mundialmente por los "encierros". Los jóvenes corren por las calles de Pamplona seguidos de los toros hasta llegar a la plaza donde más tarde tienen lugar las corridas.

Más días y fechas importantes

la Nochebuena	Christmas Eve
la Nochevieja	New Year's Eve
el Año Nuevo	New Year's Day
el Día de la Independencia	Independence Day
la Pascua	Easter, Passover
el Día de la(s) Madre(s)	Mother's Day
el Día del/de los Padre(s)	Father's Day
el Día de Acción de Gracias	Thanksgiving
el Día de las Brujas	Halloween
el Día de los Enamorados/ del Amor y la Amistad	Saint Valentine's Day

CULTURA En muchos países de habla hispana, los niños reciben regalos de Papá Noel o del Niño Dios; sin embargo, se considera la Nochebuena como el día más importante.

La celebración del 5 de Mayo en Austin, Texas. Esta fiesta tradicional conmemora la victoria de las tropas mexicanas sobre las fuerzas invasoras del emperador Maximiliano en el año 1867.

Cada año más de 250.000 personas asisten al Desfile de los Reyes Magos en Miami. Este desfile celebra la llegada de los tres reyes que le llevaron regalos al niño Jesús. En la tradición moderna, los Reyes les traen regalos a los niños el 6 de enero en muchos países hispanos.

Actividades

13-1 Asociaciones. Asocie las fechas con los días festivos.

1. el 25 de diciembre c   a. el Año Nuevo
2. el 7 de julio e   b. el Día de Independencia
3. el 1º de noviembre g   c. la Navidad
4. el 6 de enero h   d. la Nochebuena
5. el 4 de julio b   e. el Día de San Fermín
6. el 24 de diciembre d   f. la Nochevieja
7. el 1º de enero a   g. el Día de los Muertos
8. el 31 de diciembre f   h. el Día de los Reyes Magos

13–2 Identificación.

1. Una fiesta muy alegre llena de música y bailes.
2. Los jóvenes corren delante de los toros en Pamplona.
3. "Se hace el camino" para llegar a un pequeño pueblo en Huelva.
4. Las familias recuerdan a sus antepasados.
5. Una celebración de la victoria de las tropas mexicanas sobre el ejército del emperador Maximiliano.
6. Las familias se reúnen cada año la noche antes de la Navidad.
7. Una semana llena de procesiones y celebraciones religiosas.
8. Un festival folclórico que se celebra durante el Carnaval de Oruro en Bolivia.
9. Este día los novios y los esposos intercambian regalos.
10. Día del mes de enero cuando les traen regalos a los niños.

13–3 Unos días festivos. ¿Cómo celebra usted estas fechas?

MODELO: —¿Cómo celebras tu cumpleaños?

—Recibo regalos y lo celebro con mi familia y mis amigos. ¿Y tú?

1. la Nochevieja
2. la Navidad
3. el Día de Acción de Gracias
4. el Día de la Independencia
5. el Año Nuevo
6. el Día de las Madres

13–4 Festivales o desfiles. Piense en algunos festivales o desfiles importantes. Su compañero/a va a hacerle preguntas sobre los siguientes temas.

	nombre	lugar	descripción	opinión
1. festivales	_____	_____	_____	_____
2. desfiles	_____	_____	_____	_____

13–5 Una celebración importante. Usted y su compañero/a estuvieron en un país hispano durante una celebración importante (Carnaval, Día de la Independencia, Año Nuevo, Semana Santa, etc.). Explíquenles a otros/as dos compañeros/as dónde estuvieron, qué celebraron y qué hicieron. Después sus compañeros/as deben hacer lo mismo. Durante la conversación, traten de hacer preguntas para obtener más información.

CULTURA Los mariachis son grupos musicales de México que cantan y tocan violines, guitarras, guitarrones, trompetas y vihuelas. Muchos creen que la palabra *mariachi* viene del francés *mariage,* que significa boda. En la época colonial, los novios llevaban estas bandas a sus bodas para festejar a la novia. Otros opinan que *mariachi* proviene de una palabra indígena que designa la plataforma donde se paraban los músicos para tocar. Hoy día, si quiere llevar mariachis a una fiesta en la Ciudad de México, puede ir a la plaza Garibaldi, adonde van mariachis todas las noches a esperar que alguien los contrate.

13–6 Una invitación de boda. Lean la invitación de boda y contesten
estas preguntas. Luego preparen una lista con las diferencias que
encuentran ustedes entre esta invitación y una invitación en este país.

1. ¿Cómo se llaman los padres de la novia? ¿Y los del novio?
2. ¿Cómo se llaman los novios?
3. ¿Qué día es la boda?
4. ¿A qué hora es?
5. ¿En qué país se celebró esta boda?

Pedro Martín Salda

Juana Montoya de Martín

Edward Jay Wolf

Mary Louise Samm

participan el matrimonio de sus hijos

Estelita

y

Robert Arthur

y tienen el honor de invitarle a la Ceremonia Religiosa
que se celebrará el viernes diez de febrero a las diecinueve treinta horas
en el Convento de San Joaquín, Santa Cruz Cacalco Nº 15, Legaria,
dignándose impartir la Bendición Nupcial el R. P. José Ortuño, S. J.
Ciudad de México, 1995.

Agradeceremos su presencia

después de la Ceremonia Religiosa

en el Club de Golf Chapultepec,

Av. Conscripto Nº 425, Lomas Hipódromo.

R. S. V. P.
529-99-43
520-16-85   Personal

A escuchar

Listen to the following conversations. Identify the holiday each conversation refers to and write the appropriate number next to it.

_____ el Día del Amor y la Amistad

_____ la Navidad

_____ el Carnaval

_____ el Día de los Reyes Magos

_____ el Día de las Brujas

_____ el Día de los Muertos

A leer

En este anuncio mencionan a los padrinos de la boda. En los países hispanos, el padrino es la persona que acompaña a la novia al altar. Generalmente es el padre de la novia. La madrina de la boda está en el altar con el novio y generalmente es su madre. Después de leer el anuncio, conteste las preguntas.

> **GRATIS**
>
> El Hotel El Dorado los invita a probar el menú de su boda. Venga con los padrinos.
>
> Tenemos una amplia selección desde 4500 pesos
>
> Además, si celebran su boda con nosotros tendrán
> - Coche de lujo para su traslado al hotel
> - Su noche de bodas en una suite
> - Desayuno con champán
> - Y un fin de semana en su primer aniversario
>
> Todo Totalmente GRATIS
>
> Vengan a Vernos
> Departamento de Banquetes
> **Hotel El Dorado**
> Avenida de la Constitución 10
> Teléfono 236-8800

	Sí	No
1. El hotel invita a comer sólo a los novios.	____	____
2. El menú más barato del hotel cuesta 4.500 pesos.	____	____
3. Si los novios celebran la boda en el hotel, reciben un auto de regalo.	____	____
4. El hotel les ofrece a los novios una habitación muy elegante sin pagar.	____	____
5. Los novios pueden pasar una semana en el hotel.	____	____

Con un/a compañero/a haga una lista de las ventajas que ofrece el Hotel El Dorado a los novios.

RITMOS DEL CARIBE

Entre los países de habla española que forman parte de la región del Caribe, Puerto Rico, la República Dominicana, Cuba, Colombia, Venezuela y Panamá son un foco de creación de música, bailes y ritmos que influyen en la cultura popular de toda Hispanoamérica. Debido a la influencia de la cultura africana en esa región, la música de estos países es ágil, rápida, alegre y se ejecuta con instrumentos de origen africano como el tambor, las maracas, el timbal y otros.

La cumbia es un ritmo originario de la costa del Caribe colombiano. Aunque hoy día existen versiones modernas de la cumbia interpretadas por grandes orquestas, en su versión original es un ritmo primitivo basado en el tambor, la flauta y las maracas.

El merengue es una danza popular que surge en la República Dominicana y en Puerto Rico. Es un ritmo rápido y alegre que hoy día interpretan orquestas que combinan los instrumentos modernos con los primitivos.

La salsa es uno de los ritmos caribeños más populares de nuestro tiempo. Surge en los Estados Unidos entre los inmigrantes caribeños de Nueva York, pero actualmente se baila y se escucha en casi toda Hispanoamérica. La salsa es una mezcla de los ritmos afrolatinos primitivos con el jazz y la instrumentación moderna.

Celia Cruz, la reina de la salsa

1. THE IMPERFECT

Antes la música era más suave y
romántica. Tenía más melodía.

Antes las familias hablaban y
había más seguridad en las
calles.

Hoy en día no hay música, hay
sólo ruido y la gente se mueve
mucho para bailar.

Ahora es horrible. Hay mucha
violencia, drogas, sexo, y los
niños no respetan a las personas
mayores.

- English has one past tense, but as you are aware, Spanish has two: the preterit and the imperfect.

ENGLISH	SPANISH	
Past tense	**Preterit**	**Imperfect**
I did	(yo) hice	(yo) hacía

- In the preceding monolog, the grandmother used the imperfect because she was focusing on what used to happen (ongoing or habitual actions) when she was young. If she had been focusing on the fact that an action was completed, like something she did yesterday (terminated action), she would have used the preterit.

Therefore, the imperfect is used to:

1. express habitual or repeated actions in the past

   Nosotros **íbamos** a la playa todos los días.

2. express an action that was in progress in the past

   En esos momentos Agustín **hablaba** con su hermana.

3. describe characteristics and conditions in the past

   La casa **era** blanca, con techo rojo, y **tenía** dos dormitorios.

4. tell time in the past

   Era la una, no **eran** las dos.

5. tell age in the past

   Ella **tenía** dieciocho años entonces.

Some time expressions that often accompany the imperfect to express ongoing or repeated actions in the past are: **mientras, a veces, siempre, generalmente,** and **frecuentemente.**

2. IMPERFECT OF REGULAR AND IRREGULAR VERBS

Regular Imperfect			
	hablar	**comer**	**vivir**
yo	habl**aba**	com**ía**	viv**ía**
tú	habl**abas**	com**ías**	viv**ías**
Ud., él, ella	habl**aba**	com**ía**	viv**ía**
nosotros/as	habl**ábamos**	com**íamos**	viv**íamos**
vosotros/as	habl**abais**	com**íais**	viv**íais**
Uds., ellos/as	habl**aban**	com**ían**	viv**ían**

- Notice that the endings for **-er** and **-ir** verbs are the same. All verb forms have a written accent over the **í** of the ending.

- The Spanish imperfect has various English equivalents.

Mis amigos estudiaban mucho.
{
My friends studied a lot.
My friends were studying a lot.
My friends used to study a lot.
My friends would study a lot.
 (implying a repeated action)
}

- There are no stem changes in the imperfect.

  Ella no **duerme** bien ahora, pero antes **dormía** muy bien.

- Only three verbs are irregular in the imperfect.

  ir: iba, ibas, iba, íbamos, ibais, iban

  ser: era, eras, era, éramos, erais, eran

  ver: veía, veías, veía, veíamos, veíais, veían

- The imperfect form of **hay** is **había** (*there was, there were, there used to be*).

Actividades

13–7 Cuando tenía cinco años.

MODELO: vivir cerca de mis primos

  (No) Vivía cerca de mis primos.

1. vivir con mis padres
2. estudiar español
3. tener un perro grande
4. jugar con mis amigos
5. mirar televisión
6. ayudar a mi mamá
7. montar bicicleta
8. ir al cine
9. manejar el auto de papá
10. acostarse temprano

13–8 Descripciones. Describa cómo eran estas cosas antes.

MODELO: Los aviones eran más ... y no tenían ...

  Los aviones eran más pequeños y no tenían tantos asientos.

1. Las ciudades eran ... y tenían ...
2. Las casas eran ... y no tenían ...
3. La gente joven era más ... y ...
4. Los automóviles eran ... y no tenían ...
5. La vida era ...

13–9 En la escuela secundaria. En la tabla de la siguiente página marque la frecuencia con que usted y sus amigos hacían estas cosas. Compare sus respuestas con las de su compañero/a.

MODELO: leer muchos libros

  Siempre (frecuentemente / a veces / nunca) leíamos muchos libros.

actividades	siempre	frecuentemente	a veces	nunca
estudiar mucho				
hacer la tarea				
tener fiestas				
ir a los centros comerciales				
ir a los partidos de fútbol				
practicar deportes				
hablar por teléfono				

13–10 Antes y ahora. ¿Cómo era la vida antes?

MODELO: Hoy en día se viaja mucho en avión.

Antes no se viajaba (mucho) en avión. *o* Se viajaba
poco en avión. *o* Se viajaba en tren.

1. Hoy en día muchas mujeres trabajan en compañías y oficinas.
2. Ahora las chicas salen solas.
3. Ahora se practican muchos deportes.
4. Hoy en día manejamos coches muy rápidos.
5. Hoy en día hay muchos problemas con las drogas.
6. Ahora hay mujeres astronautas.
7. Hoy en día hay mucha violencia en las películas.

13–11 Entrevista. Usted quiere saber cómo era la vida de su compañero/a cuando era pequeño/a. Hágale las siguientes preguntas y comparta la información con la clase.

1. ¿Dónde vivías?
2. ¿Estaba tu casa (apartamento) en el centro o en las afueras?
3. ¿Cómo era tu casa (apartamento)?
4. ¿Dormías solo o con algún miembro de tu familia?
5. ¿A qué escuela ibas?
6. ¿Quién era tu mejor amigo/a?
7. ¿Cómo era?
8. ¿Qué deportes practicabas?
9. ¿Qué programas de televisión veías?
10. ¿Qué te gustaba hacer los fines de semana?

13–12 Las fiestas de niños. Explíquele a su compañero/a cómo eran las fiestas cuando usted era pequeño/a. Mencione los siguientes puntos.

1. lugar
2. horas
3. actividades

4. actividad favorita
5. comida y bebida que servían

13–13 Los adelantos de la vida moderna. Hagan una lista de cinco adelantos de la vida moderna y expliquen cómo era la vida antes de existir estos adelantos.

13–14 La secundaria. Prepare un párrafo breve explicando cómo era su escuela secundaria, quiénes eran sus mejores amigos y adónde iban los fines de semana.

13–15 Las diversiones. Comparen las películas o los programas de televisión de antes con los de hoy en día. ¿Creen que debe existir cierto control sobre ellos? ¿Hay demasiado sexo y violencia hoy en día? ¿Cómo afecta esto a los niños?

13–16 Situaciones.

1. Dígale a su compañero/a cómo usted celebraba el Día de las Brujas cuando era pequeño/a. Después, su compañero/a debe decirle cómo lo celebraba él/ella.

2. Usted es un extranjero que llega a los Estados Unidos unos días antes del Día de Acción de Gracias. Debe averiguar a) la fecha en que se celebra, b) por qué se celebra y c) cómo lo celebran. Su compañero/a debe contestar sus preguntas e invitarlo/la a su casa para celebrarlo con su familia.

3. THE IMPERFECT AND THE PRETERIT

- The preterit and imperfect are not interchangeable.

- To talk about the beginning or end of an event, the Spanish speaker uses the **preterit.**

- To talk about the middle or ongoing part of an event, or customary or habitual actions in the past, the speaker will use the **imperfect.**

- In a story, the imperfect provides the background information, whereas the preterit tells what happened.

    Era Navidad. Dormíamos cuando los niños oyeron un ruido en la chimenea.
    It was Christmas. We were sleeping when the children heard a noise in the chimney.

- The preterit is used to narrate a series of completed actions; it is used to answer the question "What happened?"

    Se levantaron, bajaron las escaleras y revisaron la chimenea.
    They got up, went downstairs, and checked out the chimney.

Actividades

13–17 ¿Préterito o imperfecto?

El año pasado mi familia y yo _fuimos_ (ir) a Guatemala de vacaciones. _Era_ (Ser) abril, en plena primavera. Un día, mi padre _dijo_ (decir) que _quería_ (querer) salir a caminar por la plaza central. Así que todos lo _acompañamos_ (acompañar). En la plaza, _había_ (haber) mucha gente, pero no _sabía_ (saber) lo que _hacía_ (hacer) la gente allí. De repente _pasó_ (pasar) un desfile. Los participantes _llevaban_ (llevar) túnicas muy largas y _caminaban_ (caminar) lentamente. _Cargaban_ (Cargar) crucifijos, estatuas de santos, ataúdes y ramas de árboles. Por fin, alguien nos _explicó_ (explicar) que _eran_ (ser) las celebraciones de Semana Santa.

13–18 En el aeropuerto. Complete el párrafo con el pretérito o el imperfecto de los verbos que aparecen entre paréntesis.

Cuando yo _llegué_ (llegar) al aeropuerto _eran_ (ser) las tres de la tarde. Yo _estaba_ (estar) muy cansado después de un viaje tan largo, pero _tuve_ (tener) que pasar por inmigración y aduana. Primero _fui_ (ir) a inmigración. El empleado me _saludó_ (saludar), me _examinó_ (examinar) el pasaporte, le _puso_ (poner) un sello y me lo _devolvió_ (devolver). De allí _pasé_ (pasar) a la aduana. El agente me _dijo_ (decir): "Abra usted la maleta, por favor". Yo la _abrí_ (abrir) y él la _revisó_ (revisar) con pocas ganas y menos interés. Después me _miró_ (mirar), _sonrió_ (sonreírse) y con la mano me _indicó_ (indicar) que _podía_ (poder) salir. Yo _cerré_ (cerrar) la maleta y _salí_ (salir) de la aduana. El aeropuerto _era_ (ser) como todos los demás aeropuertos, frío y lleno de gente. Yo _sentí_ (sentirse) cada vez más cansado y sólo _tenía_ (tener) ganas de dormir. Como no _conocía_ (conocer) a nadie, _decidí_ (decidir) ir enseguida al hotel.

13–19 Un recuerdo especial. Descríbale a un/a compañero/a un día de celebraciones que fue muy especial para usted. Descríbale el día, quiénes estaban y lo que pasó ese día.

13–20 Actividades interrumpidas. Utilice un verbo de la columna **B** para interrumpir una actividad de la columna **A**. Escriba oraciones cómicas y luego compárelas con las de un/a compañero/a.

MODELO: caminar / caerse

Mi novio caminaba por el parque cuando pasó un viento fuerte y se cayó al lago.

A	**B**
1. celebrar	a. recordar
2. comenzar	b. mover
3. disfrazarse	c. tocar
4. buscar	d. encontrar
5. probarse	e. entrar
6. hablar	f. mostrar

13–21 Unas sorpresas. Descríbale a su compañero/a con lujo de detalles una celebración, día festivo o evento especial cuando algo inesperado ocurrió. Su compañero/a le va a hacer preguntas para obtener más detalles.

4. POR AND PARA

¡FELICIDADES!

Los amigos de Amparo vienen para felicitarla por su santo. Todos estos regalos son para Amparo.

▪ **Por** and **para** are often translated as *for* or *by*, depending on the context, but they are not interchangeable. The choice of **por** or **para** will affect the meaning of the sentence.

1. Use **por** to:

   a. indicate exchange or substitution

Venden la casa **por** $80.000.	*They are selling the house for $80,000.*
Cambió ese suéter **por** éste.	*He changed that sweater for this one.*

   b. express unit or rate

Yo camino 5 kilómetros **por** hora.	*I walk 5 kilometers per hour.*
El interés es (el) diez **por** ciento.	*The interest is ten per cent.*
Se vende el pescado **por** kilo.	*Fish is sold by the kilo.*

   c. express means of transportation

Lo mandaron **por** avión.	*They sent it by plane.*

CULTURA Muchos hispanohablantes celebran el día de su santo. La iglesia católica asigna un santo o más para cada día del año. Por ejemplo, el 19 de marzo es el día de San José, y las personas que se llaman José o Josefina celebran su santo ese día. Sus familiares y amigos los felicitan y les regalan algo, tal como se hace en los Estados Unidos por el cumpleaños. Algunos calendarios y periódicos publican los nombres de los santos para cada día.

2. Use **para** to:

    a. express judgment

        Para nosotros, ésta es la   *For us, this is the best store.*
            mejor tienda.

    b. indicate for whom something is intended or done

        Compró la casa **para** ella.   *He bought the house for her.*

▪ **Por** and **para** contrasted:

Por	Para
time	
Duration of an action	Deadline
Necesitamos el auto **por** tres meses.	Necesitamos el auto **para** el martes.
We need the car for three months.	*We need the car for Tuesday.*
movement	
Going through or by a place	Going toward a place.
Caminan **por** la playa.	Caminan **para** la playa.
They walk along the beach.	*They walk towards the beach.*
Maneja **por** el túnel.	Maneja **para** el túnel.
He drives through the tunnel.	*He drives towards the tunnel.*
actions	
Followed by a noun to express the object of an errand	Followed by an infinitive to indicate intention or purpose
Fueron **por** gasolina.	Fueron **para** comprar gasolina.
They went for gas.	*They went to buy gas.*

Actividades

13–22 El Carnaval.   Usted está a cargo de la ropa de una comparsa para los Carnavales. Diga cuándo va a estar lista cada prenda.

MODELO: las blusas / martes

           —¿Cuándo van a estar listas las blusas?

           —Van a estar listas para el martes.

1. las faldas / jueves
2. los cinturones / viernes
3. las camisas / sábado
4. los pantalones / lunes próximo
5. los pañuelos / 20 de febrero
6. los sombreros / 26 de febrero

13–23 ¿Adónde van y por dónde van? Mire los siguientes dibujos y diga hacia dónde va cada persona y por dónde pasa para llegar allí.

MODELO: El alumno camina por el pasillo.
Va para su clase de español.

1.

2.

3.

4.

13–24 ¿Para qué van? Pregúntele a su compañero/a para qué fueron las personas a estos lugares. Su compañero/a debe usar su imaginación para contestarle.

MODELO: El Sr. Martínez fue a la gasolinera.

—¿Para qué fue a la gasolinera?

—Para comprar gasolina y revisar el aceite.

1. Juan fue al cine.
2. Mónica y Laura fueron al gimnasio.
3. Adolfo fue a Pamplona el 5 de julio.
4. Joaquín fue al supermercado.
5. Magdalena fue al centro comercial Los Arcos.
6. Alejandro fue a México el 24 de diciembre.

13–25 El santo de Mercedes.   Complete el párrafo con **por** o **para** según el contexto.

Pasado mañana es el 24 de septiembre y es el santo de Mercedes. Su madrina, la Sra. de Ortiz, compró un regalo muy bonito _____ Mercedes. La Sra. de Ortiz vive en otra ciudad y quiere que Mercedes reciba el regalo _____ el 24. Ella decide mandarlo _____ avión. _____ la mañana prepara el paquete y sale _____ el correo. Cuando llega al correo va _____ la ventanilla de los paquetes. El empleado lo pesa y le dice que tiene que pagar 500 pesetas _____ el paquete.

13–26 Completar.   Complete cada oración de acuerdo con sus propias experiencias.

1. Para mí, el mejor programa de televisión es ... porque...
2. El mes próximo salgo de vacaciones. Yo voy para ... Pienso ir por ... Voy a estar allá por ... días.
3. Yo me compré ... Pagué ... por ...
4. Para el sábado yo tengo que ... No sé si voy a hacerlo el viernes por la tarde o ...
5. Yo (no) camino ... kilómetros por hora. A mí (no) me gusta caminar porque ...
6. Mañana es el santo de mi novio/a. Para comprarle un regalo yo voy a ir a ... Yo no quiero pagar más de ... por el regalo.
7. Por Navidad yo quiero que me regalen ... Yo prefiero ese regalo porque ...
8. Esta noche vamos a celebrar el aniversario de mis padres. Para tener todo listo, por la mañana yo voy a ... y por la tarde voy a ...

13–27 Situaciones.

1. Usted está en la tintorería *(dry cleaners)* para dejar su ropa sucia. Primero deben saludarse y después usted va a explicarle al/a la empleado/a qué ropa va a dejar y para cuándo la necesita.
2. Usted está hablando de sus últimas vacaciones. Dígale a su compañero/a a) adónde fue, b) cómo fue, c) cuánto tiempo paso allí y d) qué compró y para quién.

REPASO GRAMATICAL

1. IMPERFECT OF REGULAR VERBS

	hablar	comer	vivir
yo	hablaba	comía	vivía
tú	hablabas	comías	vivías
Ud., él, ella	hablaba	comía	vivía
nosotros/as	hablábamos	comíamos	vivíamos
vosotros/as	hablabais	comíais	vivíais
Uds., ellos/as	hablaban	comían	vivían

2. PRETERIT AND IMPERFECT

ENGLISH	SPANISH	
Past tense	Preterit	Imperfect
I did	(yo) hice	(yo) hacía

A escuchar

13–28 Costumbres diferentes. Daniel, Elvira, and Sandra are talking about the holidays. Listen to their conversation to determine if the statements that follow are **Cierto** or **Falso.**

	Cierto	Falso
1. Elvira y Daniel sólo celebran la Navidad.	____	____
2. Para Sandra y su familia el día importante es el 25.	____	____
3. Los abuelos de Sandra dan un gran almuerzo el día de Navidad.	____	____
4. La Misa de Gallo es al mediodía.	____	____
5. Seguramente la madre de Elvira sabe qué significa Misa de Gallo.	____	____
6. Todos compran muchos regalos para Navidad.	____	____
7. Estos amigos van a reunirse para la Nochebuena.	____	____
8. En España se recibe al Año Nuevo comiendo uvas.	____	____

13–29 ¿Lógico o ilógico?

	Lógico	Ilógico
1.	____	____
2.	____	____
3.	____	____
4.	____	____
5.	____	____
6.	____	____
7.	____	____
8.	____	____

13–30 Las fiestas tradicionales. Match each date with the letter of one of the celebrations described.

1. ____ el 6 de enero
2. ____ el 24 de diciembre
3. ____ el 31 de diciembre
4. ____ el 5 de mayo
5. ____ el primero de noviembre
6. ____ el 12 de octubre

A conversar

13-31 Hablando de la niñez. Hágales por lo menos a cinco compañeros/as las siguientes preguntas. Luego prepare un informe para la clase.

1. Cuando eras pequeño/a, ¿ibas a la plaza? ¿Cuándo, con quién, por qué y para qué?
2. ¿Cuándo recibías juguetes de regalo?
3. ¿Qué fiestas eran las más importantes de tu familia?
4. ¿Cómo celebraban esas fiestas?
5. ¿Participabas en desfiles y procesiones?
6. ¿Te disfrazabas alguna vez en el año?

13-32 Ensalada de *por* y *para*. El estudiante A le lee al estudiante B el comienzo de una oración de la columna A y el estudiante B debe completar la oración con *por* o *para* y el final apropiado de la oración de la columna B. Luego, alternen papeles.

$$\boxed{\text{por / para}}$$

A	B
Estela y Gustavo fueron a Perú...	...el centro.
...celebrar las fiestas con sus familias.	Necesitamos mucho tiempo...
Los tíos se disfrazaron de Reyes Magos...	...la mañana del 8 de diciembre.
...UPS.	Todos los años vuelven a casa...
Compré los regalos al pasar...	...divertir a los niños.
...prepararles los paquetes a los chicos.	Los regalos de EE.UU. llegaron...
Hicimos la decoración del árbol	...avión.

13-33 El viaje a Perú. Ordenen las oraciones del ejercicio anterior de forma cronológica. Comparen sus oraciones con otra pareja y decidan cuál es el orden definitivo.

13-34 En la estación de policía. Una persona fue asaltada mientras miraba el desfile de la ciudad. Usted es el/la policía y tiene que completar la denuncia. Hágale a la víctima las preguntas necesarias para completar el siguiente informe.

POLICÍA DEL DEPARTAMENTO DE ANTIOQUIA

Denuncia N : 345 _____

Lugar y fecha _____

Nombre de la víctima _____

Dirección _____

Fecha de nacimiento _____

Estado civil _____

Oficio o profesión _____

Artículos robados _____

Dónde _____

Cuándo _____

Cómo _____

Descripción del asaltante _____

13–35 Entrevista. Hágale una entrevista a un/a compañero/a. Pregúntele...

1. cómo quería celebrar su cumpleaños
2. cómo lo celebró
3. quiénes creía que lo/la iban a llamar para felicitarlo/la

4. quiénes lo/la llamaron
5. lo que quería recibir de regalo
6. lo que recibió
7. ...

 A leer

13–36 El mundo de los sueños. Conteste según su propia experiencia.

1. ¿Qué tipos de sueño tenía cuando era pequeño/a?
2. ¿Alguna vez sus sueños son tan reales que se confunden con la realidad?

13–37 El niño que soñaba.
Describa el siguiente dibujo.
Empiece su descripción así:
"Era un niño que...

13–38 **"Cantares"** Lea el poema una vez sin tratar de comprender todas las palabras.

la crin	*mane*
coger	*to grab*
el puño	*fist*
mozo	*young man*
cartón	*cardboard*

CXXXVII
(PARÁBOLAS)
I

Era un niño que soñaba
un caballo de cartón.
Abrió los ojos el niño
y el caballito no vio.
Con un caballito blanco
el niño volvió a soñar;
y por la crin lo cogía...
¡Ahora no te escaparás!
Apenas lo hubo cogido,
el niño se despertó.
Tenía el puño cerrado.
¡El caballito voló!
Quedóse el niño muy serio
pensando que no es verdad
un caballito soñado.
Y ya no volvió a soñar.
Pero el niño se hizo mozo
y el mozo tuvo un amor,
y a su amada le decía:
¿Tú eres de verdad o no?
Cuando el mozo se hizo viejo
pensaba: todo es soñar,
el caballito soñado
y el caballo de verdad.
Y cuando vino la muerte,
el viejo a su corazón
preguntaba: ¿Tú eres sueño?
¡Quién sabe si despertó!

Antonio Machado[1]

---

[1]Antonio Machado: Poeta español que nació en Sevilla en 1875. Es considerado uno de los mayores representantes de la poesía española. Machado forma parte de lo que se llama en literatura española "la generación del 98". Murió en 1939.

13–39   Sueño y realidad.   Complete las frases según lo que usted comprendió del poema.

1. Los primeros versos describen a...
   a. un hombre que sueña con un caballo pequeño
   b. un niño que soñaba con un caballito
   c. un hombre que anoche soñó con un caballito de cartón
2. Cuando el niño se despertó, ...
   a. el caballito estaba en su cuarto
   b. el caballito vino
   c. el puño del niño estaba cerrado
3. Después de este sueño, el niño...
   a. creía en los sueños
   b. no soñó nunca más
   c. estaba confundido y triste
4. Cuando el joven se enamoró, no sabía si su novia...
   a. era sueño o realidad
   b. soñaba o no
   c. quería tener un caballo
5. Cuando el viejo murió, ...
   a. no sabía si la muerte era un sueño
   b. creyó que morir era soñar
   c. no se acordó de su sueño de niño
6. En el último verso: "¡Quién sabe si despertó!", el poema de Machado nos dice que después de morir...
   a. quizás hay otra vida
   b. seguro hay otra vida
   c. no hay otra vida

13–40   Las etapas de la vida.   Vuelva a leer el poema y resuma las experiencias del protagonista. Utilice los verbos en el imperfecto.

1. La niñez: soñar / coger / despertar
2. La juventud: crecer / enamorarse / creer
3. La vejez: envejecer / pensar / preguntar

13–41   Releer.   Vuelva al ejercicio 13–39 y corrobore sus respuestas. Cambie las respuestas si es necesario.

 *A escribir*

13–42   Preparación.   Piense en la mejor celebración familiar de su vida y conteste mentalmente las siguientes preguntas.

1. ¿Cuándo ocurrió?
2. ¿Dónde?
3. ¿Con quién o con quiénes?
4. ¿Qué hizo en esta celebración inolvidable?

13–43 Redacción. Ahora escriba una composición siguiendo el siguiente esquema.

Título

Primer párrafo
- Descripción del lugar y del tiempo
- ¿Cuándo?: día, estación, etc.
- ¿Dónde?: casa, cuartos, etc.
- Aspectos importantes del ambiente: colores, olores, ruidos, etc.

Segundo párrafo
- Descripción de las personas y de sus relaciones
- ¿Quiénes estaban?
- ¿Cómo eran?

Tercer párrafo
- Acciones ocurridas durante la celebración
- ¿Qué hicieron?
- ¿Qué comieron?
- ¿De qué hablaron?, etc.

Último párrafo
- Conclusión
- ¿Por qué fue la mejor celebración familiar?
- ¿Por qué fue inolvidable?

VOCABULARIO

LAS FIESTAS

la alegría	*joy*
la boda	*wedding*
la celebración	*celebration*
el desfile	*parade*
la invitación	*invitation*
la procesión	*procession*
la tradición	*tradition*

LAS PERSONAS

el antepasado	*ancestor*
el/la ganador/a	*winner*
la gente	*people*
la mayoría	*majority*

EN EL MUNDO MODERNO

la costumbre	*custom*
la droga	*drug*
el ruido	*noise*
el sexo	*sex*
la violencia	*violence*

LA MÚSICA

la melodía	*melody*
la orquesta	*orchestra*

LUGARES

el cementerio	*cemetery*
la iglesia	*church*
la plaza (de toros)	*bullring*
el pueblo	*town*

TIEMPO

antes	*before*
frecuentemente	*frequently*
hoy en día	*nowadays*
mientras	*while*

DESCRIPCIONES

divertido/a	*amusing, funny*
horrible	*horrible*
raro/a	*odd*
suave	*soft*
terrible	*terrible*

VERBOS

comenzar (ie)	*to begin*
disfrazarse	*to wear a costume*
divertirse (ie, i)	*to have a good time*
felicitar	*to congratulate*
había	*there was, there were*
mover (ue)	*to move*
recordar (ue)	*to remember, to remind*
respetar	*to respect*
reunirse	*to get together, to meet*

PALABRAS ÚTILES

alrededor	*around*
antes	*before*
felicidades	*congratulations*
juntos/as	*together*
tarde	*late*

EXPRESIONES ÚTILES

casi siempre	*usually, almost always*
de todas formas	*anyway*
estar enamorado/a	*to be in love*
lo misno	*the same (thing)*
¡Qué pena!	*What a pity/shame!*

See page 354 for holidays.

LECCIÓN 14

F.180

17 de marzo

Querida Ana Luisa:
    El martes llegué a Bogotá
después de un vuelo muy bueno. El
miércoles mis primos me llevaron
a conocer la parte antigua de la
ciudad. Es preciosa. Ayer hicimos
una excursión a Ibagué, en
tierra caliente. Hizo muchísimo
calor. Vinieron varias amigas
de mis primos y lo pasamos
muy bien.
    Muchos recuerdos a tu familia,
y para ti un abrazo y un beso
de
    Emilia

Srta. Ana Luisa Amescua
Calle Encanto N° 47
Colonia Florida
México, D. F.
México

Ejemplar de Colección

Fotoroma APARTADO AEREO NO. 20053 BOGOTA 2, D. E. COLOMBIA S. A.

¿Dónde piensa pasar las vacaciones? ¿Necesita consultar
una agencia de viajes? ¿Cuándo
piensa irse? ¿Cuándo vuelve?

Las vacaciones

Sueño con viajar a...

Yo quisiera ir a Chile, pasar unos días en Santiago y después ir al sur, a Puerto Montt, a visitar los lagos y cruzar la cordillera. También quisiera visitar los viñedos de Maipú, donde hacen algunos de los mejores vinos del mundo.

Pues yo prefiero ir a México. Me gustaría visitar las ruinas mayas, ir a los mercados, escuchar la música de los mariachis y comer comida mexicana. ¡Hay tanto que hacer y ver allí!

Y yo quiero ir a España, especialmente a Barcelona. Desde las Olimpiadas del 92 tengo muchos deseos de conocerla. Hay ruinas romanas, arquitectura muy moderna, museos, teatros y catedrales increíbles. Todo el mundo dice que es una ciudad fabulosa.

Pero yo quiero ir a Puerto Rico para conocer el Viejo San Juan y ver el Castillo del Morro. Me encanta la arquitectura colonial, y San Juan tiene unos edificios preciosos. Y también quiero pasar unos días en la playa de Luquillo. Con el sol y el mar del Caribe, podemos pasar unas vacaciones maravillosas.

¿Adónde cree usted que va a ir la familia?

CULTURA El mundo hispano ofrece mucho más que playas y ciudades antiguas. Cerca de las ciudades importantes se encuentran curiosidades turísticas poco conocidas. Por ejemplo, cerca de Madrid está Cuenca, famosa por sus "casas colgantes" y su museo de arte moderno. Cerca de México está Cholula, con una pirámide que parece un cerro porque está cubierta de tierra y en cuya cima hay una iglesia católica. En Zipaquirá, cerca de Bogotá, hay una catedral de sal —¡dentro de una montaña! ¿Conoce usted otro tesoro escondido?

¿Adónde le gustaría ir a usted?

La ciudad de Buenos Aires, con sus anchas avenidas y la belleza de su arquitectura, es una de las grandes capitales de este hemisferio.

Machu Picchu, ciudad construida por los incas en medio de los Andes, es la admiración de todos los que tienen la suerte de visitarla.

El canal de Panamá es una de las grandes obras de ingeniería del mundo moderno.

Actividades

14–1   La familia Méndez.   ¿Quién quiere...?

1. visitar Barcelona
2. ver el Viejo San Juan
3. comer comida mexicana
4. cruzar la cordillera
5. tomar el sol y nadar en el mar
6. escuchar a los mariachis

a. el señor Méndez
b. la señora Méndez
c. Inés
d. Eduardo

14–2   Ciudades y países.   Según la familia Méndez, ¿dónde se pueden ver estas cosas? ¿Pueden ustedes pensar en otras ciudades o países?

1. arquitectura colonial
2. catedrales muy antiguas
3. lagos y montañas
4. ruinas mayas

5. playas muy bonitas
6. arquitectura moderna
7. vinos excelentes
8. ruinas romanas

14–3   ¿Dónde queremos pasar las vacaciones?   Pongan 0 si no les interesa, 1 si les interesa y 2 si les interesa mucho. Comparen sus resultados.

Chile

Pasar unos días en un lago	_____
Probar unos vinos del país	_____
Ver las montañas	_____
Total	_____

México

Ver ruinas mayas	_____
Escuchar los mariachis	_____
Comer comida mexicana	_____
Total	_____

Barcelona

Ir a la Ópera de Barcelona	_____
Visitar la catedral	_____
Ver unas ruinas romanas	_____
Total	_____

Puerto Rico

Visitar el Viejo San Juan	_____
Pasar unos días en la playa	_____
Ver el Castillo del Morro	_____
Total	_____

14–4   Para completar.   Complete las siguientes oraciones con la palabra apropiada.

1. Machu Picchu es la gran ciudad de [ ] los aztecas [✓] los incas.
2. Panamá se conoce sobre todo por su [✓] canal [ ] catedral.
3. Para tomar sol y nadar, es mejor ir a [ ] San Juan [✓] Buenos Aires.
4. Para ver una arquitectura muy variada, podemos ir a [ ] Santiago [✓] Barcelona.
5. Para visitar pirámides mayas, debemos ir a [ ] Chile [✓] México.

14–5   Mis mejores vacaciones.   Dígale a su compañero/a adónde fue y cuántos días pasó allí. Su compañero/a debe averiguar qué vio y qué hizo usted.

Una visita a una ciudad

EMPLEADO:	Hotel Imperial. Buenos días.
SR. LÓPEZ:	Buenos días. Quisiera hacer una reservación para el viernes 24.
EMPLEADO:	¿Una habitación doble o sencilla?
SR. LÓPEZ:	Una habitación doble por dos noches, por favor.
EMPLEADO:	Con mucho gusto. ¿A nombre de quién hago la reservación?
SR. LÓPEZ:	Mariano López Bobadilla.
EMPLEADO:	Muy bien, Sr. López.

SR. LÓPEZ:	Por favor, me pudiera indicar cómo llegar al Museo de Arte.
CONSERJE:	Sí, cómo no. Mire, siga derecho por esta calle hasta la próxima esquina. Allí, doble a la izquierda y camine dos cuadras hasta la plaza. En la plaza, doble a la derecha y allí está el museo. No se puede perder. Es muy fácil.
SR. LÓPEZ:	Muchísimas gracias.

CULTURA En compañías y oficinas generalmente se contesta el teléfono dando el nombre de la compañía y un saludo de acuerdo con la hora del día. Las expresiones que usan las familias varían según el país: **diga** o **dígame** en España, **bueno** en Mexico, **hola** en Argentina y Perú y **oigo** o **qué hay** en Cuba. **Aló** también se usa mucho.

Actividades

14–6   Una reservación en un hotel.   Su compañero/a va a hacer el papel del empleado del hotel. Escoja una fecha y haga una reservación.

EMPLEADO/A:	Hotel Inglaterra. Buenas tardes.
USTED:	Buenas tardes. Quisiera hacer una reservación para el...
EMPLEADO/A:	¿Una habitación doble o sencilla?
USTED:	...
EMPLEADO/A:	Muy bien. ¿Y por cuántas noches quiere hacer la reservación?
USTED:	...
EMPLEADO/A:	¿A nombre de quién hago la reservación?
USTED:	...
EMPLEADO/A:	Muchas gracias,...

HOTEL RIO BIDASOA
SANTIAGO · CHILE

TARIFAS

CATEGORIAS	SINGLE	DOBLE
SINGLE	$ 32.000	$ —.—
TWIN	32.000	34.000
QUEEN	32.000	34.000
KING	36.000	38.000
Cama Adicional	$ 5.000	

Tarifas incluyen desayuno en cafetería de 7:00 a 10:00 A.M. e impuestos.

14–7   Direcciones.   Use el plano que aparece en la página anterior y pregúntele a su compañero/a cómo ir a ciertos lugares. Su compañero/a le debe explicar cómo llegar.

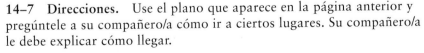

Usted está en:	**Usted desea ir a:**
1. el Hotel Imperial	la universidad
2. el Teatro Minerva	la estación de autobuses
3. la Catedral	la estación de policía

El correo y la correspondencia

CHICA: Deseo mandar este paquete a los Estados Unidos.

EMPLEADO: ¿Por vía aérea o correo ordinario?

CHICA: Correo ordinario.

EMPLEADO: Como es al extranjero, tiene que llenar un formulario y declarar lo que contiene. Voy a pesarlo para ver cuánto le va a costar.

LA CARTA

EL SOBRE

SRA MARÍA TERESA MARIOTTINI
POSADA 1418 1° 3
1021 BUENOS AIRES
ARGENTINA

EL SELLO / LA ESTAMPILLA

EL CARTERO

EL BUZÓN

Es muy agradable recibir cartas de los amigos.

F.180

BOGOTA. COLOMBIA.

Cerro de Monserrate, importante centro turístico que se encuentra localizado al oriente de Bogotá, altura 10.000 pies sobre el nivel del mar.
Monserrate Hill, an important tour center which is located at the East of Bogotá, with a 10.000 Feet height on the level of the sea.

17 de marzo

Querida Ana Luisa:
El martes llegué a Bogotá después de un vuelo muy bueno. El miércoles mis primos me llevaron a conocer la parte antigua de la ciudad. Es preciosa. Ayer hicimos una excursión a Ibagué, en tierra caliente. Hizo muchísimo calor. Vinieron varios amigos de mis primos y lo pasamos muy bien.
Muchos recuerdos a tu familia, y para ti un abrazo y un beso de
Emilia

Fotoroma APARTADO AEREO NO. 20053 BOGOTA 2. D. E. COLOMBIA S. A.
Tel. 245763

Srta. Ana Luisa Amescua
Calle Encanto N° 47
Colonia Florida
México, D. F.
México

Ejemplar de Colección

Actividades

14–8   Asociaciones.

1. El lugar donde se recoge la correspondencia
   y se compran sellos es el...
2. La persona que reparte cartas y
   tarjetas es el...
3. El depósito, que generalmente está al lado
   de la calle para poner las cartas, es el...
4. Para mandar una carta la ponemos
   dentro de un...
5. No se puede mandar una carta sin
   escribir la dirección y ponerle un...

a. cartero
b. correo
c. sello
d. sobre
e. buzón

14–9   Firmas: La correspondencia.

MODELO: mandar muchas tarjetas postales cuando estás de vacaciones

—¿Mandas muchas tarjetas postales cuando estás de
vacaciones?

—Sí.

—Pues, firma aquí.

1. saber cómo se llama tu cartero	_____
2. saber el código postal de tu abuelo/a	_____
3. tener un/a amigo/a por correspondencia	_____
4. escribirles por lo menos una carta al mes a tus padres	_____
5. preferir llamar por teléfono en vez de escribir cartas	_____
6. recibir un paquete por correo la semana pasada	_____
7. comprar más de diez sellos durante el último mes	_____

14–10   Un sueño de vacaciones.   Escoja la ciudad, las montañas o el campo y dígale a su compañero/a por qué prefiere pasar sus vacaciones allí. Después cambien de papel.

A escuchar

You will hear four short descriptions of vacation activities. Identify
the location of each vacation by writing the number in the space
provided.

___2___ el campo   ___4___ la ciudad
___3___ las montañas   ___1___ la playa

 *A leer*

Usted busca un hotel en Aguascalientes, México, para la próxima reunión de ventas de su compañía y ve este anuncio en la guía telefónica. Diga si el hotel ofrece o no las siguientes comodidades y servicios.

	Sí	No
1. Doscientas habitaciones		X
2. Habitaciones con televisión y aire acondicionado	X	
3. Garaje en el hotel	X	X
4. Discoteca		X
5. Lugar para reuniones	X	

Usted está pasando unos días en el Hotel Francia. ¿Adónde va usted si...?

1. tiene poca hambre y sólo quiere comer un sándwich
2. desea cenar en un lugar más formal
3. necesita cambiar su reservación para un vuelo a la ciudad de México
4. quiere invitar a unos amigos a beber algo
5. desea comprar algo para llevarles a sus padres

EL ARTE MODERNO

El mundo de habla española ha sido siempre tierra fértil para pintores que han influido en esta corriente artística a nivel mundial. En España han surgido figuras cuyos cuadros se exhiben en los museos más importantes, como El Greco, Velázquez, Goya y, en tiempos modernos, Picasso y Dalí. Esta tradición continúa hasta la actualidad, cuando un sinnúmero de pintores latinoamericanos y españoles han alcanzado fama internacional por su originalidad y capacidad expresiva. A continuación ofrecemos información sobre algunos de los artistas contemporáneos de mayor renombre.

Fernando Botero

La obra de este singular pintor colombiano se exhibe en París, Londres, Madrid, Nueva York y Tokio. En su obra se destacan las figuras "hinchadas" que evocan la artesanía de los maestros del Renacimiento y los temas sociales tratados con humor y picardía.

Rufino Tamayo

Tamayo es quizás el pintor mexicano contemporáneo más conocido en el exterior. Fallecido en 1991, su trayectoria en la pintura mexicana es enorme. Tamayo, en una época, formó parte del grupo de muralistas mexicanos integrado por Orozco, Siqueiros y Rivera, pero luego su pintura se alejó del realismo social dominante en el muralismo. En sus cuadros predominan la influencia del cubismo y el empleo de figuras que evocan el diseño precolombino.

Antoni Tapies

Este pintor español de origen catalán es considerado uno de los maestros de la pintura moderna. En sus pinturas no figurativas predominan la abstracción y la ruptura con la forma y el color tradicionales. Hace uso de nuevos materiales poco convencionales.

Raúl Soldi

Está considerado como uno de los más importantes pintores contemporáneos de la Argentina. Su obra se caracteriza por sus figuras delicadas y rostros expresivos. Su fuente artística es la pintura prerrenacentista y su obra más conocida es la cúpula del Teatro Colón, el más importante de Buenos Aires.

EXPLICACION Y EXPANSION

1. IMPERFECT PROGRESSIVE

LAS OLAS

LA ARENA

Fernando estaba nadando cuando le robaron la cámara.

- Form the imperfect progressive with the imperfect of **estar** and the present participle (**-ndo**).

- Use the imperfect progressive to emphasize ongoing activity in the past.

  En esos momentos Agustín **estaba nadando.**

Actividades

14–11   La familia de Francisco.   ¿Qué estaba haciendo cada miembro de la familia de Francisco cuando él llegó a su casa?

MODELO: hermano menor / jugar con el perro

Su hermano menor estaba jugando con el perro.

1. hermana / hablar por teléfono
2. padre / usar la computadora
3. madre / leer un libro
4. hermano mayor / mirar la televisión
5. abuela / escribir una carta
6. abuelo / dormir

14–12 Mucha actividad en el hotel.   Explique qué estaban haciendo las siguientes personas cuando usted llegó al hotel.

14–13 ¿Tiene usted buena memoria?   Piense en el momento en que usted entró en la clase hoy. Dígale a su compañero/a qué estaban haciendo tres de las personas que estaban en la clase. Después, cambien de papel.

14–14 Una explicación lógica.   Den por lo menos dos posibilidades para explicar cada situación.

MODELO: La señora Mora no contestó el teléfono.

Estaba trabajando en el jardín. *o* Se estaba bañando. *o* Estaba bañándose.

1. El Sr. Mora no fue a ver el partido de fútbol de sus hijos.
2. Pedro no llamó a su novia a las nueve.
3. Marta no llegó a tiempo a clase.
4. Mercedes se cayó esta mañana.
5. Los señores Silva no vieron su programa favorito de televisión.

14–15 Situación.

Usted está de vacaciones en otra ciudad y le robaron su billetera. Dígale al/a la policía dónde estaba usted y qué estaba haciendo cuando le robaron. El/La policía le hará preguntas para obtener más información.

2. HACE WITH TIME EXPRESSIONS

Antonio llegó al teatro a las 8:20. Varias personas estaban haciendo cola frente a la taquilla.

Antonio está en la cola hace 20 minutos.

Antonio llegó hace media hora. La función empieza a las nueve. ¡Por fin compró los boletos!

- To state that an action began in the past and continues into the present, use **hace** + *the length of time* + **que** + *the present tense of the verb*.

    Hace dos horas que trabajan.   *They've been working for two hours.*

- If you begin the sentence with the present tense of the verb, do not use **que**.

    Trabajan **hace** dos horas.

- To indicate the time that has passed since an action started or was completed, use **hace** + *length of time* + **que** + *the preterit tense of the verb*. Here, **hace** is the equivalent of English *ago*.

    Hace dos horas que llegaron.   *They arrived two hours ago.*

- If you begin the sentence with the preterit tense of the verb, do not use **que**.

    Llegaron **hace** dos horas.

Actividades

14–16 **Para conocernos mejor.** Complete las siguientes oraciones según sus experiencias. Después su compañero/a debe completarlas.

1. Estudio español hace... Hablé español por primera vez hace...
2. Tengo un auto (moto, bicicleta) hace... Mi auto (moto, etc.) es...
3. Conozco a mi novio/a (mejor amigo/a) hace... Él/Ella es...
4. Mi programa favorito de televisión es... Veo ese programa hace...

14–17 **Los viajes.** Haga preguntas sobre los viajes de estas personas y de su compañero/a.

Personas	Lugar	Hace...
Marta	Buenos Aires	un año
Jorge	Bogotá	seis meses
los Miranda	San Juan	dos semanas
Esteban	Caracas	un mes
Pepe y Mirta	Madrid	tres años
(mi compañero/a)	?	?

MODELO: —¿Adónde fue Marta?

—Fue a Buenos Aires.

—¿Cuánto tiempo hace que fue a Buenos Aires?

—Hace un año.

14–18 **¿Cuánto tiempo?**

MODELO: Los turistas llegaron a la agencia de viajes a las diez. Son las once.

—¿Cuánto tiempo hace que están en la agencia?

—Hace una hora que están en la agencia.

1. El niño empezó a nadar a las once. Son las once y media.
2. El Sr. Matos empezó a mirar televisión a las nueve. Son las doce.
3. Las jóvenes entraron al museo a las cuatro. Son las seis.
4. Margarita llegó al aeropuerto a las doce de la noche. Son las tres de la mañana.
5. El señor Villa empezó a hablar por teléfono a las seis. Son las seis y veinte.

14–19 **Un figura importante del tenis.** Su compañero/a es un/a tenista muy famoso/a. Hágale preguntas usando **hace** para completar las siguientes oraciones. Comparta la información con la clase.

MODELO: Ganó su primer campeonato hace...

¿Cuánto tiempo/Cuántos años hace que ganaste tu primer campeonato?

Gané mi primer campeonato hace seis años.

1. Vive en Buenos Aires hace...
2. Empezó a jugar hace...
3. Ganó la Copa Davis hace...
4. Es el/la mejor tenista hace...

14–20 Las vacaciones de los Molina. ¿Cuánto tiempo hace que hicieron lo que indican los dibujos?

MODELO: sábado

Salieron (Tomaron el tren) hace... días.

1. lunes

2. martes

3. miércoles

4. jueves

5. viernes

6. sábado

7. domingo

14–21 Entrevista. Hágale las siguientes preguntas a su compañero/a. Comparta la información con la clase.

1. ¿Dónde vives? ¿Cuánto tiempo hace que vives allí?
2. ¿Cuánto tiempo hace que estudias en esta universidad? ¿Y por qué estudias español?
3. ¿Practicas algún deporte? ¿Cuánto tiempo hace que lo practicas? ¿Juegas mejor ahora?

14–22 Situaciones.

1. Explíquele a su compañero/a dónde usted pasó sus mejores vacaciones. Dígale a) el nombre del lugar, b) cuánto tiempo hace que usted fue, c) los precios y d) qué se puede hacer en ese lugar. Su compañero/a le va a hacer más preguntas sobre sus vacaciones.

2. Usted no está contento/a con la habitación y el servicio del hotel (ruido, pocas toallas, no contestan en la recepción, etc.). Llame otra vez a la recepción y a) dé su nombre, b) el número de la habitación, c) el tiempo que hace que llamó y d) explique los problemas que tiene. El/La empleado/a debe pedirle disculpas y decirle qué van a hacer para resolver los problemas.

3. STRESSED POSSESSIVE ADJECTIVES

SINGULAR		PLURAL		
MASCULINE	FEMININE	MASCULINE	FEMININE	
mío	**mía**	**míos**	**mías**	*my, (of) mine*
tuyo	**tuya**	**tuyos**	**tuyas**	*your* (familiar), *(of) yours*
suyo	**suya**	**suyos**	**suyas**	*your* (formal) *his, her, its, their, (of) his, hers, theirs*
nuestro	**nuestra**	**nuestros**	**nuestras**	*our, (of) ours*
vuestro	**vuestra**	**vuestros**	**vuestras**	*your* (familiar), *(of) yours*

▪ Stressed possessive adjectives follow the noun they modify and agree with it in gender and number. An article or demonstrative adjective usually precedes the noun.

El cuarto **mío** es grandísimo.	*My room is very big.*
La maleta **mía** está en la recepción.	*My suitcase is at the front desk.*
Esos primos **míos** llegan mañana.	*Those cousins of mine arrive tomorrow.*
Las llaves **mías** están en la puerta.	*My keys are in the door.*

4. POSSESSIVE PRONOUNS

SINGULAR			PLURAL		
MASCULINE		FEMININE	MASCULINE		FEMININE
el { **mío** **tuyo** **suyo** **nuestro** **vuestro**		la { **mía** **tuya** **suya** **nuestra** **vuestra**	los { **míos** **tuyos** **suyos** **nuestros** **vuestros**		las { **mías** **tuyas** **suyas** **nuestras** **vuestras**

- Possessive pronouns have the same form as stressed possessive adjectives.

- The definite article precedes the possessive pronoun, and they both agree in gender and number with the noun they refer to.

> ¿Tienes la mochila suya?   —*Do you have his backpack?*
> —Sí, tengo **la suya.**   —*Yes, I have his.*

- After the verb **ser,** the article is usually omitted.

> Esa ropa es **mía.**   *Those clothes are mine.*

- To be clearer and more specific, the following structures may be used to replace any corresponding form of **el suyo.**

la mochila suya → la suya

la de usted	*yours (sing.)*
la de él	*his*
la de ella	*hers*
la de ustedes	*yours (pl.)*
la de ellos	*theirs (masc., pl.)*
la de ellas	*theirs (fem., pl.)*

Actividades

14–23 ¿Quiénes son los dueños?

MODELO: La bicicleta es mía
(tuya, suya, nuestra).

1.

2.

3.

4.

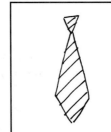

5.

14–24 Las posesiones. Es el fin del año escolar y un/a amigo/a está ayudando a empacar las cosas de usted y de su compañero/a de cuarto.

MODELO: esta lámpara

—¿De quién es esta lámpara?

—Es suya. *o* Es mía.

1. esos casetes
2. este mapa
3. los cuadernos
4. estos discos
5. las revistas
6. el radio
7. el afiche
8. esta toalla

14–25 Preparándose para los exámenes.

MODELO: —¿Prefieres mi diccionario o el tuyo?

—Prefiero el tuyo (el mío).

1. ¿Prefieres estudiar en mi casa o en la de Marta?
2. ¿Quieres mi cuaderno o el de Pedro?
3. ¿Hablaste con mi profesor o con el tuyo?
4. ¿Leíste mi proyecto o el de Arturo?
5. ¿Quieres mis apuntes o los de mis hermanos?

14–26 ¿Cómo son?

MODELO: —Mi apartamento es pequeño y cómodo.

—Y el mío es grande y viejo.

1. mi perro
2. mi bicicleta
3. mis amigos
4. mi cuarto
5. mis compañeras
6. mi novio/a

14–27 La casa y la familia.

MODELO: cocina

—Nuestra cocina es muy moderna.

—Y la nuestra es muy moderna también.

1. familia
2. casa
3. vecinos
4. auto
5. abuelos
6. padres

14–28 Situación.

Usted encontró una billetera con mucho dinero. Una persona viene y le dice que perdió su billetera. Hágale preguntas para ver si es la billetera que usted encontró.

REPASO GRAMATICAL

1. IMPERFECT PROGRESSIVE

> *imperfect* of **estar** + *present participle* (**-ndo**)
> El recepcionista estaba hablando en ese instante.

2. HACE WITH TIME EXPRESSIONS

> **hace** + *length of time* + **que** + *present tense*
> Hace tres días que está aquí.
> _____
> **hace** + *length of time* + **que** + *preterit tense*
> Hace un mes que llegaron.

3. STRESSED POSSESSIVE ADJECTIVES

SINGULAR		PLURAL		
MASCULINE	FEMININE	MASCULINE	FEMININE	
mío	**mía**	**míos**	**mías**	*my, (of) mine*
tuyo	**tuya**	**tuyos**	**tuyas**	*your* (familiar), *(of) yours*
suyo	**suya**	**suyos**	**suyas**	*your* (formal) *his, her, its, their, (of) his, hers, theirs*
nuestro	**nuestra**	**nuestros**	**nuestras**	*our, (of) ours*
vuestro	**vuestra**	**vuestros**	**vuestras**	*your* (familiar), *(of) yours*

preciosas
bonitas
bello
hermoso

MOSAICOS

A escuchar

14–29 En el hotel. Listen to the conversation and indicate if each statement is **Cierto** or **Falso**.

		Cierto	Falso
1.	La reservación está a nombre del señor Roca.	X	
2.	Los Roca reservaron una habitación doble y una sencilla.	X	~~X~~
3.	La habitación sencilla es para Daniela Palacios de Roca.		X
4.	En el hotel no hay tintorería.		X
5.	El señor Roca debe ir al correo, según el recepcionista.	X	
6.	En el hotel venden sellos.		X
7.	El correo está frente a la catedral.	X	~~X~~
8.	La habitación de los Roca está en el octavo piso.		X

14–30 ¿Lógico ● ilógico?

	Lógico	Ilógico
1.		X
2.	X	
3.		X
4.	X	X
5.	X	
6.		~~X~~
7.		~~X~~
8.	X	

INVESTIGACIÓN

Los Paradores Nacionales.
En España muchos de los castillos, palacios y edificios históricos fueron transformados en hoteles de lujo y categoría. Se llaman *Paradores Nacionales.* Estos paradores conservan el estilo y el ambiente del edificio original y al mismo tiempo ofrecen a sus clientes todas las comodidades de un gran hotel. Estos hoteles son muy populares y no muy caros. Por lo tanto es importante hacer reservaciones con mucha anticipación. ¿Cuáles son los hoteles más elegantes de su ciudad? ¿Existe algún tipo de hotel que sea típico de su país o región? ¿Fue usted alguna vez a un Parador Nacional en España?

A conversar

14–31 En la recepción. En grupos de cuatro, representen la siguiente situación. Uno de ustedes es el/la recepcionista y los otros son clientes del hotel. Los clientes han pedido diferentes cosas al/a la recepcionista y ahora las quieren. Cada cliente elige un sobre que contiene lo que él/ella ha pedido. El/La recepcionista no recuerda qué le pidió cada cliente y hace preguntas para saber de quién es cada sobre.

MODELO: RECEPCIONISTA: ¿Son suyas las entradas para el teatro?

CLIENTE 1: Sí, son mías.

CLIENTE 2: Sí, son mías.

RECEPCIONISTA: (a Cliente 1) ¿Las suyas son para esta noche?

CLIENTE 1: No, las mías son para mañana por la noche.

14–32 ¿Hace cuánto? Elija un programa de televisión y dígale a su compañero/a qué hora es y qué canal mira. Su compañero/a debe decirle cuánto tiempo hace que mira ese programa. Alternen los papeles.

MODELO: —Son las seis de la tarde y estoy mirando la cadena uno.

—Hace una hora que miras "Cine Disney".

TELEVISION

PROGRAMACION DE TELEVISION

NACIONAL

ABRIL 25	8:30	9:00	9:30	10:00	10:30	11:00	11:30	12:00	12:30	1:00	1:30	2:00	2:30	3:00
CADENA UNO	OJO PELAO		LAS TORTUGAS NINJA	ODISEA EN HAWAII		SUPER FORCE		PROFESION PELIGRO		NOTICIERO NTC	CHESPIRITO		EL SHOW DE LAS ESTRELLAS	
CANAL A	MAXI MINI		PAZ VERDE	EL PLANETA DE LOS SIMIOS		LA BELLA Y LA BESTIA		TASHA EN LA TIERRA PERDIDA	VIDEO TOTALMENTE OCULTO	NOTICIERO CRIPTON	GUARDIANES DE LA BAHIA		VUELO NOCTURNO	
CADENA TRES														
TELE ANTIOQUIA												LUZ VERDE	MAC GYVER	
TELE PACIFICO	LA SANTA MISA	FUTBOL ITALIANO				VIVA EL DOMINGO				COSMOS		TELENOVELA CADENA BRAGA		AMERICA SILVESTRE
TELE CARIBE	EL LIBRO ENCANTA-	FUTBOL ITALIANO				EN LA JUGADA	RAPIDO RAPIDO	ESTELARES DEL VALLENATO		COMANDO ESPECIAL		SERIE EXTRANJERA: 50/50 SOCIAS Y		LAS 20 CHEVERISI-

14–33 Encuesta. Averigüe cuánto tiempo hace que sus compañeros/as **hacen** o **hicieron** las siguientes actividades.

MODELO: —¿Hace cuánto tiempo que **sabes** escribir?

—Hace doce años que sé escribir.

—¿Hace cuánto tiempo que **recibiste** una carta?

—Hace dos meses que recibí una carta.

pregunta	nombre ___	nombre ___	nombre ___	nombre ___	nombre ___
montar en bicicleta					
nadar					
manejar					
ir a un hotel					
mandar una carta					
recibir un paquete					

3:30	4:00	4:30	5:00	5:30	6:00	6:30	7:00	7:30	8:00	8:30	9:00	9:30	10:00	10:30	11:00	11:30
MI BARRIO	LABERINTOS		CINE DISNEY				LA CARABINA DE AMBROSIO	SABOR	EXPEDICIONES SUBMARINAS	NOTICIERO TV HOY	INTRIGA TROPICAL		CINEMA UNO: "LOS DIOSES DEBEN ESTAR LOCOS III"			
NO ME LO CAMBIE			LOS MILLONARIOS	MISION IMPOSIBLE			LOCOS VIDEOS	VUELO SECRETO	DEJEMONOS DE VAINAS	NOTICIERO AM-PM	CLASE DE BEVERLY HILLS		CINEMA A			
		LOS HERMANOS GRIMM	FOFURA EN LA TELEVISION	AVENTURA DE TOM SAWYER	CONCIERTOS LATINOAMERICANOS		GRAN PRIX DEL DEPORTE	HISTORIAS EN DESARROLLO		ZURICH: CUENTA SECRETA	ESPACIO SIN CONFIRMAR		CINE A LA LATA: HOY SE PRESENTAN TRES MEDIOMETRAJES COLOMBIANOS: "REPUTADO", "EL GUACAMAYA" Y "LA VIEJA GUARDIA"			
ESPECIAL "DEPORTES A MOTOR"	EL VIEJO		VARIETE-VARIETE		TRANS WORLD SPORT COSMOVISION	TRES SON COMPAÑIA	LOS ANIMALES Y EL HOMBRE	NOTICIAS FIN DE SEMANA	SEÑORA TELENOVELA	FASHION T.V.	MODOS Y MODA		LA PELICULA DE LAS 9			
FUTBOL EN DIRECTO					VIDEOS INTER.	ESTRELLAS DEL PACIFICO	BALADA POR UN AMOR	NOTIPACIFICO	8:45: QUE HAY QUE HACER	9:15: TENIS CLUB			EUROPA SEMANAL	10:15: DESPUES DE LOS TREINTA		
SERIE EXTRANJERA	SERIE EXTRANJERA: ZURICH, SECRETOS		LA RUTA DEL SABER	SERIE EXTRANJERA	REPORTAJE INTERNA-	SERIE EXTRANJERA: EL ASTUTO		NOTICIERO DEL CARIBE	CROMODEPORTES	BEISBOL DE LAS GRANDES LIGAS						

 *A leer*

14–34 **Un poco de geografía.** Mire el mapa en la siguiente página y conteste.

1. ¿Qué países limitan con Perú?
2. ¿En qué país se encuentra Nazca?
3. ¿Nazca está al norte o al sur de Lima?

14–35 **El primer párrafo.** Lea el encabezamiento y conteste.

1. ¿Dónde están dibujadas (trazadas) las líneas de Nazca?
2. ¿Más o menos cuántos años tienen las líneas?
3. ¿Cómo puede verlas un turista?

NAZCA:
ENIGMA MAREADOR

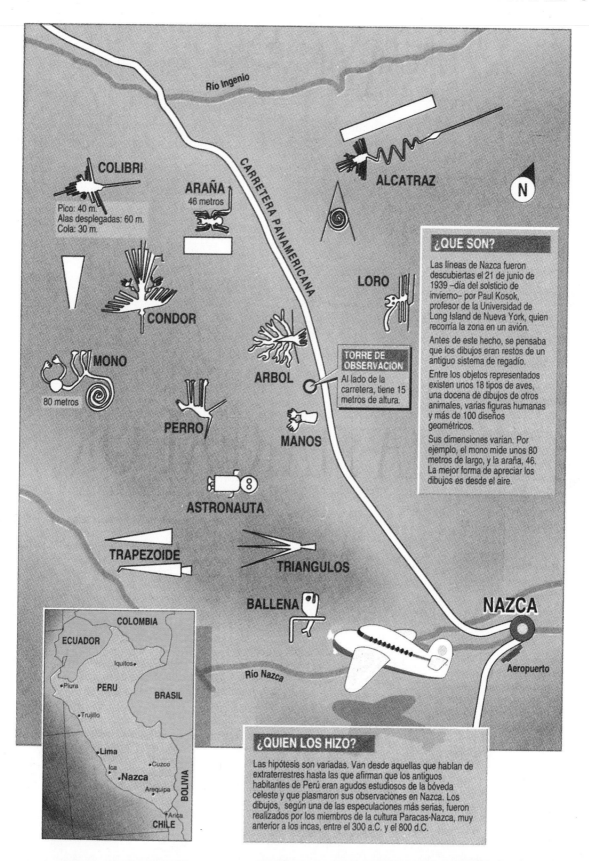

COLIBRI
Pico: 40 m.
Alas desplegadas: 60 m.
Cola: 30 m.

ARAÑA
46 metros

ALCATRAZ

N

CONDOR

LORO

MONO
80 metros

ARBOL

TORRE DE
OBSERVACION
Al lado de la
carretera, tiene 15
metros de altura.

PERRO

MANOS

ASTRONAUTA

TRAPEZOIDE

TRIANGULOS

BALLENA

NAZCA
Aeropuerto

CARRETERA PANAMERICANA

Río Ingenio

Río Nazca

¿QUE SON?

Las líneas de Nazca fueron
descubiertas el 21 de junio de
1939 –día del solsticio de
invierno– por Paul Kosok,
profesor de la Universidad de
Long Island de Nueva York, quien
recorría la zona en un avión.

Antes de este hecho, se pensaba
que los dibujos eran restos de un
antiguo sistema de regadío.

Entre los objetos representados
existen unos 18 tipos de aves,
una docena de dibujos de otros
animales, varias figuras humanas
y más de 100 diseños
geométricos.

Sus dimensiones varían. Por
ejemplo, el mono mide unos 80
metros de largo, y la araña, 46.
La mejor forma de apreciar los
dibujos es desde el aire.

¿QUIEN LOS HIZO?

Las hipótesis son variadas. Van desde aquellas que hablan de
extraterrestres hasta las que afirman que los antiguos
habitantes de Perú eran agudos estudiosos de la bóveda
celeste y que plasmaron sus observaciones en Nazca. Los
dibujos, según una de las especulaciones más serias, fueron
realizados por los miembros de la cultura Paracas-Nazca, muy
anterior a los incas, entre el 300 a.C. y el 800 d.C.

COLOMBIA
ECUADOR
Iquitos
Piura
PERU
BRASIL
Trujillo
Lima
Ica
Nazca
Cuzco
Arequipa
BOLIVIA
Arica
CHILE

14–36 Más geografía. Mire el mapa con el esquema de los dibujos y conteste.

1. ¿Entre qué ríos se encuentran las líneas de Nazca?
2. ¿Qué carretera atraviesa la zona?
3. ¿Cree usted que las líneas pueden verse cuando uno camina cerca de ellas?
4. ¿Desde qué ciudad salen los aviones para visitar las líneas?
5. ¿La mayoría de las líneas representan figuras geométricas, animales o plantas?

14–37 "¿Qué son?" Diga si las siguientes afirmaciones son **Ciertas** o **Falsas**.

	Cierto	Falso
1. Las líneas de Nazca fueron descubiertas por un profesor peruano.	____	____
2. Las líneas de Nazca se descubrieron hace más de cincuenta años.	____	____
3. La gente pensaba que las líneas eran sistemas para transportar agua.	____	____
4. La mayoría de los objetos representados son animales.	____	____
5. La mejor forma de apreciar los dibujos es desde la torre de observación.	____	____
6. Las figuras representadas son de diferentes tamaños.	____	____

14–38 "¿Quién las hizo?" Formen grupos de cuatro o cinco estudiantes y elijan la o las respuestas corectas. Expliquen por qué la respuesta que eligen es la correcta. Las hipótesis dicen que las líneas fueron hechas por...

a. los extraterrestres
b. los antiguos habitantes de Perú
c. los miembros de las tribus Paracas-Nazca

A escribir

14–39 Un lugar increíble. Usted acaba de visitar las líneas de Nazca y está muy impresionado/a. Escríbale una carta a un/a amigo/a en su país y explíquele...

▪ cómo llegó a Nazca;

▪ cómo hizo para ver las líneas;

▪ qué vio y cómo era todo lo que vio;

▪ quién, cuándo y por qué hicieron las líneas y

▪ cuáles son sus planes para los próximos días.

▪ Despídase de su amigo/a y prometa enviar fotos y postales del lugar.

VOCABULARIO

EL CORREO

el buzón	*mailbox*
la carta	*letter*
la estampilla	*stamp*
el paquete	*package*
el sello	*stamp*
el sobre	*envelope*
la tarjeta postal	*post card*

LUGARES

el ayuntamiento	*city hall*
la capital	*capital*
la catedral	*cathedral*
la cuadra	*city block*
la esquina	*corner*
la estación de policía	*police station*
el museo	*museum*
las ruinas	*ruins*

EL TEATRO

la cámara	*camera*
la función	*show*
la taquilla	*ticket office*

LA NATURALEZA

el árbol	*tree*
la arena	*sand*
la ola	*wave*

EL HOTEL

la habitación doble/sencilla	*double/single room*
la llave	*key*
la recepción	*reception*
la reservación	*reservation*
la tintorería	*cleaners*

DESCRIPCIONES

increíble	*incredible*

VERBOS

declarar	*to declare*
doblar	*to turn*
mandar	*to send*
pasar	*to spend*
perderse (ie)	*to get lost*
recibir	*to receive*
seguir (i) derecho	*to go straight ahead*

PALABRAS ÚTILES

la derecha	*right*
la izquierda	*left*

EXPRESIONES ÚTILES

¿a nombre de quién?	*under whose name?*
por fin	*finally*

See page 395 for possessive adjectives and pronouns.

Un paso adelante

LECCIÓN 15

Hoy día viven varios millones de hispanos en los Estados Unidos. Se espera que para el año 2000 los hispanos sean la minoría más numerosa de este país.

Los hispanos en los Estados Unidos

Una nueva generación de líderes en la comunidad hispana

José M. Hurtado nació en México en 1948 y a los veinte años se graduó como contador público en el Instituto Mexicano de Tecnología. Hoy es presidente de la M-USA Business Systems Inc. de Dallas, una compañía de software que hace toda su programación en México, y que ha tenido un gran éxito al ofrecer sofisticados programas para computadoras con un precio máximo de sólo $50. Los programas de M-USA—siglas que quieren decir "México-USA"—demuestran el futuro de México como productor de servicios y sistemas de la más alta tecnología. En 1992 se ganó dos premios por sus logros: *Entrepreneur of the year* en Dallas, Texas y el Premio Mercurio en Jalisco, México.

Rubén Blades nació en Panamá en 1948, donde recibió su título universitario en derecho en la Universidad Nacional de Panamá. Después pasó a Nueva York para ser cantante de música salsa, y eventualmente actor de cine. Ha actuado, entre otras películas, en *Fatal Beauty* con Whoopi Goldberg y *The Two Jakes* con Jack Nicholson. También tiene una maestría en derecho internacional de la Universidad de Harvard, y aunque vive actualmente en Los Ángeles, todavía tiene mucho interés en la política de su país natal.

Hablando de los hispanoamericanos en los Estados Unidos, Blades ha dicho: "No somos una raza. Entre nosotros, hay rubios, negros, indios, chinos, de todo. Lo que nos une es una cultura". En su música, películas y actividad política, Blades sigue haciendo una contribución importante a esa cultura.

Sonia Sotomayor, puertorriqueña de Nueva York, se graduó en la Universidad de Princeton en 1976 y de la Escuela de Derecho de Yale en 1979. Empezó su carrera profesional como fiscal en Manhattan, y después llegó a ser socia de un prestigioso bufete de abogados en la Ciudad de Nueva York. Hoy en día es jueza de la Corte Federal del distrito de Nueva York, y es la primera persona de ascendencia hispana en dicho puesto. De acuerdo con la Hispanic National Bar Association, hay entre 16.000 y 20.000 abogados hispanos en los Estados Unidos, pero las mujeres representan sólo la cuarta parte del total.

◆

David Rosemond es Director de Iniciativas Multiculturales para la United Way del Condado de Dade en Miami. Ésta es parte de una entrevista que le hizo *Éxito,* un semanario que se publica en Miami.

—¿Dónde naciste?
—En Cuba. Llegué a este país en el 69 cuando tenía 15 años.
—¿Viniste con tus padres?
—Sí, con mis padres y mis hermanos. Empecé a hacer la secundaria.
—¿Hablabas inglés?
—Mi mamá era maestra de inglés en Cuba y preparaba a niños como yo, cuyos padres pensaban venir a los Estados Unidos. Tenía un buen dominio de la gramática, pero no de la pronunciación.
—¿Estudiaste en Nueva York?
—Hice un año en Brooklyn College y luego me gradué en la Universidad de la Florida.
—¿Cómo te clasificas ahora?
—Bueno, una jefa de personal me dijo una vez que yo tenía que elegir entre ser negro y ser hispano. Y yo le dije: "Pero yo soy ambos", y me dijo: "Pero sólo existe una categoría". Entonces se creó una nueva categoría: negro hispano.
—¿Y socialmente dónde encajas mejor?
—En los dos lados.
—¿Tu hija cómo se está criando?
—Bueno, está aprendiendo español. [Risas] Come arroz con frijoles negros y plátanos maduros fritos. Pero creo que todos nosotros nos vamos aculturando a esta sociedad. Nos hemos asimilado más de lo que creemos.
—¿Qué desearías para tu hija?
—[Risas] Que fuera electa la primera presidenta negra de los Estados Unidos.

Actividades

15–1 ¿Quiénes son? Complete el siguiente cuadro con la información que usted leyó sobre cuatro líderes hispanos.

nombre	lugar de nacimiento	lugar(es) donde estudió	puesto o profesión
	Cuba		
			jueza
	Panamá		
		Instituto Mexicano de Tecnología	

15–2 Preguntas.

1. ¿Qué tipo de servicios ofrece M-USA? ¿Por qué han tenido tanto éxito en el mercado norteamericano?
2. ¿Qué estudió Rubén Blades? ¿Qué dice Blades sobre los hispanos en los Estados Unidos?
3. ¿Dónde trabaja Sonia Sotomayor? ¿Qué porcentaje de los abogados hispanos de este país son mujeres?
4. ¿A qué grupos étnicos pertenece David Rosemond? ¿Qué desea para su hija?

15–3 Preguntas personales.

1. ¿Qué experiencia ha tenido con las computadoras? ¿Qué programas o sistemas usa usted en la universidad o en el trabajo?
2. ¿Cree usted que necesitamos más mujeres abogadas? ¿Por qué?
3. ¿Deben los actores y cantantes famosos intervenir en la política? ¿Por qué?

¿Y dónde viven?

Miami, la llamada capital del sol, es un auténtico centro económico y cultural para hispanoamericanos del Caribe y de Centro y Suramérica. Según el censo de 1990, el 49% de la población del Condado de Dade es de origen hispano, y se oye hablar español en bancos, comercios y restaurantes por toda la ciudad. Los cubanos representan el 59% de la población hispana del condado, pero también hay colonias grandes de nicaragüenses, colombianos, venezolanos y de muchos otros países. Se editan dos periódicos importantes en español, y hay tres estaciones hispanas

de televisión y numerosas estaciones de radio. El español es toda una industria en el sur de la Florida, y la lengua ha convertido a Miami en un centro de finanzas, turismo y exportación para toda Hispanoamérica.

Se dice que Nueva York es la ciudad puertorriqueña más grande del mundo. Más de dos millones de puertorriqueños viven en Nueva York, una población mucho mayor que la de San Juan. La presencia puertorriqueña en Nueva York fue el tema principal del musical de Broadway *West Side Story.* Con sus propios negocios, periódicos, representantes políticos, estaciones de radio y hasta su propio desfile anual, los "neoyoricans", como se les conoce, han alcanzado hoy en día una gran influencia en esta ciudad.

Los primeros pobladores de Los Ángeles llegaron en 1781. Poco a poco este pueblo fue creciendo hasta llegar a ser la ciudad con el área metropolitana más grande de los Estados Unidos. Después de la ciudad de México, el área metropolitana de Los Ángeles cuenta con el mayor número de mexicanos o descendientes de mexicanos en el mundo.

Actividades

15–4 Contribuciones hispanas. Escojan una o dos áreas donde los hispanos han influido en la vida de los Estados Unidos y expliquen cuál ha sido esta influencia. Luego, comparen sus resultados con los de otros grupos.

15–5 Preguntas.

1. ¿Cómo son las ciudades de Los Ángeles, Miami y Nueva York? ¿Cómo se nota la influencia hispana en estas tres ciudades?
2. Los diferentes grupos étnicos han hecho grandes contribuciones a la cultura norteamericana a lo largo de la historia. ¿Qué grupos étnicos hay en su ciudad o región? ¿Cuáles son sus características más importantes?

Hispanos en el arte y la cultura

Antonio Banderas, el joven actor español, ha tenido un gran éxito tanto en España como en los Estados Unidos. Ha actuado en *Mujeres al borde de un ataque de nervios* y *Átame*, dos películas de Pedro Almodóvar, y también en *The Mambo Kings* y *La casa de los espíritus*. La siguiente entrevista a Antonio Banderas apareció en *Hola,* una de las revistas más populares en España e Hispanoamérica.

Simpático y con la sencillez que siempre le ha caracterizado, el actor explica que llega inmerso "en una vorágine de trabajo que ni siquiera me permite descansar ni dormir...que es uno de mis mayores placeres. Pero estar en los Estados Unidos exige este tipo de cambios, y uno debe adaptarse".

—Seguramente no ha sido sencillo, ya que por obligación has debido adaptarte a un nuevo país, nuevas costumbres y hasta otro tipo de vida ¿no es cierto?

—Absolutamente. Creo que la experiencia de Estados Unidos me ha hecho crecer bastante en el sentido que como espectador y actor uno mistifica bastante a los personajes que se mueven en el mundo del espectáculo; pero luego cuando los tratas, te das cuenta que son gente como tú y como yo. Tal vez con más o menos problemas, pero gente de carne y hueso. Entonces, luego te dices: "Oye, pero no eran tan diferentes". Y eso es muy bueno.

—Por lo visto, te satisface.

—Muchísimo, porque en realidad me he encontrado con un Hollywood mucho más humano de lo que pensaba y no con una máquina de tragar gente.

—Filmas en Filadelfia, Los Ángeles y Nueva York, ¿pero dónde está tu centro de operaciones, tu casa?

—Por una cuestión de trabajo fijé mi residencia en Los Ángeles. Reconozco que Nueva York es más interesante, con un nivel cultural más grande, con mayor cantidad de actores y una experimentación en el arte más fuerte. Pero Los Ángeles es una ciudad fantástica para vivir. Estás allí y te das cuenta que estás en la meca del cine.

◆

Isabel Allende, una de las novelistas más conocidas de América Latina, nació en Perú de padres chilenos, pero se crió en la ciudad de Santiago. Trabajó en Chile como periodista, pero después de la muerte de su tío—

el presidente Salvador Allende—y la imposición de una dictadura militar, ella abandonó el país con su familia y fijó su residencia en Caracas.

Allende escribió sus primeras obras literarias en Venezuela, entre ellas *La casa de los espíritus* y *Eva Luna,* dos importantes éxitos internacionales. Desde 1988 vive en California con su segundo esposo, un abogado norteamericano, pero sigue escribiendo en español sobre temas latinoamericanos.

Allende todavía mantiene su interés en las cuestiones políticas y sociales de Hispanoamérica, y a través de sus libros—todos los cuales han sido traducidos al inglés—ella le ofrece una visión personal y muy original de esta región al público norteamericano y europeo.

◆

Robert Rodríguez, un cineasta mexicoamericano de San Antonio, ha hecho lo verdaderamente imposible: cuando era un estudiante de veinticuatro años en la Universidad de Texas, y con sólo $7.000, escribió y dirigió *El Mariachi,* una película que recibió el Audience Award en el Festival de Cine Sundance en Colorado. La película se filmó en México en dos semanas, y después Columbia Pictures la distribuyó nacionalmente en español con subtítulos en inglés.

LENGUA Se usa la palabra **mexicoamericano/a** o **mexicanoamericano/a** para referirse a las personas descendientes de mexicanos en los Estados Unidos. Muchas de estas personas prefieren el término **chicano/a** porque refleja una actitud de identidad, orgullo y solidaridad.

Sandra Cisneros nació en la ciudad de Chicago en 1954, de padre mexicano y madre mexicoamericana, y vive actualmente en San Antonio. Cisneros es una de las voces más originales de la literatura chicana en los Estados Unidos, y también de la literatura norteamericana contemporánea, con numerosos personajes femeninos que se destacan por su originalidad y sensibilidad. Ella ha escrito una novela *The House on Mango Street*, un libro de cuentos *Woman Hollering Creek* y una colección de poemas titulada *My Wicked, Wicked Ways*.

◆

Lourdes López es solista del New York City Ballet, una de las compañías de ballet más importantes del mundo, donde baila desde los 16 años.

La siguiente entrevista está tomada de Éxito.

—Cuéntame un poco de ti.

—Nací en Cuba y llegué a Miami cuando tenía sólo un año. Me crié aquí.

—¿Cuándo supiste que querías ser bailarina?

—A los cinco años empecé a tener problemas con los pies y mis padres me mandaron a estudiar ballet. A los ocho, mi madre me dijo que no tenía que continuar, que ya se habían resuelto los problemas. Pero a mí me gustaba; no es que yo supiera que iba a ser bailarina.

—¿Cómo te sientes en Nueva York?

—Muy feliz. Ya me siento como en casa. Llevo mucho tiempo allá. Allá tengo mi trabajo y a mi esposo y a mi hija.

—¿Qué hace tu esposo?

—Es abogado. Nació en Grecia, pero se crió en España.

—¿Entonces él habla español?

—Sí, y mi hija, Ariel, lo entiende todo en español.

—¿Qué harías si te retiraras?

—Me gustaría trabajar con niños. Se están haciendo muchos experimentos con niños que tienen problemas emocionales y físicos y se está utilizando la danza como terapia.

CULTURA Hay muchos escritores descendientes de mexicanos que escriben en inglés, en español o en ambos idiomas. La literatura chicana ha alcanzado reconocimiento y elogios en los círculos literarios de los Estados Unidos.

Actividades

15–6   Preguntas.

1. ¿Dónde vive Antonio Banderas? ¿Qué diferencias ve él entre Los Ángeles y Nueva York? ¿Cuál de las dos ciudades prefiere usted?
2. ¿Dónde nació Isabel Allende y dónde se crió? ¿Por qué se fue de Chile y dónde vive hoy en día?
3. ¿Ha visto usted alguna película de Robert Rodríguez o de otro director hispano? ¿Cuál fue la última película que usted vio? ¿Cómo era y quiénes eran los actores principales?
4. ¿Dónde nació Sandra Cisneros y dónde vive hoy en día? ¿Qué libros ha publicado ella?
5. ¿Qué clase de novelas le gusta a usted? ¿Prefiere novelas románticas, de misterio o de acción? ¿Cuál fue el último libro que leyó?
6. ¿Por qué empezó a bailar ballet Lourdes López? ¿Qué quiere hacer ella después de retirarse del ballet?
7. ¿Qué le interesa más a usted, el cine, la literatura, el baile o la pintura? ¿Por qué? ¿Cuáles son sus artistas preferidos?

 *A escuchar*

You will hear a Spaniard talking about himself, his family, and his work. Complete the following statements by marking the appropriate answers.

1. Además de español, Juan Sanz habla...
   _____ catalán   _____ japonés   _____ francés   _____ inglés
   _____ ruso   _____ italiano   _____ portugués   _____ alemán
2. Juan Sanz estudió en la Universidad de...
   _____ Maryland
   _____ Barcelona
   _____ las Américas
3. Él cree que pudo obtener puestos importantes rápidamente porque...
   _____ habla varias lenguas
   _____ estudió mucho
   _____ conoce muchos países
4. Los equipos que venden en su compañía cuestan alrededor de...
   _____ 100.000 dólares
   _____ 500.000 dólares
   _____ 1.500.000 dólares
5. Según Juan Sanz, una compañía puede dar un mejor servicio cuando...
   _____ llama a los clientes con frecuencia
   _____ sus productos tienen buen precio
   _____ habla la lengua del cliente

PRESENCIA HISPANA EN LOS ESTADOS UNIDOS

Actualmente casi un 35% de la población del estado de California es de ascendencia hispánica. En todos los demás estados, los hispanos constituyen el grupo minoritario de mayor crecimiento en el país. Se calcula que para el año 2.000 habrá más de 33 millones de hispanos en los Estados Unidos. Estudie el siguiente mapa y señale los estados donde hay hispanos.

CONCENTRACIÓN DE HISPANOHABLANTES EN LOS ESTADOS UNIDOS

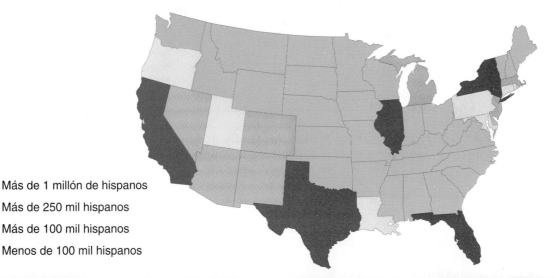

■ Más de 1 millón de hispanos
▨ Más de 250 mil hispanos
□ Más de 100 mil hispanos
▨ Menos de 100 mil hispanos

Ciudades con el mayor número de hispanohablantes

1.	Los Ángeles	4.780.000
2.	Nueva York	2.780.000
3.	Miami	1.100.000
4.	San Francisco	970.000
5.	Chicago	890.000
6.	Houston	770.000
7.	Dallas	520.000
8.	Phoenix	345.000
9.	Denver	226.000
10.	Washington	225.000

Source: *U.S. 1990 Census.*

Origen de los inmigrantes

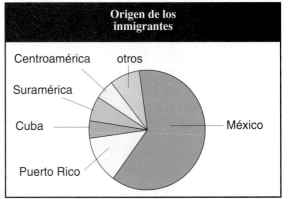

Source: *U.S. 1990 Census.*

1. THE PAST PARTICIPLE AND THE PRESENT PERFECT

La población hispana ha crecido notablemente en el área de Miami. Hoy en día los hispanos representan más de la mitad de la población, y el español es el idioma principal en muchas partes de la ciudad.

INFINITIVE	PAST PARTICIPLE
hablar	**hablado**
comer	**comido**
vivir	**vivido**

- All past participles of **-ar** verbs end in **-ado.**

- Past participles of **-er** and **-ir** verbs end in **-ido,** except the following:

IRREGULAR PAST PARTICIPLES			
hacer	**hecho**	abrir	**abierto**
poner	**puesto**	escribir	**escrito**
romper	**roto**	cubrir	**cubierto**
ver	**visto**	decir	**dicho**
volver	**vuelto**	morir	**muerto**

- **Tener** is never used as the auxiliary verb to form the perfect tense.

417

- Form the present perfect of the indicative by using the present tense of **haber** as an auxiliary verb with the past participle of the main verb.

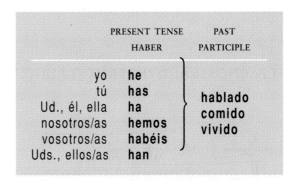

	PRESENT TENSE HABER	PAST PARTICIPLE
yo	**he**	
tú	**has**	
Ud., él, ella	**ha**	**hablado**
nosotros/as	**hemos**	**comido**
vosotros/as	**habéis**	**vivido**
Uds., ellos/as	**han**	

- The present perfect is used to refer to a past event or action that has some relation to the present.

    Victoria, ¿ya has comido?   *Victoria, have you eaten yet?*

- Normally no word may intervene between **haber** and the past participle.

- Place object and reflexive pronouns before the auxiliary verb **haber.**

    —¿Has visto a Juan?   —¿**Se** han lavado?
    —No, no **lo** he visto.   —Sí, ya **nos** hemos lavado.

- The present perfect of **hay** is **ha habido.**

    Ha habido más trabajo   *There has been more work*
        últimamente.   *lately.*

- Use the present tense of **acabar** + **de** + *infinitive,* not the present perfect, to state that something has just happened.

    Acabo de oír las noticias.   *I have just heard the news.*

Actividades

15–7 Las cosas que no he hecho.   Para cada grupo, digan lo que no han hecho.

1. Yo nunca he estado en...
   a. Nueva York
   b. Los Ángeles
   c. Miami
2. Yo nunca he hecho...
   a. cerámica
   b. ejercicio
   c. arroz con frijoles
3. Yo nunca he corrido en...
   a. las Olimpiadas
   b. el estadio de la universidad
   c. un parque

4. Yo nunca he escrito una...
   a. carta
   b. novela
   c. composición
5. Yo nunca he roto...
   a. un plato
   b. un vaso
   c. un estéreo
6. Yo nunca he dicho...
   a. una mala palabra
   b. una mentira
   c. palabras en chino

15–8   Las cosas que (no) he hecho.   Dígale a su compañero/a las cosas que usted ha hecho o no ha hecho. Luego, cambien de papel.

MODELO: preparar el desayuno

(No) He preparado el desayuno.

1. terminar la tarea
2. escuchar los casetes
3. limpiar la casa
4. correr por la mañana
5. oír las noticias
6. ir al mercado
7. leer el periódico
8. ver televisión
9. escribirle a un amigo
10. lavarse los dientes dos veces

15–9   ¿Qué has hecho hoy?

MODELO: comprar el libro

—¿Has comprado el libro hoy?

—Sí, ya he comprado el libro. *o* —Sí, ya lo he comprado. *o* —No, no lo he comprado todavía.

1. lavar los platos
2. romper algún plato
3. hacer ejercicio
4. tomar vitaminas
5. ver al profesor Hidalgo
6. felicitar a Ana por su santo
7. recibir alguna carta
8. traer tu proyecto

15–10   Un/a atleta excelente.   Preparen una lista de cinco cosas que ha hecho esta persona para ser un/a atleta excelente.

MODELO: Ha practicado todos los días.

15–11   Un viaje.   Usted y su amigo/a van a hacer un viaje, pero no han organizado nada.

MODELO: ¿Han hecho las reservaciones?

—No, no las hemos hecho todavía.

1. ¿Han ido a la agencia de viajes?
2. ¿Han llamado a la línea aérea?
3. ¿Han hecho las maletas?
4. ¿Han comprado los cheques de viajero?
5. ¿Qué han hecho entonces?

15–12 El jefe/La jefa y los empleados. Usted es el jefe/la jefa de una oficina y le pregunta a su secretario/a si sus empleados han hecho las siguientes cosas.

MODELO: terminar el proyecto

—¿Terminaron el proyecto?

—Sí, ya lo terminaron. *o* —Todavía no lo han terminado.

1. traer el papel de cartas
2. usar la computadora
3. hacer las fotocopias

4. llamar a los clientes
5. invitar al Sr. Alonso
6. pedir los programas

15–13 Un huracán. Se espera un huracán y su padre le pide que haga varias cosas.

MODELO: —Llena la bañadera de agua.

—Acabo de llenarla, papá.

1. Pon la televisión.
2. Entra los muebles de la terraza.
3. Llama a tus abuelos.
4. Pregúntales a los vecinos si necesitan algo.
5. Saca al perro del garaje.
6. Cierra las ventanas de tu cuarto.

15–14 Justo ahora. ¿Qué acaban de hacer sus amigos?

MODELO: Juan sale del estadio.

Acaba de ver un partido de fútbol.

1. Maricarmen sale de un concierto.
2. Pedro sale de un café.
3. Mercedes y Paula salen del cine.
4. Humberto sale de la cocina.
5. Jorge y Ricardo salen de una tienda.

15–15 Las contribuciones de los hispanos. Escojan un área (negocios, arquitectura, música, arte, etc.) y escriban un pequeño párrafo explicando cómo han contribuido los hispanos a la sociedad de este país.

15–16 El pueblo global. Preparen una lista de las cosas que pueden hacerse o se han hecho ya para mejorar la comprensión entre los diferentes grupos étnicos en este país.

15–17 Situaciones.

1. Usted está entrevistando a un/a famoso/a novelista hispano/a que vive en los Estados Unidos. Pregúntele a) cuántas novelas ha escrito, b) cuánto tiempo hace que escribió su primera novela, c) cuál es su novela favorita, y d) cuánto tiempo hace que vive en los Estados Unidos.
2. Escoja una de las personas que aparecen al comienzo de esta lección. Su compañero/a debe escoger otra. Deben averiguar a quién ha escogido su compañero/a y qué ha hecho esta persona para tener éxito.

2. THE PAST PERFECT

- Form the past perfect with the imperfect tense of **haber** as an auxiliary verb and the past participle of the main verb.

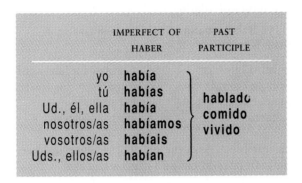

	IMPERFECT OF HABER	PAST PARTICIPLE
yo	había	
tú	habías	
Ud., él, ella	había	hablado
nosotros/as	habíamos	comido
vosotros/as	habíais	vivido
Uds., ellos/as	habían	

- The past perfect is used to refer to a past event or action that occurred prior to another past event.

La fiesta **había terminado** cuando llegamos.	*The party had ended when we arrived.*
Todos **se habían ido** a las dos.	*Everyone had left at two.*

3. PAST PARTICIPLES USED AS ADJECTIVES

- When a past participle is used as an adjective, it agrees with the noun it modifies.

un apartamento alquilad**o**	*a rented apartment*
una puerta cerrad**a**	*a closed door*
los libros abiert**os**	*the open books*
las ventanas rot**as**	*the broken windows*

- Spanish uses **estar** + the *past participle* to express a state or condition resulting from a prior action.

Action	**Result**
Ella terminó el libro.	El libro está terminado.
Reservé la habitación ayer.	La habitación está reservada.

Actividades

15–18 Un día muy feliz. Ayer cuando la Sra. Jiménez volvió a su casa después del trabajo encontró que no tenía que hacer nada en la casa. Diga qué habían hecho los diferentes miembros de la familia.

MODELO: su esposo (cocinar) para toda la familia

Su esposo había cocinado para toda la familia.

1. su madre (lavar) la ropa sucia
2. su hija Carmen (limpiar) la casa
3. su hijo mayor (poner) la mesa
4. su hijo menor (sacar) al perro
5. su hija Diana (hacer) su postre favorito

15–19 La fiesta de Isabel. Usted llega tarde a la fiesta. Pregunte qué habían hecho los invitados antes de su llegada. Su compañero/a debe contestar.

MODELO: bailar salsa

—¿Ya habían bailado salsa?

—Sí, ya habían bailado salsa. *o* —Sí, ya la habían bailado.

1. escuchar a Julio Iglesias
2. comerse toda la comida
3. irse muchas personas
4. tocar la guitarra

5. cantar canciones cubanas
6. tomarse todos los refrescos
7. ver un video
8. contar chistes

15–20 Un día terrible. Ayer fue un día terrible para usted. Explique las cosas que habían pasado cuando llegó a su casa.

1. mi perro...
2. mi vecino...
3. mi hermano/a...

4. el cartero...
5. mi novio/a...
6. mi mejor amigo/a...

15–21 Un cuarto desordenado. Usted entra en el cuarto de su mejor amigo/a y observa que está muy desordenado. Combine la información usando **(no) está(n)**.

MODELO: puerta del armario / abierto

La puerta del armario está abierta.

1. el espejo del armario / roto
2. la cama / tendido
3. los libros de las clases / abierto
4. la ropa / colgado
5. el televisor / encendido
6. las ventanas / cerrado

15–22 Efectos de un huracán. Usted llegó a la ciudad después de que un huracán terrible había pasado. Descríbale a un/a amigo/a lo que usted vio.

MODELO: Inundó las calles.

Las calles estaban inundadas.

1. Rompió las ventanas de las casas.
2. Destruyó muchos edificios.
3. Tumbó muchos árboles.
4. Interrumpió las comunicaciones.
5. Dañó muchos autos y autobuses.

15–23 Situación.

Usted fue a visitar a su amigo/a al hospital. Otro/a compañero/a le va a preguntar si su amigo/a estaba acostado/a o sentado/a. Contéstele y dígale lo que los médicos le habían hecho antes de su visita. Su compañero/a le va a hacer preguntas para saber más detalles.

4. DIRECT AND INDIRECT OBJECT PRONOUNS

- When direct and indirect object pronouns are used in the same sentence, the indirect object pronoun precedes the direct object pronoun.

- Place double object pronouns before conjugated verbs and negative commands.

> Ella me da el libro. → Ella **me lo** da.
> No me des el libro. → No **me lo** des.

- Attach double object pronouns to the end of affirmative commands. They may also be attached to infinitives and present participles.

> Dame el libro.   Dá**melo**.
> Él quiere darme el libro.   Él quiere dár**melo**.
>   Él **me lo** quiere dar.
>
> Está comprándote el libro.   Está comprándo**telo**.
>   **Te lo** está comprando.

- The combination of direct and indirect object pronoun is often used when the direct object noun has already been mentioned.

> —¿**Me** prestas **el libro**?   *Would you lend me the book?*
> —Sí, **te lo** presto.   *Yes, I'll lend it to you.*
>
> —¿Van a darte **la dirección**?   *Are they going to give you the address?*
> —Sí, van a dár**mela**.   *Yes, they're going to give it to me.*

- Le and **les** cannot be used with **lo, los, la,** or **las.** Change **le** or **les** to **se.**

> Le da **un regalo.** → **Se lo** da.   *He gives it to her.*
> Les voy a mandar **una tarjeta.**
> → **Se la** voy a mandar.   *I'm going to send it to them.*

- When a direct object pronoun and a reflexive pronoun are used together, the reflexive pronoun precedes the direct object pronoun.

> Me lavo **las manos.** → Me **las** lavo.
> Juan se lava **la cara.** → Se **la** lava.

Actividades

15–24 Las cosas que necesito. Usted se acaba de mudar y quiere saber si su amigo/a le presta ciertas cosas.

MODELO: platos

> —¿Me prestas unos platos?
>
> —Sí, te los presto (con mucho gusto).

1. la aspiradora
2. un radio
3. un despertador
4. unos sobres
5. unas estampillas
6. un bolígrafo

15–25 Una tempestad. Ha habido una tempestad muy fuerte en una isla del Caribe. Su compañero/a quiere saber qué va a mandar la Cruz Roja.

MODELO: —¿La Cruz Roja les va a mandar comida?

—Sí, se la va a mandar. *o* —No, no se la va a mandar.

1. ¿La Cruz Roja les va a mandar mantas?
2. ¿Les va a mandar dinero?
3. ¿Les va a mandar antibióticos?
4. ¿Les va a mandar tiendas de campaña?
5. ¿Les va a mandar ropa?
6. ¿Les va a mandar zapatos?

15–26 Los regalos de Navidad. Conteste las preguntas que le va a hacer su compañero/a.

MODELO: —¿Le compra una camisa a su hijo?

—No, no se la compra a él.

—¿Le compra una camisa a su esposo?

—Sí, se la compra.

(ESPOSO)

1.

(HIJA)

2.

(PADRES)

3.

(AMIGA)

4.

(HIJO)

15–27 En un hotel muy elegante. El empleado lo/la ha llevado a su
habitación y le hace las siguientes preguntas.

MODELO: —¿Le dejo la llave sobre la cómoda?

—Sí, déjemela allí, por favor.

1. ¿Le abro la ventana?
2. ¿Le enciendo el aire acondicionado?
3. ¿Le pongo el equipaje aquí?
4. ¿Le traigo el periódico?

15–28 Un amigo/a enfermo/a. Usted va a su apartamento para
ayudar a su amigo/a enfermo/a. Complete la siguiente conversación con
su compañero/a.

USTED: ¿Te hago la cama?

AMIGO/A: ...

USTED: ¿Te traigo agua?

AMIGO/A: ...

USTED: ¿Te preparo una sopa?

AMIGO/A: ...

15–29 Situación.

Usted acaba de regresar de sus vacaciones a Caracas. Su amigo/a le
había dado una carta para un primo. Dígale a su amigo/a que a) vio a
su primo, b) le dio la carta, y c) explíquele cuándo y cómo se la dio.

REPASO GRAMATICAL

1. PAST PARTICIPLE

INFINITIVE	PAST PARTICIPLE
hablar	**hablado**
comer	**comido**
vivir	**vivido**

2. PRESENT PERFECT

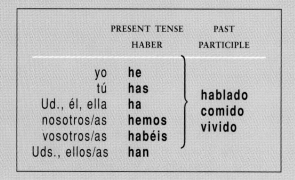

	PRESENT TENSE HABER	PAST PARTICIPLE
yo	**he**	
tú	**has**	
Ud., él, ella	**ha**	**hablado**
nosotros/as	**hemos**	**comido**
vosotros/as	**habéis**	**vivido**
Uds., ellos/as	**han**	

3. PAST PERFECT

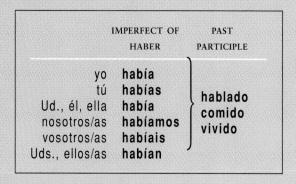

	IMPERFECT OF HABER	PAST PARTICIPLE
yo	**había**	
tú	**habías**	
Ud., él, ella	**había**	**hablado**
nosotros/as	**habíamos**	**comido**
vosotros/as	**habíais**	**vivido**
Uds., ellos/as	**habían**	

A escuchar _____

15–30 **Poniéndole la profesión a la cara.** As you listen to the following descriptions, write the name and profession that correspond to each person.

_____

_____

_____

_____

_____

_____

_____

_____

_____

_____

_____

_____

15–31 **¿Lógico o ilógico?**

	Lógico	Ilógico		Lógico	Ilógico
1.	____	____	5.	____	____
2.	____	____	6.	____	____
3.	____	____	7.	____	____
4.	____	____	8.	____	____

427

 15-32 ¿Quién es? Uno de ustedes elige una persona de la lista y el otro hace preguntas hasta descubrir quién es la persona.

	fecha	nacionalidad	ocupación	algo importante
Frida Kahlo	1907–1954	mexicana	pintora	valorar las raíces indígenas de los mexicanos
Pablo Casals	1876–1973	español	violoncelista, director de orquesta	empezar el Festival Casals en Puerto Rico
Alfonsina Storni	1892–1938	argentina	poeta	defensora de los derechos de la mujer
Emiliano Zapata	1883–1919	mexicano	político revolucionario	participar en la Revolución de 1910
Isabel la Católica	1451–1504	española	reina	pagar los viajes de Colón
José Martí	1853–1895	cubano	poeta, escritor, abogado	padre de la independencia de Cuba
Carlos Gardel	1887–1935	argentino	cantante, compositor	hacer el tango famoso
Violeta Parra	1918–1967	chilena	cantante, compositora	empezar la Nueva Canción chilena
Roberto Clemente	1934–1972	puertorriqueño (EEUU)	jugador de béisbol	elegido para el Salón de la Fama de béisbol en 1972

 15-33 Entrevista. Háganse preguntas sobre los siguientes temas.

MODELO: hablar con un juez de la corte

—¿Has hablado con un juez de la corte?

—No, no he hablado con un juez de la corte.

1. visitar un país extranjero
2. viajar en avión
3. pensar trabajar en finanzas
4. ver de cerca un/a actor/actriz famoso/a
5. participar en un censo
6. editar un periódico
7. fundar una empresa
8. dirigir una obra de teatro
9. criarse en el campo
10. aprender a escribir una novela

15–34 Un informe. Prepare un informe oral sobre lo que su compañero/a le dijo en el ejercicio anterior.

MODELO: Mi compañera, Susan, nunca ha hablado con
un juez. Ella ha visitado México y ha viajado
en avión,...

15–35 ¿Qué han hecho? Usted (A) es el productor de un programa de televisión muy popular y quiere saber si las personas a su cargo han hecho el trabajo. Su compañero/a (B) es su secretario/a y sabe qué hicieron todos.

MODELO: la cantante / preparar la canción

A: ¿La cantante ha preparado la canción?

B: Acaba de prepararla. *o* No, no la ha
preparado todavía.

Papel A:
 1. la jueza / decidir el veredicto
 2. la maestra / leer la novela
 3. los actores / elegir los papeles
 4. las bailarinas / practicar los bailes
 5. el contador / ordenar los recibos
 6. el fiscal / nombrar los testigos
 7. los cantantes / aprender las canciones

Papel B:
Usted sabe que las personas del 1, 3, 5 y 7 han hecho las tareas y las del 2, 4 y 6 no las han hecho.

15–36 ¿Qué habían hecho a los quince años? Averigüe si cinco de sus compañeros/as habían hecho las siguientes cosas antes de los quince años.

MODELO: —¿Habías viajado a España antes de los quince años?

—Sí, (No, no) había viajado a España antes de
los quince años.

Nombre del alumno:	_____	_____	_____	_____	_____
ir a México					
manejar un auto					
trabajar					
leer en español					
cocinar					
tener un/a hermano/a					

A leer

15–37 Antes de leer. Lea las cifras que aparecen en el cuadro y luego conteste.

PRINCIPALES GRUPOS HISPANOS EN LOS EE. UU.		¿DÓNDE VIVEN LOS HISPANOS?	
nación	porcentaje	estados	número de hispanos
México	59%	California	4.500.000
Puerto Rico	15%	Texas	3.000.000
Centro y Sudamérica	8%	Nueva York	1.400.000
Cuba	7%	Florida	858.000
Otras naciones	11%	Nuevo México	480.000
		Arizona	441.000
		Illinois	425.000
		Colorado	339.000

1. ¿Cuál es el grupo hispano más grande de los Estados Unidos?
2. ¿Cuál es el grupo hispano más pequeño de los Estados Unidos?
3. ¿Dónde vive la mayoría de los hispanos?

15–38 Los datos. Lea los datos que siguen y subraye la información más importante.

Los hispanos en los Estados Unidos

En los Estados Unidos hay una gran población de origen hispano. Aproximadamente 25.000.000 de hispanos viven en los Estados Unidos. Es posible que para el año 2.000 los hispanos sean el grupo minoritario más numeroso del país. El origen de esta población es muy variado, pero los tres grupos más numerosos son: los puertorriqueños, los cubanoamericanos y los mexico-americanos.

Los puertorriqueños

Más o menos 2.000.000 de puertorriqueños viven en los Estados Unidos en la actualidad. La mayoría de ellos vive en Nueva York. Otros lugares con un gran número de puertorriqueños son Chicago y Nueva Jersey. Los puertorriqueños son ciudadanos norteamericanos desde el año 1917 ya que Puerto Rico es un estado libre asociado de los Estados Unidos.

Los cubanoamericanos

Los primeros grupos de cubanos llegaron a fines del siglo XIX al estado de Florida. Hay más de un millón de cubanoamericanos en los Estados Unidos y la mayoría de ellos llegó después de la revolución de Fidel Castro en Cuba en el año 1959. Más de la mitad de la población cubanoamericana vive en Miami. Esta ciudad tiene una zona que se llama la Pequeña Habana, donde el idioma principal es el español y casi todos los comercios son hispanos.

Los mexicoamericanos

Los mexicoamericanos forman un 59% de la población hispana de los Estados Unidos y por lo tanto son el grupo hispano más numeroso de este país. La mayoría vive en los estados de Texas y California. Estos dos estados, junto con otros del suroeste de lo que hoy es los Estados Unidos, eran parte de México hasta 1848. En este momento hay más de 10.000.000 de mexicoamericanos en los Estados Unidos. Algunos se llaman a sí mismos chicanos. Los chicanos tienen una gran influencia en la cultura de los Estados Unidos. Su literatura, llamada literatura chicana, es estudiada en muchas universidades de los Estados Unidos.

15–39 ¿Cuánto sabe? Conteste según la lectura.

1. ¿Cuántas personas de origen hispano viven en los Estados Unidos?
2. ¿Cuáles son los grupos hispanos más numerosos?
3. ¿Cuántos puertorriqueños hay en los Estados Unidos?
4. ¿Dónde vive la mayoría de la población puertorriqueña?
5. ¿Desde cuándo son los puertorriqueños ciudadanos de los Estados Unidos?
6. ¿Cuántos cubanoamericanos viven en los Estados Unidos?
7. ¿Dónde vive la mayoría de la población cubanoamericana?
8. ¿Cuántas personas del grupo mayoritario de hispanos viven en los Estados Unidos?
9. ¿En qué estados vive la mayoría de la población mexicoamericana?
10. ¿Con qué nombre se conoce la literatura de los mexicoamericanos?

 A escribir

15–40 Los números del último censo. Vaya a la biblioteca más cercana y consiga los datos para completar la siguiente tabla.

¿Cuántos...	Números
...habitantes de origen hispano viven en los Estados Unidos?	_____
...son hombres y cuántas son mujeres?	hombres: _____ mujeres: _____
...son mayores de 21 años y cuántos son menores de 21 años?	mayores de 21: _____ menores de 21: _____
...son cubanoamericanos, cuántos son mexicoamericanos y cuántos son de otro origen?	cubanoamericanos: _____ mexicoamericano: _____ otro origen: _____

15–41 ¿Dónde viven?   Con los datos sobre el último censo, complete el cuadro siguiente.

ciudad	blancos	afroamericanos	hispanos	otros
Albuquerque				
Miami				
Nueva York				
Los Ángeles				

15–42 Entrevista.   Hágale una entrevista a un extranjero de su ciudad y prepare un informe.

1. ¿Cómo se llama?
2. ¿Cuándo llegó a los Estados Unidos?
3. ¿De dónde es originalmente?
4. ¿Cuáles fueron algunas razones para inmigrar a los Estados Unidos?
5. ¿Qué (no) extraña de su país de origen?
6. ¿Qué le gusta menos/más de los Estados Unidos?
7. ¿Qué le gusta menos/más de su país?
8. ¿Qué fue lo más difícil/fácil al llegar a los Estados Unidos?

VOCABULARIO

PERSONAS

el actor/la actriz	*actor/actress*
el bailarín/la bailarina	*dancer, ballerina*
el/la cantante	*singer*
el/la contador/a	*accountant*
el/la fiscal	*district attorney*
el/la juez/a	*judge*
el/la maestro/a	*teacher*

CULTURA

la colección	*collection*
la contribución	*contribution*
la carrera	*career, studies*
la maestría	*masters*
la novela	*novel*
la obra	*work*
el título	*title*

EL PAÍS

el área	*area*
el censo	*census*
la exportación	*exports*
las finanzas	*finances*
la población	*population*
la raza	*race*

DESCRIPCIÓN

comercial	*commercial*
internacional	*international*
máximo/a	*maximum*
sofisticado/a	*sophisticated*
último/a	*last*

VERBOS

acabar	*to finish*
acabar de +	*to have just +*
infinitive	*past participle*
actuar	*to act*
aprender (a)	*to learn*
crecer (zc)	*to grow*
criarse	*to be raised, to grow up*
dirigir (j)	*to direct*
editar	*to publish*
elegir (j)	*to choose*
fundar	*to found*
nacer (zc)	*to be born*

PALABRAS ÚTILES

actualmente	*at the present time*
ambos/as	*both*

EXPRESIONES ÚTILES

poco a poco	*little by little*
tener éxito	*to be successful*

LECCIÓN 16

¡Mamma mía!

A pesar de la tan cacareada liberación femenina, ser mujer sigue siendo tarea de machos.

¿Se puede ser, al mism... esposa, mad...

la realidad actual demuestra lo contrario. Extenu... jornadas de tra... ...ponsabilidades ...angustia, estrés ...lpa son el re...

trabajadora". Se calcula que para el año 2000, de cada 10 personas en el campo laboral 4 serán mujeres. Actualmente, en Colombia, trabajan fuera de su hogar 3 millones de

Querido hijo:

Hoy me he puesto a imaginar la sociedad que te tocará vivir y aquí te lo escribo para que cuando llegue el momento puedas comparar mis deseos con la realidad. Ojalá te toque vivir en un mundo cada vez mejor...

Nuevas parejas. ¿Nuevos padres?

"No, mi papá es ése que siempre viene los viernes a buscarme con el auto. Éste es mi otro papá, ¿sabes?" La aclaración de Julián, de seis años, es capaz de confi... cualq...

de 18 años. "Él *se ganó* un lugar": la relación con la nueva pareja del padre o de la madre es un proceso, donde intervienen el tiempo y el afecto.

El primer día de esa relación ...importante. ¿Cómo hacer ...a que el chico no se sienta ...itamente desplazado y ...entrar en confianza

Menor natalidad y nupcialidad cambian familia en A. Latina

Sevilla—El descenso de las tasas de natalidad y nupcialidad en varios países latinoamericanos está incidiendo profundamente en sus instituciones familiares, que registran actualmente un mayor número de divorcios y debilitamiento del tradicional modelo patriarcal.

Según se puso de manifiesto en la I Conferencia Iberoamericana sobre

ciento de las mujeres y el 59 por ciento de los hombres de 25 a 29 años no tienen hijos, lo que refuerza la actual ten... ...o descenso del índice de la nat... pri...

re... er... m...

Ideologías y realidades: México y Estados Unidos

La frontera entre México y Estados Unidos es una de las más extensas del mundo. No es geográfica sino política e histórica: ningún gran obstáculo natural se interpone entre las dos naciones. El Río Grande es vadeable y no separa: une. La semejanza... paisaje acen...

del mundo moderno; los mexicanos somos hijos del imperio español, campeón de la Contrarreforma, un movimiento que se opuso a la modernidad naciente y fracasó en su empeño. Nuestras actitudes frente al tiempo expresan con clari... ...u...

Cambios de la sociedad

Temas de la actualidad

Aunque las mujeres hispanas representan un sector muy importante de la vida política y económica en España y América Latina, muchas mujeres consideran que no tienen las mismas oportunidades de salario y ascenso que tienen los hombres.

Mantener la casa y cuidar a los hijos casi siempre son responsabilidades que le tocan a la mujer, aunque muchas veces ella también mantiene una vida profesional completa. Sin embargo, los hombres más jóvenes participan cada vez más en estas tareas domésticas.

La familia hispanoamericana

Las siguientes palabras y expresiones lo/la ayudarán a comprender mejor el primer artículo y contestar las preguntas.

conyugal	*matrimonial*	**la natalidad**	*birthrate*
monoparental	*un solo padre*	**el retraso**	*delay*
el nacimiento	*el acto de nacer*	**reforzar(ue)**	*to reinforce*
asimismo	*likewise*	**la semejanza**	*similarity*

Menor natalidad y nupcialidad cambian familia en A. Latina

Sevilla—El descenso de las tasas de natalidad y nupcialidad en varios países latinoamericanos está incidiendo profundamente en sus instituciones familiares, que registran actualmente un mayor número de divorcios y debilitamiento del tradicional modelo patriarcal.

Según se puso de manifiesto en la I Conferencia Iberoamericana sobre la Familia, recientemente celebrada en la Exposición de Sevilla, el nivel educativo es en muchas ocasiones el factor determinante en la reducción del número de uniones matrimoniales y en el retraso para concebir el primer hijo.

De esta forma, en Uruguay, el 90 por ciento de las mujeres sin enseñanza primaria completa son madres, mientras que en el caso de las universitarias, el porcentaje es sólo del 30 por ciento.

Asimismo, en dicho país el 33 por ciento de las mujeres y el 59 por ciento de los hombres de 25 a 29 años no tienen hijos, lo que refuerza la actual tendencia de descenso del índice de la natalidad por la vía de retrasar el primer nacimiento.

Por otro lado, los cambios que está registrando la institución familiar en Colombia se deben fundamentalmente al incremento de las separaciones conyugales y a la disminución de la duración en las uniones de pareja.

Según un estudio de la Universidad Externado de Colombia, las transformaciones afectan a todas las regiones y estratos sociales del país, lo que influye en el aumento de hogares extensos—por el regreso de los separados a la casa paterna—y de hogares monoparentales, entre los cuales, aunque son mayoritariamente de mujeres, empiezan a aparecer hombres solos con hijos.

Actividades

16–1   Preguntas.

1. ¿Qué factores están cambiando a la familia hispanoamericana?
2. En Uruguay, ¿qué porcentaje de las mujeres sin estudios primarios tienen hijos? ¿Qué porcentaje de las mujeres con estudios universitarios tienen hijos?
3. ¿Cómo se manifiestan los cambios en las familias colombianas? ¿A qué clases sociales afectan estos cambios?
4. La familia tradicional se ha considerado por muchos años la base de la sociedad. Para usted, ¿qué es una familia moderna? ¿Y una familia tradicional?

16–2   Opiniones.

1. Comparen los cambios en la sociedad latinoamericana que menciona el primer artículo y los cambios que han ocurrido en la sociedad de este país. ¿Qué diferencias y semejanzas encuentran?
2. En el artículo se habla de los hogares monoparentales. ¿Creen ustedes que es más difícil ser padre y madre a la vez? ¿Por qué? ¿Qué consejos les darían a estas personas?

El papel de la mujer

Este artículo estudia la vida de las mujeres en otros países. Aunque hoy en día existen más oportunidades para la mujer en el mundo profesional, queda todavía mucho por hacer para llegar a una auténtica igualdad entre los sexos.

Estas palabras lo/la ayudarán a captar más detalles del siguiente artículo.

el/la asesor/a	*consejero/a*
desvelarse	*no poder dormir*
madrugar	*levantarse muy temprano*
cascarrabias	*grouchy*
devanar los sesos	*to rack one's brain*
el hogar	*home*
el sentimiento de culpa	*guilt feeling*
tan cacareada	*much talked about*
la viuda	*widow*

Antes de leer el artículo, fíjese en el título y el subtítulo. ¿Hay algo que le parece raro o diferente?

¡Mamma mía!

A pesar de la tan cacareada liberación femenina, ser mujer sigue siendo tarea de machos.

¿Se puede ser, al mismo tiempo, esposa, madre, ama de casa y trabajadora? La pregunta devana los sesos de los sociólogos, preocupa a los sicólogos y llena los consultorios de los asesores de familia. Los estudios sobre el tema llenan tratados, libros y revistas. Lo único que parece cierto es que cuando la mujer ingresó al mundo laboral se revolucionó la economía, pero esa revolución no ha llegado completamente al concepto de familia. Varias décadas después, a pesar de su activo papel social y económico, la posición de la mujer dentro del hogar sigue siendo la misma de nuestras abuelas: ella es la responsable de administrar y realizar las tareas del hogar, y de educar y criar a los hijos. Y lo que parece quedar en claro es que aunque la liberación femenina libró todas sus batallas y pareció salir con parte de victoria, la realidad actual demuestra lo contrario. Extenuantes jornadas de tra-

bajo, agobiantes responsabilidades y, por si fuera poco, angustia, estrés y sentimientos de culpa son el resumen del análisis frío que hacen los especialistas sobre el papel de la mujer en la sociedad moderna. En pocas palabras, los sicólogos lo llaman el "síndrome de la madre trabajadora".

Exaltada en su día, después de la jornada de celebraciones y agasajos, la madre seguirá siendo la que más madruga en la familia y la última que se acuesta. La que se desvela no solamente por los problemas domésticos, sino también por los laborales. La que además de comprender y atender a un marido fatigado, debe resolver los problemas de matemáticas y acostar a los niños con una sonrisa, y también entender las preocupaciones de un jefe cascarrabias.

En el mundo de hoy, el más frecuente es el "síndrome de la madre trabajadora". Se calcula que para el

año 2000, de cada 10 personas en el campo laboral 4 serán mujeres. Actualmente, en Colombia, trabajan fuera de su hogar 3 millones de mujeres, la mayoría de ellas en edad fértil (entre los 15 y los 44 años). Y aunque sólo el 26% de ellas están casadas, el 45% son madres. En los últimos 20 años ha aumentado en forma considerable el número de mujeres jefes de hogar: madres solteras, viudas o separadas, que deben asumir solas toda la responsabilidad de la casa y de los hijos. Según un estudio realizado por la Universidad de los Andes, el 57% de los hogares de estrato bajo tienen jefe mujer; el 33% de los de estrato medio y el 11% de los de estrato alto. Así las cosas, para la mayoría de las mujeres colombianas el trabajo no es una fuente de realización personal, sino una necesidad económica apremiante.

Actividades

16–3   Preguntas.

1. Aunque las mujeres han revolucionado la economía, también existe el llamado síndrome de la mujer trabajadora. ¿Qué es esto? ¿Afecta también a las mujeres en este país?
2. ¿Cuántas mujeres trabajan en Colombia? ¿Por qué trabajan ellas?
3. Según el artículo, ¿ha mejorado la situación de la mujer al trabajar fuera del hogar?

16–4   Opiniones.

En las familias donde la madre y el padre trabajan, ¿cómo afecta esto a la educación de los hijos? ¿Qué consejos les darían ustedes a los padres?

La nueva España

Las nuevas construcciones de la ciudad de Barcelona muestran el aspecto moderno de esta ciudad.

Madrid se ha convertido en una ciudad muy cara para las personas jóvenes.

En el año 1960, España todavía era uno de los países más pobres del oeste de Europa. En esa época, pocos españoles podían tener su propio auto, pero con la gran expansión económica de los últimos treinta y cinco años, se han vendido hasta un millón de coches al año.

El turismo extranjero y el desarrollo industrial han producido un importante progreso económico en el país, pero también han creado un notable aumento en el costo de vida. El alza de precios se ve sobre todo en el llamado *boom* inmobiliario, o sea en los precios tan altos que hay que pagar para alquilar o comprar un apartamento.

La ciudad de Barcelona, por ejemplo, hizo una enorme renovación de su vivienda para las Olimpiadas de 1992, pero muchos de los edificios nuevos o renovados resultan excesivamente caros para el comprador pobre o de clase media. Algo parecido ha ocurrido en Madrid, donde muchos jóvenes que trabajan en la ciudad tienen que buscar vivienda en una ciudad-dormitorio que puede estar a una hora o más de la capital. Aunque en general los precios han bajado últimamente, todavía no están al alcance de las parejas jóvenes. Esto quiere decir que ha disminuido la población de Madrid, sobre todo del sector más joven.

Más palabras para ayudar a la comprensión.

jubilado	*retirado*	la entrada	*down payment*
quinquenio/lustro	*cinco años*	el presupuesto	*budget*
el plazo	*installment*		

Madrid, que te quedas sin gente

Sólo los ricos y los viejos permanecen en la ciudad del oso y del madroño

Ayuntamiento de Madrid
Patronato Municipal de Turismo

MADRID AMIGO

La edad media de los que quedan ha aumentado, pasando de los 31,6 a 36,8 años. Y el protagonismo de la ciudad está siendo asumido por las clases más favorecidas, que se instalan en las viejas casonas convenientemente rehabilitadas, mientras los jóvenes emigran hacia las ciudades-dormitorio de la periferia.

De seguir así las cosas, en el año 2000 Madrid tendrá la mitad de jóvenes entre 15 y 19 años que en 1986, con un predominio de jubilados y una población eminentemente burguesa. Esto es, al menos, lo que pronostican los expertos para una ciudad donde cada año el sector servicios cobra más peso.

Los «exiliados». En el quinquenio estudiado por los expertos, unas 320.000 personas abandonaron Madrid, el doble de las que se establecieron en la ciudad durante el mismo período. Esto arrojó un saldo migratorio negativo, de 160.000 habitantes, que no pudo ser compensado por el crecimiento vegetativo de la población: la diferencia entre nacimientos y defunciones fue tan sólo de 60.000, la mitad que en el lustro anterior.

José Antonio Bravo, de 25 años, y Connie Parra, de 24, han sido víctimas de ese *boom*. Ellos vivían en sus respectivas casas paternas, en el barrio de Canillas, hasta que el año pasado decidieron casarse, una vez que consiguieron sendos trabajos estables.

Lo primero que hicieron tras la boda fue buscar piso. Pero pronto se estrellaron contra la cruda realidad: las 60.000 pesetas que ganaba él como codificador-perforista en una empresa de servicios informáticos, y las 40.000 que ingresaba ella impartiendo clases privadas de matemáticas, eran insuficientes para adquirir una vivienda dentro del perímetro urbano.

Hoy viven en Fuenlabrada, una ciudad-dormitorio situada al sur de Madrid. Con la ayuda de sus padres pagaron las 500.000 pesetas de entrada para el piso, y el resto deberán amortizarlo en plazos mensuales de 25.000 pesetas durante quince años. «Tenemos piso propio, pero no estamos contentos», dice Connie. Y añade: «Cada vez nos sentimos más alejados de nuestros amigos de toda la vida, e incluso de nuestros familiares». José Antonio tarda una hora y media en llegar a su trabajo, en la capital, debido a las deficiencias en los sistemas de transporte público. «Ir a Madrid es una auténtica expedición, aparte de que los gastos en transporte nos causan un hueco en el presupuesto», comenta él.

Actividades

16–5 Preguntas.

1. ¿Qué cambios han ocurrido en España en los últimos años?
2. ¿Existe un problema de vivienda semejante en este país? ¿Cómo cree usted que pueden resolverse estos problemas de vivienda?
3. ¿Qué problemas puede tener una familia que vive en una ciudad-dormitorio?

16–6 Opiniones.

¿Cómo podría resolverse el problema de la vivienda de las clases media y baja en la sociedad actual? ¿Debe intervenir el gobierno o el sector privado?

México y los Estados Unidos

Octavio Paz ganó el Premio Nóbel de Literatura en 1990. Se le considera uno de los poetas más importantes del mundo hispano, y también uno de los intelectuales más influyentes de México.

La presencia hispana en el territorio de los Estados Unidos existe desde antes de la llegada de los peregrinos a Plymouth Rock en 1620, pero hoy en día esta influencia cultural y económica se siente cada vez más. Los Estados Unidos y México comparten una frontera de casi 2.000 millas, pero el artículo de Octavio Paz indica que esta frontera sirve para unir a los dos países.

El segundo artículo habla de la mezcla de culturas que existe en la frontera. En los últimos años se ha visto una fusión de las economías en ambos lados de la frontera, y también se está creando una nueva cultura "amerxicana" que combina elementos de los dos países, especialmente en ciudades como El Paso—Ciudad Juárez, Laredo—Nuevo Laredo y Brownsville—Matamoros.

Palabras útiles para la comprensión de los artículos.

vadeable	*que se puede cruzar*
el desarrollo	*development*
fracasar	*to fail*
gemelo/a	*twin*
la pobreza	*poverty*
poderoso/a	*powerful*
la riqueza	*wealth*

Ideologías y realidades: México y Estados Unidos

La frontera entre México y Estados Unidos es una de las más extensas del mundo. No es geográfica sino política e histórica: ningún gran obstáculo natural se interpone entre las dos naciones. El Río Grande es vadeable y no separa: une. La semejanza del paisaje acentúa las diferencias sociales e históricas. Son numerosas y radicales. Las más visibles son las étnicas y, sobre todo, las económicas. La riqueza de los Estados Unidos y la pobreza de México se expresan en términos sociales y políticos: desarrollo y subdesarrollo, política de expansión norteamericana y defensiva mexicana. Esta oposición es real pero la verdadera diferencia es más profunda y aparece desde el nacimiento de las dos sociedades, cuando los Estados Unidos eran Nueva Inglaterra y México se llamaba Nueva España, es decir, antes de que la República norteamericana fuese la nación más rica y poderosa del planeta.

Cruzar la frontera entre los dos países es cambiar de civilización. Los norteamericanos son hijos de la Reforma y sus orígenes son los del mundo moderno; los mexicanos somos hijos del imperio español, campeón de la Contrarreforma, un movimiento que se opuso a la modernidad naciente y fracasó en su empeño. Nuestras actitudes frente al tiempo expresan con claridad nuestras diferencias: los norteamericanos sobrevaloran al futuro y veneran al cambio: los mexicanos nos aferramos, a imagen de nuestras pirámides y catedrales, a valores que suponemos inmutables y a símbolos que, como la Virgen de Guadalupe, encarnan la permanencia. Sin embargo, como un contrapeso al culto inmoderado del futuro, los norteamericanos buscan continuamente sus raíces y sus orígenes; los mexicanos, en dirección opuesta, buscamos modernizar a nuestro país y abrirlo al futuro. La historia de México, desde fines del siglo XVIII, ha sido la de la lucha por la modernización. Una lucha con frecuencia trágica y no pocas veces infructuosa. Ignorar esto es ignorar lo que es el México contemporáneo, con los altibajos de su economía y el zigzag continuo de su sistema político.

Actividades

16–7 Opiniones.

Discutan los puntos de vista que se presentan en este artículo. ¿Qué diferencias ve Paz entre México y los Estados Unidos? ¿Estos contrastes representan una barrera absoluta entre los dos países, o se puede llegar a un punto intermedio entre las dos culturas?

La frontera de EE.UU. y México es única en el mundo.

La frontera de 1952 millas que separa a EE.UU. de México es el único límite internacional en el mundo donde un país pobre y en desarrollo bordea una nación poderosa y desarrollada. En el siglo pasado, esta atmósfera híbrida originó un estilo de vida y unas reglas diferentes para los millones de habitantes de las ciudades gemelas de El Paso—Ciudad Juárez, Laredo—Nuevo Laredo, Brownsville—Matamoros y otras.

Los residentes de estas poblaciones, fogueados por el clima, décadas de abandono por parte de Washington y Ciudad de México, políticos corruptos y pobreza, se consideran habitantes de una sola ciudad dividida en dos naciones por un río, y han pasado más de un siglo aprendiendo a convivir y a confiar unos en otros.

Hace años que las ciudades de esta región dejaron, casi en su totalidad, de hacerle honor al estereotipo de "soñoliento pueblo de la frontera". Ahora, la región quiere progresar, pero a su propio ritmo. La gente está dividida entre continuar disfrutando de una vida tranquila o sumarse a la corriente de cambio que invade la zona. Todo parece estar transformándose—el desarrollo, el tránsito, el crimen—sin que nadie lo pueda controlar, y el último baluarte de vida de pueblo pequeño está desapareciendo.

La frontera internacional no pasa de ser un tecnicismo. En vez de adherirse a una sola cultura, los habitantes de ambos lados han forjado su propio sistema de valores, en el que se entremezclan lo mejor y lo peor de ambos países. Está surgiendo, con voz propia, una tercera cuidadanía binacional de americanos y mexicanos casados por la geografía.

Estos *amerxicanos* van a bodas y cenas familiares en ambos lados de la frontera. Los americanos trabajan en México y los mexicanos en EE.UU., compran unos en las tiendas de los otros, comen en los restaurantes del otro lado, y comparten tragedias y días de fiesta. Si hay un incendio en Palomas, Chihuahua, una ciudad de 6.500 habitantes, 100 millas al oeste de El Paso, un camión de bomberos del pueblo hermano de Columbus, Nuevo México (población: 600), atraviesa Aduana e Inmigración a toda velocidad para ayudar a extinguirlo.

Actividades

16–8   Preguntas.

1. ¿Qué cambios se observan en ciudades gemelas de la frontera?

2. ¿Por qué es diferente la vida en estas ciudades gemelas de la vida en otras de México o de los Estados Unidos?

16–9   Opiniones.

¿Creen ustedes que este artículo presenta una visión optimista o pesimista de la frontera entre los Estados Unidos y México? ¿Por qué?

 *A escuchar*

You will hear the response of María Rosa Vindel López, a senator from Madrid, to a question about the status of women in Spain. Indicate if the statements that you hear are true or false.

	Cierto	Falso
1.	_____	_____
2.	_____	_____
3.	_____	_____
4.	_____	_____
5.	_____	_____
6.	_____	_____

"BOOM" ECONÓMICO PARA AMÉRICA LATINA

¿Adónde va la América Latina?

En los últimos 25 años España ha dejado de ser un país de segunda categoría en Europa y ha alcanzado un nivel económico importante dentro del continente. Ahora muchos economistas pronostican que les toca el turno a los países latinoamericanos, que siempre han sido clasificados como países del "tercer mundo". Se dice que, en la década de los 90, Latinoamérica llegará a tener una economía mucho más sólida. De hecho, las condiciones actuales por las que atraviesan países como México, Chile o Argentina parecen indicar que así será. A continuación se mencionan algunos factores que pueden contribuir a este *boom* económico.

Nuevas democracias

La restauración de la democracia a través de casi toda América Latina ha contribuido enormemente a producir la estabilidad política y social necesaria para que las economías puedan transformarse y prosperar.

La privatización

Las nuevas medidas económicas puestas en efecto por los gobiernos más recientes de Argentina, México, Chile, Colombia, Venezuela, Perú y otros han dado estímulo a la privatización de empresas estatales y al libre mercado. Se espera que estas medidas tengan efectos positivos a largo plazo en la creación de pequeñas y medianas empresas.

Pacto hemisférico

Se está hablando de elaborar un Pacto hemisférico en el que participarían todos los países de este hemisferio, basado en las ideas del Tratado de Libre Comercio (o NAFTA—North American Free Trade Agreement).

1. ADVERBIAL CONJUNCTIONS THAT ALWAYS REQUIRE THE SUBJUNCTIVE

a menos (de) que	*unless*	**para que**	*so that*
antes (de) que	*before*	**sin que**	*without*
con tal (de) que	*provided that*		

- These conjunctions always require the subjunctive when followed by a dependent clause.

Van a la ciudad **para que** sus hijos puedan tener una vida mejor.	*They are going to the city so that their children can/may have a better life.*
Vamos a salir temprano **con tal que** lleguen a tiempo.	*We are going to leave early provided they arrive on time.*
No vayas **a menos que** te paguen.	*Don't go unless they pay you.*

2. ADVERBIAL CONJUNCTIONS THAT USE THE SUBJUNCTIVE OR THE INDICATIVE

aunque	*although*	**donde**	*where, wherever*
cuando	*when*		
después (de) que	*after*	**según**	*according to*
en cuanto	*as soon as*	**como**	*as*
hasta que	*until*		
mientras	*while, as long as*		
tan pronto (como)	*as soon as*		

- **Aunque, cuando, después (de) que, en cuanto, hasta que, mientras,** and **tan pronto (como)** require the subjunctive when the event in the adverbial clause has not yet occurred. Note that the main clause expresses future time.

Ella me va a llamar **cuando venga** a Nueva York.	*She is going to call me when she comes to New York.*
Va a estudiar **hasta que empiece** el programa.	*She is going to study until the program begins.*
Llámalo **tan pronto como llegue** la carta.	*Call him as soon as the letter arrives.*

- These adverbials require the indicative when the event in the adverbial clause has taken place, is taking place, or usually takes place.

Ella me llamó **cuando vino** a San Juan.	*She called me when she came to San Juan.*
Ellos hablan **mientras** ustedes **trabajan.**	*They talk while you work.*
Siempre estudio **hasta que empieza** el programa.	*I always study until the program begins.*

- **Como, donde,** and **según** require the indicative when they refer to something definite or known, and the subjunctive when they refer to something indefinite or unknown.

Vamos a comer **donde** ella **dice.**	*We're going to eat where she says.*
Vamos a comer donde ella **diga.**	*We're going to eat wherever she says.*

- **Aunque** also requires the subjunctive when it introduces a condition not regarded as fact.

Lo compro aunque **es** caro.	*I'll buy it although it is expensive.*
Lo compro aunque **sea** caro.	*I'll buy it although it may be expensive.*

Actividades

16–10 Me mudo o no me mudo.   Complete la oración (**No**) **me voy a mudar...** usando las expresiones de la columna **A** y la mejor selección de la columna **B**. Después su compañero/a debe hacer lo mismo.

MODELO: a menos que / me suban el sueldo aquí

Me voy a mudar a menos que me suban el sueldo aquí.

A	B
a menos que	tenga un buen trabajo
para que	hable con todos los amigos
con tal que	venda la casa
sin que	vayan otros amigos conmigo
antes de que	pueda llevar a mi familia
	me reúna con mis padres
	pueda tener una vida mejor
	mi esposo/a esté más cerca del trabajo

16–11 Después de la clase. Usted y su compañero/a deben completar las oraciones de la columna **A** con una frase apropiada de la columna **B** de acuerdo con sus propios planes.

MODELO: Voy a estudiar hasta que... empezar las noticias / ser la hora de cenar

— Voy a estudiar hasta que empiecen las noticias.

— (Y yo) voy a estudiar hasta que sea la hora de cenar.

A	**B**
Voy a llamar a mi novio/a en cuanto...	ir a la tienda
Voy a comer después de que...	tener tiempo
Voy a jugar basquetbol tan pronto como...	terminar la tarea
Voy a ver mi programa favorito cuando...	llegar mis amigos
Voy a dormir aunque...	ser temprano
	ser las 7:00
	tener un examen mañana
	hacer la programación

16–12 Después que termine el año escolar. Hable de sus planes para después que terminen las clases este año.

1. Quiero dormir hasta que...
2. No voy a abrir los libros aunque...
3. Tengo que trabajar para que...
4. Me voy de vacaciones cuando...
5. No voy a hacer nada mientras...
6. Voy a ir a la playa todos los días a menos que...
7. Voy a nadar para que...
8. Quiero visitar a mis parientes antes de que...

16–13 Situaciones.

1. Usted y su compañero/a quieren irse a vivir a otro lugar (campo, otra ciudad, otro país). Deben decir a) dónde piensan vivir, b) por qué quieren ir allí, y c) qué tiene que ocurrir para que vayan. Compartan después sus ideas con la clase.
2. Ustedes tienen planes para hacer ciertas cosas juntos/as después de que se gradúen en la universidad (empezar un negocio, viajar, trabajar, seguir estudios de posgrado, etc.). Preparen sus planes y compartan sus ideas con otro grupo.
3. Ustedes acaban de ganar la lotería y han decidido hacer unas donaciones a tres instituciones: su universidad, un hospital y un museo. Decidan cuánto dinero van a dar a cada institución y para qué quieren ustedes que se use.

3. SE FOR UNPLANNED OCCURRENCES

Se te rompió la blusa.	*Your blouse got torn.*
Se les apagaron las luces.	*Their lights went out.*
A él se le acabó el dinero.	*He ran out of money.*
Se nos olvidó el número.	*We forgot the number.*
A los Álvarez se les descompuso el teléfono.	*The Álvarez' phone broke down.*

- **Se** + *indirect object* + *verb* is used to express unplanned or accidental events. This construction emphasizes the event in order to show that no one is responsible.

- Use an indirect object pronoun (**me, te, le, nos, os, les**) to indicate whom the unplanned or accidental event affects. Place it between **se** and the verb.

- If what is lost, forgotten, and so on, is plural, the verb also must be plural.

Se me quedó el dinero en el hotel.	*I left the money in the hotel.*
Se me quedaron los boletos en casa.	*I left the tickets at home.*

Actividades

16–14 ¿Qué les pasó? Su compañero/a debe contestar completando las oraciones de la columna **B**.

MODELO: —¿Dónde está la cámara de Pedro?

—Se me perdió en la universidad.

A	B
1. ¿Qué pasó anoche?	Se nos apagaron...
2. ¿Por qué llegaste tarde hoy?	Se me descompuso...
3. ¿Por qué no almorzaron?	Se nos olvidó...
4. ¿Qué le pasó a Marta?	Se le cayó...
5. ¿Dónde está tu libro?	Se me quedó...
6. ¿Dónde están los boletos?	Se nos quedaron...

16–15 ¡Caramba! Explique con las sugerencias a la derecha lo que ha pasado en las siguientes situaciones.

MODELO: Carlos no puede comprar el libro / olvidarse el dinero.

Se le olvidó el dinero.

A	B
1. Anita está preocupada.	romperse el vestido
2. La profesora no vino hoy.	enfermarse un hijo
3. Ellos llegaron tarde a clase.	acabarse la gasolina
4. No salió en ese vuelo.	olvidaron los boletos
5. Ellas no pudieron entrar en la casa.	perderse las llaves
6. No vio el programa anoche.	descomponerse el televisor

16–16 ¿Qué pasó?

MODELO: Se le olvidó el número.

16–17 Un día terrible. Diga qué pasó usando **se** + *pronombre*.

MODELO: No pude abrir la puerta.

No pude abrir la puerta porque se me perdió la llave.

1. Antes de levantarme...
2. Cuando desayunaba...
3. No hice la tarea porque...
4. No almorcé porque...
5. Cuando iba a casa en el auto...

4.   THE FUTURE TENSE

In addition to the present tense and the **ir** + **a** + *infinitive* construction that you have been using to express future plans, Spanish also has a future tense. You do not have to use this future tense in order to communicate in Spanish, but you should be able to recognize it in reading and also in listening.

- The future tense is formed by adding the future endings **-é, -ás, -á, -emos, -éis,** and **-án** to the infinitive. These endings are the same for **-ar, -er,** and **-ir** verbs.

Future Tense			
	hablar	**comer**	**vivir**
yo	hablar**é**	comer**é**	vivir**é**
tú	hablar**ás**	comer**ás**	vivir**ás**
Ud., él, ella	hablar**á**	comer**á**	vivir**á**
nosotros/as	hablar**emos**	comer**emos**	vivir**emos**
vosotros/as	hablar**éis**	comer**éis**	vivir**éis**
Uds., ellos/as	hablar**án**	comer**án**	vivir**án**

- The few verbs that are irregular in the future show their irregularities in the stem and can be grouped into three categories. The first group drops the **e** from the infinitive ending.

Irregular Future — Group 1		
Infinitive	**New Stem**	**Future forms**
haber	**habr-**	habré, habrás, habrá, habremos, habréis, habrán
poder	**podr-**	podré, podrás, podrá, podremos, podréis, podrán
querer	**querr-**	querré, querrás, querrá, querremos, querréis, querrán
saber	**sabr-**	sabré, sabrás, sabrá, sabremos, sabréis, sabrán

- The second group replaces the **e** or **i** of the infinitive ending with a **d.**

Irregular Future — Group 2		
Infinitive	**New Stem**	**Future forms**
poner	**pondr-**	pondré, pondrás, pondrá, pondremos, pondréis, pondrán
tener	**tendr-**	tendré, tendrás, tendrá, tendremos, tendréis, tendrán
salir	**saldr-**	saldré, saldrás, saldrá, saldremos, saldréis, saldrán
venir	**vendr-**	vendré, vendrás, vendrá, vendremos, vendréis, vendrán

▪ The third group consists of two verbs (**decir, hacer**) that have completely different stems.

Irregular Future — Group 3		
Infinitive	New Stem	Future forms
decir	**dir-**	diré, dirás, dirá, diremos, diréis, dirán
hacer	**har-**	haré, harás, hará, haremos, haréis, harán

▪ In addition to referring to future actions, the Spanish future tense can also be used to express probability in the present.

Saldremos la semana próxima.	*We'll leave next week.*
Serán las tres de la tarde.	*It's probably three in the afternoon.*

Actividades

16–18 Un crucero a Acapulco. Ponga las siguientes cosas en orden.

_____ Haré las maletas el día antes.

_____ Llegaré a Acapulco.

_____ Conoceré a muchas personas en el barco.

_____ Iré a la agencia de viajes para comprar el pasaje.

_____ Tomaré un taxi para llegar al barco.

_____ Nadaré en la piscina del barco y bailaré por las noches.

_____ Revisarán mi equipaje en la aduana.

16–19 Un fin de semana en el campo. Lean el siguiente párrafo y marquen la columna adecuada en la siguiente página de acuerdo con la información del párrafo.

Nosotros saldremos el viernes después del almuerzo para la casa que tienen los padres de Jacinto en el campo. Iremos en mi auto, y si no tenemos ningún problema, llegaremos a la casa a eso de las siete. Allí estaremos en contacto con la naturaleza y podremos descansar sin ruidos y sin teléfono. También podremos leer y dormir bastante. Probablemente caminaremos por las mañanas y comeremos muchas frutas y vegetales que cultivan allí. No veremos televisión porque, gracias a Dios, no la tienen. Será un cambio fabuloso que nos vendrá muy bien después de esta semana de exámenes.

	Sí	No	
1.	____	____	Los estudiantes piensan salir a eso de las siete.
2.	____	____	Irán en el carro de los padres de Jacinto.
3.	____	____	Ellos pasarán unos días muy tranquilos en el campo.
4.	____	____	Ellos comerán comida muy sana durante el fin de semana.
5.	____	____	Verán mucha televisión ese fin de semana.
6.	____	____	Ellos trabajaron mucho y necesitan descansar.

 16–20 Intercambio: Un viaje a Colombia. Hablen de los planes de Ramiro, según la agenda que él ha preparado.

lunes	martes	miércoles	jueves	viernes
salir para Colombia	ir al Museo del Oro	visitar la Catedral	salir de compras	ir a Zipaquirá
comer con mis tíos	conocer a otros familiares	visitar el barrio de la Candelaria	jugar al golf con mi primo	almorzar en un restaurante típico
acostarse temprano	ver una película colombiana	cenar con unos amigos	escuchar un concierto en el teatro Colón	ir a una discoteca

MODELO: —¿Qué hará Ramiro el miércoles por la noche?

—Cenará con unos amigos.

—¿Cuándo jugará al golf?

—Jugará al golf el jueves.

16–21 Somos diferentes. Las personas hacen las cosas por motivos diferentes. Piensen por lo menos en dos motivos probables para cada situación.

MODELO: Los Rivas van a comprar una casa enorme.

Tendrán mucho dinero. Ganarán unos sueldos muy buenos.

1. Pedro siempre saca buenas notas en sus clases.
2. Los Pérez nunca están los fines de semana en la ciudad.
3. El equipo de Cali siempre gana casi todos los partidos.
4. Pilar no llama a sus parientes cuando viene a la ciudad.
5. El vuelo va a salir una hora más tarde.

 16–22 Planes de viaje. Decidan qué lugar visitarán y preparen un programa explicando qué harán allí. Comparen su programa con el de otros grupos.

REPASO GRAMATICAL

1. ADVERBIAL CONJUNCTIONS THAT ALWAYS REQUIRE THE SUBJUNCTIVE

a menos (de) que	*unless*	**para que**	*so that*
antes (de) que	*before*	**sin que**	*without*
con tal (de) que	*provided that*		

2. ADVERBIAL CONJUNCTIONS THAT USE THE SUBJUNCTIVE OR THE INDICATIVE

aunque	*although*	**donde**	*where,*
cuando	*when*		*wherever*
después (de) que	*after*	**según**	*according to*
en cuanto	*as soon as*	**como**	*as*
hasta que	*until*		
mientras	*while, as long as*		
tan pronto (como)	*as soon as*		

3. SE FOR UNPLANNED OCCURENCES

Se + *Indirect Object Pronoun* + *verb*

Se nos terminó la gasolina.	*We ran out of gas.*
Se nos terminaron los refrescos.	*We ran out of sodas.*

4. THE FUTURE

	hablar	**comer**	**vivir**
yo	hablar**é**	comer**é**	vivir**é**
tú	hablar**ás**	comer**ás**	vivir**ás**
Ud., él, ella	hablar**á**	comer**á**	vivir**á**
nosotros/as	hablar**emos**	comer**emos**	vivir**emos**
vosotros/as	hablar**éis**	comer**éis**	vivir**éis**
Uds., ellos/as	hablar**án**	comer**án**	vivir**án**

 A escuchar _____

16–23 **¿Qué les pasó?** Pablo, Ignacio, Lidia, Gloria, and Agustina had a bad day. Listen to what happened to each person and write his or her name in the space provided.

_____   _____   _____

_____   _____

16–24 **¿Lógico o Ilógico?**

	Lógico	Ilógico			Lógico	Ilógico
1.	____	____		5.	____	____
2.	____	____		6.	____	____
3.	____	____		7.	____	____
4.	____	____		8.	____	____

16–25 **¿Certidumbre o incertidumbre?** Listen to the following sentences and indicate if they express certainty or uncertainty.

	Certidumbre	Incertidumbre			Certidumbre	Incertidumbre
1.	____	____		4.	____	____
2.	____	____		5.	____	____
3.	____	____		6.	____	____

A conversar

16–26 ¿Le pasó alguna vez? Comenten si alguna vez han tenido los siguientes problemas. Expliquen cuándo y cómo ocurrieron los hechos. Luego compartan lo que saben con la clase.

1. perdérsele algo importante
2. olvidársele algo importante
3. descomponérsele algo
4. rompérsele algo
5. quedársele algo en un lugar
6. caérsele algo

16–27 La sociedad del futuro. Comenten los siguientes temas.

MODELO: el matrimonio / en cuanto

—El matrimonio va a cambiar en cuanto las mujeres tengan los mismos derechos que los hombres.

1. el sentimiento de culpa / cuando
2. las oportunidades / antes de que
3. la igualdad / para que
4. la riqueza / a menos que
5. la sociedad / hasta que
6. el divorcio / con tal de que

16–28 Temas de actualidad. Usted y un/a compañero/a conversan sobre temas de actualidad. Háganse preguntas y utilicen en sus respuestas las expresiones indicadas. Completen el cuadro con la información obtenida.

MODELO: —¿Cuándo piensas casarte?

—Pienso casarme **en cuanto** encuentre un buen trabajo.

Temas de actualidad	después de que	tan pronto como	en cuanto	mientras	antes de que	sin que
las mujeres conseguir igualdad de salarios						
el divorcio ser legal en todo el mundo						
el presupuesto del gobierno considerar a toda la sociedad						
el plan económico producir cambios						
los empleados conseguir un ascenso						
la lucha antidrogas obtener resultados						

INVESTIGACIÓN

Muchos dichos en español usan **se.** Lea los siguientes dichos e imagine en qué situaciones los puede usar usted.

- se me pone la carne de gallina (*goose flesh*)
- se me va la lengua (*to give oneself away*)
- se me fue el alma a los pies (*heart sank*)

16–29 Informe oral. Con la información de la actividad anterior, prepare un informe oral para toda la clase.

MODELO: Fulanito piensa casarse **en cuanto** encuentre un buen trabajo. Él piensa que las mujeres van a conseguir igualdad de salarios **después de...**, etc.

 16–30 Un nuevo mundo. Imaginen que ustedes pueden crear una nueva sociedad. Decidan un plan de acción usando las siguientes premisas. Elijan un **nombre** que represente al grupo y expliquen por qué eligieron ese nombre. Por ejemplo, un grupo puede llamarse "Los pacifistas" porque el objetivo número uno de este grupo es la paz en el mundo. Cuando tengan decidido el nombre, elijan un/a **secretario/a** que tome notas sobre los comentarios del grupo, y un **vocero oficial** que dé el informe oral de las opiniones del grupo.

> ### PLANES PARA LA NUEVA SOCIEDAD
>
> 1. En esta nueva sociedad habrá...
>   - igualdad / tan pronto como
>   - oportunidades / con tal que
>   - cooperación / mientras que
>
> 2. Construiremos...
>   - cuando
>   - hasta que
>   - sin que
>
> 3. Necesitaremos...
>   - tan pronto como
>   - con tal de que
>   - después de que

INVESTIGACIÓN

¿Conoce a Fulanito y a Menganita? Muchos hispanohablantes utilizan los nombres genéricos Fulanito/a y Menganito/a para referirse a una persona indeterminada. ¿Existe algún equivalente en su lengua materna? Piense en alguna situación en la que puede utilizar esta expresión.

16–31 Vocabulario. Utilice en oraciones cinco palabras nuevas y cinco cognados.

Palabras nuevas	Cognados
súbitamente = rápidamente	proceso
el afecto = el amor, el cariño	relación
desplazado = sacado de lugar	intervenir
aparecer de entrada = aparecer la primera vez	confianza
los anfitriones = las personas que invitan	ideal
el nene = el chico	contacto
el nenito = el chico pequeño	estructurar
el progenitor = el padre	visitante
el paseo = una salida, una caminata	extranjero
la pareja = los novios	territorio

16–32 Después del divorcio. Este artículo está dividido en dos partes. Lea los títulos de las dos partes y diga cuál cree que es el tema.

16–33 Lectura. Lea las dos partes de la lectura.

Nuevas parejas. ¿Nuevos padres?

"No, mi papá es ése que siempre viene los viernes a buscarme con el auto. Éste es mi otro papá, ¿sabes?" La aclaración de Julián, de seis años, es capaz de confundir a cualquiera. ¿Qué es eso de "mi otro papá", "mi otra mamá"? Julián tiene un sólo papá desde que nació. El otro, la nueva pareja de la madre—o la nueva mujer del padre—podrán ser Pancho o Alberto, Mónica o Susana... el padrastro o la madrastra. La claridad de las relaciones es un indicador y una condición de la salud mental de los miembros de una familia. Las denominaciones de "otro papá" o "segunda mamá" no ayudan a esta claridad.

Te presento a mi pareja.

La relación con la nueva pareja del padre o de la madre es un proceso, donde intervienen el tiempo y el amor.

"Yo tengo una excelente relación con el marido de mi mamá, y lo quiero mucho. Porque él se ganó un lugar en la familia", dice Verónica, de 18 años. "Él *se ganó* un lugar": la relación con la nueva pareja del padre o de la madre es un proceso, donde intervienen el tiempo y el afecto.

El primer día de esa relación es importante. ¿Cómo hacer para que el chico no se sienta súbitamente desplazado y pueda entrar en confianza gradualmente con el nuevo amor de papá o de mamá? *Lo ideal es que el tercero aparezca de entrada así, como un tercero,* piensa la psicóloga Josefina Rabinovich. *Que para ese primer contacto se estructure una situación donde "el otro" o "la otra" aparezca como jugando de visitantes. Una cena, un paseo, un pic-nic, donde los anfitriones son el nene y su padre, o el nene y su madre.*

Esa primera vez el nuevo es el "extranjero": el lugar al lado de papi o al lado de mami es todavía territorio del chico. *El tiempo podrá crear un proceso muy rico de acercamiento con ese otro. Y probablemente en una próxima vez sea el propio nenito el que quiera que ellos se sienten juntos, su progenitor y ese **otro** u **otra** al que ha elegido como nueva pareja,* comenta la misma especialista.

16–34 Nuevas parejas. ¿Nuevos padres? Vuelva a leer la primera parte y conteste.

1. ¿Quién es Julián?
2. ¿Cuántos años tiene Julián?
3. ¿Cuántos papás tiene Julián?
4. Tener clara las relaciones entre los miembros de una familia ayuda a que la familia sea sana. ¿Llamar a la nueva pareja de los padres "otro papá", "otra mamá" ayuda a tener esta claridad? ¿Por qué?

16–35 Te presento a mi pareja. Vuelva a leer la segunda parte del artículo y conteste.

1. La relación con la nueva pareja lleva...
   a. poco tiempo
   b. tiempo y amor
   c. sólo tiempo
2. El primer día del encuentro entre el chico y la persona nueva es...
   a. trivial
   b. importante
   c. fácil
3. Para que el hijo entre en confianza con el nuevo "amor" del padre o de la madre es importante que "el otro" ("la otra") sea...
   a. el anfitrión/la anfitriona
   b. el/la novio/a
   c. el visitante
4. En el primer encuentro, los dueños de casa deben ser...
   a. el padre y el hijo
   b. el padre y el otro
   c. la nueva pareja y el hijo
5. La primera vez el extranjero es...
   a. el hijo o la hija
   b. la madre o el padre
   c. el otro o la otra
6. Un factor muy importante en la relación entre el nene y la nueva pareja es el...
   a. otro
   b. pic-nic
   c. tiempo

A escribir

16–36 Los cambios en la sociedad. ¿Qué pasará en veinte años? Imagine que usted está esperando el nacimiento de un hijo y trate de pensar en qué tipo de sociedad le tocará vivir a ese hijo. Usted debe escribirle una carta a ese hijo contestándole la mayoría de las preguntas y explicando el porqué de sus respuestas.

1. ¿Existirán las fronteras entre los países?
2. ¿Habrá cooperación entre los distintos pueblos?
3. ¿Tendrán todos los niños igualdad de oportunidades?
4. ¿Aumentará la igualdad de derechos entre el hombre y la mujer?
5. ¿Disminuirán la angustia y el estrés?
6. ¿Se producirán menos divorcios y más matrimonios?

Empiece su carta así:

Querido hijo:

Hoy me he puesto a imaginar la sociedad que te tocará vivir y aquí te lo escribo para que cuando llegue el momento puedas comparar mis deseos con la realidad. Ojalá te toque vivir en un mundo cada vez mejor...

VOCABULARIO

EL TRABAJO

el ascenso	*promotion*
el salario	*salary*

LA SOCIEDAD

la cooperación	*cooperation*
el deber	*duty*
el derecho	*right*
el desarrollo	*development*
el divorcio	*divorce*
la igualdad	*equality*
la lucha	*fight*
el matrimonio	*marriage*
el miembro	*member*
la necesidad	*need*
la oportunidad	*opportunity*
el plan	*plan*
la relación	*relation*
la riqueza	*wealth*
la responsabilidad	*responsibility*
la revolución	*revolution*
el retraso	*delay*
el subdesarrollo	*underdevelopment*
la tendencia	*tendency*

EFECTOS DE LA VIDA MODERNA

la angustia	*anguish*
el estrés	*stress*
el sentimiento de culpa	*guilt feeling*

LUGARES

la frontera	*border*
el hogar	*home*

COMPRAS

la entrada	*down payment*
el plazo	*installment*
el presupuesto	*budget*

DESCRIPCIÓN

auténtico/a	*authentic*
jubilado/a	*retired*
notable	*notable, noteworthy*
poderoso/a	*powerful*

VERBOS

apagar	*to turn off*
aprobar (ue)	*to approve*
aumentar	*to increase*
considerar	*to consider*
descomponer (g)	*to break down*
disminuir (y)	*to decrease*
emigrar	*to emigrate*
madrugar	*to get up early*
obedecer (zc)	*to obey*
olvidar	*to forget*
producir (zc)	*to produce*
recordar (ue)	*to remember*
retrasar	*to delay*

EXPRESIONES ÚTILES

sin embargo	*nevertheless, however*

For a list of adverbial conjunctions, see page 446.

EXPANSIÓN GRAMATICAL

This special grammatical supplement includes structures considered optional for the introductory level by instructors emphasizing oral proficiency. The explanations and activities in this section use the same format as grammatical materials throughout *Mosaicos* in order to facilitate incorporating them into the core lessons of the program.

ESTRUCTURAS

- More on Preterit and Imperfect
- The Conditional
- The Imperfect Subjunctive
- The Present Perfect Subjunctive
- The Conditional Perfect and Pluperfect Subjunctive
- The Passive Voice
- The Infinitive as Subject of a Sentence and as the Object of a Preposition

1.   MORE ON THE PRETERIT AND THE IMPERFECT

- In *Lección 8* you practiced the preterit of **querer** with the meaning of wanting or trying to do something, but failing to accomplish it.

  Quise ir, pero fue imposible.   *I wanted (and tried to go), but it was impossible.*

- Also, in *Lección 9* you practiced the preterit of **saber** with the meaning of finding out about something.

  Supe que llegaron anoche.   *I found out that you arrived last night.*

There is a change in meaning in the preterit of the following verbs:

Imperfect		Preterit	
Yo **conocía** a Ana.	*I knew Ana.*	**Conocí** a Ana.	*I met Ana.*
No **quería** ir.	*I didn't want to go.*	No **quise** ir.	*I refused to go.*
Podía hacerlo.	*I could do it.* (was able)	**Pude** hacerlo.	*I accomplished it.*
No **podía** hacerlo.	*I couldn't do it.* (wasn't able)	No **pude** hacerlo.	*I couldn't do it.* (tried and failed)

Actividades

1.   El efecto de los años.   Ayer las siguientes personas trataron de hacer lo que podían hacer cuando eran jóvenes y no pudieron.

MODELO: yo / nadar media hora

    Antes yo podía nadar media hora. Ayer traté y no pude hacerlo.

1. yo / comer un bistec grande
2. nosotros / correr cuatro kilómetros
3. ellos / jugar al tenis dos horas
4. mis amigos / esquiar muy bien
5. Amelia y yo / caminar una hora
6. Elvira / hacer ejercicios aeróbicos

2. Entrevistas.

A.   USTED: ¿Conocías al/a la profesor/a de español el año pasado?

    COMPAÑERO/A: ...

    USTED: ¿Cuándo lo/la conociste?

    COMPAÑERO/A: ...

B. COMPAÑERO/A: ¿Sabías qué era la Nochebuena?

    USTED: ...

    COMPAÑERO/A: ¿Cuándo lo supiste?

    USTED: ...

3. Situaciones.

1. Usted quería ir a casa de su amigo/a anoche pero no fue posible. Explíquele qué problemas tuvo y por qué no pudo ir.
2. Usted quería ir a ver una película anoche, pero no fue. Su compañero/a debe averiguar a) el nombre de la película y b) por qué no fue. Después debe invitarlo/la al cine a ver la película.

2. THE CONDITIONAL

In *Lección 7*, you began to use the expression **me gustaría...** to express what you would like. **Gustaría** is a form of the conditional. The conditional is easy to recognize. It is formed by adding the endings **-ía, -ías, -ía, -íamos, -íais,** and **-ían** to the infinitive.

Conditional			
	hablar	**comer**	**vivir**
yo	hablaría	comería	viviría
tú	hablarías	comerías	vivirías
Ud., él, ella	hablaría	comería	viviría
nosotros/as	hablaríamos	comeríamos	viviríamos
vosotros/as	hablaríais	comeríais	viviríais
Uds., ellos/as	hablarían	comerían	vivirían

- The use of the conditional in Spanish is similar to the use of the construction *would + verb* in English.[1]

    Yo **saldría** temprano.   *I would leave early.*

- However, Spanish also uses the conditional to express possibility in the past.

    Serían las diez de la mañana.   *It was probably ten in the morning.*

    Si yo **consiguiera** el dinero, **pagaría** la cuenta.   *If I were to get the money, I would pay the bill.*

    Si yo **tuviera** el dinero, **pagaría** la cuenta.   *If I had the money, I would pay the bill.*

- The same verbs that are irregular in the future are irregular in the conditional and they have the same stem.

	Irregular Conditional Verbs	
Infinitive	**New stem**	**Conditional forms**
haber	**habr-**	habría, habrías, habría,...
poder	**podr-**	podría, podrías, podría,...
querer	**querr-**	querría, querrías, querría,...
saber	**sabr-**	sabría, sabrías, sabría,...
poner	**pondr-**	pondría, pondrías, pondría,...
tener	**tendr-**	tendría, tendrías, tendría,...
salir	**saldr-**	saldría, saldrías, saldría,...
venir	**vendr-**	vendría, vendrías, vendría,...
decir	**dir-**	diría, dirías, diría,...
hacer	**har-**	haría, harías, haría,...

- The conditional is used with the imperfect subjunctive in if-sentences to express a condition that is unlikely to happen or contrary-to-fact in the present.

Actividades

4. Jorge y los billetes. Lea la siguiente narración sobre Jorge Hermida, un joven que nunca está muy seguro de lo que debe hacer.

A Jorge le encantaban las fiestas y también le gustaba viajar, pero no tenía mucho dinero. Un día Jorge estaba caminando por la calle y pasó por un quiosco donde vendían billetes de lotería. Era el sorteo* más importante del año con un premio† de cien millones de pesos. A Jorge le gustó uno de los números y pensó que sería una buena idea comprarlo y probar su suerte.

*drawing
†prize

---

[1]When *would* implies *used to,* the imperfect is used.

Yo **salía** temprano.   *I would (used to) leave early.*

Por su mente pasaron todas las cosas que podría hacer con el dinero del primer premio. ¿Iría a la India o a Egipto? ¿Visitaría la Antártida o Australia? ¿Cuánto tiempo estaría en la América del Sur? ¿Invitaría a sus amigos a una fiesta en su yate o en un hotel? ¿Qué orquesta tocaría en su fiesta? ¿Se compraría una casa en la playa o un apartamento de lujo en la ciudad? ¿Qué auto deportivo se compraría? ¿Qué les regalaría a sus padres? ¿Y a su novia? ¿Cuánto dinero daría a obras de caridad*? ¿Viviría parte del año en Europa o en Hawaii? ¿Cuánto tendría que pagar de impuestos*?

*charity

*taxes

Todo esto le pareció muy complicado y no compró el billete. Era más fácil vivir con poco dinero y sin complicaciones.

Diga si las siguientes oraciones son ciertas o falsas de acuerdo con los párrafos anteriores.

	Cierto	Falso	
1.	_____	_____	Jorge es un muchacho muy rico.
2.	_____	_____	Él vio unos billetes de lotería.
3.	_____	_____	Jorge pensó que los números eran bonitos.
4.	_____	_____	Compró los billetes enseguida.
5.	_____	_____	Jorge se compró un auto deportivo.
6.	_____	_____	Les regaló una casa a sus padres.
7.	_____	_____	Jorge piensa que es más facil ser pobre.
8.	_____	_____	Él es una persona muy indecisa.

5. La lotería. Usted y su compañero/a ganaron la lotería. Cada uno debe decir qué haría.

MODELO: comprar una casa muy grande

—(No) Me compraría una casa muy grande.

1. viajar mucho
2. ir a los mejores hoteles
3. comprar un carro muy elegante
4. ayudar a los desamparados
5. tener ropa muy cara
6. dar dinero a la universidad

6. El/La Presidente/a. Escriba una lista de las cosas que haría usted si fuera Presidente/a. Compare su lista con la de su compañero/a.

3.   THE IMPERFECT SUBJUNCTIVE

▪ In *Lecciones 10, 11, 12,* and *16* you studied the forms and uses of the present subjunctive. Now you will study the past subjunctive, which is also called the imperfect subjunctive. You will be expected only to recognize these forms when reading or listening to improve your understanding of what you hear or read.

▪ All regular and irregular past subjunctive verb forms are based on the **ustedes, ellos/as** form of the preterit. Drop the **-on** preterit ending and substitute the past subjunctive endings. The following chart will help you see how the past subjunctive is formed.

Past or Imperfect Subjunctive				
	hablar	**comer**	**vivir**	**estar**
yo	hablara	comiera	viviera	estuviera
tú	hablaras	comieras	vivieras	estuvieras
Ud., él, ella	hablaran	comiera	viviera	estuviera
nosotros/as	habláramos	comiéramos	viviéramos	estuviéramos
vosotros/as	hablarais	comierais	vivierais	estuvierais
Uds., ellos/as	hablaran	comieran	vivieran	estuvieran

- The present subjunctive is oriented to the present or future while the past subjunctive focuses on the past. The same general rules that determine the use of the present subjunctive also apply to the past subjunctive with a few exceptions.

Quiere que **preparemos** la   (hoy → present subjunctive)
   comida para las ocho.

Quería que **preparáramos** la   (ayer → past subjunctive)
   comida para las ocho.

Actividades

7. Un viaje a Chile. Lea los siguientes párrafos sobre lo que Adriana, una esquiadora excelente, hizo antes de su viaje a Portillo, uno de los centros de esquí más importantes de la América del Sur.

> Antes de mi viaje a Portillo fui a ver al Dr. Sánchez Hurtado. Me dijo que tuviera mucho cuidado al esquiar este año. Desde que me caí el año pasado, el Dr. Sánchez Hurtado siempre me dice lo mismo. Es verdad que después tuve algunos problemas con el tobillo derecho, pero ya me siento muy bien. Como yo quiero ir a las Olimpiadas de Invierno, tengo que practicar mucho para poder clasificar entre los atletas mejores. El doctor me dijo además que siempre hiciera ejercicios de calentamiento antes de esquiar. Eso es tan elemental que casi me reí en su cara. El pobre doctor es muy amigo de mis padres y me conoce hace muchos años y todavía me trata como una niña. Me pidió que llamara a un doctor amigo de él y que lo saludara de su parte. Además me pidió que le trajera de Chile alguna revista de medicina.
>
> Después de la consulta fui a la agencia de viajes para buscar mi boleto. Según el agente, mi asiento está en la sección de fumar. Yo le dije que el entrenador nos prohibió que estuviéramos entre los fumadores y le pedí que me cambiara de asiento. Me dijo que quizás pudiera reservar varios asientos. Yo le pedí que reservara uno para mí y dos para mis amigos. Así podremos hacer el viaje juntos y pasarlo mejor.

Diga si las siguientes oraciones son ciertas o falsas de acuerdo con los párrafos anteriores.

Cierto Falso

1. _____ _____ Adriana va a practicar su deporte favorito en Chile.
2. _____ _____ Ella tuvo un accidente este año.
3. _____ _____ El médico es amigo de la familia de Adriana.
4. _____ _____ El médico le dijo que no fumara.
5. _____ _____ El doctor no conoce a ningún médico en Chile.
6. _____ _____ Adriana quiere competir en las Olimpiadas.
7. _____ _____ Adriana cambió su asiento en la agencia de viajes.
8. _____ _____ Ella va a hacer el viaje sola.

8. Cuando era niño/a. ¿Qué querían o no querían sus padres que usted hiciera?

MODELO: mirar televisión

—¿Querían tus padres que miraras televisión?

—Sí, (No, no) querían que mirara televisión.

1. comer vegetales
2. practicar deportes
3. beber mucha leche
4. montar bicicleta
5. tener fiesta por mi cumpleaños
6. acostarse temprano

9. En casa de los Menéndez. ¿Qué dijeron los padres de estos chicos en estas situaciones?

1. El cuarto de Carlos estaba muy desordenado. La madre le dijo que...
2. Paquito miraba un programa de televisión en que había mucha violencia. El padre le dijo que...
3. La madre sirvió la cena y les dijo que...
4. El padre lavó los platos y le dijo a Martita que...
5. Martita iba a salir con su novio y sus padres le dijeron que...
6. Martita llegó muy tarde y sus padres le dijeron que...

4.   THE PRESENT PERFECT SUBJUNCTIVE

▪ You should also be able to recognize the present perfect subjunctive. It is formed with the present subjunctive of the verb **haber** + *past participle*.

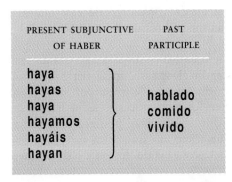

PRESENT SUBJUNCTIVE OF HABER	PAST PARTICIPLE
haya	
hayas	
haya	**hablado**
hayamos	**comido**
hayáis	**vivido**
hayan	

▪ Use this tense to express a completed action in sentences that require the subjunctive. Its English equivalent is normally *has/have + past participle*, but it may vary according to the context.

Ojalá que **haya nevado**.	*I hope it has snowed.*
Me alegro que **hayan llegado** temprano.	*I'm glad they arrived early.*
Es posible que **hayas ganado**.	*It's possible you may have won.*

Actividades

10. Un viaje. Dígale a su amigo/a lo que usted espera que haya hecho en su visita a Los Ángeles.

MODELO: ir a Beverly Hills

Espero que hayas ido a Beverly Hills.

1. ver las Torres de Watts
2. visitar el Museo de Paul Getty
3. comer comida mexicana
4. ir a la playa de Santa Mónica
5. manejar hasta San Diego

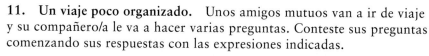

11. Un viaje poco organizado. Unos amigos mutuos van a ir de viaje y su compañero/a le va a hacer varias preguntas. Conteste sus preguntas comenzando sus respuestas con las expresiones indicadas.

MODELO: —¿Han decidido a qué hotel van? / Es probable que...

—Es probable que hayan decidido a qué hotel van.

1. ¿Han pagado los boletos? / Es posible que...
2. ¿Han hecho las reservaciones? / Dudo que...
3. ¿Han dicho en qué fecha vuelven? / No creo que...
4. ¿Han hablado con sus parientes en México? / Espero que...
5. ¿Han comprado más maletas? / Temo que...

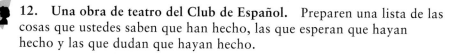

12. Una obra de teatro del Club de Español. Preparen una lista de las cosas que ustedes saben que han hecho, las que esperan que hayan hecho y las que dudan que hayan hecho.

5. THE CONDITIONAL PERFECT AND THE PLUPERFECT SUBJUNCTIVE

In this section you will study two new verb tenses: the conditional perfect and the pluperfect subjunctive.

▪ The conditional of **haber** + *past participle* form the conditional perfect.

▪ The conditional perfect usually corresponds to English *would have + past participle*.

Sé que le **habría gustado** esta casa.	*I know she would have liked this house.*

- The past subjunctive of **haber** + *past participle* form the pluperfect subjunctive.

- The pluperfect subjunctive corresponds to English *might have, would have,* or *had* + *past participle*. It is used in structures where the subjunctive is normally required.

Dudaba que **hubiera venido** temprano.	*I doubted that he might have come earlier.*
Esperaba que **hubiera comido** en casa.	*I was hoping that they would have eaten at home.*
Ojalá que **hubieran visto** ese letrero.	*I wish they had seen that sign.*

- The conditional perfect and pluperfect subjunctive are also used in contrary-to-fact if-sentences.

Si **hubieras venido,** te **habría gustado** la comida.	*If you had come, you would have liked the food.*

- The following charts show the forms for the conditional perfect and the pluperfect subjunctive respectively.

CONDITIONAL PERFECT		
yo	**habría**	
tú	**habrías**	
Ud., él, ella	**habría**	**hablado**
nosotros/as	**habríamos**	**comido**
vosotros/as	**habríais**	**vivido**
Uds., ellos/as	**habrían**	

PLUPERFECT SUBJUNCTIVE		
yo	**hubiera**	
tú	**hubieras**	
Ud., él, ella	**hubiera**	**hablado**
nosotros/as	**hubiéramos**	**comido**
vosotros/as	**hubierais**	**vivido**
Uds., ellos/as	**hubieran**	

13. Lectura. En la siguiente lectura hay varias oraciones con los tiempos perfectos que acaba de estudiar. Estas oraciones le pueden parecer algo largas o complicadas. No se preocupe por esto y lea el párrafo tratando de entender las ideas básicas que se presentan.

Eusebio Manrique recuerda su vida

A Eusebio Manrique le parecía mentira que hubieran pasado cuarenta años. Y sin saber ni cómo ni por qué, los diferentes acontecimientos de su vida pasaron en breves minutos ante sus ojos como en una película. Recordaba el primer día en la compañía. Él, un chico del campo que hacía unos años había llegado a la ciudad para estudiar y ganarse la vida, sólo había podido conseguir un puesto de mensajero. Sus aspiraciones eran otras, pero la realidad era diferente y decidió aceptarla ya que "por algo se empieza". ¿Habría hecho algo diferente si pudiera volver a vivir esos momentos de necesidad? ¿Qué más hubiera podido hacer? No encontró respuesta a estas preguntas y pensó en los primeros años en la compañía. El sueldo era bajo y el trabajo muy duro, pero su voluntad de triunfar era más fuerte. Y así pasaron los años y poco a poco fue ascendiendo y dejó de ser Eusebio el mensajero, a quien mandaban de un lugar a otro, para pasar a ser don Eusebio. ¿Quién hubiera dicho que todo esto iba a pasar? Si alguien lo hubiera pensado, él habría dicho que era un sueño. Pero en la vida los sueños a veces se convierten en realidad, y hoy, después de cuarenta años, el Presidente de la Compañía Trébol, don Eusebio Manrique, se despedía de empleados y amigos para disfrutar de un buen descanso después de tantos años de trabajo.

Ahora, indique si las oraciones son ciertas o no.

	Sí	No	
1.	_____	_____	Eusebio Manrique es un hombre mayor.
2.	_____	_____	Él siempre vivió en una ciudad grande.
3.	_____	_____	Ganaba un buen sueldo en su primer puesto.
4.	_____	_____	Eusebio trabajó en varias compañías.
5.	_____	_____	Eusebio Manrique es un hombre importante hoy en día.

14. Opiniones.

1. ¿Creen ustedes que el título de la lectura está de acuerdo con lo que se presenta en la selección? ¿Por qué?
2. ¿Creen ustedes que es natural que Eugenio Manrique recuerde su vida? ¿Por qué?

Actividades

15. La vida sería diferente. Discutan cuáles habrían sido las consecuencias si...

1. no se hubieran inventado los aviones
2. no se hubiera inventado la bomba atómica
3. no se hubiera inventado la televisión
4. los ingleses hubieran descubierto América
5. las mujeres hubieran tenido siempre las mismas oportunidades que los hombres

16. Volver a vivir. Dígale a su compañero/a qué habría hecho usted igual o diferente si pudiera volver a vivir los últimos diez años. Después, su compañero/a debe decirle a usted.

6. THE PASSIVE VOICE

- The passive voice is formed with any tense of the verb **ser** + *past participle;* however, the preterit is the most common.

  La casa **fue construida** en 1990.   *The house was built in 1990.*

- Use the preposition **por** to indicate who performs the action.

  El bosque fue destruido.   *(who or what did it is not expressed)*

  El bosque fue destruido **por** el fuego.   *(the fire did it)*

- The past participle agrees in gender and number with the subject.

  Los árboles fueron **destruidos** por la lluvia ácida.
  La casa fue **construida** el año pasado.

- The passive voice is usually found in written Spanish, especially in newspapers and formal writing. However, in conversation, Spanish speakers normally use two different constructions that you have already studied.

  Vendieron el edificio.   *They sold the building.*
  Se vendió el edificio.   *The building was sold*

Actividades

17. La comunicación oral. Su compañero/a lee lo que pasó en una reunión del Presidente y los ministros. ¿Cómo lo diría usted en una conversación?

MODELO: ministros / recibir / el Presidente

—Los ministros fueron recibidos por el Presidente.

—El Presidente recibió a los ministros.

1. la agenda / preparar / el secretario
2. la agenda / aprobar / todos
3. el proyecto para mejorar la educación / escribir / el Sr. Sosa
4. el proyecto / presentar / el Ministro de Educación
5. unos comentarios / leer / el Presidente
6. las preguntas / contestar / el ministro

7. THE INFINITIVE AS SUBJECT OF A SENTENCE AND AS THE OBJECT OF A PREPOSITION

▪ The infinitive is the only verb form in Spanish that may be used as the subject of a sentence. It corresponds to the English gerund, or noun ending in *-ing*.

> **Caminar** es un buen ejercicio.　　*Walking is a good exercise.*

▪ When an infinitive is the object of a preposition, it corresponds to an English gerund.

▪ **Al** + *infinitive* is the equivalent of **cuando** + *verb*. No article is used with other prepositions.

> **Al llegar**, llamó a su tío.　　*Upon arriving, he called his uncle.*
>
> Vino sin **avisar**les.　　*She came without letting them know.*
>
> Antes de **venir**, habla con él.　　*Before coming, talk to him.*

Actividades

18. Unos letreros.　¿Dónde hay letreros o avisos como éstos?

1. No correr
2. Prohibido entrar con comida
3. Usar el cinturón de seguridad
4. No tirar basura
5. Favor de cerrar la puerta
6. No traer vasos de cristal
7. No fumar
8. Usar cascos en esta área

19. Opiniones.　Diga lo que es o no es importante (necesario, malo, terrible, divertido, aburrido, agradable, etc.).

MODELO:　hacer ejercicio

　　—Es importante hacer ejercicio.

　　—Y para mí, hacer ejercicio es terrible.

1. hablar español
2. comer bien
3. escuchar música clásica
4. ir de compras
5. sacar una F
6. llegar tarde a los lugares
7. vivir en una ciudad grande
8. dormir bastante
9. conocer otras culturas
10. leer los avisos con cuidado
11. tener las mismas oportunidades
12. trabajar por la comunidad

20. Entrevista.

MODELO:　difícil

　　—¿Qué es difícil para ti?

　　—Nadar es difícil para mí.

1. divertido
2. interesante
3. fácil
4. terrible
5. agradable
6. importante

21. Sus planes. Su compañero/a quiere saber qué va a hacer usted en distintos momentos. Conteste usando **al** + *infinitivo*.

MODELO: cuando llegues a tu casa

—¿Qué vas a hacer cuando llegues a casa?

—Al llegar a casa me voy a quitar los zapatos.

1. cuando termine la clase de español
2. cuando salgas de la universidad
3. cuando te levantes mañana
4. cuando hables español perfectamente
5. cuando consigas un buen trabajo
6. llegues a viejo/a

22. Reacciones diferentes. ¿Qué hace usted en estas situaciones?

MODELO: antes de dormir

Antes de dormir yo hago la tarea, miro televisión, hablo con mi novio/a y me lavo la cara y los dientes.

1. antes de tomar los exámenes finales
2. después de tomar los exámenes finales
3. después de salir de un concierto
4. antes de ir a un partido de basquetbol
5. después de despertarse
6. antes de comer

23. La última semana del semestre. Usted y su compañero/a están muy ocupados/as esta semana, pero necesitan hacer muchas cosas.

MODELO: —No puedo manejar a mi casa sin llenar el tanque de gasolina. ¿Y tú?

—No puedo tomar el examen de español...

1. tomar el examen de historia de México
2. salir en avión
3. manejar a mi casa
4. salir bien en el examen de español
5. escribir una composición sobre Einstein
6. terminar la clase sobre la poesía latinoamericana

a. llenar el tanque de gasolina
b. repasar el vocabulario y la gramática
c. leer unos poemas de Octavio Paz
d. hacer una reservación con la línea aérea
e. estudiar la teoría de la relatividad
f. leer el capítulo sobre la Revolución Mexicana

24. Unos avisos. Preparen unos avisos y digan dónde los pondrían. Compartan los avisos con la clase.

25. Situación.

La Asociación de Estudiantes quiere publicar un documento sobre los derechos y los deberes de los estudiantes y ha pedido la cooperación de todos. Preparen una lista de los que ustedes consideran sus derechos y deberes.

Verb Tables

I. REGULAR VERBS

	-ar	-er	-ir
Infinitive *(Infinitivo)*	hablar	comer	vivir
Present participle *(Gerundio)*	hablando	comiendo	viviendo
Past participle *(Participio pasivo)*	hablado	comido	vivido

Simple Tenses

INDICATIVE MOOD (MODO INDICATIVO)

Present *(Presente)*	hablo hablas habla hablamos habláis hablan	como comes come comemos coméis comen	vivo vives vive vivimos vivís viven
Imperfect *(Imperfecto)*	hablaba hablabas hablaba hablábamos hablabais hablaban	comía comías comía comíamos comíais comían	vivía vivías vivía vivíamos vivíais vivían
Preterit *(Pretérito)*	hablé hablaste habló hablamos hablasteis hablaron	comí comiste comió comimos comisteis comieron	viví viviste vivió vivimos vivisteis vivieron

INDICATIVE MOOD (MODO INDICATIVO) *(continued)*			
Future *(Futuro)*	hablaré hablarás hablará hablaremos hablaréis hablarán	comeré comerás comerá comeremos comeréis comerán	viviré vivirás vivirá viviremos viviréis vivirán
Conditional *(Condicional)*	hablaría hablarías hablaría hablaríamos hablaríais hablarían	comería comerías comería comeríamos comeríais comerían	viviría vivirías viviría viviríamos viviríais vivirían

IMPERATIVE MOOD[1] (MODO IMPERATIVO)			
Affirmative { **tú** **vosotros**	habla hablad	come comed	vive vivid

SUBJUNCTIVE MOOD (MODO SUBJUNTIVO)			
Present *(Presente)*	hable hables hable hablemos habléis hablen	coma comas coma comamos comáis coman	viva vivas viva vivamos viváis vivan
Past (-ra) *(Imperfecto)*	hablara hablaras hablara habláramos hablarais hablaran	comiera comieras comiera comiéramos comierais comieran	viviera vivieras viviera viviéramos vivierais vivieran
Past (-se) *(Imperfecto)*	hablase hablases hablase hablásemos hablaseis hablasen	comiese comieses comiese comiésemos comieseis comiesen	viviese vivieses viviese viviésemos vivieseis viviesen

[1] For the negative **tú** and **vosotros** command forms, and for both affirmative and negative **usted** and **ustedes** command forms, see the corresponding subjunctive verb forms.

Compound Tenses

INDICATIVE MOOD (MODO INDICATIVO)

		-ar	-er	-ir
Present perfect *(Pretérito perfecto)*	he has ha hemos habéis han	hablado	comido	vivido
Past perfect[2] *(Pretérito pluscuamperfecto)*	había habías había habíamos habíais habían	hablado	comido	vivido
Future perfect *(Futuro perfecto)*	habré habrás habrá habremos habréis habrán	hablado	comido	vivido
Conditional perfect *(Condicional perfecto)*	habría habrías habría habríamos habríais habrían	hablado	comido	vivido

[2]The second past perfect, rarely used today, is:

hube
hubiste
hubo
hubimos
hubisteis
hubieron   hablado/comido/vivido

SUBJUNCTIVE MOOD (MODO SUBJUNTIVO)				
Present perfect *(Pretérito perfecto)*	haya hayas haya hayamos hayáis hayan	hablado	comido	vivido
Past perfect (**-ra**) *(Pretérito pluscuamperfecto)*	hubiera hubieras hubiera hubiéramos hubierais hubieran	hablado	comido	vivido
Past perfect (**-se**) *(Pretérito pluscuamperfecto)*	hubiese hubieses hubiese hubiésemos hubieseis hubiesen	hablado	comido	vivido

II. STEM-CHANGING VERBS

A. Stressed e changes to ie and stressed o changes to **ue** throughout the singular and in the third-person plural of the present indicative and in the present subjunctive of some **-ar, -er,** and **-ir** verbs.

1. Stressed e → ie

pensar	perder	sentir	pensar	perder	sentir
PRESENT INDICATIVE			**PRESENT SUBJUNCTIVE**		
pienso piensas piensa pensamos pensáis piensan	pierdo pierdes pierde perdemos perdéis pierden	siento sientes siente sentimos sentís sienten	piense pienses piense pensemos penséis piensen	pierda pierdas pierda perdamos perdáis pierdan	sienta sientas sienta sintamos sintáis sientan

Other verbs whose stem vowel e *changes to* ie *are:* atravesar, calentar, cerrar, comenzar, defender, despertar, divertirse, empezar, entender, nevar, preferir, querer, recomendar, sentar, sugerir.

2. Stressed o → ue

contar	volver	morir	contar	volver	morir
PRESENT INDICATIVE			PRESENT SUBJUNCTIVE		
cuento	vuelvo	muero	cuente	vuelva	muera
cuentas	vuelves	mueres	cuentes	vuelvas	mueras
cuenta	vuelve	muere	cuente	vuelva	muera
contamos	volvemos	morimos	contemos	volvamos	muramos
contáis	volvéis	morís	contéis	volváis	muráis
cuentan	vuelven	mueren	cuenten	vuelvan	mueran

Other verbs whose stem vowel o *changes to* ue *are:* acostar, almorzar, costar, doler, dormir, encontrar, llover, poder, probar, recordar, resolver.

Jugar *is the only verb that changes* u *to* ue.

B. Unstressed e changes to i and unstressed o changes to u in the third-person singular and plural of the preterit; in the present participle; in the first and second persons plural of the present subjunctive; and throughout the two versions of the past subjunctive of some -ir verbs.[3]

1. Unstressed e → i

sentir		
PRETERIT	PRESENT SUBJUNCTIVE	PAST SUBJUNCTIVE
sentí	sienta	sintiera sintiese
sentiste	sientas	sintieras sintieses
sintió	sienta	sintiera sintiese
sentimos	**sintamos**	sintiéramos *or* sintiésemos
sentisteis	**sintáis**	sintierais sintieseis
sintieron	sientan	sintieran sintiesen
PRESENT PARTICIPLE		
sintiendo		

Other -ir *verbs whose stem vowel* e *changes to* i *are:* divertirse, preferir.

[3]These verbs belong in the preceding section A as well because of their other stem change, stressed e to ie and stressed o to ue in the present indicative and present subjunctive.

2. Unstressed o → u

morir

PRETERIT	PRESENT SUBJUNCTIVE	PAST SUBJUNCTIVE		
morí	muera	muriera		muriese
moriste	mueras	murieras		murieses
murió	muera	muriera	*or*	muriese
morimos	muramos	muriéramos		muriésemos
moristeis	muráis	murierais		murieseis
murieron	mueran	murieran		muriesen

PRESENT PARTICIPLE

muriendo

Another **-ir** *verb whose stem vowel* **o** *changes to* **u** *is* dormir.

C. The change **e → i** occurs throughout the singular and in the third-person plural of the present indicative, in the third-person singular and plural of the preterit, in the present participle, and throughout the present and past subjunctive of some **-ir** verbs.

1. e → i

pedir

PRESENT INDICATIVE	PRETERIT
pido	pedí
pides	pediste
pide	pidió
pedimos	pedimos
pedís	pedisteis
piden	pidieron

PRESENT SUBJUNCTIVE	PAST SUBJUNCTIVE		
pida	pidiera		pidiese
pidas	pidieras		pidieses
pida	pidiera	*or*	pidiese
pidamos	pidiéramos		pidiésemos
pidáis	pidierais		pidieseis
pidan	pidieran		pidiesen

PRESENT PARTICIPLE

pidiendo

Other **-ir** *verbs whose stem vowel* **e** *changes to* **i** *are:* competir, conseguir, despedir, medir, repetir, seguir, vestir.

III. ORTHOGRAPHIC-CHANGING VERBS

A. Verbs ending in **-car:** c → qu before e
The change c → qu occurs in the first-person singular preterit and throughout the present subjunctive.

	chocar
Preterit	choqué, chocaste, chocó, chocamos, chocasteis, chocaron
Present subjunctive	choque, choques, choque, choquemos, choquéis, choquen

B. Verbs ending in **-gar:** g → gu before e
The change g → gu occurs in the first-person singular preterit and throughout the present subjunctive.

	llegar
Preterit	llegué, llegaste, llegó, llegamos, llegasteis, llegaron
Present subjunctive	llegue, llegues, llegue, lleguemos, lleguéis, lleguen

C. Verbs ending in **-zar:** z → c before e
The change z → c occurs in the first-person singular preterit and throughout the present subjunctive.

	comenzar
Preterit	comencé, comenzaste, comenzó, comenzamos, comenzasteis, comenzaron
Present subjunctive	comience, comiences, comience, comencemos, comencéis, comiencen

D. Verbs inding in **-ger** and **-gir:** g → j before a and o
The change g → j occurs in the first-person singular of the present indicative and throughout the present subjunctive.

	recoger
Present indicative	recojo, recoges, recoge, recogemos, recogéis, recogen
Present subjunctive	recoja, recojas, recoja, recojamos, recojáis, recojan

E. Verbs ending in **-guir:** gu → g before a and o
The change gu → g occurs in the first-person singular of the present indicative and throughout the present subjunctive.

	seguir
Present indicative	sigo, sigues, sigue, seguimos, seguís, siguen
Present subjunctive	siga, sigas, siga, sigamos, sigáis, sigan

F. Verbs ending in **e + er:** unstressed i → y
The change i → y occurs in the third-person singular and plural of the preterit, the present participle, and throughout the past subjunctive.

	leer
Preterit	leí, leíste, leyó, leímos, leísteis, leyeron
Past subjunctive	leyera, leyeras, leyera, leyéramos, leyerais, leyeran
Present participle	leyendo

G. Verbs ending in a consonant + **cer** or **cir:** c → z before a and o
The change c → z occurs in the first-person singular of the present indicative and throughout the present subjunctive.

	torcer *to twist, to turn*
Present indicative	tuerzo, tuerces, tuerce, torcemos, torcéis, tuercen
Present subjunctive	tuerza, tuerzas, tuerza, torzamos torzáis, tuerzan

IV. IRREGULAR VERBS

A. Verbs ending in a vowel + **cer** or **cir**: c → zc before **a** and **o**
The letters **zc** occur in the first-person singular of the present indicative and throughout the present subjunctive.

	conocer
Present indicative	conozco, conoces, conoce, conocemos, conocéis, conocen
Present subjunctive	conozca, conozcas, conozca, conozcamos, conozcáis, conozcan

B. Verbs ending in **-uir** (except **-guir**): insert **y** before **a** and **o**[4]
The letter **y** is inserted in all singular forms and in the third-person plural of the present indicative and throughout the present subjunctive.

	construir
Present indicative	construyo, construyes, construye, construimos, construís, construyen
Present subjunctive	construya, construyas, construya, construyamos, construyáis, construyan

C. Other irregular verbs[5]

	andar *to walk, to go*
Preterit	anduve, anduviste, anduvo, anduvimos, anduvisteis, anduvieron
Past subjunctive	anduviera, anduvieras, anduviera, anduviéramos, anduvierais, anduvieran

	caer *to fall*
Present indicative	caigo, caes, cae, caemos, caéis, caen
Preterit	caí, caíste, cayó, caímos, caísteis, cayeron
Present subjunctive	caiga, caigas, caiga, caigamos, caigáis, caigan
Past subjunctive	cayera, cayeras, cayera, cayéramos, cayerais, cayeran
Present participle	cayendo

	dar *to give*
Present indicative	doy, das, da, damos, dais, dan
Preterit	di, diste, dio, dimos, disteis, dieron
Present subjunctive	dé, des, dé, demos, deis, den
Past subjunctive	diera, dieras, diera, diéramos, dierais, dieran

	decir *to say, to tell*[6]
Present indicative	digo, dices, dice, decimos, decís, dicen
Preterit	dije, dijiste, dijo, dijimos, dijisteis, dijeron
Present subjunctive	diga, digas, diga, digamos, digáis, digan
Past subjunctive	dijera, dijeras, dijera, dijéramos, dijerais, dijeran
Future	diré, dirás, dirá, diremos, diréis, dirán
Conditional	diría, dirías, diría, diríamos, diríais, dirían
Affirmative **tú** *command*	di
Present participle	diciendo
Past participle	dicho

---

[4]These verbs also have an orthographic change: unstressed **i** changes to **y** in the third-person singular and plural of the preterit (**construyó, construyeron**), throughout the past subjunctive (**construyera, construyeras,** etc.), and in the present participle (**construyendo**).

[5]Only the tenses in which irregularities occur are shown.

[6]Compounds of **decir** (**contradecir, predecir**) have the same irregularities.

VERB TABLES ▪ **A-9**

C. Other irregular verbs *(continued)*

estar   *to be*

Present indicative	estoy, estás, está, estamos, estáis, están
Preterit	estuve, estuviste, estuvo, estuvimos, estuvisteis, estuvieron
Present subjunctive	esté, estés, esté, estemos, estéis, estén
Past subjunctive	estuviera, estuvieras, estuviera, estuviéramos, estuvierais, estuvieran

haber   *to have* (auxiliary)

Present indicative	he, has, ha, hemos, habéis, han
Preterit	hube, hubiste, hubo, hubimos, hubisteis, hubieron
Present subjunctive	haya, hayas, haya, hayamos, hayáis, hayan
Past subjunctive	hubiera, hubieras, hubiera, hubiéramos, hubierais, hubieran
Future	habré, habrás, habrá, habremos, habréis, habrán
Conditional	habría, habrías, habría, habríamos, habríais, habrían

hacer   *to do, to make*

Present indicative	hago, haces, hace, hacemos, hacéis, hacen
Preterit	hice, hiciste, hizo, hicimos, hicisteis, hicieron
Present subjunctive	haga, hagas, haga, hagamos, hagáis, hagan
Past subjunctive	hiciera, hicieras, hiciera, hiciéramos, hicierais, hicieran
Future	haré, harás, hará, haremos, haréis, harán
Conditional	haría, harías, haría, haríamos, haríais, harían
Affirmative **tú** *command*	haz
Past participle	hecho

ir   *to go*

Present indicative	voy, vas, va, vamos, vais, van
Imperfect	iba, ibas, iba, íbamos, ibais, iban
Preterit	fui, fuiste, fue, fuimos, fuisteis, fueron
Present subjunctive	vaya, vayas, vaya, vayamos, vayáis, vayan
Past subjunctive	fuera, fueras, fuera, fuéramos, fuerais, fueran
Affirmative **tú** *command*	ve
Present participle	yendo

oír   *to hear*

Present indicative	oigo, oyes, oye, oímos, oís, oyen
Preterit	oí, oíste, oyó, oímos, oísteis, oyeron
Present subjunctive	oiga, oigas, oiga, oigamos, oigáis, oigan
Past subjunctive	oyera, oyeras, oyera, oyéramos, oyerais, oyera
Affirmative **tú** *command*	oye
Present participle	oyendo

C. Other irregular verbs *(continued)*

	poder *to be able to, can, may*
Present indicative	puedo, puedes, puede, podemos, podéis, pueden
Preterit	pude, pudiste, pudo, pudimos, pudisteis, pudieron
Present subjunctive	pueda, puedas, pueda, podamos, podáis, puedan
Past subjunctive	pudiera, pudieras, pudiera, pudiéramos, pudierais, pudieran
Future	podré, podrás, podrá, podremos, podréis, podrán
Conditional	podría, podrías, podría, podríamos, podríais, podrían
Present participle	pudiendo

	poner *to put*[7]
Present indicative	pongo, pones, pone, ponemos, ponéis, ponen
Preterit	puse, pusiste, puso, pusimos, pusisteis, pusieron
Present subjunctive	ponga, pongas, ponga, pongamos, pongáis, pongan
Past subjunctive	pusiera, pusieras, pusiera, pusiéramos, pusierais, pusieran
Future	pondré, pondrás, pondrá, pondremos, pondréis, pondrán
Conditional	pondría, pondrías, pondría, pondríamos, pondríais, pondrían
Affirmative **tú** *command*	pon
Past participle	puesto

	querer *to want*
Present indicative	quiero, quieres, quiere, queremos, queréis, quieren
Preterit	quise, quisiste, quiso, quisimos, quisisteis, quisieron
Past subjunctive	quiera, quieras, quiera, queramos, queráis, quieran
Past subjunctive	quisiera, quisieras, quisiera, quisiéramos, quisierais, quisieran
Future	querré, querrás, querrá, querremos, querréis, querrán
Conditional	querría, querrías, querría, querríamos, querríais, querrían
Affirmative **tú** *command*	quiere

	saber *to know*
Present indicative	sé, sabes, sabe, sabemos, sabéis, saben
Preterit	supe, supiste, supo, supimos, supisteis, supieron
Present subjunctive	sepa, sepas, sepa, sepamos, sepáis, sepan
Past subjunctive	supiera, supieras, supiera, supiéramos, supierais, supieran
Future	sabré, sabrás, sabrá, sabremos, sabréis, sabrán
Conditional	sabría, sabrías, sabría, sabríamos, sabríais, sabrían

	salir *to go (come) out, to leave*
Present indicative	salgo, sales, sale, salimos, salís, salen
Present subjunctive	salga, salgas, salga, salgamos, salgáis, salgan
Future	saldré, saldrás, saldrá, saldremos, saldréis, saldrán
Conditional	saldría, saldrías, saldría, saldríamos, saldríais, saldrían
Affirmative **tú** *command*	sal

[7]Compounds of **poner** (**componer, disponer, proponer**) have the same irregularities.

C. Other irregular verbs *(continued)*	
	ser *to be*
Present indicative	soy, eres, es, somos, sois, son
Imperfect	era, eras, era, éramos, erais, eran
Preterit	fui, fuiste, fue, fuimos, fuisteis, fueron
Present subjunctive	sea, seas, sea, seamos, seáis, sean
Past subjunctive	fuera, fueras, fuera, fuéramos, fuerais, fueran
Affirmative **tú** *command*	sé
	tener *to have*[8]
Present indicative	tengo, tienes, tiene, tenemos, tenéis, tienen
Preterit	tuve, tuviste, tuvo, tuvimos, tuvisteis, tuvieron
Present subjunctive	tenga, tengas, tenga, tengamos, tengáis, tengan
Past subjunctive	tuviera, tuvieras, tuviera, tuviéramos, tuvierais, tuvieran
Future	tendré, tendrás, tendrá, tendremos, tendréis, tendrán
Conditional	tendría, tendrías, tendría, tendríamos, tendríais, tendrían
Affirmative **tú** *command*	ten
	traducir *to translate*[9]
Present indicative	traduzco, traduces, traduce, traducimos, traducís, traducen
Preterit	traduje, tradujiste, tradujo, tradujimos, tradujisteis, tradujeron
Present subjunctive	traduzca, traduzcas, traduzca, traduzcamos, traduzcáis, traduzcan
Past subjunctive	tradujera, tradujeras, tradujera, tradujéramos, tradujerais, tradujeran
	traer *to bring*
Present indicative	traigo, traes, trae, traemos, traéis, traen
Preterit	traje, trajiste, trajo, trajimos, trajisteis, trajeron
Present subjunctive	traiga, traigas, traiga, traigamos, traigáis, traigan
Past subjunctive	trajera, trajeras, trajera, trajéramos, trajerais, trajeran
Present participle	trayendo
	valer *to be worth*
Present indicative	valgo, vales, vale, valemos, valéis, valen
Present subjunctive	valga, valgas, valga, valgamos, valgáis, valgan
Future	valdré, valdrás, valdrá, valdremos, valdréis, valdrán
Conditional	valdría, valdrías, valdría valdríamos, valdríais, valdrían
Affirmative **tú** *command*	val *or* vale

[8]Compounds of **tener** (**contener, retener**) have the same irregularities.

[9]Verbs ending in **-ducir,** besides changing c → zc before a and o, change c → j throughout the preterit and the past subjunctive.

C. Other irregular verbs *(continued)*	
	venir *to come*[10]
Present indicative	vengo, vienes, viene, venimos, venís, vienen
Preterit	vine, viniste, vino, vinimos, vinisteis, vinieron
Present subjunctive	venga, vengas, venga, vengamos, vengáis, vengan
Past subjunctive	viniera, vinieras, viniera, viniéramos, vinierais, vinieran
Future	vendré, vendrás, vendrá, vendremos, vendréis, vendrán
Conditional	vendría, vendrías, vendría, vendríamos, vendríais, vendrían
Affirmative **tú** *command*	ven
Present participle	viniendo
	ver *to see*
Present indicative	veo, ves, ve, vemos, veis, ven
Imperfect	veía, veías, veía, veíamos, veíais, veían
Present subjunctive	vea, veas, vea, veamos, veáis, vean
Past participle	visto

[10] Compounds of **venir** (**intervenir**) have the same irregularities.

Vocabulary

This vocabulary includes all the active and passive words presented in the *Pasos* and *Lecciones*, except for proper nouns spelled the same in Spanish and English, cognates, diminutives with literal meaning, and certain words encountered in the realia. The *Pasos* are identified as P1 and P2.

Numbers indicate the lesson in which each word first appears. Italic numbers indicate that the word is passive vocabulary. If a word is followed by two numbers, the italic one shows when it appears as passive vocabulary; the other shows when it becomes active.

The following abbreviations are used:

adj.	adjective	*n.*	noun	
adv.	adverb	*part.*	participle	
fam.	familiar	*pl.*	plural	
f.	feminine	*sg.*	singular	
inf.	infinitive	*v.*	verb	
m.	masculine			

Spanish-English Vocabulary

A

a at, to P2
abajo *adv.* below *2*
el/la **abogado/a** lawyer 8
el **abrazo** embrace *1*
el **abrigo** coat 7
abril April P2
abrir to open *P1*, 11
absurdo/a absurd 7
la **abuela** grandmother 4
el **abuelo** grandfather 4
aburrido/a boring, *1*; bored *2*
acabar to end, to terminate 8; to finish 15; **acabar de** + *inf.* to have just + *past part.* 15

el **accesorio** accessory 7
el **accidente** accident 8, *9*
la **acción**: **Día de Acción de Gracias** Thanksgiving *13*
el **aceite** oil 10
aceptar to accept 5, 10
acercar(qu) to move close, to approximate *9*
ácido/a acid *16*
la **aclaración** clarification *13*
acompañar to accompany *4*, 14
acondicionado: aire acondicionado air conditioning 5
el **acontecimiento** event *6*
acostar (ue) to put to bed 5; **acostarse (ue)** to go to bed, to lie down 5

acostumbra: se acostumbra it's customary *13*
acostumbrado/a to be used to *13*
la **actitud** attitude 8
la **actividad** activity *P1*, 3
activo/a active P2
el **acto** action 15
el **actor** actor 5
la **actriz** actress 5
actual *adj.* present *8*
actualmente at the present time *16*
actuar to act, to play 6
la **acuarela** watercolor *5*
acudir to go *16*
acuerdo: de acuerdo con according to *4*; **estar de acuerdo** to agree 6
la **acústica** acoustics *13*

adecuadamente adequately *9*

adecuado/a adequate *1*

adelante *adv.* forward *13*

el adelanto advance *14*

además *adv.* besides *6, 11*

adicional *adj.* additional *4*

adiós good-bye *P1*

la adivinanza riddle, guessing game *P2*

adivinar to guess *1*

el/la administrador/a administrator, manager *8*

administrar to manage, to direct *2*

administrativo/a administrative *1*

la admiración admiration *7*

admitir to allow *10*

el/la adolescente adolescent, teenager *11*

adónde where (to) *3*

adoptar to assume *9*

adquirir to get, to acquire *16*

la aduana customs *12*

el/la adulto/a adult *1*

aéreo/a air *14*

aeróbico/a aerobic *9*

la aerolínea airline *3, 12*

el aeropuerto airport *12*

afectar to affect *16*

afectivo/a affectionate *13*

afeitar to shave *5*

aferrarse to cling *16*

el afiche poster *14*

el/la aficionado/a fan *6*

afirmar to assert, to declare *15*

afirmativo/a affirmative *13*

afortunado/a fortunate *5*

las afueras outskirts *5*

agarrado holding *16*

agarrar to grab *6*

la agencia agency *3, 12;* **agencia de viajes** travel agency *12*

el/la agente agent *12*

agilizar(c) to speed up *14*

agosto August *P2*

agradable *adj.* nice *2*

agresivo/a aggressive *P1*

el agua *f.* water *3*

el aguacate avocado *10*

aguantar to endure *16*

agudo/a sharp *9*

la ahijada goddaughter *4*

el ahijado godson *4*

ahora *adv.* now *P1, 6*

ahorrar to save *3*

el aire air *3;* **aire libre** open air *3*

el ajedrez chess *14*

el ajo garlic *10*

al (contraction of **a** + **el**) to the *3*

el ala *f.* wing *12*

alarmante alarming *16*

el alcance reach *12*

alcanzado/a reached, hit *16*

alcanzar to obtain *13;* to reach *14*

la alcoba bedroom *5*

alegrarse to be glad *10*

alegre *adj.* happy, glad *2*

alejado/a far away *13*

alemán German *1*

la alergia allergy *11*

alérgico/a allergic *11*

alerta aware *11*

el alfabeto alphabet *P1*

la alfombra carpet, rug *5*

el álgebra *f.* algebra *P3, 3*

algo something *1;* **algo más** anything else, something else *1, 3*

alguien someone, somebody, anyone *12*

algún some *4, 12;* any *12*

alguno/a any *P2, 12*

algunos/as some, several *1, 6*

la alimentación nourishment, food *8*

alimentar to nourish *10*

el alimento food *5*

el almacén department store *7*

la almohada pillow *5*

almorzar (ue) to have lunch *4*

el almuerzo lunch *P2, 3*

aló hello *7*

el alojamiento lodging *14*

alquilar to rent *5*

alrededor *adv.* around *6; pl.* surrounding areas *16*

alto/a tall *2;* **más alto** louder *P2*

la altura height, elevation *13*

el alud landslide, avalanche *16*

el/la alumno/a student *2*

el alza rise *16*

allá *adv.* (over) there *6*

allí *adv.* there *6*

el ama: **ama de casa** *f.* housewife, homemaker *5*

amable *adj.* kind, nice *2, 14*

amablemente cheerfully, kindly *13*

amarillo/a yellow *5*

ambicioso/a ambitious *P1*

ambiental *adj.* environmental *16*

el ambiente atmosphere *8;* **medio ambiente** environment *9*

ambos/as both *2*

la ambulancia ambulance *9, 12*

amenazar(c) to threaten *9*

el/la amigo/a friend *P1*

la amistad friendship *13*

el amor love *13*

amplio/a ample *4*

añadir to add *6*

el análisis analysis *11*

anaranjado/a orange *5*

ancho/a wide *7*

anciano/a old; *n.* elderly person *4*

la anestesia anesthesia *11*

la angustia anguish *16*

el anillo ring *7*

el animal animal *1*

animar to urge *11*

el aniversario anniversary *P2*

anoche last night *5*

anormal *adj.* abnormal *16*

anotar to write down *13*

la ansiedad anxiety *9*

ante before *16*

anteanoche (antenoche) the night before last *5*

anteayer the day before yesterday *5*

anterior *adj.* previous *1*

antes *adv.* before *3, 13*

el antibiótico antibiotic *11*

la anticipación: **con anticipación** beforehand *16*

antiguo/a old *10;* former *16*

el antihistamínico antihistamine *11*

antipático/a unpleasant *2*

la antropología anthropology *1*

antropológico/a anthropological *14*

anunciar to announce *3*

el anuncio ad *1, 8;* commercial *7*

añadir to add *6*

el año year *P2*

apagar (gu) to turn off, to put out *8, 16*

el aparador china cabinet *5*

aparecer (zc) to appear *2*

el apartado P.O. box *8*

el apartamento apartment *1, 5*

el apellido last name *2*

aplaudir to applaud *6*

aportar to supply *10*

apostar (ue) to bet *6*

el apoyo support *13*

apreciar to appreciate *2*

aprender to learn *3, 15*

el aprendizaje apprenticeship *6*

aprobar (ue) to pass *1,* to approve *16*

apropiado/a appropriate *2*

aprovechar to make the most of *13*

aproximado/a approximate *9*

apto/a: **apto para mayores de** suited for audiences older than *3*

apuntar to take notes *6*

los apuntes notes *14*

aquel/aquella that *6;* **aquél/aquélla** *pron.* that one

aquello *pron.* that *6*

aquí here *3, 6*

el/la árbitro/a umpire, referee *6*

el árbol tree *4, 9*

el área *f.* area *16*

la arena sand *6, 14*

el arete earring *7*

argentino/a Argentinian *2*

el armario closet *5*

armónicamente harmoniously *9*

el **aro** ring 6
el/la **arquitecto/a** architect 1
  arquitectónico/a architectonic 16
la **arquitectura** architecture 1
los **arreglos** planning 15
el **arroz** rice 3
  arriba adv. high 16
el **arte** f. art 1
ia **artesanía** handicraft 12
la **articulación** joint 11
el **artículo** article 1, 4
el/la **artista** artist 13
  artístico/a artistic 13
el **asado** roast 10
la **ascendencia** ancestry 15
  ascender (ie) to promote, to be promoted 17
el **ascenso** promotion 16
el **ascensor** elevator 11, 14
  así adv. like this 2; this way 5
el **asiento** seat 12
  asimismo likewise 16
la **asistencia** attendance 6
el/la **asistente/a** assistant 6
  asistir to attend 8
el **asma** asthma 11
la **asociación** matching 2
  asociado/a associated 12
  asociar to associate 1
el **aspecto** aspect 11
la **aspiradora** vacuum cleaner 5
la **aspirina** aspirin 11
el/la **astronauta** astronaut 8
el/la **astrónomo/a** astronomer 3
el **asunto** matter 13, 16
  asustado/a frightened 16
  asustar to frighten 16
  atacar (qu) to attack 16
la **atención** attention 1
  atender (ie) to attend, to take care of 8
  atendido/a staffed 9
  aterrorizar(c) to frighten 8
el/la **atleta** athlete 16
el **atletismo** track and field 9
la **atracción** attraction 14
  atractivo/a attractive 2
  atraer to attract 14
el **atún** tuna 3
  augurar to predict
  aumentar to increase 4
el **aumento** increase 8
  aun even 13
  aunque although 11, 16
  ausente adj. absent P2
  augurar to forecast 8
  aumentar to increase 7
el **autobús** bus 2, 12
la **autodescripción** self-description 2
la **autopista** freeway, superhighway 12
el **avance** improvement 11

el **ave** bird 12
la **avenida** avenue 3
la **aventura** adventure 4
  averiguar to find out 2
el **avión** plane 12
  avisar to notify 4
el **aviso** notice 4; **avisos fúnebres** obituaries 4
  ayer yesterday 5
la **ayuda** help 1
  ayudar to help 9
el **ayuntamiento** city hall 14
la **azafata** stewardess 1
el/la **azúcar** sugar 10
  azul blue 2

B

el **bachiller** high school graduate 2
el **bachillerato** high school curriculum 1
la **bahía** bay 12
  bailar to dance 1
el/la **bailarín/ina** dancer 15
el **baile** dance 4
  bajar to lower, to bring down 9
  bajo/a short, low 2
  bajo adv. under 7
el **baloncesto** basketball 6
la **banana** banana 10
el **banco** bank 4
la **bandeja** tray 10
el **banquete** banquet P2
la **bañadera** bathtub 5
  bañar to bathe 5
el **baño** bathroom 5; **traje de baño** bathing suit 7
el **bar** bar 14
  barato/a inexpensive, cheap 7
la **barbacoa** barbecue 5
  barbaridad: ¡qué barbaridad! good grief!, it's incredible! 15
  bárbaro/a barbarian 15
el **barco** ship 6, 12
  barrer to sweep 5
el **barrio** neighborhood 5
  basado/a established, set 11
  basarse to be founded 9
  base: en base a based on 16
  básicamente basically 13
el **basquetbol** basketball 4,6
  bastante adv. enough P1;
la **basura** garbage 5
el **bate** baseball bat 6
el **baúl** trunk 12
  bautizar (c) to baptize 15
el **bautizo** christening 15
el/la **bebé** baby 4
  beber to drink 3
la **bebida** drink, beverage 3

la **beca** scholarship 9
el **béisbol** baseball 4, 6
la **belleza** beauty 3; **salón de belleza** beauty parlor 3
  bello/a beautiful 5
el **beneficio** benefit 14
el **beso** kiss 1
la **biblioteca** library 1
la **bicicleta** bicycle 6
  bien adv. well, fine P1
el **bienestar** well-being 11
el **bigote** moustache 2
el **billete** ticket 12
la **billetera** wallet 7
la **biología** biology 1
el **bistec** steak 3
  blanco/a white 5
la **blusa** blouse 7
la **boca** mouth 9
la **boda** wedding 13
el **boleto** ticket 12; **boleto de ida y vuelta** roundtrip ticket 12
el **bolígrafo** ballpoint pen P2
  boliviano/a Bolivian 2
la **bolsa** purse 7
el **bolsillo** pocket 14
el/la **bombero/a** fireman, firewoman 8
  bonito/a pretty 1, 2
el **borrador** eraser P2
el **bosque** forest 9
la **bota** boot 7
la **botella** bottle 10
el **botón** button 5; **botones** bellboy 14
el **boxeo** boxing 4
el **brazo** arm 6, 9
  breve brief 2
  brillar to shine 13
el/la **brujo/a: Día de las brujas** Halloween 13
  bucear to skin/scuba dive 6
  buen good 2
  bueno/a good P1
la **bufanda** scarf 7
el **bufete** lawyer's office 8
  buscar (qu) to look for 7
la **búsqueda** search 8
la **butaca** armchair 5
el **buzón** mail box 13

C

el **caballo** horse 13
la **cabeza** head 9
  cabo: al cabo de after 9
  cada adj. each, every 1, 10
la **cadena** network 6
la **cadera** hip 9
  caerse to fall 11
  café adj. brown 2

el **café** coffee 3
la **cafetería** cafeteria 1
la **caja** cash register 7
el/la **cajero/a** cashier 8
la **calamidad** calamity 13
el **calcetín** sock 7
el **calcio** calcium 10
la **calculadora** calculator 1
el **cálculo** calculus 1
la **calefacción** heating 5
el **calentamiento** warm-up 9
calentar (ie) to warm up 9
la **calidad** quality 5
caliente adj. hot 3
el **calor: hace calor** it's hot 6; **tener calor** to be hot 4
la **caloría** calorie 3
caluroso/a hot 7
el **calzado** footware 7
callado/a quiet 2
la **calle** street P2
la **cama** bed 2, 4
la **cámara** camera 12, 14
el/la **camarero/a** waiter, waitress 3
el **camarón** shrimp 10
cambiar to change, to exchange 1, 7
el **cambio** change 1, 16; **en cambio** on the other hand 16
caminar to walk 1
el **camino** road 8
el **camión** truck 12
la **camisa** shirt 5
la **camiseta** T-shirt 7
el **campamento** camp 14
la **campaña** campaign 8
el/la **campeón/ona** champion 3
el **campeonato** championship 6
el/la **campesino/a** farmer 10
el **campo** countryside 9; field, major 8
el **canal** channel 2
cancelar to cancel 12
la **cancha** court (sports) 6
la **canción** song 3
la **canoa** canoe 14
cansado/a tired 11
cansarse to get tired 9
el/la **cantante** singer 4, 8
cantar to sing 3
la **cantidad** amount 8
capacitado/a qualified 16
la **cara** face 5
el **caracol** shell 6
el **carácter** temper 13
la **característica** characteristic 2
caracterizar (c) to characterize 13
el **caramelo** candy 15; syrup 10
la **carga** cargo 12
cargar (gu) to carry 13
cargo: estar a cargo to be in charge 2

caribeño/a adj. Caribbean 13
la **caridad** charity 15
el **carnaval** Mardi Gras 13
la **carne** meat 10
la **carnicería** meat market 10
caro/a expensive 7
la **carrera** career 1, 16; studies 3
la **carretera** highway 6, 12
el **carro** car 12
la **carta** letter 2, 14
el/la **cartero/a** mailman/mailwoman 14
el **cartón** cardboard 13
la **casa** house, home 1
casado/a married 2
casarse to get married 4
el **casco** helmet 16
la **caseta** booth 2
el **casete** cassette 1
casi adv. almost 6
la **casilla** box 16
el **caso** case 1
castaño/a brown 2
el **castellano** Spanish 1
el **castillo** castle 13
el **catalán** Catalonian 2
la **catedral** cathedral 14
causar to cause 4
cazar (c) to hunt, to go hunting 14
la **cebolla** onion 10
la **ceja** eyebrow 9
celebrar to celebrate 4
el **cementerio** cemetery 4, 13
la **cena** supper, dinner 3
cenar to have dinner, supper 3, 10
el **censo** census 15
centrar to focus 13
el **centro** center 1; downtown 5; **centro comercial** shopping center 7
cepillar to brush 5
cerca de adv. near 2, 5
cercano/a near, close 16
el **cerdo** pork 10
el **cereal** cereal 3
el **cerebro** brain 8, 11
la **ceremonia** ceremony 4
cero zero P2
cerrar (ie) to close P1, 8
certificado/a registered 13
la **cerveza** beer 3
el/la **cesto/a** basket P2
el **champán** champagne 15
la **chaqueta** jacket 7
el **cheque** check 12
chequear to check 12
la **chica** girl P1
el **chicle** chewing gum 11
el **chico** boy P1
chileno/a Chilean 2
chillar to scream 6

la **chimenea** fireplace 5
chino/a Chinese 1
chismoso/a gossipy 8
el **chiste** joke 16
chocar (qu) to collide 12
el/la **chofer** driver, chauffeur 8
el **choque** (car) accident 16
el **ciclismo** cycling 6
cien adj. one hundred 3
la **ciencia** science 1
el/la **científico/a** scientist 8
cierto adv. true, certain 1; **por cierto** by the way 5
la **cifra** figure, number 17
el **cigarrillo** cigarette 11
cinco five P2
cincuenta fifty
el **cine** movie theater 1, 3
la **cintura** waist 9
el **cinturón** belt 7; **cinturón de seguridad** safety belt 11, 12
el **círculo** circle 13
la **circunstancia** circumstance 13
la **cirugía** surgery 9
el/la **cirujano/a** surgeon 9
la **cita** date 10
la **ciudad** city 1, 4
el/la **ciudadano/a** citizen
civil: estado civil marital status 3
claro/a light; clear 6
la **clase** class P1, P2
clásico/a classic 1
clasificado/a classified 1
clasificar to classify 14
clavar to nail 6
la **clave** key 12
el/la **cliente** client 7, 12
el **clima** climate 6, 10
la **clínica** clinic, hospital 9
el **clóset** closet 5
cobrar to charge 5; **llamada a cobrar** collect call 13
la **cocina** cuisine 3; kitchen 5
cocinar to cook 5
el/la **cocinero/a** cook 8
el **coche** car 12
el **código** code 3; **código postal** zip code 3
coger(j) to grab 13
el **cognado** cognate P2
coincidir to coincide 8
la **cola** line 12; **hacer cola** to stand in line 12
el **colegio** school 1
colgar (ue) to hang 5; to hang up 13
colocar (qu) to put, to place 3
colombiano/a Colombian 2
la **colonia** housing development, neighborhood 5
el **color** color 2; **color entero** solid color 7

el **collar** necklace 7

la **coma** comma 13

la **comadrona** midwife 11

la **combinación** combination 7

combinar to combine 3; **combinar bien** to go together 7

la **comedia** comedy 6

el **comedor** dining room 5

comentar to comment 5

el/la **comentarista** commentator 6

el **comentario** commentary 7

comenzar (ie, c) to begin 3, 8

comer to eat 1, 3

comercial *adj.* business 8; **centro comercial** shopping center 7

el **comestible** food 10

cómico/a funny 3

la **comida** food, dinner, supper 3

el/la **comisario/a** commissioner 14

la **comisión** commission 16

como *adv.* as 3, 9; since 4; like 8

cómo how P1; **cómo no** of course 8

la **cómoda** dresser 5

la **comodidad** comfort 12, 15

cómodo/a comfortable 5, 9

el/la **compañero/a** classmate P1, 1

la **compañía** company 2, 8

comparar to compare 1

compartir to share 1

la **competencia** meet 6

competente *adj.* competent P1

competir (i) to compete 14

completar to complete P2

completo/a full, complete 2; **jornada completa** full-time 8

la **complicación** complication 13

complicado/a complex 12

la **composición** composition 2, 3

la **compra** shopping 7; **de compras** shopping 7

el/la **comprador/a** buyer 7

comprar to buy 1

comprender to understand P2

la **comprensión** understanding 11

comprensivo/a comprehensive 16

el **compromiso** commitment 11

compulsivo/a compulsive 7

el/la **computador/a** computer 1

común common 2

la **comunicación** communication 1

comunicar (qu) to communicate, to link 12

la **comunidad** community 5

con with P1, 1; **con permiso** excuse me P1; **con tal (de) que** provided that 16

concebir to conceive 16

el **concierto** concert P2

concretamente specifically 16

el **concurso** contest 2

conducir (zc) to drive 11

la **conducta** behavior 11

la **conferencia** lecture 2

confiar to trust 16

la **confirmación** confirmation 14

el **confite** sweet, candy 7

conforme *adj.* agreeable 15

congelado/a frozen 15

conmigo with me 8

conocer (zc) to know, to meet 2, 8

conocido/a known 13

el **conocimiento** knowledge 3

la **consecuencia** consequence 16

conseguir (i) to get, to obtain 6

el/la **consejero/a** advisor 2

el **consejo** advice 9, 11

conservador/a conservative 7

conservar to conserve, to keep 9

considerar to consider 13

la **consolación** consolation 10

la **consonante** consonant P2

constituir to make up 14

la **construcción** construction, building 12

construido/a built 16

construir (y) to construct, to build 12

la **consulta** consultation, visit to the doctor 14

consultar to consult 2

el **consultorio** doctor's office 8, 11

consumir to use 12

el **consumo** consumption 11

la **contabilidad** accounting 1

el **contacto** contact 3, 9

el/la **contador/a** accountant 8

la **contaminación** pollution 9, 11

contaminado/a contaminated 16

contaminar to contaminate, to pollute 9

contar (ue) to count 4; to tell 13

contener (g, ie) to contain 10

contento/a happy, glad 2

la **contestación** answer 1

el **contestador: el contestador automático** answering machine 14

contestar to answer P1, 7

el **contexto** context 2

contigo with you *fam.* 8

la **continuación: a continuación** below 4

continuar to continue 6

contra *adv.* against 6

contrario/a opposite, contrary 6; **al contrario** on the contrary 9

el **contratiempo** disappointment 13

la **contribución** contribution 15

contribuir (y) to contribute 9

convencer (z) to convince 7

conveniente *adj.* convenient 13

la **conversación** conversation P1

conversar to talk, to converse 1, 3

convertir (ie, i) to convert 6

conyugal *adj.* conjugal 16

la **cooperación** cooperation 16

la **copa** (stemmed) glass 10

el **corazón** heart 9, 11

la **corbata** necktie 7

la **cordillera** mountain range 16

correcto/a correct 2

el/la **corredor/a** sprinter 3, runner 9

el **correo** post office 14; **la oficina de correos** post office 14; **el apartado de correos** P.O. box 8

correr to run 4

la **correspondencia** correspondence 2

correspondiente *adj.* corresponding 4

la **corrida (de toros)** bullfight 13

cortado/a cut 16

la **cortesía** courtesy P1

la **cortina** curtain 5

corto/a short 2

la **cosa** thing 2

coser to sew 5

cosmético/a cosmetic 3

cosmopolita *adj.* cosmopolitan 12

la **costa** coast 14

costar (ue) to cost 4

el **costo** cost 4

costoso/a expensive 4

la **costumbre** custom 4, 13

cotidiano/a daily 11

crear to create 8, 15

la **creatividad** creativity 13

creativo/a creative P1

crecer (zc) to grow 8, 15

el **crecimiento** growth 10

el **crédito** credit 7, 12; **tarjeta de crédito** credit card 12

creer to think, to believe 2, 5

la **crema** cream 3

criarse to grow up, to be raised 15

el **crimen** crime, murder 7

la **crin** mane 13

el **criterio** judgment 13

la **crítica** criticism 11

el **crucero** cruise 12

la **cruz** cross 14; **la Cruz Roja** Red Cross 14

cruzar (c) to cross 6, 8

el **cuaderno** notebook P2

la **cuadra** city block 14

el **cuadrado** square P3

la **cuadrilla** team (in bullfighting) 15

el **cuadro** chart 2; picture 2, 5; **de cuadros** plaid, checked 7

cuál what P2; which (one) 2

la **cualidad** quality 8

cualquier *adj.* any 10

cuándo *interrog.* when 1, 2

cuando *adv.* when 2

cuanto: en cuanto as soon as 16

cuánto/a/os/as *interrog.* how much 1; how many 1, 2

el **cuarto** quarter P2; room *2, 5;*
fourth *5*
cuatro four P2
cubano/a Cuban *2*
cubierto/a covered *15*
cubrir to cover *3, 15*
la **cuchara** tablespoon *10*
la **cucharita** teaspoon *10*
el **cuchillo** knife *10*
el **cuello** neck *9*
la **cuenta** bill *8, 14;* **darse cuenta (de)**
to realize *11*
el **cuento** story *7*
la **cuerda** cord *15*
el **cuero** leather *7*
el **cuerpo** body *9*
el **cuestionario** questionnaire *16*
el **cuidado** care *4;* **tener cuidado** to
be careful *4;* **con cuidado** carefully *9*
cuidar take care of *5, 9*
la **culpa: sentimiento de culpa** guilt
feeling *16*
cultivar to grow, to cultivate *5*
la **cultura** culture *P1*
el **cumpleaños** birthday *2*
cumplir to be (years old) *15*
la **cuñada** sister-in-law *4*
el **cuñado** brother-in-law *4*
la **cuota: cuota inicial** down
payment *12*
la **cura** cure *3*
el/la **curandero/a** healer *11*
el **currículum vitae** resumé *2, 8*
el **curso** course, school year *1*
curvo/a curved *6*
cuyo/a/os/as whose *15*

D

la **danza** dance, dancing *9*
dañado/a out of order,
damaged *13*
dañar to damage *16*
el **daño** damage *16*
dar to give *7;* to hit *12;* **darse**
cuenta (de) to realize *11*
los **datos** data *5*
de of P2; from *2;* **de nada** you're
welcome *P1;* **de hecho** in fact *6*
debajo (de) under P2
deber ought to, should *1, 3; n.*
right *16*
debido: debido a due to *8, 13*
débil *adj.* weak *2*
decidir to decide *1, 8*
décimo/a *adj.* tenth *5*
decir (i) to say *6*
la **decisión** decision *6*

declarar to declare *12*
decorado/a decorated *15*
decorar to decorate *3*
dedicar (qu) to dedicate *5, 9*
el **dedo** finger *9*
defender (ie) to defend *13*
definido/a definite *1*
definitivamente definitely *15*
la **defunción** death *16*
dejar to leave *4;* **dejar +** *inf.* to
let + *verb 12*
delgado/a thin *2*
demás: los demás the rest *2*
demasiado/a too much *6; pl.* too
many
demostrar (ue) to show, to
prove *15*
demostrativo/a demonstrative *7*
el/la **dentista** dentist *8*
dentro (de) inside *6, 11;* **dentro de**
un rato in a while *16*
el **departamento** department *2*
depender to depend *P4*
el/la **dependiente/a** clerk *1*
el **deporte** sport *1, 6*
deportivo/a sport *6, 11*
depositar to deposit *13*
el **depósito** container, box *13*
la **depresión** depression *6*
deprimido/a depressed *9*
la **derecha: a la derecha** to the
right *14*
el **derecho:** right *18;* **seguir derecho**
to go straight ahead *14;* law *15*
derivado/a derived *16*
el **derrame** spill *16*
el **desafío** challenge *1*
desarrollar to develop *9*
el **desarrollo** development *14, 16*
desayunar to have breakfast *4*
el **desayuno** breakfast *3*
descansar to rest *3*
el **descanso** rest *8*
descartar to reject *16*
el **descenso** descent, decline *15*
descomponer (g) to break down *16*
desconectar to disconnect *16*
desconocido/a unknown *13*
descremado/a nonfat *10*
describir to describe *2*
la **descripción** description *P1*
descrito/a described *16*
el **descubrimiento** discovery *12*
descubrir to discover *3*
el **descuento** discount *3*
descuidado/a careless *11*
desde from *3;* since *5*
desear to wish, to want *2*
desechable disposable *14*
el **desempleo** unemployment *8*
el **deseo** wish *11*

desesperarse to get frantic *6*
desfavorable *adj.* unfavorable *13*
el **desfile** parade *13*
desforestación deforestation *9*
desgraciadamente unfortunately *6*
el **desierto** desert *4*
desordenado/a messy *16*
despacio slow P2
la **despedida** leave-taking, farewell *P1*
despedir (i) to dismiss, to fire *8*
despejado/a clear *6*
la **despensa** pantry *10*
el **despertador** alarm clock *14*
despertar (ie) to wake up *5*
después later, after *3;* then *1, 3*
destacarse to stand out *15*
el **destino** destination *3, 12*
la **destreza** dexterity *15*
destruido/a destroyed *13, 16*
destruir (y) to destroy *16*
la **desventaja** disadvantage *11*
detallado/a detailed *7*
el **detalle** detail *13*
el **detective** detective *6*
detener (g, ie) to stop *12*
determinar to determine *3*
detrás (de) behind P2
la **deuda** debt *8*
devolver (ue) to return *13*
el **día** day P2; **día de fiesta** holiday
4; **todos los días** every day *6*
el **diálogo** dialogue *1*
diariamente daily *13*
diario/a daily *5*
el **diario** newspaper *6*
el **dibujo** drawing *1, 9*
el **diccionario** dictionary *1*
diciembre December P2
el **dictamen** opinion, judgment *16*
dictaminar to consider *16*
el **dicho** saying *8*
diecinueve nineteen P2
dieciocho eighteen P2
dieciséis sixteen P2
diecisiete seventeen P2
el **diente** tooth *5*
la **dieta** diet *3*
diez ten P2
la **diferencia** difference *2*
diferente different *1; pl.* various *4*
difícil difficult *1*
difícilmente with difficulty *13*
la **dificultad** difficulty *12*
dificultar to make difficult *12*
difunto/a deceased *13;* **Día de los**
Difuntos All Soul's Day *13*
diga hello *13*
digerir (ie) to digest *11*
dinámico/a dynamic *6*
el **dinero** money *1, 4*

Dios God 12
diplomático/a diplomatic 13
la **dirección** address P2
directamente directly 12
el/la **director/a** director, manager 1, 8; school principal 2
el **directorio** directory 7
dirigirse (j) to address 13
discar (qu) to dial 13
el **disco** record 7
la **discoteca** discotheque 1
la **discriminación** discrimination 16
disculpar: disculpe(n) la molestia sorry for the inconvenience 16
la **discusión** argument 13
discutir to argue 6
diseñado/a designed 16
el/la **diseñador/a** designer 10
el **diseño** design 7
disfrazarse (c) to wear a costume 13
disfrutar to enjoy 3
disminuido/a diminished 16
disminuir to decrease 16
disponer (g) to have 16
disponible adj. available 12
la **disposición** disposal 9; availability 14
la **distancia** distance 7, 13
distinguido/a distinguished 16
la **distribución** distribution 16
el **distrito** district 13
la **diversidad** diversity 16
la **diversión** entertainment 3
diversos several 13
divertido/a amusing, funny 15
divertirse (ie, i) to have a good time 3, 13
el **divorcio** divorce 16
divorciado/a divorced 4
el **doblar** to fold 5; to turn 14; to bend 9; to dub 3
doble double 3, 14; dual 6
doce twelve P2
la **docena** dozen 10
el/la **doctor/a** doctor P1, 11
el **dólar** dollar 1
doler (ue) to hurt 11
el **dolor** ache, pain 11
doméstico/a household 5
el **domicilio: clases a domicilio** home tutoring 1
dominar to dominate 16
el **domingo** Sunday P2
don title of respect P1
la **donación** donation 16
donde where 1
dónde interrog. where P2
doña title of respect P1
dormir (ue, u) to sleep 4; **dormirse (ue, u)** to fall asleep 5

el **dormitorio** bedroom 3, 5
dos two
doscientos/as two hundred 3
el **drama** drama 8
dramático/a dramatic 5
la **droga** drug 11, 13
la **ducha** shower 5
dudar to doubt 10
el **duelo** duel 15
el/la **dueño/a** owner 2
el **dulce** sweet, candy 7
la **dulcería** pastry shop 10
durante during 12
durar to last 15
duro/a hard 6

E

e and 2
la **ecología** ecology 16
el/la **ecologista** ecologist 9
la **economía** economics 1
económico/a: ciencias económicas economics; economical 2; **pretensión económica** desired salary 8
el **ecuador** equator 13
ecuatorial adj. equatorial 12
ecuestre adj. equestrian 14
la **edad** age 2
el **edificio** building 1
editar to publish 15
la **educación** education 11
educado/a raised 6
el **efectivo: en efectivo** cash 7, 12
el **efecto** effect 16
efectuar to take place 4
eficiente adj. efficient P1
el/la **ejecutivo/a** executive 8
el **ejemplo** example 3
el **ejercicio** exercise 2, 9
elaborado/a elaborate 15
la **electricidad** electricity 16
el/la **electricista** electrician 8
eléctrico/a electric 3
el **electrodoméstico** electrical appliance 5
elegante adj. elegant P1
elegir (i, j) to choose 3, 15
elemental adj. elementary 14
eliminar to eliminate, to get rid of 8
ello it, this 9
ellos/as they
embargo: sin embargo nevertheless 6, 16
el **embarque** boarding 12
la **emergencia** emergency 13
la **emigración** emigration 16

emigrar to emigrate 16
la **emoción** emotion, excitement 6
emocionado/a excited 6
emocional emotional 2
empacar (qu) to pack 12
el **empeño** persistence 13
empezar (ie, c) to begin, to start 1, 4
el/la **empleado/a** employee 2, 6
emplear to employ 2
el **empleo** employment 2, 11
la **empresa** corporation, business 8
en in P1, P2; at 1
enamorado/a: estar enamorado (de) to be in love with 9, 13; **Día de los Enamorados** Saint Valentine's Day 13
encajar to fit 15
encaminado/a designed 14
encantado/a delighted P1
encantador/a charming 15
encantar to delight, to love 7
el **encanto** charm, delight 13
encarar to face 13
encender (ie) to turn on 13, 16; to light 16
encima above 8
encerrar (ie) to lock in, to confine 16
encontrar (ue) to find 1, 7
el **encuentro** meeting P1; game 6
la **encuesta** survey 1
encuestado/a person surveyed 8
la **enchilada** meat-filled tortilla covered with sauce 2
la **energía** energy 13
enero January P2
enfermarse to get sick 12
la **enfermedad** sickness 8
el/la **enfermero/a** nurse 8
el/la **enfermo/a** sick 11
el **enfoque** focus 1
el **enfrentamiento** confrontation 15
enfrentar to face, to confront 15
enfrente (de) in front (of) P2
el **enjuague** rinse 14
enorme enormous 4
enriquecer (zc) to enrich 13
la **ensalada** salad 3
enseguida immediately 7
enseñanza education 16
enseñar to teach 1
entender (ie) to understand 8
entero: de color entero solid color 7
entonces then 6
la **entrada** ticket 3, 6; down payment 5, 16; entrance 12; entry 15
entrar to enter, to come in 7
entre between, among P2; **entre semana** weekdays 5

entrecortar to become short 9

la **entrega** possession 5; **entrega especial** special delivery 13

entregar to deliver 5

entrenado/a trained 16

el/la **entrenador/a** trainer, coach 3

el **entrenamiento** training 3

entrenar to train 10

la **entrevista** interview 2, 8

el/la **entrevistador/a** interviewer 3

entrevistar to interview 2

enviar to send 8

la **época** time, epoch 15

el **equilibrio** balance 9

el **equipaje** luggage 12

el **equipo** team 4, 6

la **equivalencia** equivalency 9

equivalente adj. equivalent 11

equivocado/a wrong 4

el **error** error, mistake 8

la **erupción** eruption 16

la **escala: hacer escala** to make a stopover 12

la **escalera** stairs 5; **escalera mecánica** escalator 11

el **escaparate** store window 7

la **escena** scene 2

el **escenario** stage 8

escoger (j) to choose 2, 11

escolar adj. school 1

el **escombro** debris 16

escribir to write P1, 3

el/la **escritor/a** writer 2

el **escritorio** desk P2

escuchar to listen to P1, 1

el **escudo** shield 9

la **escuela** school 1

escurrir to drain 8

ese/a adj. that P1; **ése/a** pron. that one 7

el **esfuerzo** effort 13

eso that P2; **por eso** that's why 6, 9

el **espagueti** spaghetti 3

la **espada** sword 9

la **espalda** back 9

el **español** Spanish P1, 1; Spaniard 2

el **especial** special 6; **en especial** especially 1

la **especialización** major 8

especializado/a specializing 6

especializarse (c) to specialize; to major 15

especialmente especially 4, 9

específico/a specific 1

espectacular adj. spectacular 6

el **espectáculo** show 12; spectacle 15

el/la **espectador/a** spectator 6

el **espejo** mirror 5

la **espera: sala de espera** waiting room 12

esperar to expect 6, 10; to wait for 8; to hope 10

la **espinaca** spinach 10

la **esposa** wife 4

el **esposo** husband 4

el **esquema** pattern 15

el **esquí** ski 6

el/la **esquiador/a** skier 14

esquiar to ski 6

la **esquina** corner 14

establecer to establish 8

la **estación** season 6; station 14; la **estación de gasolina** service station 12

el **estacionamiento** parking 14

estacionar to park 12

el **estadio** stadium 2, 3

el **estado: estado civil** marital status 2; **estado libre asociado** associated free state 12

estadounidense adj. American 2

la **estampilla** stamp 14

la **estancia** stay 4

estar to be P1, 1; **estar a cargo** to be in charge 2

la **estatura** height 9

este/a adj. this 1; **éste/a** pron. this one 7; **esta noche** tonight 2, 3

el **este** east 6;

el **estéreo** stereo 3

el **estereotipo** stereotype 5

el **estilo** style 9

esto this P2

el **estómago** stomach 11

estrecho/a narrow, tight 7

la **estrella** star 4

el **estrés** stress 9, 16

estricto/a strict 16

la **estructura** structure 16

el/la **estudiante** student P2

estudiar to study 1

los **estudios** studies 1

la **estufa** stove 5

la **etiqueta** tag 7

europeo/a European 7

el **evento** event 2

evidente adj. evident 11

evitar to avoid 9

exacto/a exact 6

el **examen** examination 1

examinar to examine 11

excedido/a: excedido de peso overweight 11

excelente adj. excellent 1

la **excepción** exception 10

el **exceso** excess 8

la **excursión** tour, excursion 3, 13

exento/a exempt 13

exigir to demand 8

existir to exist, to be 3, 15

el **éxito: tener éxito** to be successful 8, 15

exitoso/a successful 3

la **experiencia** experience 8

experimentar to experience 16

el/la **experto/a** expert 8

la **explicación** explanation 1

explicar (qu) to explain 1

expresar to express 1

la **expresión** expression 1

extenso/a extended, vast 16

exterior adj. exterior 2

extranjero/a foreign 2; abroad 13

extraterrestre adj. extraterrestial 8

extremadamente extremely 13

el **extremo** end 6

extrovertido/a extrovert P1

F

la **fábrica** factory 8, 11

el **fabricante** manufacturer 8

fabuloso/a fabulous, great 7

fácil easy 1

la **facilidad: con facilidad** easily 9, 13

facilitar to facilitate, to make easier 14

facturar to check (luggage) 12

la **facultad** college, school 1

la **falda** skirt 7

falso/a false 1

la **falta** lack 8; **hacer falta** to need 8

faltar to be missing 8; to lack, to be necessary 15

fallecer to die 4

el **fallecimiento** death 4

el **fallo** error 13

la **familia** family 2, 4

el/la **familiar** relative 4

famoso/a famous 1, 10

el **fantasma** phantom 8

fantástico/a fantastic P2

el/la **farmacéutico/a** pharmacist 10

la **farmacia** pharmacy 11

el **favor: a favor de** in favor of 17; **por favor** please P1

favorito/a favorite 1, 3

febrero February P2

la **fecha** date P2

la **felicidad** happiness 13; pl. congratulations 15

felicitar to congratulate 13

feliz adj. happy 2

feminista adj. feminist 16

el **fenómeno** phenomenon 6

feo/a ugly 2

la **feria** fair 15

el **ferrocarril** railroad 12

fibra fiber 10

la **ficción** fiction *3*
la **ficha** token *13*
la **fiebre** fever *11*
la **fiera** beast *15*
la **fiesta** party *P2, 3*
fijado/a set *11*
fijarse to notice *5*
la **fila** row *6*
la **filmación** filming *12*
filosofía philosophy *2*
el **fin: el fin de semana** weekend *1*;
tener como fin to have as a goal
14; **en fin** in short *16*
el **final** end *10*
financiero/a financial *8*
la **finca** farm *15*
la **firma** signature *1*
firmar to sign *1, 8*
la **firmeza** resolution *11*
la **física** physics *P2, 1*
el/la **fiscal** district attorney *15*
físico/a physical *15*
la **flecha** arrow *6*
la **flexibilidad** flexibility *9*
la **flor** flower *6, 13*
el **folclore** folklore *12*
folclórico/a folkloric *12*
el **folleto** pamphlet, brochure *3*
la **forma** form *4*; shape *1*; way *9*; **de
esta forma** this way *3*; **de todas
formas** anyway *15*
formar: formar parte de to be part
of *16*
la **fortaleza** fortress *12*
la **fortuna: por fortuna** luckily *17*
la **foto** photo, picture *4*
la **fractura** fracture *11*
fracturado/a fractured, broken *11*
francés/francesa French *1*
la **frase** phrase *11*
la **frecuencia: con frecuencia** frequently *2*
frecuentemente frequently *3, 13*
el **fregadero** sink *5*
frenar to brake *12*
la **frente** forehead *9*
la **fresa** strawberry *10*
fresco/a cool *6*; fresh *10*
frijol bean *3*
frío/a cold *3*
frito/a fried *3*; **papas fritas**
french fries *3*
la **frontera** border *16*
la **fruta** fruit *3*
la **frutería** fruit store *10*
el **fuego** fire *8*
fuera *adv.* outside *5*
fuerte *adj.* strong *2*
la **fuerza** strength, force *9*
la **fuga: fuga de cerebros** brain
drain *8*

fumar to smoke *11*
la **función** show *3*
funcionar to work *8*
fundar to found *15*
el **fútbol** soccer *6*
el **futuro** future *1*

G

las **gafas** (eye) glasses *7*
la **galería** gallery *13*
la **galletita** cookie *10*
el **gallo: Misa del Gallo** midnight
mass on Christmas Eve *13*
el/la **ganador/a** winner *11*
ganar to win *4, 6*; to earn *8*;
ganarse la vida earn a living *11*
las **ganas: tener ganas de** to feel like *4*
el **garaje** garage *5*
la **garganta** throat *11*
la **gasolina** gasoline *12*
gastar to spend *3, 7*; to waste *16*
el **gasto** expense *3*
el/la **gato/a** cat *7*
la **gelatina** gelatin *10*
genealógico/a: árbol genealógico
family tree *4*
la **generación** generation *4*
generalmente generally *1, 13*
generoso/a generous *P1*
la **gente** people *6, 15*
la **geografía** geography *1*
el/la **gerente/a** manager *2, 8*
el **germen** germ *10*
la **gestión** matter, business *16*
gigante *adj.* giant *6*
la **gimnasia** gymnastics *P1*
el **gimnasio** gymnasium *1*
el **gobierno** government
el **golf** golf *6*
gordo/a fat *2*
la **gorra** cap
la **grabadora** tape recorder *1*
gracias thank you *P1*; **Día de
Acción de Gracias** Thanksgiving
Day *13*
el **grado** degree *6, 11*
la **graduación** graduation *P2*
graduado/a graduate *8*
graduarse to graduate *15*
gráfico/a graphic *9*
el **gramo** gram *10*
gran *adj.* great *2*
grande *adj.* big *1*
la **grasa** fat *11*
gratis *adv.* gratis, free *15*
grave serious *11*
la **gripe** flu *11*
gris gray *5*

el **grupo** group *1, 15*
el **guante** glove *7*
guapo/a handsome, pretty *2*
el **guardabarros** fender *12*
guardar to put away *16*
la **guardería** nursery *4*
el/la **guardia** guard *16*
la **guerra** war *8*
la **guía** directory *8, 13*
el/la **guía** guide *16*
la **guitarra** guitar *3*
gustar to like, to be pleasing to *7*
el **gusto: mucho gusto** pleased to
meet you *P1*

H

haber to have *15*
la **habilidad** ability *13*
habitable *adj.* inhabitable *15*
la **habitación** room *3, 8*
el/la **habitante** inhabitant, resident *11*
hablador/a talkative *2*
hablar to speak *1*
hacer to do, to make *1, 4*; **hacer
cola** to stand in line *12*; **hacer el
papel** to play the part *1*; **hacer
escala** to make a stopover *12*;
hacer falta to need *8*; **hacer la
maleta** to pack *12*; **hacer
preguntas** to ask questions *1*
hacerse to become *16*
hacia towards *15*
el **hambre:** *f.* **tener hambre** to be
hungry *4*
la **hamburguesa** hamburger *3*
la **harina** flour *10*
hasta until *P1*; up to *8*; even *15*
hay there is, there are *P2*; **hay que**
+ *inf.* it's necessary to + verb *8*
el **hecho** fact, event *6*; **hecho a mano**
hand-made *7*
la **heladería** ice cream shop *10*
el **helado** ice cream *3*
el **hemisferio** hemisphere *3*
la **herboristería** health food store *9*
la **herencia** heritage *14*
herido/a injured person *12, 16*
herir (ie, i) to hurt *13*
la **hermana** sister *2, 4*
la **hermanastra** stepsister *4*
el **hermanastro** stepbrother *4*
el **hermano** brother *4*
la **herramienta** tool *13*
hervido/a boiled *10*
hervir (ie, i) to boil *8*
la **hierba** grass *2*
el **hierro** iron *10*
la **hija** daughter *4*

L

el **laboratorio** laboratory P2, 1
el **lado: al lado (de)** next (to) P2
ladrar to bark 8
el/la **ladrón/ona** thief 14
el **lago** lake 9
la **lágrima** tear 17
la **lámpara** lamp 5
lanzar (c) to throw 6; to start 14
el **lápiz** pencil P2
largo/a long 2; **a lo largo de** along 16
la **lástima: ¡qué lástima!** what a shame! 10
la **lata** can 10
el **latido** beat 9
latino/a Latin 10
el **lavabo** washbowl 5
el **lavado** washing 5
la **lavadora** washing machine 5
la **lavandería** laundry 14
el **lavaplatos** dishwasher 5
lavar to wash 5
leal adj. loyal 8
la **lección** lesson 1
la **leche** milk 3
la **lechuga** lettuce 3
la **lectura** reading 1
leer to read P2, 3
lejos adv. far 5
la **lengua** language 1; tongue 11
el **lenguaje** language 8
lentamente slowly 13
los **lentes: los lentes de contacto** contact lenses 2
lento/a slow 11
el/la **león/leona** lion, lioness 4
el **letrero** sign 7
levantar to raise P2, 5; **levantarse** to get up P1, 5
la **ley** law 17
liberado/a liberated 3
liberar to release 9
la **libertad** freedom, liberty 15
la **libra** pound 9
libre adj. free 3; **el aire libre** open air 3
la **librería** bookstore 1
el **libro** book P2
la **licencia** license 12; **licencia de manejar** driver's license 12
licenciado/a en derecho lawyer 8
el **liceo** high school 1
la **licuadora** blender 5
lidiar to fight, to deal with 15
ligero/a light 9
el **límite** limit 11
el **limón** lemon 3, 10
limpiar to clean 5
limpieza cleaning 5

limpio/a clean 16
la **línea** line 4
la **linterna** flashlight 15
el **líquido** liquid 11
la **lista** roll P1; list P2
listo/a smart, ready 2
la **literatura** literature 1
el **litro** liter 10
la **llamada** call 5, 8
llamar to call 1; **llamarse** to be called, to be named P1
la **llanta** tire 12
la **llave** key 14
la **llegada** arrival 12
llegar to arrive 1
llenar to fill out 2, 8
lleno/a full 12
llevar to wear, to take, to carry 7
llorar to cry 13
llover (ue) to rain 7
la **lluvia** rain 7
loco/a crazy 7
el/la **locutor/a** announcer 5, 8
el **lodo** mud 16
lógicamente logically 13
lógico/a logical P1, 11
lograr to achieve 4; to provide 14
la **longevidad** longevity 11
el/la **loro/a** parrot 8
la **lotería** lottery 3
la **lucha** fight 16
luchar to fight 5, 9
luego then 2; **hasta luego** so long P1
el **lugar** place 1
el **lujo** luxury 14; **de lujo** first class 5
la **luna** moon 6
el **lunes** Monday P2
la **luz** light 11

M

la **madera** wood 5
la **madrastra** stepmother 4
la **madre** mother 4
el/la **madrileño/a** person from Madrid 15
la **madrina** godmother 4
la **madrugada** early morning 13
madrugar to get up early 16
maduro/a ripe 10
la **maestría** Master's degree 15
el/la **maestro/a** master 3
la **magia** magic 12
mágico/a magical 6
magnífico/a magnificent, great 7
los **magos: Reyes Magos** Wise Men 15
el **maíz** corn 10

mal not well, sick P1; bad 2
el **malentendido** misunderstanding 7
la **maleta** suitcase 12
el **maletero** trunk 12
el **maletín** attaché case 12
malo/a bad 2; **mala palabra** dirty word 15
la **mamá** mother 1
mandar to send 14
el **mandato** command 8
manejar to drive 5, 12
la **manera** way, manner 9
la **manifestación** demonstration 2
la **mano** hand P2, 9
la **manta** blanket 5
el **mantel** tablecloth 10
mantener (ie, g) to maintain 4, 9
el **mantenimiento** upkeep 5
la **mantequilla** butter 3, 10
el **manuscrito** handwritten 8
la **manzana** apple 10
mañana adv. tomorrow P2, 3
la **mañana** morning P2
el **mapa** map 1
maquillarse to put on makeup 5
el **mar** sea 3
maravillarse to marvel 14
maravilloso/a marvelous 4
marcar (qu) to dial 13; to mark 1; **marcar un punto** give a point 13
la **marcha** walking 9
la **margarina** margarine 10
marginado/a not fully accepted 17
el **marido** husband 4
el **marisco** shellfish, seafood 3
el **marqués** marquis 14
el **martes** Tuesday P2
marzo March P2
más more P2
masticar (qu) to chew 11
matar to kill 15
las **matemáticas** mathematics P2, 1
la **materia** subject 1; **materia económica** business matters 13
materialista adj. materialistic P1
el **matrimonio** marriage, wedding 4, 16; married couple 5
máximo/a high, maximum 6
mayo May P2
la **mayonesa** mayonnaise 10
mayor adj. older 4, 9; oldest 11; **persona mayor** adult, older person 3
la **mayoría** majority 12
el/la **mayorista** wholesaler 11
la **mayúscula** capital letter 12
el/la **mecánico/a** mechanic 8
la **media** half P2; stocking 7
mediados: a mediados de about the middle of 16
mediano/a medium 9
la **medianoche** midnight 15

mediante *adv.* by means of *16*
la **medicación** medication *11*
la **medicina** medicine *1;* **medicina familiar** general practice *13*
el/la **médico/a** *n.* medical doctor *8; adj.* medical *16*
la **medida** measure *16*
el **medio** means *8;* **medio ambiente** environment *8;* **término medio** average *14*
el **mediodía** noon *15*
medir (i) to measure *9*
la **mejilla** cheek *9*
mejor *adj.* better *9;* best *2, 11*
la **mejora** improvement *13*
mejorar to improve *11*
la **melodía** melody *13*
mencionar to mention *15*
menor *adj.* younger *4, 9;* young-gest *11*
menos to (in telling time) *P2;* minus *P2;* less, fewer *9;* **por lo menos** at least *9;* **a menos que** unless *16*
el **mensaje** message *13, 14*
la **mente** mind *15*
mentiroso/a liar *4*
el **mercado** market *7, 10*
la **merienda** snack in the afternoon *10*
el **mérito** merit *6*
el **mes** month *P2*
la **mesa** table *P2;* **mesa de noche** nightstand *2, 5*
la **meseta** plateau *14*
la **meta** goal, objective *15*
el **método** method *13*
el **metro** subway *5, 12;* meter *9*
mexicano/a Mexican *2*
mezclar to combine, to mix *12*
mi(s) my *P1*
mí me
el **microondas** microwave *5*
el **miedo: tener miedo** to be afraid *4*
la **miel** honey *13*
el **miembro** member *4, 16*
mientras while *4, 6*
el **miércoles** Wednesday *P2*
mil thousand *3*
militar *adj.* military *13*
el **millón** million *3*
mínimo/a low, minimum *6*
la **minoría** minority *15*
el **minuto** minute *9*
la **mirada** look *9*
mirar to look at *1*
la **misa** mass *4*
mismo/a same *4*
el **misterio** mystery *4*
la **mitad** half *6*
la **mochila** backpack *12*

la **moda** fashion *7;* **estar de moda** to be fashionable *7*
el/la **modelo** model *P1*
moderno/a modern *P1*
mojado/a wet *6*
molestar to bother *14*
la **molestia** inconvenience *16*
molido/a ground *10*
el **momento** moment *6;* **en estos momentos** right now, at this moment *6*
el **monasterio** monastery *14*
el **monólogo** monologue *15*
monoparental *adj.* single-parent *16*
la **montaña** mountain *7, 9*
el **montañismo** (mountain) trekking, hiking *9*
montañoso/a mountainous *14*
montar to ride *9*
el **montón** bunch *12*
el **monumento** monument *14*
morado/a purple *5*
moreno/a brunet(te) *2*
morir (ue) to die *13*
el **mosaico** tile *5*
la **mostaza** mustard *10*
el **mostrador** counter *12*
mostrar (ue) to show *7*
el **motivo** reason *4*
la **moto(cicleta)** motorcycle *2, 12*
mover (ue) to move *2, 9*
movido/a lively *13*
el **movimiento** movement *2, 9*
el **mozo** young man *13*
la **muchacha** girl *3*
el **muchacho** boy *3*
mucho/a much, a lot *1;* **mucho gusto** nice to meet you *P1*
muchos/as many *2, 4*
mudarse to move *16*
mudo/a mute *9*
el **mueble** furniture *5*
la **muela: dolor de muelas** toothache *11*
la **muerte** death *15*
muerto/a dead *15;* **Día de los Muertos** All Soul's Day *13*
la **mujer** wife *4;* woman *3, 8;* **mujer de negocios** business woman *8*
la **muleta** crutch *12*
la **multa** fine *12*
multiplicar (qu) to multiply *6*
mundial *adj.* world *6*
el **mundo** world *3*
la **muñeca** wrist *9*
el **músculo** muscle *11*
el **museo** museum *2, 14*
la **música** music *2*
el/la **músico** musician *13*
muy very *P1*

N

nacer (zc) to be born *2, 15*
nacido/a born *13*
el **nacimiento** birth *2*
la **nacionalidad** nationality *2*
nada *adv.* nothing *9, 12;* **de nada** you're welcome *P1*
nadar to swim *3*
nadie *adv.* no one, nobody *8, 12*
la **naranja** orange *3*
la **nariz** nose *9*
la **natación** swimming *9*
la **natalidad** birth rate *16*
nativo/a native *1*
la **naturaleza** nature *9*
navegar navigate *6*
la(s) **Navidad(es)** Christmas *13*
necesario/a necessary *3, 11*
la **necesidad** need *8, 16*
necesitar to need *1*
negar (ie) to deny *16*
negativamente negatively *12*
la **negociación** discussion *13*
el **negocio** business *4, 8*
la **negrita** bold face
negro/a black *2*
nervioso/a nervous *2*
nevar (ie) to snow *6*
ni nor *2;* **ni . . . ni** neither . . . nor *12*
nicaragüense *adj.* Nicaraguan
la **nieta** granddaughter *4*
el **nieto** grandson *4*
la **nieve** snow *6*
ningún no, not any *12*
ninguno/a none, not any, none *6, 12*
el/la **niño/a** child *1, 4*
el **nivel** level *1,* **nivel de vida** standard of living *11*
la **noche** evening, night *P1;* **esta noche** tonight *2, 3*
la **Nochebuena** Christmas Eve *13*
la **Nochevieja** New Year's Eve *13*
nombrar to name *1*
el **nombre** name *P1*
normalmente normally *5, 13*
el **norte** north *4*
norteamericano/a North American *1*
nosotros/as we *1*
la **nota** grade *1;* note *3*
notable *adj.* noteworthy, notable *17*
notablemente noticeably *16*
notarse to be noticeable *12*
la **noticia** news *4, 7*
el **noticiero** newscast *16*
novecientos/as nine hundred *3*

la **novela** novel *3, 15*
noventa ninety *P2*
la **novia** fiancée, girlfriend *4*
noviembre November *P2*
el **novio** fiancé, boyfriend *4*
el **nubarrón** dark cloud *13*
nublado/a cloudy *6*
nuboso/a cloudy *6*
la **nuera** daughter-in-law *4*
nuestros/as our *4*
nueve nine *P2*
nuevo/a new *1*
el **número** number *P2*
numeroso/a numerous *12*
nunca never *4*
la **nutrición** nutrition *9*
nutritivo/a nourishing *10*

O

o or *P2;* **o … o** either … or *12*
obedecer (zc) to obey *8, 16*
el **objetivo** objective, goal *11*
el **objeto** object *P2*
obligar (gu) to force *8*
la **obra** work *7, 15;* **obra de teatro**
play *14*
el/la **obrero/a** worker *8*
observar to observe, to see *6*
la **obsesión** obsession *8*
obstante: no obstante however,
nevertheless *16*
obtener (g, ie) to obtain *2, 11*
obvio/a obvious *11*
ocasionalmente occasionally *11*
ocasionar to cause *16*
ochenta eighty *P2*
ocho eight *P2*
ochocientos/as eight hundred *3*
octavo/a eighth *5*
octubre October *P2*
ocupado/a busy *4*
ocupar to cover, to extend over
16; to occupy, to hold *10;* to take
over *15;* **ocuparse** to attend to *5*
ocurrir to occur, to happen *3*
el **oeste** *adj.* western *4; n.* west *6*
la **oficina** office *1*
el **oficio** occupation *8*
ofrecer (zc) to offer *4*
el **oído** (inner) ear *11*
oír to hear *7*
ojalá I/we hope *10*
el **ojo** eye *2*
la **ola** wave *6, 14*
las **Olimpiadas** Olympic Games *14*
la **olla** pot *10*
olvidar to forget *9, 16*
once eleven *P2*

la **opción** option *8*
el/la **operador/a** operator *13*
la **oportunidad** opportunity *3, 16*
la **óptica** optics *7*
el/la **óptico/a** optician *2*
optimista *adj.* optimistic *P1*
óptimo/a optimum, best *13*
opuesto/a opposite *2*
la **oración** sentence *2*
el **orden** order *1*
ordenado/a tidy *17*
la **oreja** ear *9*
la **organización** organization *3*
el/la **organizador/a** organizer *15*
orgulloso/a proud *14*
el **origen** origin *6*
el **oro** gold *13*
la **orquesta** orchestra *15*
oscuro/a dark *2*
el **otoño** autumn *6*
otro/a other, another *1, 2;* **otra vez**
again *P2*
el **oxígeno** oxygen *1*

P

el/la **paciente** patient *P1*
el **padre** father *4*
el **padrino** godfather *4*
pagar (gu) to pay for *3*
la **página** page *P2*
el **país** country *2, 10*
el **paisaje** landscape *9*
el **pájaro** bird *4*
la **palabra** word *P1;* **mala palabra**
dirty word *14*
el **palacio** palace *14*
el **palo** stick *15*
el **pan** bread *3*
la **panadería** bakery *10*
panameño/a Panamanian *2*
los **pantalones** slacks *7*
el **pañuelo** handkerchief *7*
la **papa** potato *3;* **papas fritas**
French fries *3*
el **papá** father *1*
el **papel** role *1,* paper *2;* **hacer el**
papel to play the part *8*
la **papelería** stationery store *13*
el **paquete** package *10, 14*
el **par** pair *11;* **a la par con** equal
to *14*
para for, to *P2, 1;* towards, in
order to *13;* **para que** so
that *15, 16*
la **parabólica** satellite dish antenna *4*
el **parabrisas** windshield *12*
el **parachoques** bumper *12*
la **parada** stop *12*

parado/a standing *16*
el **parador** hotel *14*
el **paraíso** paradise *12*
parar to stop *9, 12*
parcial *adj.* partial *P1*
parecer (zc) to seem *7*
parecido/a similar *16*
la **pared** wall *6*
la **pareja** couple *4;* partner *13*
el **parentesco** family relationship *4*
el **paréntesis** parenthesis *15*
el/la **pariente** relative *4*
el **paro** unemployment *8*
el **parque** park *4*
la **parte** part *5, 9;* **en todas partes**
everywhere *10;* **¿de parte de**
quién? who's calling? *13;* **por**
otra parte on the other hand *6*
participar to announce, to participate *4*
el **partido** game *P2, 6*
partir: a partir de beginning at *6*
el **párrafo** paragraph *1*
la **parroquia** parish *4*
pasado/a last *5;* **pasado mañana**
day after tomorrow *3*
el **pasaje** ticket *12;* **pasaje de ida y**
vuelta roundtrip ticket *12*
el/la **pasajero/a** passenger *12*
el **pasaporte** passport *12*
pasar to happen *2, 12;* to spend *4;*
to come in *8;* **pasar la aspiradora**
to vacuum *5;* **pasar (la) lista** to
call roll *P1;* **pasar por** to pick
up *7;* **pasarlo bien** to have a
good time *13*
el **pasatiempo** pastime *3*
la **Pascua** Passover, Easter *13*
pasear to stroll, to take a walk *4*
el **pasillo** hall *5*
pasivo/a passive *P1*
el **paso** step *P1;* **dar paso a** to open
the way to *16*
el **pastel** pie *3*
la **pastelería** pastry shop *10*
la **pastilla** pill *11*
la **patata** potato (in Spain) *10*
patinar to skate *6*
el/la **patrón/ona** patron *15*
el **pavo** turkey *10*
el/la **payaso/a** clown *15*
la **paz** peace *6*
el **peaje** toll *12*
el **pecado** sin *8*
los **peces** fish *4*
el **pecho** breast *9*
el/la **pediatra** pediatrician *11*
pedir (i) to request, to ask for, to
order *6*
peinar to comb *5*
la **pelea** fight *7*

la **película**   film 3
el **peligro**   danger 9
peligroso/a   dangerous 6, 16
el **pelo**   hair 2
la **pelota**   ball 6
la **peluquería**   beauty salon 7, 8
el/la **peluquero/a**   hairdresser 8
la **pena: ¡qué pena!**   what a pity! 15
pendiente   *adj.* pending 13
pensar (ie)   to think 4; **pensar +**
   inf. to plan to + *verb* 4
la **pensión**   boarding house 1
el **pepino**   cucumber 10
peor   *adj.* worse 9; worst 11
pequeño/a   small 1
la **pera**   pear 10
perder (ie)   to lose 3; to miss 2;
   perder tiempo   to waste time 7
perderse   to get lost 14
la **pérdida**   loss 16
perdón   excuse me P1
perezoso/a   lazy 2
perfectamente   perfectly 11
perfecto/a   perfect 7
el **perfil**   profile 8
el **perfume**   perfume 7
la **perfumería**   perfume shop 7
el **periódico**   newpaper 1, 3
el/la **periodista**   journalist, newscaster 8
el **período**   period 13
permanecer (zc)   to remain, to
   stay 4
permanente   *adj.* permanent 4
el **permiso: con permiso**   excuse
   me P1
permitir   to permit, to allow 9, 10
pero   but 1, 2
el/la **perro/a**   dog 4
perseguir (i)   to pursue 13
persistente   *adj.* persistent P2
la **persona**   person P1
el **personaje**   person of importance 13
personal   *adj.* personal 2;
   personnel, staff 8
la **personalidad**   personality 6
pertenecer (zc)   to belong 13
perteneciente   *adj.* part of, belonging 8
peruano/a   Peruvian 2
pesar   to weigh 9; sadness 4; **a**
   pesar de   in spite of 12
la **pescadería**   fish market 10
el **pescado**   fish 3
el **pescador**   fisherman 8
la **peseta**   monetary unit of Spain 5
pesimista   *adj.* pessimistic P1
pésimo/a   terrible, very bad 13
el **peso**   peso 1; weight 3, 9
la **pestaña**   eyelash 9
el **petróleo**   oil 3
el **picadillo**   ground meat dish
picante   hot, spicy 10

el **pie**   foot 6, 9; **al pie de la página**
   at the bottom of the page 1
la **piel**   skin 11
la **pierna**   leg 9
la **pila**   battery 16
el/la **piloto**   pilot 8
la **pimienta**   pepper 10
el **pimiento**   green pepper 10
la **piña**   pineapple 10
pintar   to paint 15
la **pintura**   painting 14
la **pirámide**   pyramid 12
la **piscina**   pool 6
el **piso**   floor 5
el/la **piyama**   pajama 5
la **pizarra**   blackboard P1, P2
el **placer**   pleasure 12
la **plancha**   iron 5
el **planchado**   ironing 5
planchar   to iron 5
planear   to plan 7
el **planeta**   planet 2
planificar (qu)   to plan 3
el **plano**   map 8
la **planta**   floor 5; **la planta baja**
   ground floor, first floor 5
la **plata**   silver 15
la **plataforma**   platform 15
el **plátano**   banana 10
el **plato**   dish, plate 3, 10
la **playa**   beach 1, 3
la **plaza**   position 8; **plaza de toros**
   bullring 13
el **plazo**   instalment 16
pleno/a: a pleno   full 12
ella **plomero/a**   plumber 2
la **población**   population, people 22
el **poblador**   settler 15
pobre   *adj.* poor 2
poco/a: un poco   a little 2, 4; **poco**
   a poco   little by little 15
poder (ue)   to be able to, can 2, 4;
   power 17
poderoso/a   powerful 16
el **policía**   policeman 8; **la policía**
   police 7; **la (mujer) policía**
   policewoman 8
el/la **político/a**   *n.* politician 13; *adj.* in-
   law 4; political
el **polo**   pole 4
el **pollo**   chicken 3
poner   (g) to put, to turn on 4;
   poner la mesa   to set the table 5;
   ponerse   to put on 5
por   for, about 4; by, per, around,
   through, because of 15; **por cierto**
   by the way 5; **por ciento**   per
   cent 5; **por lo menos**   at least 9;
   by 11; **por eso**   that's why 6; **por**
   favor   please P1; **por qué**   why
   2; **por lo tanto**   therefore 15
el **porcentaje**   percentage 5

porque   because 2
el **portal**   porch 5
portátil   *adj.* portable 14
portugués/esa   Portuguese 1
poseer   to have 11
la **posesión**   possession 2
posgrado   *adj.* postgraduate 8
la **posibilidad**   possibility 3
posible   *adj.* possible 2, 11
positivamente   positively 8
positivo/a   positive 8
posponer (g)   to postpone 16
pospuesto/a   postponed 16
postal: tarjeta postal   post card 1
el **postre**   dessert 10
el **potasio**   potassium 10
la **práctica**   practice 1
practicar (qu)   to practice 1
el **precio**   price 4
precioso/a   beautiful 7
precisar   to need 8
precolombino/a   pre-Columbian 13
la **predicción**   prediction 13
la **preferencia**   preference 1
preferible   *adj.* preferable 8
preferido/a   favorite 3
preferir (ie, i)   to prefer 1, 4
la **pregunta**   question P2
preguntar   to ask (a question) P1, 7
el **premio**   prize 9
la **prenda**   (de ropa) clothes 5
la **prensa**   press 16
la **preocupación**   preocupation 13
preocupado/a   preoccupied 11
preocuparse   to worry 10
preparar   to prepare 1, 4
prepararse   to get ready 16
el **preparativo**   plan, preparation 11
la **presencia**   presence 16
presenciar   to watch, to see 6
la **presentación**   introduction P1
presentar   to introduce P1
presente   *adj.* here, present P2;
   tener presente   to keep in
   mind 13
el/la **presidente/a**   president 2
la **presión**   stress 11
prestar   to lend 16; **prestar**
   atención   to pay attention 16
el **presupuesto**   budget 16
la **pretensión: pretensión económica**
   desired salary 8
el **pretérito**   preterit 5
primario/a   elementary
la **primavera**   spring 6
primer   first P1, 5
primero/a   first 5
primitivo/a   primitive 9
el/la **primo/a**   cousin 4
el **príncipe**   prince 6
el **principio**   beginning 6; principle 11
la **prioridad**   priority 8

la **prisa: tener prisa** to be in a hurry *4*
privado/a private *6*
la **probabilidad** probability *16*
probablemente probably *12*
probarse (ue) to try on *7*
el **problema** problem *1, 4*
la **procedencia** origin *13*
la **procesión** procession *13*
producir (zc) to produce *8, 16*
el/la **productor/a** producer *13*
el/la **profesor/a** professor *P1*
profundo/a deep *9*
el **programa** program *P2, 3*
la **programación** programming *1*
el/la **programador/a** programmer *8*
el **progreso** progress *14*
la **prohibición** prohibition *16*
prohibir to prohibit, to forbid *10*
el **promedio** average *5*
promover to promote *15*
el **pronombre** pronoun *1*
pronosticar (q) to forecast *16*
el **pronóstico** forecast *6*
pronto soon *8*
la **pronunciación** pronunciation *P1*
el/la **propietario/a** owner *7*
la **propina** tip *10*
propio/a same *5;* own *7*
proponer (g) to propose *16*
la **proporción** proportion *16*
proporcionar to offer *8*
proseguir (i) to continue *9*
proteger (j) to protect *12*
la **proteína** protein *10*
la **provincia** province *12*
próximo/a next *3;* near *14*
el **proyecto** project *3*
prudente *adj.* wise *13*
la **prueba** proof *14*
la **psicología** psychology *1*
el/la **psicólogo/a** psychologist *8*
el/la **psiquiatra** psychiatrist *8*
Pts. abbreviation for pesetas
publicado/a published *13*
la **publicidad** advertising *2*
público/a public *2, 11*
el **pueblo** town *11*
el **puente** bridge *16*
la **puerta** door *P2;* gate *12*
el **puerto** port *12*
puertorriqueño/a Puerto Rican *2*
pues well *1;* since *2*
el **puesto** position *8*
el **pulmón** lung *9*
la **pulsera** bracelet *7*
el **punto** point *4;* **en punto** sharp *P2*
puntual *adj.* punctual *P2*
el **puño** fist *13*
el **pupitre** desk *P3*
el **puré: el puré de papas** mashed potatoes *10*

purificar to purify *9*
puro/a pure *11*

Q

qué what *P2;* **¿qué hay?** hello *13;* **¿qué tal?** how's it going? *P1;* **¡qué va!** Oh, no!, of course not *11*
que that *1, 2;* **lo que** what, that which *1;* **ya que** since
quedar to have something left *7;* to be, to remain *10;* **quedar bien** to fit; **quedar en** + *inf.* to agree on + *present participle* *15;* **quedarse de piedra** to be shocked *5*
quejarse to complain *8*
quemar to burn *8, 16*
querer (ie) to want *2, 4*
querido/a dear *1*
el **queso** cheese *3*
quien who *11*
quién *interrog.* who *P1*
la **química** chemistry *1*
quince fifteen *P2*
la **quinceañera** fifteen-year-old girl *13*
quinientos/as five hundred *3*
quinto/a fifth *5*
el **quiosco** kiosk *13*
quitar to take away, to remove *5;* **quitarse** to take off *5*
quizá(s) maybe *10*

R

el **radiador** radiator *12*
el/la **radio** radio *2, 5*
la **radiografía** X-rays *11*
rallado/a grated *8*
rápidamente rapidly, fast *13*
la **rapidez** speed *16;* **con rapidez** rapidly, fast *13*
rápido/a fast *3, 13*
la **raíz** root *16*
la **raqueta** racquet *6*
raro/a odd *15;* **rara vez** seldom *11*
el **rasgo** characteristic, trait *16*
el **rato** while *9, 16;* **dentro de un rato** in a while *16*
las rayas: de rayas striped *7*
la **raza** race, breed *15*
la **razón: tener razón** to be right *4;* **por estas razones** that's why *11*
la **reacción** reaction *2*
la **realidad** reality *2;* **en realidad** really *2*

realista *adj.* realistic *P2*
realizado/a carried out *8*
realizar (c) to do, to perform *5, 16;* to accomplish *16*
realmente really *13*
reanudar to resume *16*
la **rebaja** sale *7*
rebelde *adj.* rebellious *P1*
la **recepción** reception *14*
el/la **recepcionista** receptionist *8*
el **receso** break, recess *P2*
la **receta** recipe *10;* prescription *11*
recetar to prescribe *11*
recibir to receive *6, 14*
reciente *adj.* recent *8*
recoger (j) to pick up *6, 16*
recomendar (ie) to recommend *7*
reconocer (zc) to recognize *13*
reconocido/a recognized *13*
reconquistar to win back *13*
recordar (ue) to remember *2, 16*
recorrer to travel *15*
el **recorte** clipping *4*
el **recreo** break, recess *P2*
rectificar (qu) to rectify *8*
recto/a straight *14*
los **recuerdos** regards *13*
el **recurso** resource *9*
rechazar (c) to turn down, to refuse *13*
el/la **redactor/a** editor *9*
reducir (zc) to reduce *15*
reemplazar to replace *5*
referir (ie) to refer *16*
reflejar to reflect *15*
reforzar (c) to reinforce *16*
el **refresco** soda *3*
el **refrigerador** refrigerator *5*
el **refugio** country/mountain resort *4*
regalar to give (a present) *7*
el **regalo** present *7*
regatear to bargain, to haggle *7*
el **régimen** system *16*
regio/a royal *14*
el **reglamento** regulation, law *13*
regresar to come back *14*
regular *adj.* so-so *P1*
regularmente regularly *11, 13*
el **reino** kingdom *12*
reír(se) (i) to laugh *6*
la **relación** relation *1, 16;* relationship *4*
relacionado/a related *2, 13*
la **relajación** relaxation *9*
relativamente relatively *4, 13*
relleno/a filled *10;* **chile relleno** stuffed green pepper
el **reloj** clock *P2*
remodelar to remodel *5*
renovar (ue) to renew *7*
la **renta** rent *12*
rentable profitable *8*

reñido/a close (game) 6
repartir to deliver 13
repasar to review 3
repente: de repente adv.
suddenly 6
repercutir to reflect 11
repetir (i) to repeat P1
replantar to replant 16
reportar to report 9
el/la representante representative 16
representar to represent 5
la represión repression 17
la república republic 13
resbalar to slip, to skid 11
la reservación reservation 12
reservado/a reserved 2
reservar to make a reservation 12
la residencia residence, home 4
residencial adj. residential 12
el/la residente resident 9
la resistencia resistance 9
resistir to resist, to withstand 16
resolver (ue) to solve 13
respecto: con respecto a respecting,
with respect to 8
respetar to respect 13
el respeto respect 13
la respiración breathing 9
respirar to breathe 9
la responsabilidad
responsibility 5, 16
responsable adj. responsible 8
la respuesta answer 1, 9
el restaurante restaurant 3
el resto rest 6; pl. remains 4
el resultado result 1, 7
resultar to be 4
el resumen 7
el retazo piece, part 6
el retraso delay 16
retrasar to delay 16
la reunión get-together, meeting P1, 3
reunirse to get together 1, 10
revisar to inspect, to examine 8
la revista magazine 3
la revolución revolution 16
el rey: Reyes Magos Wise Men 13
rico/a rich 2
el riesgo danger, risk 11
el rincón place, corner 12
el río river 12
la riqueza wealth 12, 16
rítmico/a rhythmic 9
el ritmo rhythm 6, 11
robar to steal 14
el robo theft 14
rodeado/a surrounded 16
rojo/a red 5
romántico/a romantic P1
romper to break, to tear 15
el ron rum 3
roncar to snore 8

la ropa clothes 5; ropa interior
underwear 13
la rosa rose 2
rosado/a pink 5
roto/a broken, torn 15
rubio/a blond 2
rudo/a rough 9
el ruido noise 13
las ruinas ruins 14
el rumor murmur 6
ruso/a Russian 1

S

el sábado Saturday P2
la sábana sheet 5
saber to know 1, 8
el sabor flavor 12
sabroso/a delicious 10
sacar (qu) to get, to take (out) 1
el saco coat 7
la sal salt 6, 10
la sala living room 5; sala de espera
waiting room 12
el salario salary 4
la salida departure P4, 12; exit 16
salir (g) to go out, to leave 5
el salón (de clase) classroom P2
salpicado/a sprayed 6
la salsa sauce 8, 10; type of music 13
saltar to jump 7
el salto jumping 9
la salud health 8, 10
saludable adj. healthy 7
saludar to greet 1
el saludo greeting P1
salvadoreño/a Salvadoran 2
salvo adv. except 6
la sandalia sandal 7
el sándwich sandwich 3
la sangre blood 11
la sanidad: Ministerio de Sanidad
Health Department 11
sano/a healthy 7, 10
el/la santo/a saint 13
satisfacer (g) to satisfy 8
sea: o sea that is 15
la secadora dryer 5
secar (qu) to dry 5
la sección section 1
seco/a dry 16
el secretariado secretarial courses 1
la secretaría governmental department 12
el/la secretario/a secretary 2, 8
el secreto secret 3
el sector area 8
la secundaria high school 1
la sed: tener sed to be thirsty 4
seguir (i) to follow P2, 6

seguir derecho to go straight
ahead 14
según according to 5
segundo/a second P2, 5
seguramente for sure 7
la seguridad security 11; cinturón de
seguridad safety belt 11, 12
seguro/a adj. sure 2; n. insurance 12
seis six P2
seiscientos/as six hundred 3
el sello stamp 14
la selva jungle 12
el semáforo traffic light 12
la semana week P2; entre semana
weekdays 5
semanal adj. weekly 4
la semejanza similarity 16
el semestre semester 1
el/la senador/a senator 16
sencillo/a simple, easy 15
sensato/a sensible 11
sentarse (ie) to sit down P1, 5
el sentido sense 15
el sentimiento feeling 8
sentir (ie, i) to be sorry 10; lo
siento I'm sorry P1; sentirse (ie)
to feel 11
la señal signal 8
señalar to point to 6
sencillo/a simple, easy 13; single 14
el señor Mr. P1
la señora Mrs. P1
señorial adj. stately 5
la señorita Miss P1
separado/a separated 4
septiembre September P2
séptimo/a seventh 5
ser to be P1; n. being 15
la serie series 6
serio/a serious P1
el servicio service 6, 11
la servilleta napkin 10
servir (i) to serve 6; ¿en qué puedo
servirle(s)? may I help you? 7
sesenta sixty
la sesión session 9
setecientos/as seven hundred 3
setenta seventy
el sexo sex 2, 13
sí yes P1
si if 1, 6
el SIDA AIDS 11
siempre always 4
la siesta nap 4
siete seven
el siglo century 15
el significado meaning
significar (que) to mean 1
el signo sign 13
siguiente adj. next 1, 9

la **silla** chair P2

el **símbolo** symbol 12

simpático/a nice, charming 2

simplemente simply 13

sin without 2, 8; **sin embargo** nevertheless 6, 16; **sin que** without 16

sincero/a sincere P1

sino but 5

el **sinónimo** synonym 7

el **síntoma** symptom 11

sísmico/a seismic 16

el **sismo** earthquake 16

el **sistema** system 6

la **situación** situation 1

situado/a situated 8

sobre on, above P2

el **sobre** envelope 14

sobrepasar to surpass 16

la **sobrina** niece 4

el **sobrino** nephew 4

la **sociedad** society 5

la **sociología** sociology 1

el **sofá** sofa 5

sofisticado/a sophisticated 16

el **sol** sun 3

soleado/a sunny 6

el/la **solicitante** applicant 8

solicitar to ask for, to apply for 8

la **solicitud** application 7, 8

solidario/a solidary 15

sólo adv. only 1

solo/a alone 4

solos by themselves 4

soltero/a single 2

la **solución** answer 5

el **sombrero** hat 7

sonar (ue) to ring 7

sonreír(se) (i) to smile 6

la **sopa** soup 3

el **sorbete** sherbet 10

sorprendente unusual 12

sorprenderse to be surprised 13

la **sorpresa** surprise 13, 15

el **sorteo** drawing 15

el **sótano** basement 5

su(s) your (formal), his, her, its, their 4

suave adj. mild 6; soft 13

subir to increase, to go up 6; to raise 9

el **subdesarrollo** underdevelopment 16

subrayado/a underlined 4

subterráneo/a underground 13

el **suceso** event, happening 6

sucio/a dirty 16

la **sucursal** branch 8

la **sudadera** sweat shirt, jogging suit 7

la **suegra** mother-in-law 4

el **suegro** father-in-law 4

el **sueldo** salary 5, 8

el **sueño: tener sueño** to be sleepy 4

la **suerte: tener suerte** to be lucky 4

el **suéter** sweater 7

suficiente enough 10

sufrir to suffer 11

la **sugerencia** suggestion 3

sugerir (ie, i) to suggest 11

suizo/a Swiss 14

la **sujeción** subordination 13

el **sujeto** subject 3

sumar to add 1

la **suma** amount 8

superar to surpass 15

la **superficie** surface, area 16

el **supermercado** supermarket 7, 10

supuesto: por supuesto of course 15

el **sur** south 8

surgir (j) to appear 5

la **sustancia** element, substance 10

T

la **tabla** chart 1

el **tablero** notice board 13

tacaño/a stingy 7

el **taco** rolled or folded tortilla filled with meat, beans, etc. 5

tal: con tal (de) que provided that 16; **qué tal** How are you P1; **tal vez** perhaps 4, 10

el **talón** heel 9

la **talla** size 7

el **taller** shop 8

el **tamaño** size 5

también adv. also, too 1, 2

el **tambor** drum 13

tampoco adv. neither, not either 8

tan adv. so 1; as 9

tanto adv. as much 9; so much 7

tantos/as as many 9

la **taquilla** ticket office 14

la **tarde** late 13; afternoon P1

la **tarea** homework P1, 1; **la tarea doméstica** house chore 5

la **tarifa** tariff 14

la **tarjeta** card 1

la **tasa** rate 8

la **taza** cup 3, 10

el **té** tea 3

el **teatro** theater 1

el **techo** roof 5

el/la **técnico/a** technician 8

la **tecnología** technology 1

la **tela** material 7

la **tele** television 5

telefónico/a adj. telephone 7, 13

el **teléfono** telephone P2

la **telenovela** soap opera 4

televisivo/a adj. television, telegenic 6

el **televisor** television set 2, 5

el **tema** theme, topic 4

temer to fear 10

la **temperatura** temperature 6

templado/a temperate 12

el **templo** temple 14

la **temporada** (sports) season 6

temporal adj. temporary 4

temprano adv. early 5

la **tendencia** tendency 6, 16

tender (ie) to hang 5; **tender la cama** to make the bed 5

el **tenedor** fork 10

tener (g) to have P2, 4; **tener mala cara** to look terrible 10; **tener que** + inf. to have to + verb 3, 4; **tener... años** to be... years old 2

el **tenis** tennis P2, 6

la **tensión** pressure, stress 11

tercer third 5

tercero/a third 5

terminado/a finished 13

terminar to finish, to end 4

el **término** term 17; **término medio** average 17

el **termómetro** thermometer 11

la **terraza** terrace 5

el **terremoto** earthquake 16

la **tía** aunt 4

el **tiempo** time 2, 5; weather 6; **a tiempo** on time 12

la **tienda** store 7; **tienda de campaña** tent 16

la **tierra** earth 2; land 12

tímido/a timid P1

la **tintorería** cleaners 14

el **tío** uncle 4

típico/a typical 5

el **tipo** type, kind 3

tirar to pull 15; to throw 15

el **título** degree 8; title 3

la **tiza** chalk P2

la **toalla** towel 5

el **tobillo** ankle 9

tocar (qu) to play (an instrument) 3; to knock 8

el **tocino** bacon 10

todavía adv. still 7

todo all 6; everything 12; **eso es todo** that's all 10

todos all 1, 6; **todos los días** everyday 6; **en todas partes** everywhere 10

tomar to drink, to take 1; **tomar el sol** sunbathe 3

el **tomate** tomato P3, 3

la **tonelada** ton 15

tonto/a silly, foolish 2

torcer (ue, z) to twist 12

torear to fight (bulls) 6
el/la **torero/a** bullfighter 15
el **toro** bull 13; **plaza de toros** bullring 13; **corrida de toros** bullfight 13
la **torta** sandwich (in Mexico) 3
la **tortilla** thin cornmeal or flour cake 2; omelette 10
la **tos** cough 11
toser to cough 11
la **tostada** toast 3
tostado/a: pan tostado toast 3
totalmente totally 15
trabajador/a hardworking 2
trabajar to work 1
el **trabajo** work 2, 8
la **tradición** tradition 4, 13
tradicional adj. traditional 7
tradicionalmente traditionally 13
la **traducción** translation 1
traducir to translate 13
traer to bring 8
el **tráfico** traffic 12
tragar to swallow 15
el **traje** suit 7; **traje de baño** bathing suit 7
tranquilamente calmly 13
el **tranquilizante** tranquilizer 11
tranquilo/a calm P1, 2
la **transacción** transaction 4
el **tránsito** transit 12
transparente adj. transparent 6
el **transporte** transportation 12
el **tranvía** streetcar 11
tras adv. after 11
trasladarse to move, to transport 12
el **traslado** transportation 12
el **trastorno** disorder 16
tratar (de) to try to 1; to treat 14
el **trato** treatment 17
través: a través de adv. throughout 14
trece thirteen P2
treinta thirty P2
el **tren** train 12
tres three P2
trescientos/as three hundred
el **trigo** wheat 10
triste adj. sad 2
triunfar to succeed 8
el **triunfo** victory 13
el **trópico** tropic 12
tu(s) your (familiar) P2
tumbar to knock down 16
el **turismo** tourism 12
el/la **turista** tourist 4
el **turno** session 6

U

últimamente lately 16
último/a last 3
un/a a, an, one P2
únicamente only 15
único/a: hijo/a único/a only child 4
unido/a united 4
el **uniforme** uniform 6
la **universidad** university 1
universitario/a adj. university 1
uno one P2
unos/as some 1
la **urbanización** housing development 4
urbano/a urban 9, 11
urgente adj. urgent 1
urgentemente urgently 8
usar to use 1, 5
usted you (formal sing.) P1
ustedes you (formal pl.) 1
útil adj. useful P1
utilizar (c) to use 3
la **uva** grape 10

V

va: ¡qué va! of course not 11
las **vacaciones** vacation 3, 14
vacío/a empty 12
la **vainilla** vanilla 10
la **vajilla** china 10
válido/a valid 3
valiente adj. valiant, brave P1
valioso/a useful 13
el **valor** value 10; courage 15
valorar to value 8
los **vaqueros** jeans 7
variante adj. (multiple choice) answer 11
variar to vary 7, 13
la **variedad** variety 12; **variedades** shorts 3
varios/as several 3, 14
vasco/a Basque 6
el **vaso** glass 10
veces: a veces sometimes 4, 12; **dos veces** twice 4
el/la **vecino/a** neighbor 13, 16
el **vegetal** vegetable 3
vegetariano/a vegetarian 3
el **vehículo** vehicle 11
la **vela** sail, sailboat 14; candle 15
la **velocidad** speed 6
el/la **vendedor/a** salesperson 8

vender to sell 7
venezolano/a Venezuelan 2
venir (g, ie) to come 1, 4
la **venta** roadside restaurant (Spain) 3; sale 8
la **ventaja** advantage 11
la **ventana** window P2
la **ventanilla** window (car, train, etc.) 12
la **ventilación** ventilation 13
ver to see 3
el **verano** summer 3, 6
el **verbo** verb 1
la **verdad** truth 4
verde green 2
la **verdura** vegetable 3, 10
el **vestido** dress 7
vestir (i) to dress 6; **vestirse** to get dressed 6
el **vestuario** clothes 7
el/la **veterinario/a** veterinary 8
la **vez** time 9; **a veces** sometimes 5, 6: **dos veces** twice 4; **otra vez** again P2, 7; **en vez de** instead of 7; **tal vez** perhaps 10; **una vez** once 12; **alguna vez** sometime 12
la **vía** lane 12; (railroad) track 12
viajar to travel 12
el **viaje** trip 2, 12
la **víctima** victim 16
la **vida** life 1, 11; living 11
el **video/vídeo** video 1
viejo/a old 2
el **viento** wind 6
el **viernes** Friday P2
vigilar to watch 11
el **vigor: en vigor** in force 13
el **vinagre** vinegar 10
el **vino** wine 10; **vino tinto** red wine 10
violento/a violent 6
violeta violet 2
la **visita** visit 10
el/la **visitante** visitor 2
visitar to visit 3, 4
el **visón** mink 7
la **vista** view 5; glance 1
la **vitalidad** vitality 13
la **viuda** widow 16
vivir to live 3
vivo/a live 6; alive 13
el **vocabulario** vocabulary P1
la **vocal** vowel P1
volar (ue) to fly 3, 12
el **voleibol** volleyball 6
el **volante** steering wheel 12
volar (ue) to fly 3, 12

voluntario/a voluntary *16*
volver (ue) to come, to return *4*
vosotros you (fam.) *1*
la **voz** voice *15*
el **vuelo** flight *3, 12*
la **vuelta: pasaje de ida y vuelta**
  roundtrip ticket *12;* **dar vueltas**
  to spin around *15*
vuestro(s) your (familiar) *4*

Y

y and *P1*
ya already *1;* **ya que** since
el **yerno** son-in-law *4*
yo I *P2*
el **yoga** yoga *9*
el **yogur** yogurt *10*

Z

la **zanahoria** carrot *10*
el **zapato** shoe *7*
el **zoológico** zoo *4*
la **zona** zone *1*

English-Spanish Vocabulary

A

a un/a
to **abandon** abandonar
ability la habilidad
able: to be able to poder (ue)
abnormal anormal
about the middle of a mediados de
above sobre
abroad en el extranjero
absent ausente
absurd absurdo/a
to **accept** aceptar
accessory accesorio/a
accident (*car*) el choque, el accidente
to **accompany** acompañar
to **accomplish** realizar (c)
according to según, de acuerdo con
accounting la contabilidad
accumulated acumulado/a
ache el dolor
to **achieve** lograr
acidic ácido/a
acoustics la acústica
to **act** actuar
action el acto
active activo/a
activity la actividad
actor el actor
actress la actriz
ad el anuncio
add añadir; sumar
address la dirección; el domicilio; *v*
  dirigirse
adequate adecuado/a
adequately adecuadamente
administrative administrativo/a
administrator el/la administrador/a
admiration la admiración
adult la persona mayor
advance el adelanto
advantage la ventaja
adventure la aventura

advertising la publicidad
advice el consejo
advisor el/la consejero/a
aerobic aeróbico/a
to **affect** influir (y), afectar
affectionate afectivo/a
affirmative afirmativo/a
afraid: to be afraid tener miedo
after al cabo de; tras; después (de)
afternoon la tarde
again otra vez
against contra
age la edad
agency la agencia; **travel agency** la
  agencia de viajes
agenda la agenda
agent el/la agente
ago hace + *time expression* + *preterit*
to **agree** estar de acuerdo; **to agree on** +
  pres part quedar en + *inf*
agreeable conforme
aggressive agresivo/a
ahead: to go straight ahead seguir
  derecho
air el aire; *adj* aéreo/a; **air**
  conditioning el aire acondicionado;
  open air el (al) aire libre
airline la aerolínea
airplane el avión
airport el aeropuerto
alarm clock el despertador
alarming alarmante
algebra el álgebra
alive vivo/a
all todo, todos; **that's all** eso es todo
allergic alérgico/a
allergy la alergia
to **allow** admitir; permitir
almost casi
alone solo/a
along a lo largo de
already ya
also también
although aunque

always siempre
ambitious ambicioso/a
ambulance la ambulancia
American americano/a
among entre
amount la cantidad, la suma
ample amplio/a
amusing divertido/a
an un/a
analysis el análisis
and y, e
anesthesia la anestesia
angel el ángel
animal el animal
ankle el tobillo
anniversary el aniversario
to **announce** anunciar
announcer el/la locutor/a
another otro/a
to **answer** contestar; *n* la contestación,
  la solución, la respuesta; **answer**
  (multiple choice) la variante;
  answering machine el contestador
  automático
anthropological antropológico/a
anthropology la antropología
antibiotic el antibiótico
antihistamine el antihistamínico
anxiety la ansiedad
any alguno/a; algún; cualquier
anyone alguien
anything algo; **anything else?** ¿algo
  más?
apartment el apartamento
to **appear** aparecer (zc); surgir (j)
to **applaud** aplaudir
apple la manzana
applicant solicitante
application la solicitud
to **appreciate** apreciar
apprenticeship el aprendizaje
appropriate apropiado/a
approximate aproximado/a
April abril

architect el/la arquitecto/a
architectural arquitectónico/a
architecture la arquitectura
area el sector, el área *fem;* area code
  el indicativo, el prefijo; surrounding
  areas los alrededores
to argue discutir
argument la discusión
arid árido/a
arm el brazo
armchair la butaca
aroma el aroma
around alrededor
arrest el arresto
arrival la llegada
to arrive llegar (gu)
arrow la flecha
art el arte
article el artículo
artist el/la artista
artistic artístico/a
as como; tal como; as much as tanto
  como; as many as tantos/as como;
  as soon as en cuanto
to ask (a question) preguntar; hacer (g)
  una pregunta; to ask for pedir (i),
  solicitar
aspect el aspecto
aspiration la aspiración
aspirin la aspirina
to assert afirmar
assistant el asistente, la asistenta
to associate asociar
  associated commonwealth el estado
  libre asociado
to assume adoptar
asterisk el asterisco
asthma el asma
astronaut el/la astronauta
astronomer el/la astrónomo/a
at a; en; at least por lo menos
athlete el/la atleta
athletics el atletismo
atmosphere el ambiente
attaché case el maletín
to attack atacar (qu)
to attend asistir, to attend to ocuparse de
attendance la asistencia
attention la atención; to pay attention
  prestar atención
attitude la actitud
to attract atraer
attraction la atracción
attractive atractivo/a
August agosto
aunt la tía
authoritarian autoritario/a
autumn el otoño
availability la disposición
available disponible
avenue la avenida
average el promedio, el término medio

aviation la aviación
avocado el aguacate
to avoid evitar
aware alerto/a
Aztec azteca

B

B.C. (before Christ) a.C.
baby el/la bebé
back la espalda
background el marco; el ambiente
backpack la mochila
bacon el tocino
bad mal, malo/a; very bad pésimo/a
bag la bolsa
bakery la panadería
balance el equilibrio
ball la pelota
ballpoint pen el bolígrafo
banana la banana, el plátano
bandaged vendado/a
bank el banco
banquet el banquete
to baptize bautizar (c)
barbarian bárbaro/a
barbecue la barbacoa
barber shop la barbería
barbiturate barbitúrico
to bargain regatear
to bark ladrar
baseball el béisbol
based on en base a
basement el sótano
basic básico/a
basically básicamente
basket el cesto; la cesta
basketball el baloncesto, el basquetbol
bat el bate
to bathe bañar(se); bathing suit el traje
  de baño
bathroom el baño
battery la pila
bay la bahía
to be estar; ser; resultar; to be a couple
  formar pareja; to be able to, can
  poder (ue); to be afraid tener miedo;
  to be born nacer; to be called, to be
  named llamarse; to be careful tener
  cuidado; to be founded on basarse
  en; to be glad alegrarse; to be hot
  tener calor; to be hungry tener
  hambre; to be in a hurry tener prisa;
  to be in charge estar a cargo; to be
  in love estar enamorado/a (de); to
  be lucky tener suerte; to be missing
  faltar; to be necessary hacer falta;
  to be noticeable notarse; to be part
  of formar parte de; to be right tener
  razón; to be sleepy tener sueño; to

be sorry sentir (ie, i); to be
  successful tener éxito; to be
  surprised sorprenderse; to be thirsty
  tener sed; to be used to estar
  acostumbrado/a
beach la playa
beans los frijoles
beast la fiera
beautiful precioso/a; bello/a
beauty la belleza; beauty parlor
  (beauty salon) el salón de belleza,
  la peluquería
because porque
to become hacerse
bed la cama; to go to bed acostarse;
  to put to bed acostar
bedroom el dormitorio
beer la cerveza
before antes; antes (de) que; ante
beforehand con anticipación
to begin empezar (ie, c), comenzar (ie,
  c), iniciar
beginning el principio; beginning at a
  partir de
behavior la conducta
behind detrás (de)
being el ser
to believe creer
bellboy el botones
to belong pertenecer (zc); belonging to
  perteneciente a
below abajo; a continuación
belt el cinturón; safety belt el
  cinturón de seguridad
to bend doblar
benefit el beneficio
berth la litera
besides además
best mejor; óptimo
to bet apostar (ue)
better mejor
between entre
beyond más allá (de)
bicycle la bicicleta
big grande
bill la cuenta
biology la biología
bird el pájaro, el ave
birth el nacimiento
birthday el cumpleaños
birthrate la natalidad
black negro/a
blackboard la pizarra
blanket la manta
blender la licuadora
blond rubio/a
blood la sangre
blouse la blusa
blue azul
boarder el/la interno/a
boarding el embarque; boardinghouse
  la pensión; boarding pass tarjeta de

embarque
body el cuerpo
to **boil** hervir (ie, i)
boiled hervido/a
Bolivian boliviano/a
bone el hueso
book el libro
bookstore la librería
boot la bota
booth la caseta
born: to be born nacer
boss el jefe, la jefa
both ambos/as
to **bother** molestar
bottle la botella
box la casilla
boxing el boxeo
boy el chico, el muchacho; **Boy
Scouts** niños exploradores
boyfriend el novio
bracelet la pulsera
brain el cerebro; **brain drain** la fuga
de cerebros
to **brake** frenar
branch la sucursal
brand la marca
brave valiente
bread el pan
break el receso; *v* romper; to **break
down** descomponer(se) (g)
breakfast el desayuno
to **breathe** respirar
breathing la respiración
to **breed** criar
bridge el puente
to **bring** traer (g)
brochure el folleto
broken roto/a; fracturado/a
bronze el bronce
brother el hermano; **brother-in-law** el
cuñado; **brothers, brother and sister**
los hermanos
brown café, castaño/a
brunette moreno/a
to **build** construir (y)
building el edificio, la construcción
bull el toro
bullfight la corrida (de toros)
bullfighter el torero
bullring la plaza de toros
bumper el parachoques
to **burn** quemar
bus el autobús
business *adj* comercial; *n* el negocio;
business matters la materia
económica
busy ocupado/a, atareado/a
but pero; sino
butter la mantequilla
button el botón
buy comprar
buyer el comprador, la compradora

C

café el café
cafeteria la cafetería
calamity la calamidad
calcium el calcio
calculator la calculadora
calculus el cálculo
calendar el calendario
to **call** llamar; to **call roll** pasar (la) lista;
n la llamada; **collect call** la llamada
a cobrar, la llamada de cargo
revertido; to **be called** llamarse
calm tranquilo/a
calmly tranquilamente
calorie la caloría
camera la cámara
camp el campamento
campaign la campaña
can la lata; *v* poder (ue)
cancel cancelar
cancer el cáncer
candle la vela
candy el caramelo, el dulce
canoe la canoa
capital la capital; **capital letter** la
mayúscula
car el auto, el automóvil el coche, el
carro; **sleeper car** coche cama
card la tarjeta
cardboard el cartón
career la carrera
careful: to be careful tener cuidado
carefully con cuidado
careless descuidado/a
cargo la carga
carpet la alfombra
carried out realizado/a
carrot la zanahoria
to **carry** cargar (gu)
case el caso
cash en efectivo; **cash register** la caja
cashier el cajero, la cajera
cassette el casete
Castilian castellano/a
castle el castillo
casual informal
cat el/la gato/a
catastrophic catastrófico/a
category la categoría
cathedral la catedral
to **cause** causar, ocasionar;
n la causa
caused causado/a
to **celebrate** celebrar
census el censo
cent el centavo
center: shopping center el centro
comercial
centigrade centígrado
century el siglo

ceramics la cerámica
cereal el cereal
ceremony la ceremonia
certain cierto/a
chain la cadena
chair la silla
chalk la tiza
champagne el champán
champion el campeón, la campeona
championship el campeonato
change cambiar; *n* el cambio
channel el canal
characteristic el rasgo, la característica
to **characterize** caracterizar (c)
charge: to be in charge estar a cargo
(de)
charity la caridad
charm el encanto
charming encantador/a; simpático/a
chart la tabla, el cuadro
cheap barato/a
to **check (luggage)** chequear, facturar; *n*
el cheque; to **check out** sacar (qu)
checked de cuadros
cheek la mejilla
cheerfully amablemente
cheese el queso
chemistry la química
chess el ajedrez
to **chew** masticar (qu); **chewing gum** el
chicle
chicken el pollo
child el/la niño/a
children *n* los/las niños/as
Chilean chileno/a
china la vajilla; **china cabinet** el
aparador
Chinese chino/a
chocolate el chocolate
cholesterol el colesterol
to **choose** escoger (j), elegir (j)
chore: house chore la tarea doméstica
christening el bautizo
Christmas la(s) Navidad(es);
Christmas Eve la Nochebuena
church la iglesia
cigarette el cigarrillo
circle el círculo
circumstance la circunstancia
citizen el/la ciudadano/a
city la ciudad; **city block** la cuadra;
city hall el ayuntamiento
civilization la civilización
civilized civilizado/a
clarification la aclaración
class la clase; **first class** de lujo,
primera clase
classic clásico/a
to **classify** clasificar (qu)
classmate el/la compañero/a
classroom el salón (de) clase
to **clean** limpiar; *adj* limpio/a

cleaning la limpieza
clear claro/a; despejado/a
clearly claramente
clerk el dependiente, la dependienta
client el cliente, la clienta
climate el clima
clinic el hospital, la clínica
clock el reloj
to close cerrar (ie)
close (game) reñido/a
closet el armario, el clóset
clothes la ropa, la prenda (de ropa)
cloud (dark) el nubarrón
cloudy nublado/a, nuboso/a
clown el payaso
club el club
coach el/la entrenador/a
coast la costa
coat el abrigo
code el código; zip code código postal
coffee el café
cognate el cognado
to coincide coincidir
cold el frío; el catarro; it's cold
   (weather) hace frío
coliseum el coliseo
collaboration la colaboración
collect call llamada a cobrar, llamada
   de cargo revertido
collection la colección
college la facultad; la universidad
to collide chocar (qu)
Colombian colombiano/a
colon dos puntos
colonial colonial
color el color; solid color color entero
column la columna
to comb peinar
combination la combinación
to combine combinar
to come venir (g, ie); to come back
   volver (ue), regresar; to come in
   entrar, pasar
comfort la comodidad
comfortable cómodo/a
comma la coma
command el mandato
commentary el comentario
commission la comisión
commissioner el comisario
commitment el compromiso
common común
to communicate comunicar (qu)
communication la comunicación
communion la comunión
community la comunidad
company la compañía
to compare comparar
to compete competir (i)
competent competente
competition la competencia, la
   competición

to complain quejarse
to complete completar; adj integral
completely por completo
complex complicado/a
complication la complicación
comprehensive comprensivo/a
compulsive compulsivo/a
computer la computadora, el
   computador; computer science la
   informática
concentrated concentrado/a
concentration la concentración
concept el concepto
concert el concierto
condition la condición
condominium el condominio
confirmation la confirmación
conflict el conflicto
confrontation el enfrentamiento
confusion la confusión
congratulations felicidades
to congratulate felicitar
to connect conectar
connection la conexión
connotation la connotación
consequence la consecuencia
conservative conservador/a
to consider considerar
consonant la consonante
construction la construcción
to consult consultar
consultation la consulta
consumption el consumo
contact el contacto
to contain contener (g, ie)
contaminated contaminado/a
contest el concurso
context el contexto
to continue continuar, proseguir
contrary contrario/a; on the contrary
   al contrario
to contribute contribuir (y)
to control controlar
convenient conveniente
convent el convento
conversation la conversación
to convert convertir (ie, i)
to convince convencer (z)
to cook cocinar, preparar la comida; n
   el/la cocinero/a
cookie la galletita
cool fresco/a; it's cool (weather) hace
   fresco
cord la cuerda
corn el maíz
corner la esquina; el rincón
corporation la empresa
correct correcto/a
to correspond corresponder
correspondence la correspondencia
corresponding correspondiente
cosmetic el cosmético

cosmopolitan cosmopolita
cost el costo; v costar (ue)
cottage cheese el requesón
to cough toser; n la tos
council la junta
to count contar (ue)
counter el mostrador
country el país; el campo
couple la pareja; to be a couple
   formar pareja
courage el valor
course el curso; of course por
   supuesto; of course not ¡qué va!; to
   take courses seguir cursos
court la cancha
courtesy la cortesía
cousin el/la primo/a
to cover cubrir
covered cubierto/a
crazy loco/a
to create crear
creative creativo/a
creativity la creatividad
credit crédito; credit card la tarjeta
   de crédito
criticism la crítica
to cross cruzar (c); n la cruz; Red Cross
   la Cruz Roja
cruise el crucero
crutch la muleta
to cry llorar
Cuban cubano/a
to cultivate cultivar
culture la cultura
cup la taza
Cupid Cupido
cure la cura
curtain la cortina
curved curvo/a
custom la costumbre
customary: it's customary se
   acostumbra
customs la aduana
cut cortado/a
cycling el ciclismo
cyclist el/la ciclista

D

daily diario/a; cotidiano/a; adv
   diariamente
to damage dañar; n el daño
damaged dañado
to dance bailar; n el baile, la danza
dancer el bailarín, la bailarina
danger el peligro
dangerous peligroso/a
dark oscuro/a
data los datos
date la fecha; la cita; v datar

daughter la hija; **daughter-in-law** la nuera

day el día; **All Souls' Day** el Día de los Muertos/Difuntos; **day student** el externo; **everyday** todos los días; **holiday** día de fiesta; **the day after tomorrow** pasado mañana; **the day before yesterday** anteayer; **weekdays** entre semana

dead muerto/a

dear estimado/a; querido/a

death la muerte

debris el escombro

debt la deuda

deceased difunto/a

December diciembre

to **decide** decidir

decision la decisión

to **declare** declarar; afirmar

to **decorate** decorar

decorated decorado/a

to **dedicate** dedicar (qu)

to **defend** defender (ie)

definite definido/a

definitely definitivamente

definition la definición

defusing la desactivación

to **delight** encantar

delighted encantado/a

to **deliver** repartir, entregar

delivery: special delivery entrega especial

to **demand** imponer (g)

demonstration la manifestación

demonstrative demostrativo/a

dentist el/la dentista

to **deny** negar (ie)

department el departamento; la secretaría; **department store** el almacén

departure la salida

to **depend** depender

to **deposit** depositar

depressed deprimido/a

depression la depresión

derived derivado/a

descent el descenso

to **describe** describir

described descrito/a

description la descripción

desert el desierto

design el diseño

designed encaminado/a; diseñado/a

designer el/la diseñador/a

desired salary pretensión económica

desk el escritorio, el pupitre

dessert el postre

destination el destino

to **destroy** destruir

destroyed destruido/a

destruction la destrucción

detail el detalle

detailed detallado/a

detective el detective

to **determine** determinar

to **develop** desarrollar

development el desarrollo

dexterity la destreza

to **dial** marcar (qu), discar (qu)

dialogue el diálogo

dictionary el diccionario

to **die** morir (ue, u)

diet la dieta

difference la diferencia

different diferente

difficult difícil

difficulty la dificultad; **with difficulty** difícilmente

to **digest** digerir (ie, i)

diminished disminuido/a

dining room el comedor

dinner la comida, la cena

diplomatic diplomático/a

to **direct** administrar

directions las instrucciones

directly directamente

director el/la director/a

directory el directorio, la guía

dirty sucio/a; **dirty word** mala palabra

disadvantage la desventaja

disappointment el contratiempo

disaster la catástrofe

to **disconnect** desconectar

discoteque la discoteca

discount el descuento

to **discover** descubrir

discovery el descubrimiento

discreet discreto/a

discrimination la discriminación

discussion la negociación

dish el plato

dishwasher el lavaplatos

disorder el trastorno

disposable desechable

disposal la disposición

dissatisfaction la inconformidad

distance la distancia

distinguished distinguido/a

distribution la distribución

district el distrito

diversity la diversidad

divorced divorciado/a

to **do** hacer (g); realizar (c)

doctor el/la doctor/a; **doctor's office** el consultorio

dog el/la perro/a

dollar el dólar

to **dominate** dominar

donation la donación

door la puerta

double doble

to **doubt** dudar

doughnut el donut

down payment la cuota inicial, la entrada

downtown el centro

dozen la docena

to **drain** escurrir

drama el drama

dramatic dramático/a

drawing el dibujo; el sorteo

to **dress** vestir (i, i); **to get dressed** vestirse; *n* el vestido

dresser la cómoda

to **drink** beber, tomar; *n* la bebida

to **drive** manejar, conducir (zc)

driver el chofer

drug la droga

dry seco/a; *v* secar (qu)

dry cleaners la tintorería

dryer la secadora

due to debido a

duel el duelo

during durante

duty el deber

dynamic dinámico/a

E

each cada

ear la oreja; **(inner) ear** el oído

early temprano/a; **early morning** la madrugada

to **earn** ganar; **to earn a living** ganarse la vida

earring el arete

earthquake el terremoto, el temblor, el sismo

easily con facilidad

easy fácil, sencillo

to **eat** comer, ingerir (ie, i)

ecologist el/la ecologista

ecology la ecología

economical económico/a

economics la economía

editor el/la redactor/a

education la educación

effect el efecto

efficient eficiente

effort el esfuerzo

egg el huevo

eight ocho; **eight hundred** ochocientos

eighteen dieciocho

eighth octavo

either: not either tampoco

elaborate elaborado/a

electrical appliance el electrodoméstico

electrician el/la electricista

electricity la electricidad

elegant elegante

element el elemento; la sustancia

elementary elemental; primario/a; **elementary school** la primaria

elevation la altura
elevator el ascensor
eleven once
eliminate eliminar
embrace el abrazo
embroidery el bordado
emerald la esmeralda
emergency la emergencia; **emergency center** el ambulatorio
emigration la emigración
emission la emisión
emotion la emoción
emotional emocional
to employ emplear
employee el/la empleado/a
employment el empleo
empty vacío/a
to end acabar, terminar; *n* el extremo; el final
to endure aguantar
energy la energía
engagement el noviazgo
engineer el/la ingeniero/a
engineering la ingeniería
English inglés, inglesa
to enjoy disfrutar (de)
enormous enorme
enough bastante, suficiente
to enrich enriquecer (zc)
to enter entrar
entertainment la diversión
entrance la entrada
environment el medio ambiente
environmental ambiental
equal igual; **equal to** a la par con
equality la igualdad
equator el ecuador
equatorial ecuatorial
equestrian ecuestre
equivalency la equivalencia
equivalent equivalente
eraser el borrador
error el error; el fallo
eruption la erupción
escalator la escalera mecánica
especially especialmente
essential imprescindible
to establish establecer (zc)
European europeo/a
even aun; hasta
evening la noche
event el evento, el acontecimiento, el suceso, el hecho
every cada; **every day** todos los días
everything todo
everywhere en todas partes
evident evidente
exactly exactamente
examination el examen
to examine examinar; revisar
example el ejemplo

to exceed sobrepasar
excellent excelente
exception la excepción
excess el exceso
to exchange cambiar
excited emocionado/a
excitement la emoción
exclusive exclusivo/a
excuse la excusa; **excuse me** con permiso, perdón
exempt exento/a
exercise el ejercicio
to exist existir
exit la salida
exotic exótico/a
to expect esperar
expense el gasto
expensive caro/a, costoso
experience la experiencia; *v* experimentar
expert el/la experto/a
to explain explicar (qu)
explosive el explosivo
to express expresar
expression la expresión
extended extenso/a
extension la extensión
exterior el exterior
extra extra
extraordinary extraordinario/a
extraterrestial extraterrestre
extremely extremadamente
extroverted extrovertido, extravertido/a
eye el ojo
eyebrow la ceja
eyelashes las pestañas

F

fabulous fabuloso/a
face la cara; *v* encarar, enfrentar
to facilitate facilitar
factor el factor
factory la fábrica
fair la feria; *adj* justo/a
to fall caer(se)
false falso/a
family la familia
famous famoso/a
fan el/la aficionado/a
fantastic fantástico/a
far lejos (de); **far away** alejado/a
farewell la despedida
farm la finca
fashion la moda; **to be fashionable** estar de moda
fast rápidamente, con rapidez
fat gordo/a; *n* la grasa

father el padre, el papá; **father-in-law** el suegro
favor: **in favor of** a favor de
favorite favorito/a, preferido/a
to fear temer
February febrero
to feel like tener ganas de, deseos
feeling el sentimiento
feminist el/la feminista
fender el guardabarros
fervor el fervor
fever la fiebre
fewer menos
fiancé el novio
fiancée la novia
fiction la ficción
fictitious imaginario/a
field el campo
fifteen quince; **fifteen-year-old girl** la quinceañera
fifth quinto/a
fifty cincuenta
fight la pelea, la lucha; *v* lidiar, luchar
figure la cifra
to fill out llenar
filled relleno/a
film la película
filming la filmación
to find encontrar (ue); **to find out** averiguar
fine la multa; *adv* bien
finger el dedo
to finish terminar, acabar
finished terminado/a, acabado/a
fire el fuego, el incendio; *v* despedir (i)
fireman el bombero
fireplace la chimenea
first primer, primero/a; **first-class** primera clase, de lujo
to fish pescar (qu); *n* el pescado; el pez (los peces); **fish market** la pescadería
to fit quedar; **fitting room** el probador
five cinco; **five hundred** quinientos
flashlight la linterna
flavor el sabor
flexibility la flexibilidad
flight el vuelo
flood la inundación
flooded inundado/a
floor el piso; la planta
flower la flor
flu la gripe
to fly volar (ue)
to focus centrar, enfocar
to fold doblar
folklore el folclore
folkloric folclórico/a
to follow seguir (i)
food la comida, el alimento; la alimentación; el comestible
foolish tonto/a

foot el pie
football el fútbol
for para
to forbid prohibir
to force obligar (gu); *n* la fuerza
forecast el pronóstico; *v* pronosticar
forehead la frente
foreign extranjero/a
forest el bosque
to forget olvidar
fork el tenedor
formal formal
formation la formación
former antiguo/a
fortress la fortaleza
fortunate afortunado/a
forty cuarenta
forward adelante
founded: to be founded on basarse en
four cuatro; four hundred cuatrocientos
fourteen catorce
fourth cuarto/a
fracture la fractura
fractured fracturado/a
free libre; gratis
freedom la libertad
freeway la autopista
French francés, francesa
frequently con frecuencia, frecuentemente
fresh fresco/a
Friday el viernes
fried frito/a; French fries las papas fritas
friend el/la amigo/a
friendship la amistad
frighten aterrorizar (c); asustar
frightened asustado/a
from de; desde
frozen congelado/a
fruit la fruta; fruit store la frutería
full lleno/a; full-time jornada completa
funny cómico/a; divertido/a
furniture los muebles
future el futuro

G

gait el trote
gallery la galería
game el partido, el juego; el encuentro
garage el garaje, la cochera
garbage la basura
garden el jardín
to gargle hacer gárgaras
garlic el ajo

gasoline la gasolina
gate la puerta
gelatin la gelatina
general general; general practice la medicina familiar
generally generalmente
generation la generación
generous generoso/a
genius el genio
geographic geográfico/a
geography la geografía
German alemán/a
to get conseguir (i); adquirir (ie, i); sacar (qu); to get married casarse; to get ready prepararse; to get sick enfermarse; to get tired cansarse; to get together reunirse; to get up levantarse
giant el gigante
girl la chica, la muchacha; Girl Scouts niñas exploradoras
girlfriend la novia
give dar; to give a present regalar
glad contento/a; to be glad alegrarse
glass el cristal; el vaso; stemmed glass la copa
glasses la gafas
glove el guante
to go ir; acudir; to go away irse; to go straight ahead seguir derecho; to go to bed acostarse; to go together combinar bien; to go up subir; aumentar
goal la meta, el objetivo; to have as a goal tener como fin
God Dios
goddaughter la ahijada
godfather el padrino
godmother la madrina
godson el ahijado
gold el oro
golf el golf; golf course el campo de golf
good bueno/a; buen; good-bye adiós; good grief! ¡qué barbaridad!
gossipey el/la chismoso/a
grab agarrar
grade la nota
graduate el/la graduado/a; *v* graduar (se); graduating class la promoción
graduation la graduación
gram el gramo
grammar la gramática
granddaughter la nieta
grandfather el abuelo
grandparents los abuelos
grandson el nieto
graphic gráfico/a
grass la hierba
grated rallado/a

gratis gratis
gray gris
great gran; fabuloso
green verde; green pepper el pimiento, el chile
to greet saludar
greeting el saludo
ground molido/a
group el grupo
to grow crecer (zc); cultivar
growth el crecimiento
guard el/la guardia
to guess adivinar
guest el/la invitado/a; el huésped
guide el/la guía
guitar la guitarra
gymnasium el gimnasio
gymnastics la gimnasia

H

habit el hábito
habitually habitualmente
hair el pelo
hairdresser el/la peluquero/a
half medio/a; *n* la mitad
hall el pasillo
Halloween el Día de las Brujas
ham el jamón
hamburger la hamburguesa
hand la mano; on the other hand en cambio, por otra parte
handball el balonmano
handicraft la artesanía
handkerchief el pañuelo
handle el asa *fem*
handmade hecho a mano
handsome guapo/a
handwritten manuscrito/a
to hang colgar (ue); tender (ie); to hang up colgar
to happen pasar, ocurrir
happiness la felicidad
happy alegre, contento/a, feliz
hard duro/a; hard-working trabajador/a
harmoniously armónicamente
hat el sombrero
to have haber; poseer; disponer de (g); tener (g, ie); to have a good time divertirse (ie, i), parsarlo bien; to have as a goal tener como fin; to have breakfast desayunar; to have dinner, supper cenar; to have lunch almorzar (ue); to have to + *verb* tener que + *inf*
he él
head la cabeza
headquarters la jefatura

healer el/la curandero/a
health la salud; la sanidad, **health food store** la herboristería
healthy saludable; sano/a
to **hear** oír
heart el corazón
heating la calefacción
heel el talón
height la estatura; la altura
hell el infierno
hello hola; aló, diga, dígame, ¿qué hay?
helmet el casco
to **help** ayudar; *n* la ayuda
hemisphere el hemisferio
her ella; *adj* su(s); suyo/a
here aquí; presente
heritage la herencia
high arriba; alto/a; **high school** la escuela secundaria, el liceo; **high school curriculum** el bachillerato
highway la carretera
hiking (*mountain*) el montañismo
hip la cadera
his su(s); suyo/a
Hispanic hispano/a, hispánico/a; **Hispanic American** hispanoamericano/a
history la historia
hit alcanzado/a; *v* dar
holding agarrado/a; **holding hands** agarrados de la mano
home el hogar
homework la tarea
honest honrado/a
to **hope** esperar; **I/we hope** ojalá (que)
horoscope el horóscopo
hot *adj* caluroso/a; caliente; picante; **to be hot** tener calor
hotel el hotel; el parador
house la casa; *adj* doméstico/a; **house chore** la tarea doméstica
housewife el ama de casa *fem*
housing development la colonia; la urbanización
how cómo; **how are you?** ¿qué tal?; **how horrible!** ¡qué horror!; **how many** cuántos/as; **how much** cuánto/a
however no obstante
huge enorme
human humano/a
humanities las humanidades
humid húmedo/a
to **humiliate** humillar
hungry: to be hungry tener hambre
to **hunt** cazar
hurricane el huracán
hurry: to be in a hurry tener prisa
to **hurt** doler (ue); herir (ie, i)
husband el esposo, el marido

I

I yo
ice cream el helado; **ice-cream shop** la heladería
idealist el/la idealista
identification la identificación
to **identify** identificar (qu)
if si
illegal ilegal
image la imagen
imagination la imaginación
to **imagine** imaginarse
to **imitate** imitar
immediate inmediato/a; **immediate possession** inmediata entrega
immediately enseguida
immense inmenso/a
impact el impacto
impartial imparcial
imperfect imperfecto/a
impetuous impetuoso/a
importance la importancia
important importante; influyente
impression la impresión
impressive impresionante
to **improve** mejorar
improvement el avance; la mejora
impulsive impulsivo/a
in en; **in force** en vigor; **in front (of)** enfrente (de); **in-house** *adj* interno/a
inauguration la inauguración
to **include** incluir (y)
included incluido/a
inconvenience la molestia
to **increase** subir; aumentar; *n* el aumento
incredible increíble
indefinite indefinido/a
independence la independencia
independent independiente
index el índice
Indian *n* el/la indígena
to **indicate** indicar (qu)
indication la indicación
indifferent indiferente
indiscreet indiscreto/a
indispensable indispensable
industrialized industrializado/a
industry la industria
inexpensive barato/a
infection la infección
infinitive el infinitivo
inflation la inflación
influence la influencia
to **inform** informar
informal informal
information la información
infrastructure la infraestructura
ingenious ingenioso/a
ingredient el ingrediente
inhabitable habitable

inhabitant el/la habitante
inhuman inhumano/a
initiative la iniciativa
injection la inyección
injured person el herido
inn la hostería
inside dentro (de); en
to **inspect** revisar; inspeccionar
inspector el/la inspector/a
to **inspire** inspirar
installation la instalación
instead of en vez de
instinct el instinto
institute el instituto
insurance el seguro
intellectual intelectual
intelligent inteligente
intense intenso/a
to **interest** interesar; *n* el interés
interesting interesante
interior interior
internal interno/a
international internacional
to **interrupt** interrumpir
to **interview** entrevistar; *n* la entrevista
interviewer el/la entrevistador/a
intimate íntimo/a
to **introduce** presentar
introduction la presentación; la implantación
introverted introvertido/a
to **inundate** inundar
to **invest** invertir (ie, i)
to **investigate** investigar (gu)
investigating *adj* investigador/a
invitation la invitación
to **invite** invitar
to **iron** planchar; *n* la plancha; *n* el hierro
ironic irónico/a
irregular irregular
irritated irritado/a
island la isla
it ello
Italian italiano/a
itinerary el itinerario
its su(s); suyo/a

J

jacket la chaqueta
January enero
Japanese japonés, japonesa
jeans los vaqueros
to **jog** trotar
to **join** incorporarse
joint la articulación
joke el chiste
judgment el criterio; el dictamen
judo el judo
juice el jugo

July julio
to **jump** saltar
jumping el salto
June junio
jungle la jungla; la selva
just justo/a

K

to **keep** conservar; to **keep in mind** tener presente
key *adj* clave; *n* la llave
to **kill** matar
kilo el kilo
kilogram el kilogramo
kilometer el kilómetro
kind amable; *n* el tipo
kindly amablemente
kingdom el reino
kiosk el quiosco
kiss el beso
kitchen la cocina
knife el cuchillo
to **knock** tocar (qu); to **knock down** tumbar
to **know** conocer (zc); saber; **I know** sé
knowledge el conocimiento
known conocido/a

L

laboratory el laboratorio
lack la falta; *v* faltar
lamp la lámpara
land la tierra
landscape el paisaje
landslide el alud
lane la vía
language el idioma, la lengua
to **last** durar; *adj* último/a; pasado/a; **last night** anoche
late tarde
lately últimamente
later después
Latin latino/a
to **laugh** reír(se) (i)
laundry la lavandería
law el derecho, la ley
lawyer el/la abogado/a; el licenciado en derecho; **lawyer's office** el bufete
lazy perezoso/a
to **learn** aprender
least: at least por lo menos
leather el cuero
to **leave** irse; salir; dejar; **leave taking** la despedida
lecture la conferencia
left izquierdo/a

leg la pierna
legal jurídico/a
lemon el limón
to **lend** prestar
less menos
lesson la lección
to **let** + *verb* dejar + *inf*
letter la carta
lettuce la lechuga
liberal liberal
liberated liberado/a
liberty la libertad
library la biblioteca
license la licencia; **driver's license** licencia de manejar
lie la mentira; to **lie down** acostarse (ue)
life la vida
light claro/a; *n* la luz; *v* encender (ie)
like como
to **like** gustar
likewise igualmente
limit el límite
line la cola; la línea; to **stand in line** hacer cola
lion el león
liquid el líquido
liquor el licor
list la lista
to **listen** escuchar
liter el litro
literature la literatura
little poco; un poco; **a little bit** un poquito/a; **little by little** poco a poco
to **live** vivir; *adj* vivo/a
lively animado
living: to earn a living ganarse la vida; **living room** la sala
llama la llama
to **lock in** encerrar (ie)
to **lodge** hospedarse
lodging el alojamiento
logical lógico/a
logically lógicamente
long largo/a
longevity la longevidad
to **look (at)** mirar; to **look for** buscar (qu)
to **lose** perder (ie)
loss la pérdida
lottery la lotería
louder más alto
love el amor; to **be in love** estar enamorado/a (de)
low bajo/a
to **lower** bajar
loyal leal
luckily por fortuna
lucky: to be lucky tener suerte
luggage el equipaje
lunch el almuerzo
lung el pulmón
luxury lujo

M

machine: answering machine el contestador automático
magazine la revista
magic la magia
magical mágico/a
magnificent magnífico/a
mail box el buzón; el depósito
mailman el cartero
main principal
to **maintain** mantener (g, ie)
to **major** especializarse (c)
majority la mayoría
to **make** hacer; to **make a reservation** reservar; to **make a stopover** hacer escala; to **make difficult** dificultar; to **make up** constituir
man el hombre
to **manage** administrar
manager el/la gerente
manufacturer el/la fabricante
many muchos/as
map el mapa; el plano
March marzo
Mardi Gras el carnaval
marijuana la marihuana
marital status el estado civil
to **mark** marcar (qu); **marked down** rebajado/a; to **mark time** marcar el paso
market el mercado
marquis el marqués
married casado/a; **married couple** el matrimonio
to **marvel** maravillarse
marvelous maravilloso/a
masculine masculino/a
mashed potatoes el puré de papas
master el maestro, el amo
matching la asociación
material la tela; el material
materialistic materialista
mathematics las matemáticas
matter la gestión; el asunto; *v* importar; **business matters** la materia económica; **it doesn't matter** no importa
maximum máximo/a
May mayo
maybe quizá(s)
mayonnaise la mayonesa
me mí; me
means medios; **by means of** mediante
to **measure** medir (i); *n* la medida
meat la carne; **ground meat** la carne molida; **meat market** la carnicería
mechanic mecánico/a
medical médico/a
medication el medicamento
medicine la medicina
medium mediano/a

meet la competencia; *v* conocer (zc); nice (pleased) to meet you mucho gusto

meeting la reunión

melodramatic melodramático/a

melody la melodía

member el miembro

memory la memoria

mental mental

to mention mencionar

menu el menú

merit el mérito

message el mensaje

messy desordenado/a

meter el metro

method el método

metropolitan metropolitano/a

Mexican mexicano/a

microwave el microondas

middle class la clase media

midnight la medianoche; midnight mass la Misa del Gallo

midwife la comadrona

migration la migración

military militar

milk la leche

million el millón

millionaire millonario/a

mind la mente

mine mío(-a, -os, -as)

minimum mínimo/a

mink el visón

minority la minoría

minus menos

minute el minuto

mirror el espejo

Miss señorita, Srta.

missing: to be missing faltar

mission la misión

to mix mezclar

mixer la batidora

model el/la modelo

modern moderno/a

modification la modificación

moment el momento at this moment en estos momentos

monastery el monasterio

Monday el lunes

money el dinero

monologue el monólogo

month el mes

monument el monumento

moon la luna

moonlighting el pluriempleo

more más

morning la mañana; early morning la madrugada

mother la mamá, la madre; mother-in-!aw la suegra

motorcycle la moto(cicleta)

mountain la montaña; mountain range la cordillera

mountainous montañoso/a

moustache el bigote

mouth la boca

to move mover(se) (ue); trasladarse; impulsar; mudarse; to move close acercarse (qu)

movement el movimiento

movies el cine

Mr. señor, Sr.

Mrs. señora, Sra.

much mucho/a

mud el lodo

multifaceted multitudinario/a

multiply multiplicar (qu)

muscle el músculo

museum el museo

music la música

musician el músico

mustard la mostaza

my mi(s)

myself me

mysterious misterioso/a

mystery el misterio

N

name el nombre; to be named llamarse

nap la siesta

napkin la servilleta

narrow estrecho/a

native nativo/a

natural natural

nature la naturaleza

near cerca; *adj* cercano/a

necessary necesario/a; it's necessary to + *verb* hay que + *inf;* to be necessary hacer falta

neck el cuello

necklace el collar

necktie la corbata

to need necesitar, precisar; *n* la necesidad

negatively negativamente

neighbor el/la vecino/a

neighborhood la barriada; el barrio; la urbanización

neither tampoco

nephew el sobrino

nervous nervioso/a

net la red

never nunca

nevertheless sin embargo

new nuevo/a

news la(s) noticia(s)

newscast el noticiero

newspaper el periódico, el diario

next próximo/a; *n* el siguiente; next to al lado de, junto a

Nicaraguan nicaragüense

nice simpático/a; amable; nice to meet you mucho gusto

niece la sobrina

night la noche; the night before last antenoche, anteanoche

nightstand la mesa de noche

nine nueve; nine hundred novecientos

nineteen diecinueve

ninety noventa

ninth noveno/a

no no; no one nadie

nobody nadie

noise el ruido

none ninguno/a

nonfat descremado/a

noon el mediodía

nor ni; neither . . . nor ni ... ni

norm la norma

normal normal

normally normalmente

north el norte

nose la nariz

not no; not to know ignorar; not fully accepted marginado/a

notably notablemente

note la nota; notes los apuntes

notebook el cuaderno

noteworthy notable

nothing nada

to notice fijarse; notice board el tablero

noticeable: to be noticeable notarse

to notify avisar

to nourish alimentar

nourishing nutritivo/a

November noviembre

now ahora; right now en estos momentos

nowadays hoy en día

number el número

numerous numeroso/a

nurse el/la enfermero/a

nursery guardería

nutrition la nutrición

O

to obey obedecer (zc)

object el objeto

to observe observar

obsession la obsesión

to obtain obtener (g, ie); alcanzar (c); conseguir (i)

obvious obvio/a

occasionally ocasionalmente

occupation el oficio; la ocupación

to occupy ocupar

to occur ocurrir

October octubre

odd raro/a

of de; of course por supuesto; of course not ¡qué va!

to offer ofrecer (zc); proporcionar

office la oficina
official oficial
oil el aceite; el petróleo
old viejo/a; antiguo/a; **old person**
  el/la anciano/a
older mayor
Olympic Games las Olimpiadas
omelette la tortilla
on sobre; en
once una vez
one uno/a, un; **one hundred** ciento,
  cien
onion la cebolla
only sólo, únicamente
to open abrir; to **open the way to** dar
  paso a
operation la operación
operator la operadora
opportunity la oportunidad
opposite opuesto/a
optimistic optimista
optimum óptimo/a
option la opción
or o, u; **either . . . or** o... o
orange anaranjado/a; *n* la naranja
orchestra la orquesta
order el/la orden; *v* pedir (i); **in order
  to** para
organization la organización
organize organizar (c)
organizer el/la organizador/a
origin el origen, la procedencia
other otro/a; **on the other hand** en
  cambio, por otra parte
ought to deber
our nuestro/a
out of order dañado/a
outside fuera
outskirts la afueras
oven el horno
overweight excedido de peso
own propio/a
owner el dueño, la dueña
oxygen el oxígeno

P

P.O. Box el apartado (de correos
  postal)
to pack empacar (qu), hacer la maleta
package el paquete
paella la paella
page la página
pain el dolor
to paint pintar
painting la pintura, el cuadro
pair el par
pajama el/la piyama
palace el palacio
pamphlet el folleto

Panamanian panameño/a
pantry la despensa
paper el papel
paragraph el párrafo
parenthesis el paréntesis
parents los padres
to park estacionar; *n* el parque
parking el estacionamiento
parrot el loro
part la parte; to **be part of** formar parte
  de; to **play the part** hacer el papel
partial parcial
participant el/la participante
to participate participar
participation la participación
partner la pareja
party la fiesta
to pass aprobar (ue)
passenger el/la pasajero/a
passive pasivo/a
Passover la Pascua
passport el pasaporte
pastry shop la dulcería, la pastelería
patient paciente
patrimony el patrimonio
patron el patrón, la patrona
pattern el esquema
to pay (for) pagar (gu); to **pay attention**
  prestar atención
peace la paz
pedal el pedal
pediatrician el/la pediatra
pen: ballpoint pen el bolígrafo
pencil el lápiz
pending pendiente
penitent el/la penitente
people la gente
pepper la pimienta; **green pepper** el
  chile, el pimiento
percentage el porcentaje
perfect perfecto/a
perfectly perfectamente
perhaps tal vez, quizá(s)
period el período
permanent permanente
to permit permitir
persistence el empeño
persistent persistente
person la persona; **person from
  Madrid** madrileño/a; **person of
  importance** el personaje; **person
  surveyed** el encuestado, la
  encuestada
personal personal
personality la personalidad
personnel el personal
Peruvian peruano/a
peso el peso
pessimistic pesimista
phantom el fantasma
pharmacy farmacia
phenomenon el fenómeno

philosophy la filosofía
photo la foto
photograph la fotografía
phrase la frase
physical físico/a
physics la física
pianist el/la pianista
to pick up recoger (j); pasar por
picture el cuadro
pie el pastel
pill la pastilla
pillow la almohada
pilot el/la piloto
pink rosado/a
place el lugar
plaid de cuadros
plan el plan; *v* planificar (qu); planear;
  to **plan to** + *verb* pensar + *inf*
plane el avión
planet el planeta
planning los arreglos
plant la planta
plate el plato; **combination plate** el
  plato combinado
to play (*game or sport*) jugar (ue); (*an
  instrument*) tocar (qu); *n* la obra de
  teatro; to **play the part** hacer el papel
player el/la jugador/a
please por favor; **pleased to meet you**
  mucho gusto
pleasure el placer
plumber el plomero
pocket el bolsillo
point el punto; to **give a point** marcar
  un punto; to **point to** señalar
pole el polo
policeman el policía
policewoman la (mujer) policía
political político/a
politician el político
pollution la contaminación
pool la piscina
poor pobre
population la población
porch el portal
pork el cerdo
port el puerto
portable portátil
Portuguese portugués, portuguesa
position el puesto, la plaza
positive positivo/a
positively positivamente
possession la posesión; **immediate
  possession** inmediata entrega
possibility la posibilidad
possible posible
postcard la tarjeta postal
post office el correo, la oficina de
  correos
postal postal
poster el afiche
postgraduate posgrado

postpone posponer
postponed pospuesto/a
potassium el potasio
potato la papa; (*Spain*) la patata
pound libra
poverty la pobreza
to **practice** practicar (qu); *n* la práctica;
  general practice la medicina
  familiar
pre-Columbian precolombino/a
precise time hora americana, hora
  inglesa
prediction la predicción
to **prefer** preferir (ie, i)
preferable preferible
preparation el preparativo
to **prepare** preparar
to **prescribe** recetar
prescription la receta
presence la presencia
present actual; *n* el regalo; *v* presentar
president el presidente, la presidenta
press la prensa
pressure la presión, la tensión
preterit el pretérito
pretty bonito/a
previous anterior
previously anteriormente
price el precio
primitive primitivo/a
prince el príncipe
principal principal
principle el principio
printed impreso/a
priority la prioridad
private privado/a
prize el premio
probability la probabilidad
probable probable
probably probablemente
problem el problema
procession la procesión
to **produce** producir (zc)
produced producido/a
producer el/la productor/a
product el producto
production la producción
profession la profesión
professional profesional
professor el/la profesor/a
profile el perfil
to **program** programar; *n* el programa
programmer el/la programador/a
programming la programación
progress el progreso
progressive progresivo/a
to **prohibit** prohibir
prohibition la prohibición
project el proyecto
to **promote** ascender (ie); promover (ue)
pronoun el pronombre
pronunciation la pronunciación

proof la prueba
proportion la proporción
to **propose** proponer (g)
to **protect** proteger (j)
protection la protección
protein la proteína
proud orgulloso/a
to **provide** lograr; **provided that** con tal
  (de) que
province la provincia
psychiatrist el/la (p)siquiatra
psychologist el/la (p)sicólogo/a
psychology la (p)sicología
public público/a
published publicado/a
Puerto Rican puertorriqueño/a
to **pull** tirar
punch el ponche
punctual puntual
pure puro/a
purple morado/a
purse la bolsa
to **pursue** perseguir (i)
to **put** poner (g), colocar (qu); to **put away**
  guardar; to **put on makeup** maquillarse; to **put to bed** acostar (ue)
pyramid la pirámide

Q

qualified capacitado/a
quality la calidad; la cualidad
quarter el cuarto
question la pregunta
questionnaire el cuestionario
quiet callado/a

R

race la raza
radiator el radiador
radio el/la radio
raffle la rifa
railroad el ferrocarril
rain la lluvia; *v* llover (ue)
raincoat el impermeable
to **raise** levantar
raised educado/a
rapid rápido/a
rapidly rápidamente, con rapidez
reach el alcance; *v* alcanzar (c)
reaction la reacción
to **read** leer
reading la lectura
ready listo/a; **to get ready** prepararse
real real
realistic realista
reality la realidad

to **realize** darse cuenta (de)
really realmente, en realidad
reason el motivo
rebellious rebelde
to **receive** recibir
recent reciente
reception la recepción
receptionist el/la recepcionista
recipe la receta
to **recognize** reconocer (zc)
recognized reconocido/a
to **recommend** recomendar (ie)
record el disco
to **rectify** rectificar (qu)
red rojo/a
to **reduce** reducir (zc)
to **refer** referir (ie, i)
referee el/la árbitro
to **reflect** repercutir; reflejar
refrigerator el refrigerador
to **refuse** rechazar (c)
regards los recuerdos
region la región
registered certificado/a
regularly regularmente
regulation la regulación; el reglamento
to **reject** descartar
related relacionado/a
relation la relación
relationship el parentesco; la relación
relative el pariente, la parienta; el
  familiar
relatively relativamente
relaxation la relajación
release liberar
religious religioso/a
to **remain** permanecer (zc), quedar(se)
to **remember** recordar (ue)
to **remind** recordar (ue)
to **remodel** remodelar
to **remove** quitar
to **renew** renovar (ue)
to **rent** alquilar; *n* el alquiler, la renta
to **repeat** repetir (i)
to **replant** replantar
to **report** reportar; *n* el informe
to **represent** representar
representative el/la representante
repression la represión
republic la república
to **request** pedir (i)
reservation la reservación
reserved reservado/a
residence la residencia
resident el/la residente
residential residencial
to **resist** resistir
resistance la resistencia
resolution la firmeza
resort (*country/mountain*) el refugio
to **respect** respetar; *n* el respeto; **with**
  respect to con respecto a

responsibility la responsabilidad
responsible responsable
rest el descanso; el resto; *v* descansar
restaurant el restaurante
result el resultado
resumé el currículum, el historial
to resume reanudar
to return devolver (ue)
to review repasar
rhythm el ritmo
rhythmic rítmico/a
ribbon la cinta
rice el arroz
rich rico/a
riddle la adivinanza
to ride montar
ridiculous ridículo/a
right derecho/a; *n* el derecho; **right now** en estos momentos; **to be right** tener razón; **to the right** a la derecha
ring el aro; el anillo; *v* sonar (ue)
rinse el enjuague
rising ascendiendo
risk el riesgo
river el río
roast asado/a
role el papel
roll la lista; **to call roll** pasar (la) lista
romance el romance
romantic romántico/a
roof el techo
room la habitación, el cuarto, el dormitorio; **dining room** el comedor; **living room** la sala; **waiting room** la sala de espera
rose la rosa
rough rudo/a
round-trip ticket el boleto/ pasaje de ida y vuelta
row la fila
royal regio/a, real
rug la alfombra
ruins las ruinas
rule la regulación
rum el ron
to run correr
runner el/la corredor/a
rural rural
Russian ruso/a

S

sad triste
sail la vela
saint el/la santo/a
salad la ensalada
salary el sueldo, el salario; **desired salary** la pretensión económica
sale la rebaja; la venta
salesman el vendedor

saleswoman la vendedora
salt la sal
Salvadoran salvadoreño/a
same mismo/a; igual
sand la arena
sandwich el sándwich; (*Mexico*) la torta
satellite dish antenna la parabólica
satisfaction la satisfacción
satisfactory satisfactorio/a
satisfy satisfacer (g)
Saturday el sábado
sauce la salsa
sauna la sauna
to save ahorrar
saxophone el saxofón
to say decir (g, i)
saying el dicho
scarf la bufanda
scene la escena
schedule el horario
scholarship la beca
school el colegio; la escuela; la facultad; *adj* escolar; **school year** el año escolar
science la ciencia
scientist el/la científico/a
sea el mar
season la estación
seat el asiento
second segundo/a
secret el secreto
secretary el/la secretario/a
section la sección
security la seguridad
to see ver
to seem parecer (zc)
seismic sísmico/a
seldom rara vez
select selecto/a
selection la selección
self-description la autodescripción
to sell vender
semester el semestre
to send enviar, mandar
senior citizenhood la tercera edad
sensible sensato/a
sensitive sensitivo/a
sentence la oración
sentimental sentimental
separated separado/a
September septiembre
series la serie
serious serio/a
to serve servir (i)
service el servicio; **service station** la gasolinera, la estación de gasolina
session la sesión
set fijado/a; *v* fijar
seven siete; **seven hundred** setecientos
seventeen diecisiete
seventh séptimo

seventy setenta
several varios/as; diversos/as
to sew coser
sex el sexo
sexual sexual
shape la forma
to share compartir
sharp (time) en punto; agudo
to shave afeitar(se)
she ella
sheet la sábana
sherbet el sorbete
shield escudo
shine el brillo; *v* brillar
ship el barco
shirt la camisa
shoe el zapato; **tennis shoes** zapatos (de) tenis
shop el taller
shopping la compra; **shopping center** el centro comercial
short corto/a; bajo/a; **in short** en fin
should deber
shoulder el hombro
to show mostrar(se) (ue); demostrar; *n* la función, el espectáculo
shower la ducha
shrimp el camarón
sick enfermo/a; mal
sickness la enfermedad
sidewalk la acera
to sign firmar; *n* el signo; el letrero
signal la señal; **traffic signal** señal de tráfico
signature la firma
silly tonto/a
silver la plata
similar similar, parecido/a
simple sencillo/a
simply simplemente
sin el pecado
since ya que; como; desde; pues
sincere sincero/a
to sing cantar
singer el/la cantante
single soltero/a; sencillo
sink el fregadero
sister la hermana; **sister-in-law** la cuñada
to sit down sentarse (ie)
site (*construction*) la obra
situated situado/a
situation la situación
six seis; **six hundred** seiscientos
sixteen dieciséis
sixth sexto/a
sixty sesenta
size la talla; el tamaño
to skate patinar
to ski esquiar; *n* el esquí
skier el/la esquiador/a
skin la piel

to **skin/scuba dive** bucear
skirt la falda
slacks los pantalones
to **sleep** dormir (ue, u); to **fall asleep** dormirse (ue)
sleepy: to be sleepy tener sueño
slight ligero/a
slow *adv* despacio; *adj* lento/a
slowly lentamente, despacio
small pequeño/a; reducido/a
smart listo/a, inteligente
to **smile** sonreír(se) (i)
to **smoke** fumar; *n* el humo
snack la merienda
to **snore** roncar (qu)
snow la nieve; *v* nevar (ie)
so tan; luego; **so long** hasta luego; **so-so** regular; **so that** para que
soap el jabón; **soap opera** la telenovela
soccer el fútbol
society la sociedad
sock el calcetín
soda el refresco
sofa el sofá
soft suave
softly en voz baja
solid color de color entero
solidary solidario/a
to **solve** resolver (ue)
some alguno/as; algún; unos
somebody alguien
someone alguien
something algo; **something else** algo más
sometime alguna vez
sometimes a veces
son el hijo; **son-in-law** el yerno
song la canción
soon pronto
sorry: sorry for the inconvenience disculpe(n) la molestia; to **be sorry** sentir (ie, i)
sound (*to signal an activity*) el toque
soup la sopa
south el sur
spaghetti el espagueti
Spaniard el/la español/a
Spanish el español
to **speak** hablar
special especial; **special delivery** entrega especial
specializing especializado/a
specific específico/a
specifically concretamente
spectacle el espectáculo
spectacular espectacular
spectator el/la espectador/a
speed la rapidez, la velocidad; to **speed up** agilizar (c)
to **spend** gastar; pasar
spill el derrame

to **spin around** dar vueltas
spinach la espinaca
spite: in spite of a pesar de
sport el deporte; *adj* deportivo/a
spring la primavera
square cuadrado/a
stadium el estadio
staff el personal
staffed atendido/a
stage el escenario
stairs la escalera
stamp la estampilla, el sello
standard of living el nivel de vida
standing parado/a
star la estrella
to **start** empezar (ie, c); comenzar (ie, c)
stately señorial
station la estación; **service station** la estación de gasolina, la gasolinera
status: marital status el estado civil
stay la estancia; *v* quedar(se), permanecer
steering wheel el volante
to **step** pisar; *n* el paso
stereo el estéreo
stereotype el estereotipo
stewardess la azafata
stick el palo
still todavía
stingy tacaño/a
stocking la media
stomach el estómago
to **stop** detener(se) (g, ie), parar(se); hacer alto; *n* la parada
stopover: to make a stopover hacer escala
store la tienda; **store window** el escaparate
story el cuento
stove la estufa
straight: to go straight ahead seguir derecho
strawberry la fresa
street la calle
streetcar el tranvía
strength la fuerza
stress la presión, la tensión
stretcher la camilla
strict estricto/a
striped de rayas
strong fuerte
structure la estructura
student el/la estudiante; el/la alumno/a
studies los estudios
to **study** estudiar
style el estilo
subject la materia; el sujeto
subordination la sujeción
subway el metro
to **succeed** triunfar
successful exitoso/a; to **be successful** tener éxito

suddenly de repente
to **suffer** sufrir
sugar el/la azúcar
to **suggest** sugerir (ie, i)
suggestion la sugerencia
suit el traje; **bathing suit** el traje de baño
suitcase la maleta
summer el verano
sun el sol; **it's sunny** hace sol
Sunday el domingo
supermarket el supermercado
supervisor el/la supervisor/a
supper la cena, la comida
to **supply** aportar
support el apoyo
sure seguro/a
surface la superficie
surgeon el cirujano
surgery la cirugía
to **surpass** superar, sobrepasar
surprise la sorpresa; to **be surprised** sorprenderse
surrounded rodeado/a
surrounding areas los alrededores
survey la encuesta
sweater el suéter
sweatshirt la sudadera
sweep barrer
sweet dulce
to **swim** nadar
swimming la natación
Swiss suizo/a
sword la espada
symbol el símbolo
symptom el síntoma
system el sistema

T

T-shirt la camiseta
table la mesa
tablecloth el mantel
tablespoon la cuchara
to **take** llevar; tomar; to **take advantage of** aprovechar; to **take away** quitar; to **take care of** cuidar, atender (ie); to **take courses** seguir cursos; to **take notes** apuntar; to **take off** quitarse; to **take on** incurrir; to **take out** sacar; to **take pictures** sacar fotos
to **talk** conversar
talkative hablador/a
tall alto/a
tape la cinta
tape recorder la grabadora
tariff la tarifa
tax el impuesto
taxi el taxi; **taxi driver** el/la taxista
tea el té

to **teach** enseñar
teacher el/la maestro/a
team el equipo
tear la lágrima; *v* romper, romperse
teaspoon la cucharita
technical técnico/a
technology la tecnología
teenager el/la adolescente
telephone el teléfono; *adj* telefónico/a
television la televisión, la tele;
  television set el televisor
telegenic *adj* televisivo/a
to **tell** contar (ue)
temper el carácter
temperature la temperatura
temple el templo
temporary temporal
ten diez
tenant el/la inquilino/a
tendency la tendencia
tennis el tenis
tent la tienda de campaña
tenth décimo/a
term el término
terrace la terraza
terrible terrible
terrorism el terrorismo
thank you gracias
Thanksgiving Day Día de Acción de
  Gracias
that aquel, aquello/a; esa, ese, eso;
  que; **that is** o sea; **that one** aquél,
  aquélla; ésa, ése; **that which** lo que
the el, la, los, las; lo
theater el teatro
theft el robo
their su(s); suyo/a
them ellos; les; los
theme el tema
themselves se
then entonces; después
there allí, allá; **there is, there are** hay;
  there was, there were hubo; había
thermometer el termómetro
these estos, estas
they ellos, ellas
thief el ladrón
thin delgado/a
thing la cosa
to **think** pensar (ie); to **think so** pensar
  que sí
third tercero/a; tercer
thirsty: to be thirsty tener sed
thirteen trece
thirty treinta
this esto; este, esta; **this way** así
those aquellos/a; esos/as, aquéllos/as;
  ésos/as
thousand mil
three tres; **three hundred** trescientos
throat la garganta
throughout a través de

to **throw** lanzar (c), tirar
Thursday el jueves
ticket el boleto, el billete, el pasaje; la
  entrada; **roundtrip ticket** boleto
  (pasaje) de ida y vuelta; **ticket office**
  la taquilla
tidy ordenado/a; to **tidy oneself**
  arreglarse
tiger el tigre
tight estrecho
time la hora; la época; la vez; el
  tiempo; **full-time** jornada completa;
  to **have a good time** pasarlo bien;
  on time a tiempo; **precise time** hora
  americana/inglesa; to **waste time**
  perder (el) tiempo
timid tímido/a
tip la propina
tire la llanta
tired cansado/a
to a; para
toast el pan tostado, la tostada
today hoy
together juntos/as; to **go together**
  combinar bien
toilet el inodoro
token la ficha
toll el peaje
tomato el tomate
tomorrow mañana; **the day after**
  tomorrow pasado mañana
ton la tonelada
tongue la lengua
tonight esta noche
too también; **too much** demasiado
tool la herramienta
tooth el diente
toothache el dolor de muelas
topic el tema
torn roto/a
torture la tortura
totally totalmente
tour la excursión
tourism el turismo
tourist el/la turista; *adj* turístico/a
toward(s) hacia, para
towel la toalla
town el pueblo
track (*railroad*) la vía
tradition la tradición
traditional tradicional
traditionally tradicionalmente
traffic el tráfico
train el tren; *v* entrenar
trained entrenado/a
trainer el/la entrenador/a
training el entrenamiento; la
  instrucción
trait el rasgo
tranquilizer el tranquilizante
transaction la transacción; la
  tramitación

transit el tránsito
to **translate** traducir (zc)
to **transmit** transmitir
transportation el traslado, el
  transporte
to **travel** recorrer, viajar
tray la bandeja
to **treat** tratar
treatment el trato
tree el árbol; **family tree** el árbol
  genealógico
trip el viaje
tropics el trópico
truck el camión
true verdadero/a; cierto/a
trunk el baúl, el maletero
truth la verdad
to **try** probar (ue); to **try on** probarse
  (ue); to **try to** tratar (de)
tub la bañadera
Tuesday el martes
tuna el atún
turkey el pavo
to **turn** dar vueltas; doblar; to **turn down**
  rechazar (c); to **turn off** apagar (gu);
  to **turn on** conectar, encender (ie)
twelve doce
twenty veinte
to **twist** torcer (ue, z)
two dos; **two hundred** doscientos
type el tipo; *v* escribir a máquina
typical típico/a

U

ugly feo/a
umpire el/la árbitro
unbelievable increíble
uncle el tío
undecided indeciso/a
under debajo, bajo
underground subterráneo/a
underlined subrayado/a
understand comprender, entender (ie)
understanding la comprensión
underwear la ropa interior
unemployment el desempleo, el paro
unexpectedly inesperadamente
unfavorable desfavorable
unforgettable inolvidable
unfortunately desgraciadamente
unhappy infeliz
uninterrupted ininterrumpido/a
union la unión
unit la unidad
united unido/a
university la universidad; *adj*
  universitario/a
unknown desconocido/a
unless a menos que

unpleasant antipático/a
until hasta; (*when telling time*) menos
upkeep el mantenimiento
urban urbano/a
to urge animar
urgent urgente
urgently urgentemente
us nos; nosotros/as
to use usar, consumir, utilizar (c); to be used to estar acostumbrado/a
useful útil

V

vacation las vacaciones
to vacuum pasar la aspiradora; vacuum cleaner la aspiradora/el aspirador
Valentine's Day el Día de los Enamorados
valuable valioso/a
value el valor; *v* valorar
vanilla la vainilla
variety la variedad
various diferentes
to vary variar
vast extenso/a
vegetable la verdura, el vegetal
vegetarian vegetariano/a
vehicle el vehículo
Venezuelan venezolano/a
ventilation la ventilación
verb el verbo
very muy
vibrant vibrante
victim la víctima
victory el triunfo
video el video/vídeo
view la vista
vinegar el vinagre
violence la violencia
violent violento/a
violin el violín
violinist el/la violinista
visa el visado, la visa
to visit visitar; *n* la visita
visitor el/la visitante
vitality la vitalidad
vocabulary el vocabulario
volcano el volcán
volleyball el voleibol
voluntary voluntario/a
vowel la vocal

W

waist la cintura
waiter el camarero
waiting room la sala de espera
waitress la camarera
to wake up despertar(se) (ie)
to walk caminar
walking la marcha
wall la pared
wallet la billetera
to want querer (ie); desear
war la guerra
warm up el calentamiento; *v* calentar (ie)
to wash lavar; to wash dishes fregar (ie, gu)
washbowl el lavabo
washing el aseo; washing machine la lavadora
to waste gastar; to waste time perder (el) tiempo
to watch presenciar; vigilar
water el agua *fem*
wave la ola
way la manera, la forma; anyway de todas formas; by the way por cierto; to open the way to dar paso a; this way de esta forma
we nosotros/as
weak débil
wealth la riqueza
to wear llevar; to wear a costume disfrazarse (c)
weather el tiempo; how's the weather? ¿qué tiempo hace?; the weather is fine/bad hace buen/mal tiempo
wedding la boda
Wednesday el miércoles
week la semana
weekdays entre semana
weekend el fin de semana
weekly semanal
to weigh pesar
weight el peso
welcome: you're welcome de nada
well bien; pues; well-being el bienestar
west oeste
wet húmedo/a
what qué; lo que; what a pity! ¡qué pena!
when cuándo; cuando
where dónde; donde; where to adónde
which cuál(es); which one(s) cuál(es)
while mientras; *n* el rato; in a while dentro de un rato
white blanco/a
who quién(es); who's calling? ¿de parte de quién?
wholesaler el mayorista
whose de quién
wide ancho/a
wife la esposa, la mujer
to win ganar; to win back reconquistar
wind el viento; it's windy hace viento
window la ventana; (*car, train, etc.*) la ventanilla
windshield el parabrisas
wine el vino
winner el/la ganador/a
winter el invierno
wise prudente; the Three Wise Men los Reyes Magos
to wish desear; *n* el deseo
with con; with difficulty difícilmente; with me conmigo; with you *fam* contigo
without sin; sin que
woman la mujer
word la palabra; dirty word la mala palabra
work el trabajo, la obra; *v* trabajar, funcionar
worker el/la obrero/a
world el mundo; *adj* mundial
worried preocupado/a
to worry preocuparse; *n* la preocupación
worse peor
worst peor
wrist la muñeca
to write escribir; to write down anotar
wrong equivocado/a

X

X-ray la radiografía

Y

yard el jardín
year el año; New Year's Eve la Nochevieja; school year el curso
yellow amarillo/a
yes sí
yesterday ayer; the day before yesterday anteayer
yoga el yoga
yogurt el yogur
you tú; usted, Ud.; vosotros/as; ustedes, Uds.; te, os; lo, la, los, las; le, les, ti
young joven
younger menor
your tu; su; vuestro/a
yours tuyo/a; suyo/a; vuestro/a
yourself te; se; os
youth la juventud

Z

zero el cero
zone la zona

INDEX

I-1

Text Credits

p. 35: Advertisement reprinted by permission of *Centro Audiovisual.* **p. 59:** Advertisements reprinted from *Mía.* **pp. 80, 85:** Advertisement reprinted by permission of *Complejo Riofrío Hostelería.* **p. 88:** Permission for advertisement requested from *Libros Everest.* **pp. 99, 328:** Advertisement and boarding pass reprinted by permission of *Iberia, Líneas Aéreas de España.* **pp. 115, 437:** "Menos natalidad y nupcialidad cambian familia en América Latina", "El pan de cada día", and "El cuidado de los niños" reprinted from *El Nuevo Herald.* **p. 144:** Advertisement reprinted by permission of *Muebles Sánchez Hoya, S.A.* **p. 159:** "Una labor impagable", reprinted from *El País*, Madrid. **p. 168:** Map and captions reprinted by permission of Guillermo Luca de Tena, Director of *Prensa Española-ABC.* **p. 171:** Permission for advertisement requested from *Caracol.* **p. 187:** "Acuarela de sal", reprinted from *Castellano 1*, Editorial Kapelusz, Buenos Aires. **p. 198:** Permission for advertisements requested from *Almacenes Felíx Sáenz.* **pp. 238, 440:** "¿Qué hay que saber para triunfar en el año 2000?" and "Madrid, que te quedas sin gente" reprinted from *Cambio 16.* **p. 249:** Permission for advertisement requested from *63 In Club.* **p. 278:** "Plátanos. Cuanto más maduros, mejor" reprinted from *Mi familia y yo.* **p. 303:** Permission for advertisement requested from *Ministerio de Sanidad y Consumo.* **p. 309:** Permission for advertisement requested from *Villaralbo, Frutas y Verduras.* **p. 331:** Permission for advertisement requested from *Banco Nacional de México.* **p. 334:** Permission for advertisement requested from *Turismo Las Hamacas.* **p. 374:** "Parabolas", reprinted from *Poesías completas de Antonio Machado*, Editorial Espasa Calpe, 1955. **p. 385:** Advertisement reprinted by permission of *Hotel Río Bidasoa.* **p. 388:** Permission for advertisement requested from *Hotel Francia.* **pp. 409, 414:** Extract from interview with David Rosemond and extract from interview with Lourdes López (Benny Miyares, photographer for both photos) reprinted by permission of Mireya L. Novo from *Éxito.* **p. 412:** Extract and photo from interview with Antonio Banderas reprinted from *¡Hola!* **p. 438:** "¡Mamma, mía!" reprinted by permission of Roberto Pambo, Director, *Semana.* **p. 442:** "Ideologías y realidades: México y Estados Unidos" reprinted from *Vuelta.* **p. 443:** "La frontera de EE.UU. y México es única en el mundo" reprinted from *Más.* **p. 458:** "Nuevas parejas. ¿Nuevos padres?", reprinted from *Vivir*, Editorial Abril, Buenos Aires, Octubre de 1988.

Photo Credits

p. 2: Robert Frerck, Odyssey/Chicago; **p. 3:** Robert Frerck, Odyssey/Chicago; **p. 26:** Robert Frerck, Odyssey/Chicago; **p. 28:** Robert Frerck, Odyssey/Chicago; Janice Morris; **p. 31:** Beryl Goldberg; **p. 32:** Robert Frerck, Odyssey/Chicago; **p. 36:** (3 Photos) Robert Frerck, Odyssey/Chicago; **p. 54:** (2 Photos) Beryl Goldberg; Sandy Roessler, Stock Market; **p. 60:** Kindra Clineff, Picture Cube; (2 Photos) Robert Frerck, Odyssey/Chicago; Arthur Tress, Photo Researchers; Lawrence Migdale, Photo Researchers; Barbara Alper, Stock Boston; (2 Photos) Peter Menzel; (2 Photos) Beryl Goldberg; J. Barry O'rourke; Willie L. Hill. Jr., Stock Boston; **p. 82:** Stuart Cohen, Comstock; (2 Photos) Peter Menzel; **p. 83:** Renate Hiller; Robert Frerck, Odyssey/Chicago; Spencer Grant, Stock Boston; **p. 85:** Peter Menzel; Robert Frerck, Odyssey/Chicago; **p. 104:** Robert Frerck, Odyssey/Chicago; **p. 110:** Stuart Cohen, Comstock; Ulrike Welsh, Photo Researchers; The Image Works; **p. 116:** (3 Photos) Robert Frerck, Odyssey/Chicago; **p. 132:** María González-Aguilar; **p. 136:** Carol Lee, Picture Cube; **p. 145:** (2 Photos) Robert Frerck, Odyssey/Chicago; **p. 162:** Robert Frerck, Odyssey/Chicago; **p. 164:** Stuart Cohen, Comstock; Martin Rogers, Stock Boston; Frederick Ayer, Photo Researchers; **p. 165:** Comstock; Mangino, The Image Works; Dave Cannon, Photo Researchers; **p. 172:** Robert Frerck, Odyssey/Chicago; **p. 194:** Renate Hiller; Beryl Goldberg; **p. 195:** Hugh Rogers, Monkmeyer Press; Bonnie Kamin, Stuart Cohen, Comstock; **p. 199:** Robert Frerck, Odyssey/Chicago; **p. 218:** Stuart Cohen, Comstock; Grant LeDuc, Monkmeyer Press; Phiz Mezey, Comstock; Russell Dian, Monkmeyer Press; Pedro Coll, Stock Market; **p. 219:** (2 Photos) Beryl Goldberg; (2 Photos) Stuart Cohen, Comstock; Crandall, The Image Works; **p. 242:** Peter Menzel; Pedro Coll, Stock Market; **p. 243:** J. Cochink, Photo Researchers; **p. 246:** Janice Morris, Luis Villota, Stock Market; **p. 247:** Luis Villota, Stock Market; Gayle Hilsenrath, Picture Cube; **p. 250:** Andrew Brooks; **p. 255:** Robert Frerck, Odyssey/Chicago; **p. 274:** Hugh Rogers, Monkmeyer Press; **p. 275:** Stuart Cohen, Comstock; Richard Lord, The Image Works; **p. 279:** (2 Photos) Robert Frerck, Odyssey/Chicago; **p. 294:** Robert Frerck, Odyssey/Chicago; **p. 300:** Peter Menzel; Chris Brown, Stock Boston; **p. 301:** Beryl Goldberg; **p. 304:** (2 Photos) Robert Frerck, Odyssey/Chicago; **p. 316:** María González-Aguilar; **p. 317:** ¿¿¿ [Source unknown]???; **p. 324:** Robert Frerck, Odyssey/Chicago; Luis S. Giner, Stock Market; **p. 325:** John F. Mason, Stock Market; Stuart Cohen, Comstock; **p. 326:** Bob Daemmrich, The Image Works; **p. 327:** Sven Martson, Comstock; **p. 332:** (3 Photos) Robert Frerck, Odyssey/Chicago; **p. 352:** Owen Franken, Stock Boston; Robert Frerck, Odyssey/Chicago; **p. 353:** Albano Guatti, Stock Market; Luis Villota, Stock Market; Larry Mangino, The Image Works; **p. 354:** Robert Frerck, Odyssey/Chicago; Larry Mangino, The Image Works; **p. 355:** Bob Daemmrich, Stock Boston; AP/Wide World Photos; **p. 359:** Celia Cruz, Ralph Mercado; **p. 378:** Robert Frerck, Odyssey/Chicago; **p. 380:** Hugh Rogers, Monkmeyer Press; Peter Menzel; **p. 381:** Peter Menzel, Stock Boston; Ned Haines, Photo Researchers; **p. 382:** Luzzi and Sanguinetti, Monkmeyer Press; Mary

día festivo

Mi día festivo favorito es el Día
de
Acción de Gracias

Me gusta comer el pavo y relleno,

También
Yo hago voy la familia también

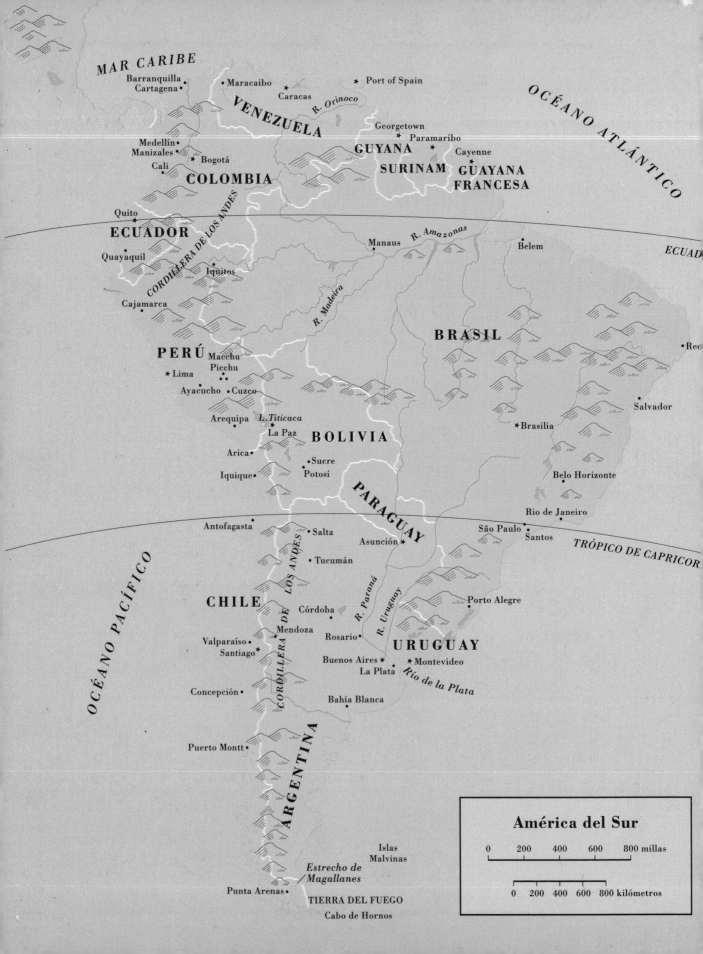